Das Zitat im Titel stammt aus dem Schreiben der Mathematisch-Naturwissenschaftlichen Abteilung der Philosophischen Fakultät der Universität Göttingen an den preußischen Minister der geistlichen und Unterrichtsangelegenheiten vom 26. November 1915, in dem die Abteilung für Emmy Noether um Dispens von dem Erlass des 29. Mai 1908 bat, durch den in Preußen die Habilitation von Frauen als unzulässig galt.

Cordula Tollmien, geb. 1951, studierte Mathematik, Physik und Geschichte an der Universität Göttingen. Seit 1987 arbeitet sie als freiberufliche Historikerin und Schriftstellerin und veröffentlichte u. a. auch eine Reihe von Kinderbüchern. Sie war an dem 1987 publizierten Projekt zur Geschichte der Universität Göttingen im Nationalsozialismus beteiligt, arbeitete von 1991 bis 1993 als wissenschaftliche Lektorin bei der Hamburger Stiftung für Sozialgeschichte und trug Grundlegendes zum dritten Band der Göttinger Stadtgeschichte bei, der die Jahre 1866 bis 1989 behandelt. In den Jahren 2000 bis 2011 hatte sie einen Forschungsauftrag der Stadt Göttingen zur NS-Zwangsarbeit (www.zwangsarbeit-in-goettingen.de), und 2014 erschien ihr Buch über die Geschichte der jüdischen Göttinger Familie Hahn. Mit der Entwicklung der akademischen Frauenbildung und insbesondere mit den Biografien von Mathematikerinnen beschäftigt sie sich seit 1990 – dem Jahr, in dem ihre Arbeit erschien, in der erstmals die Geschichte der Habilitation Emmy Noethers im Detail nachgezeichnet wurde. 1995 publizierte sie eine Biografie der russischen Mathematikerin Sofja Kowalewskaja.
URL: www.tollmien.com

Die Lebens- und Familiengeschichte der Mathematikerin
Emmy Noether in Einzelaspekten 2/2021

Cordula Tollmien

„Wir bitten nur um Dispens für den vorliegenden einzigartig liegenden Fall“ – die Habilitation Emmy Noethers

tredition

Hamburg 2021

tredition®
www.tredition.de

Verlag und Druck: tredition GmbH, Halenreie 40-44, 22359 Hamburg

ISBN
Paperback: 978-3-7497-7453-1
Hardcover: 978-3-7497-7454-8
e-Book: 978-3-7497-7455-5

Ein Mann wie Sie, schrieb Hedwig Pringsheim am 2. März 1916 an David Hilbert, *ist doch warhaftig [sic!] ein König im eigentlichen Sinne. Die absolute innere und äußere Freiheit gibt Ihnen eine Ausnahmestelle und macht Sie zu einem Ausnahmemenschen.*

In gewisser Weise ist David Hilbert der „Held“ dieser hier vorgelegten überaus spannenden Geschichte der Habilitation Emmy Noethers. Er steht dabei stellvertretend für die Männer, die dazu beitrugen, die den Frauen verschlossenen Türen der Universitäten zunächst einen Spalt und dann (sehr) langsam ganz zu öffnen.

Danksagung

Stellvertretend für die Mitarbeiterinnen und Mitarbeiter der von mir genutzten Archive, die mich auf vielfältige Weise unterstützt haben, seien hier Holger Berwinkel und Petra Vintrova vom Universitätsarchiv Göttingen genannt und Bärbel Mund von der Handschriftenabteilung der Göttinger Universitätsbibliothek, die mich seit Beginn meiner Studien über Emmy Noether vor nunmehr über 30 Jahren unterstützend begleitet. Mit Rat und Tat zur Seite gestanden haben mir außerdem Roland Wengenmayr, Renate Tobies, Jörg-Dieter Schwethelm, Norbert Schappacher, David Rowe und Angelika Deese. In großer Dankbarkeit denke ich außerdem zurück an Frau Schulte, die jahrelang als Dekanatssekretärin in der Göttinger Mathematisch-Naturwissenschaftlichen Fakultät wirkte und in dieser Zeit auch schon meinem Vater hilfreich zur Seite stand und die, als ich Ende der 1980er auf der Suche nach Dokumenten zu Emmy Noethers Lebensgeschichte war, das Gemeinsame Prüfungsamt der Mathematisch-Naturwissenschaftlichen Fakultäten leitete (natürlich nicht formal, aber faktisch) und mir, als ich dort vorsprach, leicht grummelnd eine große Kiste vor die Füße schob mit den Worten „Das ist alles, was wir haben. Müssen Sie selber sehen, was Sie davon gebrauchen können." Und ich sah, dass ich alles gebrauchen konnte, und da Frau Schulte großzügig darüber hinwegsah, dass ich in der Mittagspause einige Kopien von den wichtigsten Dokumenten machte, war es mir möglich, die bis dato weitgehend unbekannte Habilitationsgeschichte Emmy Noethers in kürzester Zeit im Detail zu rekonstruieren und zu publizieren. Danke, Frau Schulte!

Inhaltsverzeichnis

Emmy Noether.

Ehren-Diplom.

Zum Feste der 50. Jährung

ernennen wir

Herrn Geheimrat Professor Dr. Ritter pp

David Frauenlob Hilbert

Zum dauernden

Protektor u. Ehren-Präsidenten.

Der Verein für Frauen Studium.

im Auftrag d. Vorstands Damen

Göttingen d. 23. Jänner 1912.

Amanda Maßlos.

Schatz-Meisterin.

„Ehrendiplom“ für David Hilbert zu seinem 50. Geburtstag am 23. Januar 1912,
in der rechten hinteren Buchecke signiert mit E. H. (= Erich Hecke),
unterzeichnet von „Amanda Maßlos“ als „Schatz-Meisterin“
(NStuUB Gö Cod. Ms. Hilbert 452b Nr. 73, Original farbig)

Vorwort

Die Autorin legt mit diesem zweiten Band der Veröffentlichungsreihe, in der sie in loser Folge ihre biografischen Forschungen zu der Mathematikerin Emmy Noether publizieren wird, die eigentliche Habilitationsgeschichte Emmy Noethers vor, für die der erste Band, der die Geschichte des Erlasses vom 29. Mai 1908 schildert, die Vorgeschichte oder besser die Basis für deren Verständnis liefert.

Erstmals hat sie diesen sich von 1915 bis 1919 hinziehenden Versuch der Göttinger Mathematiker, Emmy Noether zu habilitieren, in ihrem 1990 erschienener Artikel mit dem Titel

> "Sind wir doch der Meinung, daß ein weiblicher Kopf nur ganz ausnahmsweise in der Mathematik schöpferisch tätig sein kann..." – eine Biographie der Mathematikerin Emmy Noether (1882-1935) und zugleich ein Beitrag zur Geschichte der Habilitation von Frauen an der Universität Göttingen, in: Göttinger Jahrbuch 38 (1990), S. 153-219,

veröffentlicht, der auf seinerzeit von ihr entdeckten, zu großen Teilen damals noch nicht archivierten Dokumenten zur Habilitationsgeschichte Emmy Noethers beruhte. Diese Dokumente werden hier, was damals nicht möglich war, ausnahmslos in vollständiger Länge transkribiert und abgedruckt, so dass die vorliegende Publikation wie auch schon der gleichzeitig erscheinende Band 1 zu der in der ursprünglichen Fassung nur als Exkurs behandelten Frage, ob Frauen Privatdozentinnen werden können, auch als Quellenedition gelten kann. Da seit dem für die Wissenschaftsgeschichte an relativ entlegenem Ort veröffentlichten Aufsatz von 1990 neuere Erkenntnisse zur Habilitationsgeschichte Emmy Noethers nicht publiziert wurden, erscheint nicht nur eine Neuauflage der damaligen grundlegenden Arbeit nun auch in einer als elektronische Version leicht zugänglichen Buchveröffentlichung geboten, sondern auch die genannte Ergänzung um seinerzeit notgedrungen nur gekürzt zitierte Quellen, die die zentrale Rolle, die Felix Klein, vor allem aber David Hilbert als Unterstützer und Förderer Emmy Noethers spielten, noch einmal deutlicher als in der ursprünglichen Fassung hervortreten lassen.

Insbesondere der „Ausnahmemensch“ David Hilbert, wie ihn Hedwig Pringsheim in einem enthusiastischen Brief, in dem es auch um Emmy Noethers Habilitation ging und aus dem die diesem Band vorangestellte Widmung stammt, einmal nannte, soll daher in diesem Band gewürdigt werden. Vor diesem Vorwort ist das zu Hilberts 50. Geburtstag 1912 gezeichnete scherzhafte Ehrendiplom abgebildet, in dem seine Schüler ihn als „David Frauenlob Hilbert“ titulierten und zum „Protektor und Ehrenpräsidenten“ des „Vereins für Frauen-Studium“ machten. Auch wenn wir heute zusammenzucken, wenn wir eine Frau sehen, die nur mit einem Badeanzug bekleidet auf dem Rücken der vom Bund Deutscher Frauenvereine herausgegebenen Zeitschrift *Die Frau* reitet, und wir uns auch nur schwer mit der Namensgebung „Amanda Maßlos“ für die Schatzmeisterin des Vereins für Frauenstudium anfreunden können, so zeigt dieses Ehrendiplom doch eindrücklich, welche herausragende Stellung David Hilbert als Frauenförderer unter den Professoren, ja sogar unter den Mathematikern, von denen sich auch Felix Klein einen entsprechenden Namen gemacht hatte, einnahm.

Hilbert war in vielerlei Hinsicht eine Ausnahme, wie schon sein ausführliches, rein sachliches, hier erstmals vollständig zitiertes Gutachten für Emmy Noether aus dem Jahr 1915 zeigt, in dem er an keiner Stelle erwähnte, dass es sich bei der um die Habilitation nachsuchenden Person um eine Frau handelte. Dieses Gutachten kann zugleich als eine Einführung in Emmy Noethers mathematische Arbeiten gelesen werden und lässt sich zudem auf den im Anhang abgedruckten Lebenslauf zurückbeziehen, den Emmy Noether für ihr 1919 schließlich erfolgreiches Habilitationsgesuch verfasste.

Doch nicht nur durch die ausführlichen Quellenzitate aus der Diskussion um Emmy Noethers Habilitation geht der vorliegende Band über die Veröffentlichung von 1990 hinaus, sondern auch dadurch, dass er Noethers Geschichte in die Geschichte anderer, mit ihr direkt oder indirekt verbundener Frauen einwebt. Insbesondere werden hier die unmittelbaren Vorgängerinnen Emmy Noethers, also die nach dem Ende des Ersten Weltkriegs, kurz vor ihr habilitierten Frauen gewürdigt: Den Anfang machte schon im Dezember 1918 Adele Hartmann in München, dann folgte Margarete Bieber, die am 28. Mai 1919 in Gießen Privatdozentin wurde – beide wurde an nichtpreußischen Universitäten habilitiert –, bis dann am 4. Juni 1919 Emmy Noether als erste Privatdozentin Preußens zugelassen wurde.

Ebenfalls noch 1919 habilitiert wurden Agathe Lasch in Hamburg und Paula Hertwig an der Berliner Universität, die damit den Anfang machte für eine Reihe von Berliner Privatdozentinnen, die nach dem von Edith Stein erwirkten Erlass vom 21. Februar 1920 die Venia legendi erhielten. Dieser Erlass, der die Verfügung vom

29. Mai 1908, durch den es in Preußen unmöglich gemacht worden war, eine Frau zu habilitieren, endlich auch formal aufhob, geht zurück auf die Ablehnung eines Habilitationsgesuchs Edith Steins durch die Historisch-Philologische Abteilung der Göttinger Philosophischen Fakultät im Oktober 1919. Stein hielt diese Ablehnung, die damit begründet worden war, dass die „Zulassung einer Dame zur Habilitation" immer noch „Schwierigkeiten" begegne, für nicht verfassungskonform und beschwerte sich deshalb beim Ministerium, das ihr letztendlich Recht gab.

Bisher nicht bekannt und in der Literatur meines Wissens an keiner Stelle thematisiert ist, dass bei der Ablehnung des Habilitationsgesuchs Edith Steins im Hintergrund die Verärgerung und auch die gekränkte Eitelkeit der Göttinger Geisteswissenschaftler, die sich schon seit Jahren in einem spannungsreichen Dauerkonflikt mit den Mathematikern und Naturwissenschaftlern befanden, eine Rolle spielten. Denn diese fühlten sich in der Diskussion um die Habilitation Emmy Noethers von den Naturwissenschaftlern „majorisiert" und bestanden deshalb darauf, dass Noethers Habilitation auch unter den inzwischen geänderten politischen Verhältnissen eine Ausnahme bleiben sollte. Ebenfalls gegen Edith Stein sprach in Göttingen, dass sie eine Schülerin Edmund Husserls war. Husserl war der Göttinger Philosophischen Fakultät 1902 durch den mächtigen Ministerialdirektor Friedrich Althoff oktroyiert worden, was zur Folge hatte, dass Husserl von seinen Göttinger Philosophenkollegen nie wirklich akzeptiert worden war.

Aber auch Husserl selbst, der sich bei der im vorigen Band ausführlich dargestellten 1907 vom Preußischen Kultusministerium veranlassten Umfrage zur Habilitation von Frauen in einer sehr langen und auffällig gewundenen Stellungnahme gegen jede Frauenhabilitation ausgesprochen hatte, spielte, wenn auch sicherlich unbeabsichtigt, eine entscheidende Rolle beim Zustandekommen des Erlasses vom 21. Februar 1920. Denn Husserl, der seit 1916 in Freiburg lehrte, hatte sich von Anfang an geweigert, Edith Stein in Freiburg zu habilitieren und sie stattdessen nach Göttingen – man kann es nicht anders sagen – abgeschoben. Göttingen wiederum lehnte wie gesagt aus einer Mischung von „Rache" für Emmy Noethers Habilitation und Gegnerschaft gegen Husserl das Habilitationsgesuch Edith Steins ab, begründete dies aber ausschließlich damit, dass sie eine Frau war (der Erlass vom 29. Mai 1908 galt ja formal noch). Nur wegen dieser Ablehnung und der daraus folgenden Beschwerde Edith Steins kam es dann sozusagen in einem beiden natürlich nicht bewussten, aber faktischen Zusammenwirken zwischen Emmy Noether und Edith

Stein zur Aufhebung des preußischen Habilitationsverbots für Frauen. Hätte man Edith Stein in Göttingen wie zuvor Emmy Noether noch mit einer Ausnahmegenehmigung habilitiert, hätte das preußische Verbot von Frauenhabilitationen sicher noch länger als bis zum Februar 1920 Bestand gehabt.

Da neuerdings in der wissenschaftlichen Literatur die Meinung aufgetaucht ist, dass es keinerlei Grund gebe, Husserls Verhalten in der Habilitationssache Edith Stein „kritisch" (im Sinne von negativ) zu beurteilen (Varga 2016, S. 127), nimmt die Auseinandersetzung zwischen Stein und Husserl, der sich nicht nur weigerte, Stein in Freiburg zu habilitieren, sondern ihr, worauf schon Theresa Wobbe (1996, S. 365 ff.) hingewiesen hat, auch schon während ihres Dissertationsvorhabens etliche Steine in den Weg gelegt hatte, in dem hier vorliegenden Band einen relativ breiten Raum ein. Husserl, der, wie er später einer anderen seiner wenigen Schülerinnen gestand, der Meinung war, dass die Aufgabe der Frau im Grunde doch das Heim und die Ehe sei, was der Grund dafür sei, dass er Edith Stein nicht habilitiert habe (Walther 1960, S. 216), nimmt dabei in gewisser Weise die Rolle eines „Gegenspielers" oder „Gegencharakters" zu Hilbert ein, wenn diese Bezeichnungen aus der Welt der Literatur und des Theaters hier einmal erlaubt seien – dies jedoch nicht im Sinne eines persönlichen Dissenses, denn Hilbert hatte Husserl im Gegensatz zu dessen Philosophiekollegen immer unterstützt, oder gar weil es zu einer persönlichen Auseinandersetzung in der Habilitationsfrage gekommen war, sondern einfach durch die Art und Weise, wie Hilbert Emmy Noether förderte und unterstützte, und Husserl Edith Stein nicht nur nicht förderte, sondern sie als seine Schülerin sogar verleugnete, wie man nicht umhin kommt zu konstatieren.

So bildete die gläserne Decke, an die Frauen in ihrer akademischen Laufbahn früher oder später stießen, für Edith Stein, die von dem von ihr erwirkten Erlass vom 21. Februar 1920 selbst nicht profitieren konnte, dank Husserls (Gegen-)Wirken schon die Habilitation. Für die Frauen, die die Hürde der Habilitation überwunden hatten, war diese Decke, die sie nicht durchstoßen konnten, die Berufung auf einen Lehrstuhl. Privatdozentinnen wurden wie Emmy Noether in der Regel nur nicht-beamtete (was bedeutete nicht besoldete) außerordentliche Professorinnen; nur in einigen wenigen Ausnahmefällen wurden sie wie etwa Margarete Bieber, der 1932 ein planmäßiges Extraordinariat zugesprochen wurde, verbeamtet. Ein Ordinariat erhielt keine von ihnen: Die Philosophische Fakultät Gießen hatte in die Genehmigung für Margarete Biebers Habilitation sogar ausdrücklich den Vorbehalt eingebaut, dass diese Genehmigung nicht automatisch bedeute, dass Frauen auch für die Übernahme eines Lehrstuhls geeignet seien.

Dennoch gab es zwei Frauen, die in den Zwanziger Jahren einen Lehrstuhl bekleideten: Margarete Wrangel an der Landwirtschaftlichen Hochschule in Hohenheim, also nicht an einer Universität, und Mathilde Vaerting an der Universität Jena. Obwohl mit ihrer Habilitation in Berlin gescheitert, erhielt Vaerting dennoch von dem sozialdemokratischen thüringischen Kultusminister, der eine umfassende Unterrichtsreform anstrebte und sich von Vaerting entsprechende Anregungen erhoffte, gegen den erbitterten Widerstand ihrer künftigen Professorenkollegen einen ordentlichen Lehrstuhl in Jena.

Vaertings Habilitationsgesuch stellt neben dem Edith Steins einen der wenigen gescheiterten Habilitationsversuche dar, die aktenkundig geworden sind und deshalb die Gründe für deren Scheitern zumindest durchscheinen lassen. So begegnet uns in dem Habilitationsverfahren Vaerting mit dem Philosophen Benno Erdmann ein Protagonist der in Band 1 der hier vorgelegten Noetherbiografie detailliert geschilderten Auseinandersetzungen um die Habilitation von Frauen in den Jahren 1906 und 1907 wieder. Erdmann hatte sich seinerzeit positiv von vielen seiner Amtskollegen abgehoben, indem er das Habilitationsgesuch Maria von Lindens vorbehaltlos unterstützte, nun aber setzte er dem linken und zugebenermaßen teilweise aggressiven Feminismus Mathilde Vaertings ein deutliches Nein entgegen. Sozusagen als Ausgleich wird Mathilde Vaerting in diesem Band über die Habilitation Emmy Noethers „die Ehre" zuteil, das Schlusswort sprechen zu dürfen.

Neben Husserl und Erdmann gibt es weitere vielfältige personelle (außer Klein und Hilbert seien hier beispielsweise Carl Runge, Woldemar Voigt und Max Lehmann genannt), aber auch inhaltliche Kontinuitäten zwischen Band 1 und Band 2. So nahm man, was bisher völlig unbekannt war, im Ministerium in der Diskussion über Edith Steins Beschwerde wegen der Ablehnung ihres Göttinger Habilitationsgesuches direkten Bezug auf die 1847 geführte, in Band 1 ausführlich dargestellte Debatte über die Habilitation von Juden, was sich in diesem Fall positiv für die Frauen auswirkte.

Ebenfalls bisher unbekannt war, dass Hilbert nach einem an ihn ergangenen Ruf der Berliner Universität Anfang 1917 auch Emmy Noethers weiteres wissenschaftliches und universitäres Schicksal zum Gegenstand seiner Bleibeverhandlungen machte und für sie eine Bezahlung nach dem Ende des Krieges aushandelte, was zwar aufgrund der veränderten politischen Situation nicht mehr zum Tragen kam, aber an einem kleinen Beispiel noch einmal die Berechtigung zeigt, diesen zweiten Band der Noetherbiografie dem Freigeist „David Frauenlob Hilbert“ gewidmet zu haben.

Hilberts Unabhängigkeit in Denken und Verhalten brachte ihm insbesondere zu Beginn des Krieges manche Unannehmlichkeiten ein, die zwar von seinem damals als Rektor amtierenden Freund Carl Runge aufgefangen werden konnten, dennoch aber deutlich machen, dass selbst Hilbert, was sich auch in der 1915 geführten Diskussion über Emmy Noethers Habilitation zeigte, nicht unangreifbar war. Die von Edith Stein verfassten Lebenserinnerungen und ihre umfangreiche Korrespondenz, aus der wir in diesem Band im Kontext ihrer Auseinandersetzungen mit Husserl ausführlich zitieren, vermitteln über das in den Akten und im Nachlass Hilberts Dokumentierte hinaus ein anschauliches Bild sowohl von der argwöhnisch aufgeheizten Atmosphäre der ersten Kriegsjahre, als Stein in Göttingen studierte, als auch von den Diskussionen speziell über die Stellung der Frau in der unmittelbaren Nachkriegszeit, in die ja auch Emmy Noethers letztes und erfolgreiches Habilitationsgesuch fiel. Sie bilden sozusagen das „Untergrundrauschen“ auch zu Noethers Habilitationsversuchen und rechtfertigen damit die ausführlichen Zitate aus Steins Schriften und Briefen, die zudem auch für das in einem der späteren Bände zu schildernde politische Engagement Emmy Noethers von Bedeutung sind.

Die enge Verbindung, die zwischen den gleichzeitig erscheinenden Bänden 1 und 2 besteht, wird schon durch die Tatsache deutlich, dass beide mit dem gleichen Zitat beginnen, nämlich mit dem Antrag der Mathematiker auf Habilitation Emmy Noethers vom 26. November 1915, wobei Band 1 durch die Einbeziehung aller preußischen Universitäten und die Ausweitung des Themas auf die Auseinandersetzungen über die Habilitation von Juden mehr ist als die bloße Vorgeschichte zu Band 2, und Band 2 wiederum trotz der vielfältigen personellen und inhaltlichen Verbindungen zu Band 1 auch eigenständig gelesen werden kann. Durch den in Kapitel 5 zitierten Brief von Albert Einstein vom Dezember 1918, als dessen Folge das neuerliche und nun endlich erfolgreiche Habilitationsverfahren Emmy Noethers in Gang kam, wird deutlich, dass die beiden ersten Bände einer notwendigen Ergänzung bedürfen. Band 3 wird daher chronologisch wie Band 2 wieder 1915 einsetzen und die wissenschaftliche Arbeit Emmy Noethers thematisieren, die durch die enge Zusammenarbeit mit Hilbert und Klein in ihren ersten Göttinger Jahren einen fundamentalen Beitrag zur Allgemeinen Relativitätstheorie leistete, für den sie, obwohl ihre damalige Leistung zunächst mehrere Jahrzehnte in Vergessenheit geraten war, heute nicht nur unter Physikern, sondern auch in der nicht-naturwissenschaftlichen Welt teilweise bekannter ist als für ihre schulebildende Entwicklung der modernen Algebra.

Das Foto Emmy Noethers, das am Ende des ersten Bandes stand und dort als Vorankündigung wirken sollte, eröffnet hier den zweiten Band meiner Noetherbiografie. Auf eine ohne Kenntnis des Fundortes und der (wahrscheinlichen) Datierung nicht sofort ersichtliche Weise symbolisiert dieses Foto die enge Verbindung zwischen Hilbert und Noether. Denn dieses Foto, das mit großer Wahrscheinlichkeit noch in Erlangen aufgenommen wurde (denn in ihren Göttinger Anfangsjahren wird Emmy Noether kaum zum Fotografen gegangen sein), stammt aus einem Album, das David Hilbert zu seinem 60. Geburtstag am 23. Januar 1922 geschenkt bekam und das Portraits aller seiner Schüler und Wissenschaftlerfreunde enthält. Emmy Noether, deren am 13. Dezember 1921 kurz zuvor verstorbener Vater Max Noether darin ebenso vertreten war wie ihr Erlanger Lehrer und Freund Ernst Fischer (Fischer und Emmy Noether sind in dem nicht alphabetisch geordneten Album gemeinsam auf einer Seite abgebildet), hatte für diesen Zweck ein, wie ich finde, bemerkenswertes Foto ausgewählt: Denn dieses Foto mit dem weißen Spitzenkragen wirkt im Gegensatz zu anderen von ihr überlieferten Aufnahmen sehr brav und fast schülerhaft, obwohl Emmy Noether Anfang 1922 schon fast 40 Jahre alt war. Auch wenn Altersschätzungen immer problematisch sind, wirkt sie auf diesem Foto jedoch deutlich jünger, so dass ich vermute, dass es kurz vor ihrer Ankunft 1915 in Göttingen gemacht worden sein könnte. Dafür spricht auch, dass fast alle Fotos in dem Album nicht um 1921/22 entstanden sind, sondern – wie es damals üblich war – aus den zumeist schon Jahre zuvor aufgenommenen, auch teilweise andernorts bereits veröffentlichten Aufnahmen aus dem Besitz der jeweils Portraitierten stammten. So kann dieses Foto auch als Reminiszenz an Emmy Noethers Göttinger Anfänge und den gemeinsam mit Hilbert ausgefochtenen Kampf um ihre Habilitation gesehen werden.

ΩΩΩ

Emmy Noether um 1915
(NStuUB Gö Cod. Ms Hilbert 754,
digital bearbeiteter Ausschnitt)

1. Der Antrag auf Habilitation Emmy Noethers

Am 26. November 1915 stellte die Mathematisch-Naturwissenschaftliche Abteilung der Philosophischen Fakultät der Universität Göttingen beim preußischen Minister der geistlichen und Unterrichts-Angelegenheiten einen Antrag auf Habilitation für Emmy Noether, der hier in voller Länge wiedergegeben werden soll:

Eure Exzellenz

bittet die mathematisch-naturwissenschaftliche Abteilung der philosophischen Fakultät der Göttinger Universität ehrerbietigst, ihr im Falle des Habilitationsgesuches von Fräulein Dr. Emmy Noether (für Mathematik) Dispens von dem Erlass des 29. Mai 1908 gewähren zu wollen, nach welchem die Habilitation von Frauen unzulässig ist.

Zur Zeit dieses Erlasses war die Immatrikulation von Frauen noch nicht gestattet; sie erfolgte bald darauf. Wir glauben aber die Rechtslage doch so auffassen zu müssen, dass die Habilitation von Frauen ohne generelle oder spezielle Erlaubnis Eurer Exzellenz auch heute noch unzulässig ist.

Unser Antrag zielt auch nicht dahin, um Aufhebung des Erlasses vorstellig zu werden; sondern wir bitten nur um Dispens für den vorliegenden einzigartig liegenden Fall.

Vor allem bemerken wir, dass Fräulein Dr. Noether ihr Gesuch – welches mit allen Anlagen beiliegt – nicht aus eigener Initiative gestellt hat, sondern dazu von den Fachvertretern – die ihr natürlich keinerlei Zusagen machen konnten – ermuntert wurde, nachdem ein Vortrag in der mathematischen Gesellschaft uns auch in pädagogischer Hinsicht wohlgelungen erschien. Alsdann wurde ihre wissenschaftliche Qualifikation von einer Kommission auf Grund der eingereichten Arbeiten und der persönlichen Kenntnis einiger von uns geprüft. Des weiteren beschloss die Abteilung in ihrer Sitzung vom 6. XI. [19]15, an E[ure] Exzellenz die obige Bitte zu richten. Diese Sitzung war von 19 der 21 in Göttingen befindlichen Abteilungsmitglieder besucht. Der genannte Beschluss wurde mit 10 gegen 7 Stimmen (bei 2 Stimmenthaltungen) gefasst; alle vier Fachvertreter und alle drei Vertreter der Nachbarfächer angewandte Mathematik und Physik gehörten zur Mehrheit. Von den beiden fehlenden Mitgliedern hätten nach ihren Erklärungen einer mit ja, einer mit nein gestimmt.

Der Widerspruch der Minorität beruht lediglich auf der prinzipiellen Abneigung gegen die Zulassung einer Frau. Niemand widersprach dem Votum der Fachvertreter: die Leistungen von Fräulein Noether stehen <u>über</u> dem Durchschnitt des Niveaus der bisher in Göttingen zugelassenen Privatdozenten der Mathematik. Wir wissen, dass sie keinem der aus dem Felde zurückkehrenden Dozenten noch künftigen Privatdozenten der Mathematik Platz wegnimmt. Wir haben keinen numerus clausus und empfanden noch vor dem Kriege das Bedürfnis nach mehreren neuen Dozenten unseres Faches, ohne bei unseren strengen Anforderungen auch nur einen finden zu können. Die Zulassung von Fräulein Noether würde nur einen Teil des vorhandenen Bedürfnisses ausfüllen, und es erscheint uns ganz unwahrscheinlich, dass wir in absehbarer Zeit eine weitere Frau zulassen möchten. Sind wir doch der Meinung, dass ein weiblicher Kopf nur ganz ausnahmsweise in der Mathematik schöpferisch tätig sein kann, geschweige denn Fräulein Noethers Leistungen aufweisen.

Gerade ihre besondere, dem theoretischen Teil unserer Wissenschaft zugewandte Richtung erscheint uns als Stütze unserer Bitte. Sie arbeitet z. B. in dem wichtigen, zu Unrecht in den letzten Dezennien vernachlässigten Gebiete der Invariantentheorie, das erst durch sie unserem Lehrplan wieder eingefügt werden könnte und in dem auch manche unserer mathematischen und physikalischen Kollegen von ihr Belehrung schöpfen würden.

Wir rollen absichtlich nicht die allgemeine und unbestimmte Frage auf, wie nach dem Kriege sich der Wirkungsbereich der beiden Geschlechter abgrenzen solle. Aber wir heben hervor, dass gerade die Rücksicht auf die durch den Krieg bewirkte Neubewertung der Wissenschaften uns zwingt, alles zu tun, um neben den praktischen auch die theoretischen Fächer zu fördern, ohne welche eine Verflachung auf die Dauer unvermeidlich wäre. Es erscheint uns daher als eine wichtige voraussehende Maßnahme, sich besondere Begabungen zu sichern und zwar noch während des Krieges.

Sehr wesentlich bei unserer Bitte um Erlaubnis dieses ersten Versuches einer Frauenhabilitation ist auch der persönliche Eindruck. Es scheint uns bei Frl. Noether alles ausgeschlossen, was bei einzelnen Vertreterinnen wissenschaftlicher Tendenzen in unliebsamer Weise hervorgetreten ist. Sie ist in einem Gelehrtenhause aufgewachsen und wird eine eifrige und stille Arbeiterin auf dem Felde ihres Berufes sein.

Unterzeichnet war das Gesuch von dem Mathematiker Edmund Landau (1877-1938), der 1915 Vorsteher der Mathematisch-Naturwissenschaftlichen Abteilung der Philosophischen Fakultät[1] war.

Ganz offensichtlich versuchte man in diesem sorgfältig formulierten Antrag sowohl die während der Diskussionen in Abteilung und Fakultät vorgebrachten Einwände gegen Emmy Noethers Habilitation zu entkräften (von denen im Einzelnen noch die Rede sein wird) als auch um jeden Preis den Eindruck zu vermeiden, dass man etwa den im Erlass vom 29. Mai 1908 festgelegten prinzipiellen Ausschluss von Frauen von der Habilitation in Frage stelle.[2] Der letzte Satz sollte zudem Befürchtungen zerstreuen, dass Emmy Noether etwa emanzipatorische Gedanken hege oder gar Verhaltensweisen zeige, wie man sie insbesondere den russischen Gasthörerinnen zugeschrieben hatte, die seit den 1890er Jahren an die deutschen Universitäten geströmt waren. Diese stellten, bis sie durch die Zulassung von (deutschen) Frauen zum regulären Studium verdrängt wurden, die größte Gruppe unter den an deutschen Universitäten hospitierenden Frauen und galten – wegen der radikalen Russinnen, die in den 1870er Jahren das Frauenstudium an der Universität Zürich etabliert hatten – per se als radikale Feministinnen oder Sozialistinnen.[3] Ohne direkt auf diese zu rekurrieren, wollte man also im Fall Emmy Noethers alles verhindern, was die bei vielen Professoren durchaus noch lebendigen Erinnerungen an diese frühen ausländischen (und im Übrigen zumeist jüdischen) Studentinnen hervorrufen könnte.

Als ein zurückhaltendes, nur ihren mathematischen Studien verschriebenes, auf keinen Fall emanzipationssüchtiges weibliches Wesen hatte auch schon Karl Weierstraß (1815-1897) seine Schülerin Sofja Kowalewskaja (1850-1891) angepriesen, als er seine Göttinger Kollegen zu überreden versuchte, diese zu promovieren, was schließlich auch gelang. Und auch Weierstraß hatte damals darauf hingewiesen,

---

1 Die Göttinger Philosophische Fakultät war 1910 in eine Mathematisch-Naturwissenschaftliche und in eine Historisch-Philologische Abteilung geteilt worden.

2 Siehe zur Entstehungsgeschichte des Erlasses ausführlich Cordula Tollmien, Die Lebens- und Familiengeschichte der Mathematikerin Emmy Noether in Einzelaspekten 1/2021: „Kann eine Frau Privatdozentin werden?“ – die Umfrage des preußischen Kultusministeriums zur Habilitation von Frauen 1907, tredition Hamburg 2021.

3 Siehe dazu Tollmien 1/2021, S. 194-197; Monika Bankowski-Züllig, Zürich – das russische Mekka, in: Ebenso neu als kühn, 120 Jahre Frauenstudium an der Universität Zürich, hg. vom Verein Feministische Wissenschaft Schweiz, eFeF-Verlag Zürich 1988, S. 127-146, hier S. 127 f.

dass er ein Gegner der Zulassung von Frauen zum Universitätsstudium sei und nur in diesem einen Ausnahmefall für die Promotion einer Frau plädiere.[4]

Nun waren zum Zeitpunkt von Emmy Noethers Habilitationsversuch Frauen inzwischen als reguläre Studentinnen zugelassen, doch noch immer waren sie aufgrund des Erlasses vom 29. Mai 1908, der ihnen die akademische Laufbahn verwehrte, keine vollwertigen akademischen Bürgerinnen.[5] Die Fakultät musste nun alles vermeiden, was den Eindruck erwecken konnte, dass man dies ändern wollte: „Unser Antrag zielt auch nicht dahin, um Aufhebung des Erlasses vorstellig zu werden; sondern wir bitten nur um Dispens für den vorliegenden einzigartig liegenden Fall."

Trotz dieses deutlich defensiven Charakters des Habilitationsantrags für Emmy Noether waren sich seine Befürworter offensichtlich relativ sicher, dass dieser erfolgreich sein würde. Denn anders ist nicht zu erklären, dass man nicht – wie dies andere Universitäten in vergleichbaren Fällen taten – erst eine vorsichtige Voranfrage beim Ministerium stellte,[6] sondern gleich das gesamte vorgeschriebene Verfahren (bis auf die Habilitation selbst) mit Gutachten und Gegengutachten absolvierte, wobei unter den insgesamt 19 Anlagen zum Habilitationsantrag Emmy Noethers nicht nur der Nachweis über die bereits gezahlten Gebühren von immerhin 100 Mark war,[7] sondern auch schon drei mögliche Themata für den öffentlichen Probevortrag genannt wurden. Die Anlagen sind in den Göttinger Akten leider nicht vorhanden, aber es existiert eine Liste derselben.[8]

---

4 Siehe Cordula Tollmien, Zwei erste Promotionen: die Mathematikerin Sofja Kowalewskaja und die Chemikerin Julia Lermontowa, mit Dokumentation der Promotionsunterlagen, in: „Aller Männerkultur zum Trotz" – Frauen in Mathematik und Naturwissenschaften, hg. von Renate Tobies, Campus Frankfurt New York 1997, S. 83-130, hier S. 97 f., und Dies. Fürstin der Wissenschaft. Die Lebensgeschichte der Sofja Kowalewskaja, Beltz & Gelberg Weinheim 1995, S. 85.

5 In Tollmien 1/2021, S. 94 und S. 245, wird ausgeführt, warum es – wie viele der Zeitgenossen, aber auch die meisten HistorikerInnen glaubten – keinesfalls die falsche Reihenfolge war, dass der Erlass vom 29.5.1908, der Frauen die Habilitation verwehrte, vor deren Zulassung als reguläre Studentinnen am 18.8.1908 erfolgte.

6 So im September 1917 der Leiter der Psychiatrischen und Nervenklinik Königsberg Ernst Meyer (1871-1931) für seine Schülerin Frieda Reichmann (1889-1957), später Frieda Fromm-Reichmann, GStAPK I. HA Rep. 76 Va, Sekt. 1, Tit. VIII, Nr. 8, Adh. III, Bl. 148. Siehe dazu unten Kapitel 4 S. 145 ff., und zur Person Frieda Reichmann Tollmien 1/2021, S. 263 f. und die dortigen Literaturangaben.

7 Emmy Noether überwies die Gebühren am 20.7.1915, also direkt mit ihrem Antrag auf Habilitation. UniA GÖ Phil. Fak. 315: „Kontoführung beim Bankverein Göttingen" 1915-1916, o. P.

8 Anlagenliste zum Gesuch vom 26.11.1915, UniA GÖ Kur., 4134, o. P.

Demnach lagen – von mir chronologisch sortiert, kommentiert und um die Titel der hier nur summarisch genannten wissenschaftlichen Arbeiten Emmy Noethers ergänzt – dem Antrag bei:

- ein Lebenslauf (leider nicht vorhanden);
- ein Leumundszeugnis;
- zwei Lehrerinnenprüfungszeugnisse – Emmy Noether hatte Ostern 1900 die Sprachlehrerinnenprüfung abgelegt und so die Berechtigung erworben als Gasthörerin an der Universität Erlangen zugelassen zu werden; in den folgenden Semestern bereitete sie sich auf das Abitur vor;[9]
- das „Absolutorium" - Emmy Noether hatte am 14. Juli 1903 als Externe am Königlichen Realgymnasium in Nürnberg die Abiturprüfung abgelegt;[10]
- die Genehmigung zum Belegen von Vorlesungen im WS 1903/04 - Emmy Noether hatte nach dem Abitur ein Semester als Gasthörerin in Göttingen studiert, bevor sie wegen einer Erkrankung nach Erlangen zurückkehren musste; dort setzte sie dann ab dem Wintersemester 1904/05 ihr Studium fort;
- das Doktordiplom – Emmy Noether war am 7. Dezember 1907 in Erlangen von Paul Gordan (1837-1912) „summa cum laude" promoviert worden;[11]
- ihre Dissertation:

  Über die Bildung des Formensystems der ternären biquadratischen Form, Dissertation 1907, Druck Reimer Berlin 1908; auch in: Journal für die reine und angewandte Mathematik 134 (1908), S. 23-90 mit zwei Tafeln;

- 5 weitere im Druck erschienene Arbeiten:

  Zur Invariantentheorie der Formen von n Variabeln, in: Jahresbericht der Deutschen Mathematiker-Vereinigung 19 (1910), S. 101-104 (Vortrag auf der Jahresversammlung der Gesellschaft Deutscher Naturforscher und Ärzte / Deutsche Mathematiker-Vereinigung 1909 in Salzburg);

---

9 Siehe dazu Cordula Tollmien, "Das mathematische Pensum hat sie sich durch Privatunterricht angeeignet" – Emmy Noethers zielstrebiger Weg an die Universität, in: Mathematik und Gender 5, Tagungsband zur Doppeltagung Frauen in der Mathematikgeschichte + Herbsttreffen Arbeitskreis Frauen und Mathematik, hg. von Andrea Blunck, Renate Motzer, Nicola Ostwald, Franzbecker Verlag für Didaktik in der Reihe 'Mathematik und Gender' des AK Frauen und Mathematik 2016, S. 1-12.

10 Siehe zu Emmy Noethers verschlungenem und steinigem Weg zum Abitur ausführlich Cordula Tollmien, Die Lebens- und Familiengeschichte der Mathematikerin Emmy Noether in Einzelaspekten 6/2024: Von der Höheren Töchterschule über die Universität zum Abitur – Emmy Noethers Kindheit und Jugend, tredition Hamburg 2024.

11 Siehe dazu Cordula Tollmien, Die Lebens- und Familiengeschichte der Mathematikerin Emmy Noether in Einzelaspekten 5/2023: Hilbert und Gordan – Studium in Göttingen und Erlangen, tredition Hamburg 2023.

Zur Invariantentheorie der Formen von n Variabeln, in: Journal für die reine und angewandte Mathematik 139 (1911), S. 118-154;

Rationale Funktionenkörper, in: Jahresbericht der Deutschen Mathematiker-Vereinigung 22 (1913), S. 316-319 (Vortrag auf der Jahresversammlung der Gesellschaft Deutscher Naturforscher und Ärzte / Deutsche Mathematiker-Vereinigung 1913 in Wien);

Der Endlichkeitssatz der Invarianten endlicher Gruppen, in: Mathematische Annalen 77 (1916), S. 89-92 (abgeschlossen im Mai 1915);

Über ganze rationale Darstellung der Invarianten eines Systems von beliebig vielen Grundformen, in: Mathematische Annalen 77 (1916), S. 93-102 (abgeschlossen am 5. Januar 1915);

- die Habilitationsschrift:

  Körper und Systeme rationaler Funktionen, in: Mathematische Annalen 76 (1915), S.161-191 (abgeschlossen im Mai 1914);

- die Korrekturbögen einer weiteren Arbeit:

  Die allgemeinsten Bereiche aus ganzen transzendenten Zahlen, in: Mathematische Annalen 77 (1916), S. 103-128 (abgeschlossen am 30. März 1915);

- Nachweis über Gebühreneinzahlung;
- drei Themata für öffentliche Probevorlesung (leider nicht genannt).

Diese Liste lässt sich schon als eine Art Kurzlebenslauf Emmy Noethers lesen, wobei für uns die Zeit unmittelbar vor dem Habilitationsversuch von besonderem Interesse ist: Wie war es überhaupt zu diesem Habilitationsversuch gekommen, was geschah zwischen Emmy Noethers Promotion im Dezember 1907 und ihrem Göttinger Antrag auf Habilitation im Juli 1915?

2. Vorgeschichte

Nach ihrer Promotion arbeitete Emmy Noether über sieben Jahre lang wissenschaftlich und in der Lehre am Mathematischen Institut in Erlangen ohne Anstellung oder Vertrag, das heißt also auch ohne jede Vergütung. Sie unterstützte dabei sowohl ihren Vater als auch die beiden Nachfolger ihres Doktorvaters Paul Gordan, der 1910 emeritiert worden war: zunächst den Hilbertschüler Erhard Schmidt (1876-1959), der nur ein Jahr in Erlangen blieb, und dann Ernst Fischer (1875-1954), ein Schüler des Wiener Mathematikers Franz Mertens (1840-1927), von dem – wie Emmy Noethers Vater Max Noether (1844-1921) in seinem Berufungsvorschlag für Fischer geschrieben hatte – dieser an „die spezifisch-algebraischen Zweige der mathematischen Wissenschaft" herangeführt worden war.[12]

Als Emmy Noether 1913 an der Versammlung der Gesellschaft Deutscher Naturforscher und Ärzte in Wien teilnahm, besuchte sie auch Franz Mertens[13] und zollte mit diesem Besuch dem Lehrer des Mannes Respekt, der ihr – wie sie in ihrem Habilitationslebenslauf schrieb – „den entscheidenden Anstoß zu der Beschäftigung mit abstrakter Algebra in arithmetischer Auffassung gab".[14] Und das erste Ergebnis dieses „Anstoßes zu der Beschäftigung mit abstrakter Algebra" hatte sie denn auch auf dieser Tagung in Wien vorgetragen. „Die folgenden Fragestellungen", hieß es dementsprechend im ersten Satz ihres Vortrags über „Rationale Funktionenkörper", mit dem Emmy Noether erstmals mit einer Arbeit an die Öffentlichkeit trat, die aus dem Gebiet stammte, für das sie später berühmt werden sollte, „gehen ursprünglich auf Gespräche mit E[rnst] Fischer zurück."[15]

Die Bedeutung dieser Gespräche, die Fischer und Noether oft auch schriftlich weiterführten – obwohl beide in derselben Stadt wohnten, gingen fast täglich Postkarten oder manchmal auch Briefe zwischen ihnen hin und her –, kann gar nicht hoch genug eingeschätzt werden: Was Fischer publiziert, hatte Max Noether in sei-

12 Max Noether, Vorschlag für die Nachfolge Erhard Schmidt, 13.6.1911, Universitätsarchiv Erlangen (UnivA Erl) Personalakte Erhard Schmidt Teil II Pos. 1 S. Nr. 63 (A 2/1 S 63) 1910/1911, o. P.

13 Auguste Dick, Franz Mertens 1840-1927: eine biographische Studie, Berichte der mathematisch-statistischen Sektion im Forschungszentrum Graz, Band 151, 1981, S. 16.

14 Habilitationslebenslauf Emmy Noethers, Abschrift, undatiert, Eingangsvermerk 4.6.1919, UniA GÖ Kur., 12099, Personalakte Prof. Dr. Emmy Noether 1919-1933; auch vorhanden in: ebenda, Math.-Nat. Pers., in 17: Personalakte Prof. Noether, o. P. In der hier vorliegenden Veröffentlichung angefügt als Anhang 2.

15 Emmy Noether, Rationale Funktionenkörper, in: Jahresbericht der Deutschen Mathematiker-Vereinigung 22 (1913), S. 316-319, hier S. 316.

nem Berufungsvorschlag geschrieben, „ist in hohem Grade anregend, nicht nur durch den Inhalt, sondern auch durch die einfache und auffällig klare Darstellung, vorzüglich aller leitenden Gedanken. Schon diese Eigenschaft weist auch auf einen ausgezeichneten Lehrer hin".[16]

„Anregend", „einfache und auffällig klare Darstellung, vorzüglich aller leitender Gedanken" – das sind Eigenschaften, die auch Emmy Noethers Publikationen auszeichnen, was sie neben der Schulung durch ihren Vater, der ebenfalls ein sehr guter Stilistiker war, wohl auch ihrem „ausgezeichneten Lehrer" Ernst Fischer verdankte. Dabei war die Beeinflussung wechselseitig befruchtend: In ihrem zur Habilitation 1919 verfassten Lebenslauf beschrieb Emmy Noether, wie eine ihrer Arbeiten, die auf Gedanken von Ernst Fischer aufbaute, diesen seinerseits wieder zu einer eigenen Arbeit angeregt hatte.[17]

Emmy Noether betreute während ihrer Erlanger Zeit auch schon zwei Doktoranden: Der eine war Hans Falckenberg (1885-1946), ein enger Freund ihres Bruders Fritz Noether (1884-1941), und der andere Fritz Seidelmann (1890-1968), dem sie mit Ratschlägen zur Seite stand, obwohl sie während der Abfassung seiner Arbeit schon in Göttingen war. Beide promovierten nominell bei ihrem Vater, für Hans Falckenberg schrieb Fischer das Gutachten.[18]

Einladung nach Göttingen

In den Jahren 1913 und 1914 intensivierte Emmy Noether ihren wissenschaftlichen und persönlichen Kontakt sowohl zu Felix Klein (1849-1925) als auch zu David

[16] Max Noether, Vorschlag für die Nachfolge Erhard Schmidt, 13.6.1911 (Unterstreichung im Original), UnivA Erl Personalakte Erhard Schmidt Teil II Pos. 1 S. Nr. 63 (A 2/1 S 63) 1910/1911, o. P.

[17] Emmy Noether, Habilitationslebenslauf, Anhang 2. Es handelte sich um die Arbeiten: Emmy Noether, Über ganze rationale Darstellung der Invarianten eines Systems von beliebig vielen Grundformen, in: Mathematische Annalen 77 (1916), S. 93-102 (abgeschlossen 5. Januar 1915) und Ernst Fischer, Differentiationsprozesse der Algebra, in: Journal für die reine und angewandte Mathematik 148 (1918), S. 1-78. Vgl. zum Briefwechsel Fischer-Noether auch Auguste Dick, Emmy Noether 1882-1935, in: Elemente der Mathematik, Beiheft 13, 1970, S. 3-72, S. 11.

[18] Emmy Noether, Habilitationslebenslauf, Anhang 2; Gutachten Fischers vom 10.12.1911, UniA Erl Promotionsakte Hans Falckenberg C 4/3b 3393, o. P.; Gutachten Max Noethers vom 19.1.1916, ebenda, Promotionsakte Fritz Seidelmann C4/3b 3778, o. P. Ausführlich werden Emmy Noethers Erlanger Jahre nach ihrer Promotion dargestellt in: Cordula Tollmien, Die Lebens- und Familiengeschichte der Mathematikerin Emmy Noether in Einzelaspekten 4/2023: Erste Schritte in die Scientific Community – neues mathematisches Leben in Erlangen, tredition Hamburg 2023.

Felix Klein um 1912
(NStuUB Gö Sammlung Voit 6)

Hilbert (1862-1943). So war sie 1913 für längere Zeit in Göttingen und verfasste in dieser Zeit zusammen mit ihrem Vater und Klein einen Nachruf auf ihren 1912 verstorbenen Doktorvater Paul Gordan.[19] Klein, der Emmy Noethers wissenschaftlichen Bestrebungen nach eigener Aussage ursprünglich eher skeptisch gegenüber gestanden hatte, überzeugte diese gemeinsame Arbeit so nachdrücklich von ihren

[19] Max Noether mit Unterstützung von Felix Klein und Emmy Noether, (Nachruf auf) Paul Gordan, in: Mathematische Annalen 75 (1914), S. 1-41.

mathematischen Fähigkeiten, dass er darauf sogar in seinem Habilitationsgutachten Bezug nahm: „Ich sah zu meiner Überraschung“, so Klein über die Arbeit mit Emmy Noether, „dass sie eines meiner früheren Arbeitsgebiete, die Theorie der Gleichungen fünften Grades, nicht nur vollständig beherrschte, sondern mir darüber noch manche Einzelbemerkungen mitteilen konnte, die mir neu waren und mich sehr befriedigten.“[20] Klein und Emmy Noether hatten also während ihrer gemeinsamen Arbeit an dem Gordannachruf noch Zeit gefunden über Kleins bis heute als klassisch geltende, 1884 erschienene Arbeit über das Ikosaeder zu diskutieren,[21] und Emmy Noether bewies, wie später in vergleichbaren Situationen immer wieder, nicht nur, dass sie die Arbeit (natürlich) kannte und verstanden hatte, sondern dass sie auch darüber hinauszugehen in der Lage war.

Mit Hilbert korrespondierte Emmy Noether im Mai 1914 von Erlangen aus wegen der Veröffentlichung ihrer aus ihrem Wiener Vortrag hervorgegangenen Arbeit in den Mathematischen Annalen:[22]

Sehr geehrter Herr Geheimrat!,

schrieb Emmy Noether am 4. Mai 1914 an David Hilbert.

Ich schicke Ihnen gleichzeitig eine Arbeit „Körper und Systeme rationaler Funktionen“ mit der Bitte um Aufnahme in die Annalen.

Über den Inhalt der Arbeit soll die Einleitung orientieren; einen Überblick über Fragestellungen und Resultate habe ich auch in meinem Wiener Vortrag über "rationale Funktionenkörper" (Nov[ember]-Dezemberheft des Jahrb[e]r[ichts] der Math[ematiker]ver[einigung] 1913)[23] *gegeben.*

Die Arbeit knüpft an Kapitel I Ihrer Arbeit „über die vollen Invariantensysteme“ und an das Problem der „relativ ganzen Funktionen“, Problem 14 Ihrer mathe-

---

20 Gutachten Kleins zum Habilitationsgesuch von Emmy Noether vom 28. Juli 1915 auf fortlaufenden Blättern im Anschluss an das Rundschreiben des Abteilungsvorstehers der Mathematisch-Naturwissenschaftlichen Abteilung vom 20.7.1915, UniA GÖ Math.-Nat. Pers, in 17: Personalakte Prof. Noether, o. P.

21 Felix Klein, Vorlesungen über das Ikosaeder und die Auflösung der Gleichungen vom fünften Grade, B. G. Teubner Leipzig 1884. Vgl. dazu auch Renate Tobies, Felix Klein. Visionen für Mathematik, Anwendungen und Unterricht, Springer Spektrum Heidelberg 2019, S. 256-260.

22 Emmy Noether, Körper und Systeme rationaler Funktionen, in: Mathematische Annalen 76 (1915), S. 161-191 (abgeschlossen Mai 1914).

23 Emmy Noether 1913 (= Nr. 5 in Anhang 1).

matischen Probleme, an: Sonst finden sich noch Berührungspunkte mit der „algebraischen Theorie der Körper" von E[rnst] Steinitz.

Ich habe versucht, die Frage der rationalen Darstellbarkeit der Funktionen eines abstrakt definierten Systems durch eine Basis (Rationalbasis) erschöpfend zu behandeln, und von da aus auch Angriffspunkte zur Behandlung des Endlichkeitsproblems zu gewinnen. Es haben sich so neue Endlichkeitssätze ergeben; bei Voraussetzungen anderer Art als die, die man bis jetzt beherrschen konnte. Allerdings ist mir die Behandlung der „relativ ganzen Funktionen" nur für eine spezielle Klasse gelungen; hier kann ich dafür aber die Integritätsbasis abstrakt durch den Bereich definieren.

Die in dem Vortrag erwähnten Anwendungen auf die „Konstruktion von Gleichungen mit vorgeschriebener Gruppe" habe ich fortgelassen, um sie für sich zu veröffentlichen; da sie doch wieder neue Begriffe erfordern.

Mit besten Empfehlungen
Ihre
sehr ergebene
Emmy Noether.[24]

Emmy Noethers Arbeit, die sie Hilbert mit diesem Brief als Manuskript zuschickte, war also eine direkte Antwort auf beziehungsweise sogar eine Fortsetzung von Hilberts bahnbrechender Veröffentlichung aus dem Jahr 1890, in dem dieser gezeigt hatte, dass sich die aus einer algebraischen Form mit beliebig vielen Variablen entstehenden Kovarianten und Invarianten immer als ganze rationale Funktionen eines endlichen Basissystems solcher Kovarianten darstellen lassen (Hilberts Basissatz).[25] Diesen Satz von der Endlichkeit des vollen Invariantensystems hatte Hilbert dann zum Ausgangspunkt seiner 1893 von Emmy Noether in ihrem Brief genannten

[24] Emmy Noether an David Hilbert 4.5.1914, Niedersächsische Staats- und Universitätsbibliothek Göttingen Handschriftenabteilung (NStuUB Gö) Cod. Ms. Hilbert 284 (Unterstreichung im Original).

[25] David Hilbert, Ueber die Theorie der algebraischen Formen, Mathematische Annalen, 36 (1890), S. 473-534. Heute spricht man nicht mehr von Formen, sondern von homogenen Polynomen und der Hilbertsche Basissatz lautet dann: „Jedes Ideal im Polynomring k $[x_1,\ldots,x_n]$ besitzt eine endliche Basis, das heißt, das Ideal ist durch endlich viele Elemente erzeugbar." Siehe dazu Peter Roquette, David Hilbert in Königsberg. Vortrag gehalten am 30.9.2002 an der Mathematischen Fakultät Kaliningrad, nur online: http://www.rzuser.uni-heidelberg.de/~ci3/vortrag.pdf (Abruf 17.9.2019).

Veröffentlichung „Über die vollen Invariantensysteme“ gemacht, in der er die Theorie der algebraischen Invarianten der allgemeinen Theorie der algebraischen Funktionenkörper unterordnete, so dass, wie Hilbert in der Einleitung dieser Arbeit selbst schrieb, „die Theorie der Invarianten lediglich als ein besonders bemerkenswertes Beispiel für die Theorie der algebraischen Funktionenkörper mit mehr [sic!] Veränderlichen erscheint.“[26]

Die beiden hier genannten Arbeiten Hilberts haben das algebraische Denken grundlegend verändert und hatten einen weit über die Invariantentheorie hinausgehenden Einfluss auf die moderne Algebra. Hilberts ebenso geniale wie letztlich einfache Idee, den Invariantenkörper als Spezialfall eines Funktionenkörpers zu betrachten,[27] markiert den Beginn einer historischen Entwicklung, aus der später die allgemeine Theorie der abstrakten Körper, Ringe und Moduln hervorgehen sollte, zu der wiederum Emmy Noether Bahnbrechendes beitrug. Und Emmy Noether, die ihre Dissertation noch mit 331 explizit angegebenen Invarianten beendet hatte, zeigte hier, dass sie abgesehen von ihren fundierten Kenntnissen in der klassischen Invariantentheorie Gordanscher Prägung auch mit den Hilbertschen (oder auch Mertenschen[28] und Fischerschen) modernen Methoden vertraut war.[29]

---

[26] David Hilbert, Über die vollen Invariantensysteme, Mathematische Annalen 42 (1893), S. 313-373, hier S. 313. Vgl. dazu auch die Einleitung von Renate Tobies und David Rowe zu: Korrespondenz Felix Klein – Adolph Mayer. Auswahl aus den Jahren 1871-1907, herausgegeben, eingeleitet und kommentiert von Renate Tobies und David E. Rowe, Teubner-Archiv zur Mathematik Band 14, Leipzig 1990, S. 11-54, hier S. 43; Dick 1970, S. 13.

[27] „[…] bei den nachfolgenden Untersuchungen nämlich ordnet sich die Theorie der Invarianten lediglich als ein besonders bemerkenswertes Beispiel für die Theorie der algebraischen Funktionenkörper unter […] – gerade wie man in der Zahlentheorie die Theorie der Kreisteilungskörper lediglich als ein besonderes bemerkenswertes Beispiel aufzufassen hat, an welchem die wichtigsten Sätze der Theorie der allgemeinen Zahlenkörper zuerst erkannt und bewiesen worden sind.“ Hilbert 1893, S, 313, und im Einleitungssatz zu Kapitel I „Der Invariantenkörper: „Die rationalen Invarianten einer Grundform oder eines Grundformensystems bestimmen einen Funktionenkörper, und die ganzen rationalen Invarianten sind die ganzen algebraischen Funktionen dieses Funktionenkörpers.“ Hilbert 1893, S. 316.

[28] Mertens, der später vor allem als Zahlentheoretiker hervortrat, hatte 1886 das Endlichkeitstheorem von Emmy Noethers Doktorvater Paul Gordan neu bewiesen (ohne wie Gordan eine konkrete Basis anzugeben) und damit ebenfalls einen wichtigen Beitrag zur Invariantentheorie geleistet. Siehe dazu Tollmien 5/2023, und zu Mertens Lebenslauf und Arbeitsweise Christa Binder, 100 Jahre Mertensche Vermutung, in: Internationale Mathematische Nachrichten, hg. von der Österreichischen Mathematischen Gesellschaft 52 (August 1898) 178, S. 2-6; ein ausführliches Schriftenverzeichnis findet sich in Dick 1981.

[29] Siehe dazu das instruktive Kapitel über die Entwicklung der Invariantentheorie in: David Rowe, Emmy Noether, Mathematician Extraordinaire, Springer Nature Switzerland Cham 2021, S. 23-35, hier insb. S. 25 f., und Tollmien 4/2023.

David Hilbert um 1912
(NStuUB Gö Sammlung Voit 4)

Das ebenfalls von Emmy Noether in ihrem Brief genannte Problem 14 aus Hilberts berühmtem Pariser Vortrag aus dem Jahr 1900, in dem dieser in 23 ungelösten mathematischen Problemen die Zukunft der Mathematik umrissen und damit endgültig seinen Weltruhm begründet hatte,[30] stellte die Frage nach der Endlichkeit gewisser

[30] David Hilbert, Mathematische Probleme. Vortrag gehalten auf dem internationalen Mathematiker-Kongreß zu Paris 1900, in: Nachrichten von der Königlichen Gesellschaft der Wissenschaften zu Göttingen, Mathematisch-Physikalische Klasse 1900, S. 253-297.

voller Funktionensysteme oder modern ausgedrückt nach der endlichen Erzeugbarkeit eines speziellen Polynomrings über einem Körper. Mit Blick darauf schloss Hilbert dann später sein Habilitationsgutachten mit dem Satz, dass Emmy Noether mit der ihm hier im Mai 1914 erstmals als Manuskript vorgelegten Arbeit über „Körper und Systeme rationaler Funktionen" die „Ausführung eines Teiles des großen Programms" gelungen sei, „das ich seinerzeit hinsichtlich der Endlichkeitsfragen aufgestellt habe".[31]

Außerdem wies Emmy Noether in ihrem Brief an Hilbert auch noch auf die Arbeit Ernst Steinitz' (1871-1928) über die „Algebraische Theorie der Körper"[32] hin, die Emmy Noethers berühmtester Schüler Bartel van der Waerden (1903-1996) später als einen „Wendepunkt in der Geschichte der Algebra des 20. Jahrhunderts" bezeichnete, weil es das erste Mal gewesen sei, dass „eine bestimmte Struktur, nämlich die Körperstruktur, ganz allgemein axiomatisch untersucht" worden sei.[33]

Emmy Noether zeigte damit schon in diesem frühen Brief, was auch ihre späteren Arbeiten auszeichnen sollte und was Mechthild Koreuber in ihrer Veröffentlichung über die Noetherschule als das Emmy Noethers Arbeiten innewohnende dialogische Prinzip herausgestellt hat.[34] Gemeint ist damit nicht nur, dass Emmy Noether ihre Leser gelegentlich direkt ansprach, sondern auch und vor allem, dass sie ihre eigenen Arbeiten immer in einem Kontinuum von Vorgängerarbeiten verankerte und sich mit diesen auseinandersetzte.[35] Damit führte sie nicht nur im persönlichen Kontakt oder Briefen, sondern auch in ihren Veröffentlichungen in gewissem Gespräche mit anderen Mathematikern.

In einem zweiten Brief ein paar Monate später führte Emmy Noether das mit Hilbert begonnene Gespräch fort, indem sie – ohne dazu aufgefordert zu sein – ausführliche Anmerkungen zu einer wissenschaftlichen Note Hilberts machte, die die-

---

31 Gutachten Hilberts o. D. [Juli 1915], auf fortlaufenden Blättern im Anschluss an das Rundschreiben Landaus vom 20.7.1915, UniA GÖ Math.-Nat. Pers., in 17: Personalakte Prof. Noether, o. P. Siehe dazu unten S. 79.

32 Ernst Steinitz, Algebraische Theorie der Körper, in: Journal für die reine und angewandte Mathematik 137 (1910), S. 167-309.

33 Bartel van der Waerden, Meine Göttinger Lehrjahre (Vortrag, gehalten am 26.1.1979 in Heidelberg, Abschrift einer Tonbandaufzeichnung), in: Mitteilungen der DMV 5 (1997) 2, S. 20-27, hier S. 24.

34 Mechthild Koreuber, Emmy Noether, die Noether-Schule und die moderne Algebra, Springer Spektrum Berlin Heidelberg 2015, passim, insb. S. 89-95.

35 Siehe dazu beispielsweise die Veröffentlichung Noethers aus dem Jahr 1911 (Anhang 1 Nr. 4), die bei Rowe 2021, S. 26, ausführlich kommentiert wird.

ser eigentlich ihrem Vater zugeschickt hatte. Dabei kündigte sie zugleich auch wieder zwei neue Veröffentlichungen an:

Sehr geehrter Herr Geheimrat!,

schrieb Emmy Noether am 1. Dezember 1914 an David Hilbert.

Sie sprachen in der gestern meinem Vater zugesandten Note „über die Invarianten eines Systems von beliebig vielen Grundformen" die Vermutung aus, daß diese Invarianten sich ganz und rational durch die endlich vielen Invarianten des Systems (J, PJ) darstellen lassen. Es interessiert Sie deshalb vielleicht, daß vermöge einer Mertens'schen Erweiterung der Clebsch'-Gordan'schen Reihenentwicklung sich diese Vermutung tatsächlich leicht als zutreffend nachweisen läßt.*

** Mertens: Über eine Formel der Determinantentheorie. Formel 5. Wiener Berichte. Math.-nat. Klasse B. 91 Abt. II (1885) – dieselbe Tatsache läßt sich auch aus der Capelli'schen Reihenentwicklung abstrahieren.*

Es folgt die mathematische Ableitung der genannten Vermutung (für die Mathematiker unter meinen Lesern und für diejenigen, die einmal eines der wenigen erhalten Originalschreiben Emmy Noethers sehen wollten, auf den folgenden Seiten als Faksimile wiedergegeben – mathematische Ableitung Seite 2 und 3 des Briefes) mit der Folgerung, dass „damit Ihre Vermutung bewiesen" ist (Seite 3 und 4 des Faksimiles):

Jede ganze rationale Invariante des Grundformensystems (F) von N Formen ist eine ganz rationale Funktion der endlich vielen Invarianten (J, PJ).[36]

Ich benutze,

fuhr Emmy Noether fort (Seite 4 des Faksimiles),

die Gelegenheit, um ein in den nächsten Wochen zuzuschickendes Manuskript (etwa 10-12 Seiten) „über die allgemeinsten Bereiche aus ganzen transzendenten Zahlen" anzumelden. Ich zeige darin, welche der Basiseigenschaften des Zermelo'schen Bereichs durch die spezielle Konstruktion bedingt, und welche Folgen der abstrakten Definition sind, um daraus die allgemeinste Konstruktion zu gewinnen.

[36] Emmy Noether veröffentlichte dieses Ergebnis 1916: Emmy Noether, Über ganze rationale Darstellung der Invarianten eines Systems von beliebig vielen Grundformen, in: Mathematische Annalen 77 (1916), S. 93-102 (abgeschlossen am 5. Januar 1915).

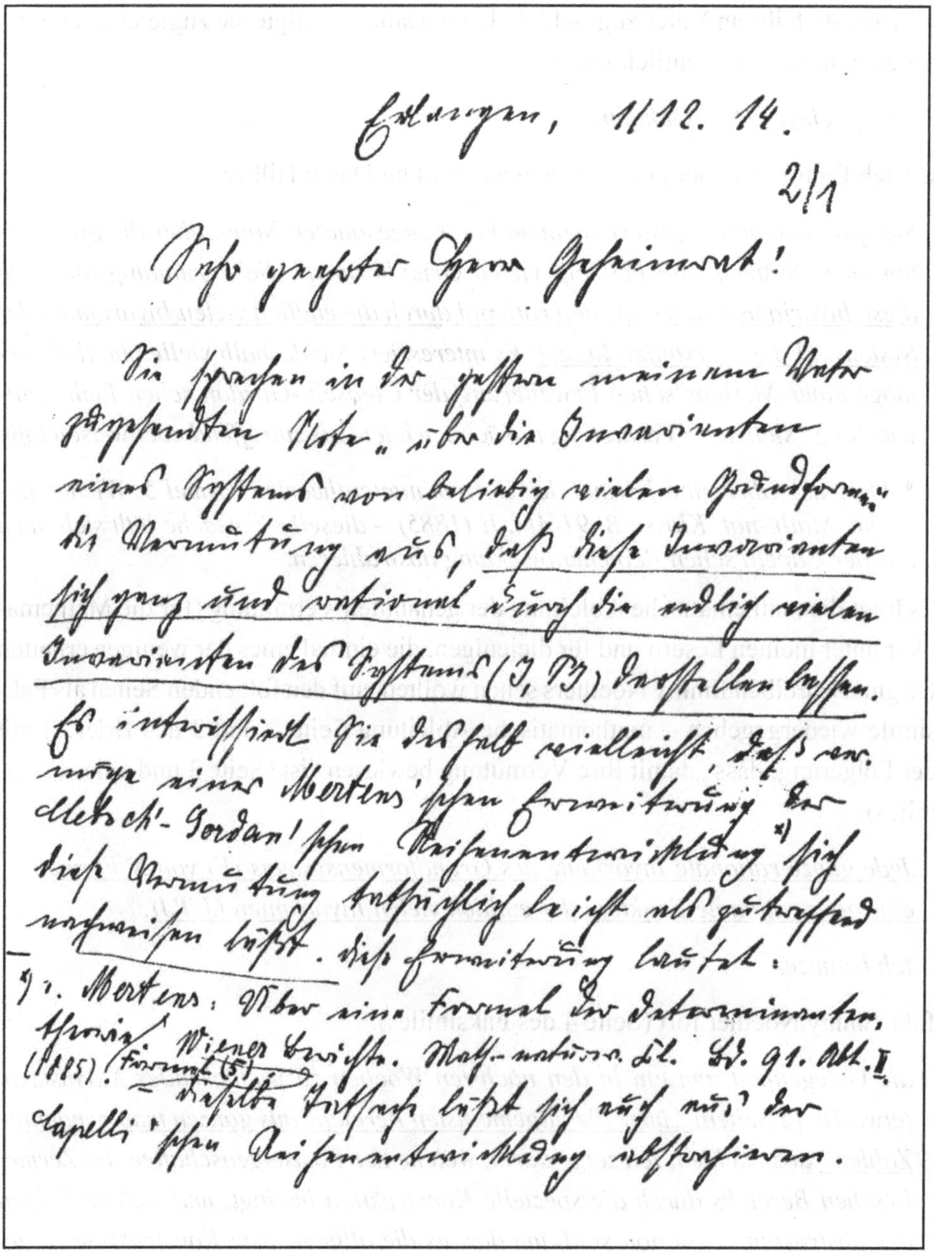
Erlangen, 1/12. 14.

2/1

Sehr geehrter Herr Geheimrat!

Sie sprechen in der gestern meinem Vater zugesandten Note „über die Invarianten eines Systems von beliebig vielen Grundformen" die Vermutung aus, daß diese Invarianten sich ganz und rational durch die endlich vielen Invarianten des Systems (I, II) darstellen lassen. Es interessiert Sie deshalb vielleicht, daß es vermöge einer Mertens'schen Verallgemeinerung der Clebsch-Gordan'schen Reihenentwicklung*) sich diese Vermutung tatsächlich leicht als zutreffend nachweisen läßt. Diese Verallgemeinerung lautet:

*) Mertens: Über eine Formel der Determinantentheorie. (1885) Wiener Berichte. Math.-naturw. Kl. Bd. 91. Abt. II Formel (5). – Dasselbe Resultat läßt sich auch aus der Capelli'schen Reihenentwicklung abschließen.

Die oben vollständig zitierte erste Seite des Briefes Emmy Noethers an David Hilbert vom 1. Dezember 1914 (NStuUB Gö Cod. Ms. Hilbert 284)

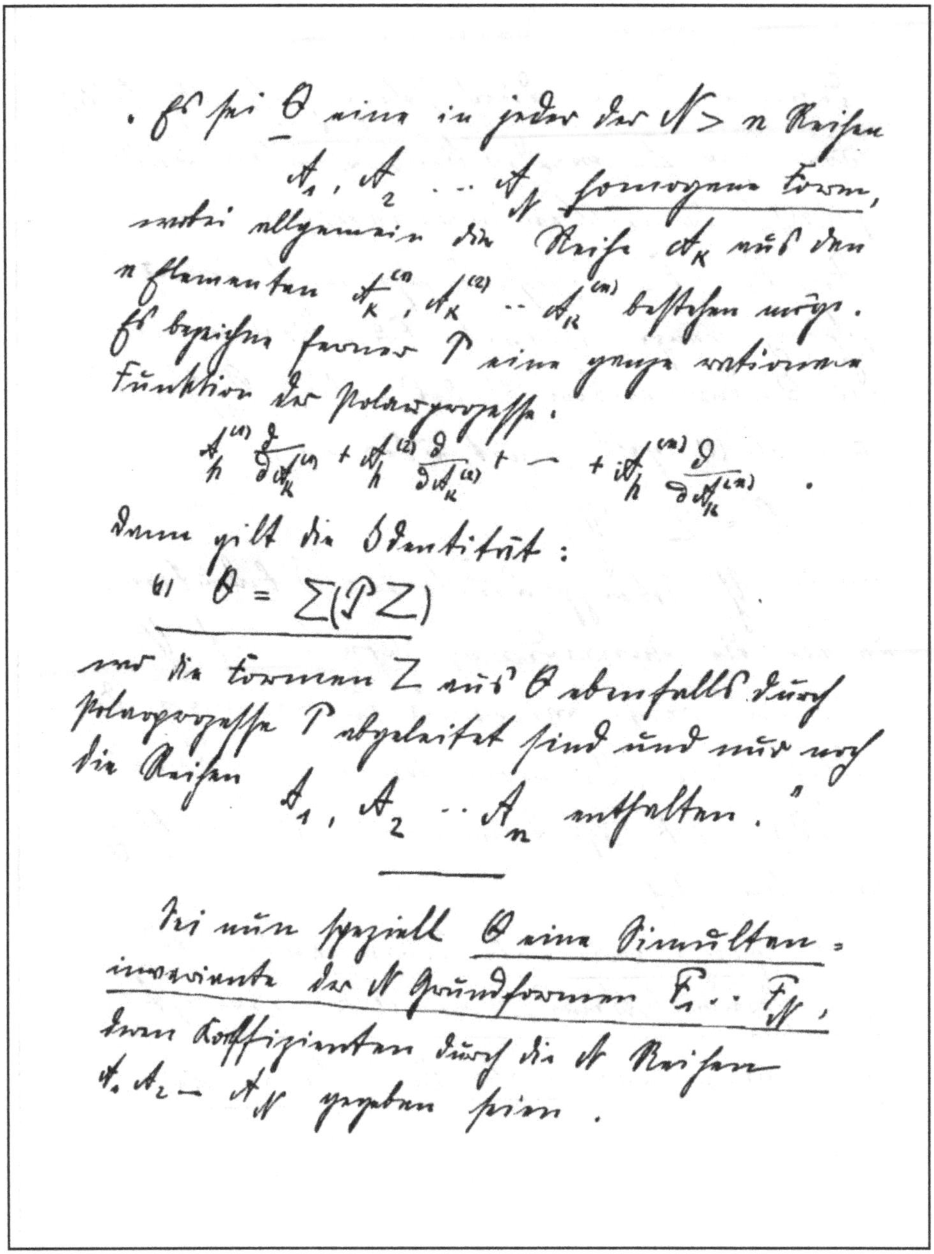

„Es sei Θ eine in jeder der $N > n$ Reihen $A_1, A_2 \ldots A_N$ homogene Form, wobei allgemein die Reihe A_K aus den n Elementen $A_K^{(1)}, A_K^{(2)} \ldots A_K^{(n)}$ bestehen möge. Es bezeichne ferner P eine ganze rationale Funktion der Polarprozesse:

$$A_h^{(1)} \frac{\partial}{\partial A_K^{(1)}} + A_h^{(2)} \frac{\partial}{\partial A_K^{(2)}} + \ldots + A_h^{(n)} \frac{\partial}{\partial A_K^{(n)}}.$$

Dann gilt die Identität:

$$(1) \quad \Theta = \Sigma(PZ)$$

wo die Formen Z aus Θ ebenfalls durch Polarprozesse P abgeleitet sind und nur noch die Reihen $A_1, A_2 \ldots A_n$ enthalten.“

Sei nun speziell Θ eine Simultan-invariante der N Grundformen $F_1 \ldots F_N$, deren Koeffizienten durch die N Reihen $A_1 A_2 - A_N$ gegeben seien.

Seite 2 des Briefes, den letzten Satz auf Seite 1 fortführend
(vor der von Emmy Noether gesetzten Anmerkung)
„Diese Erweiterung lautet:“

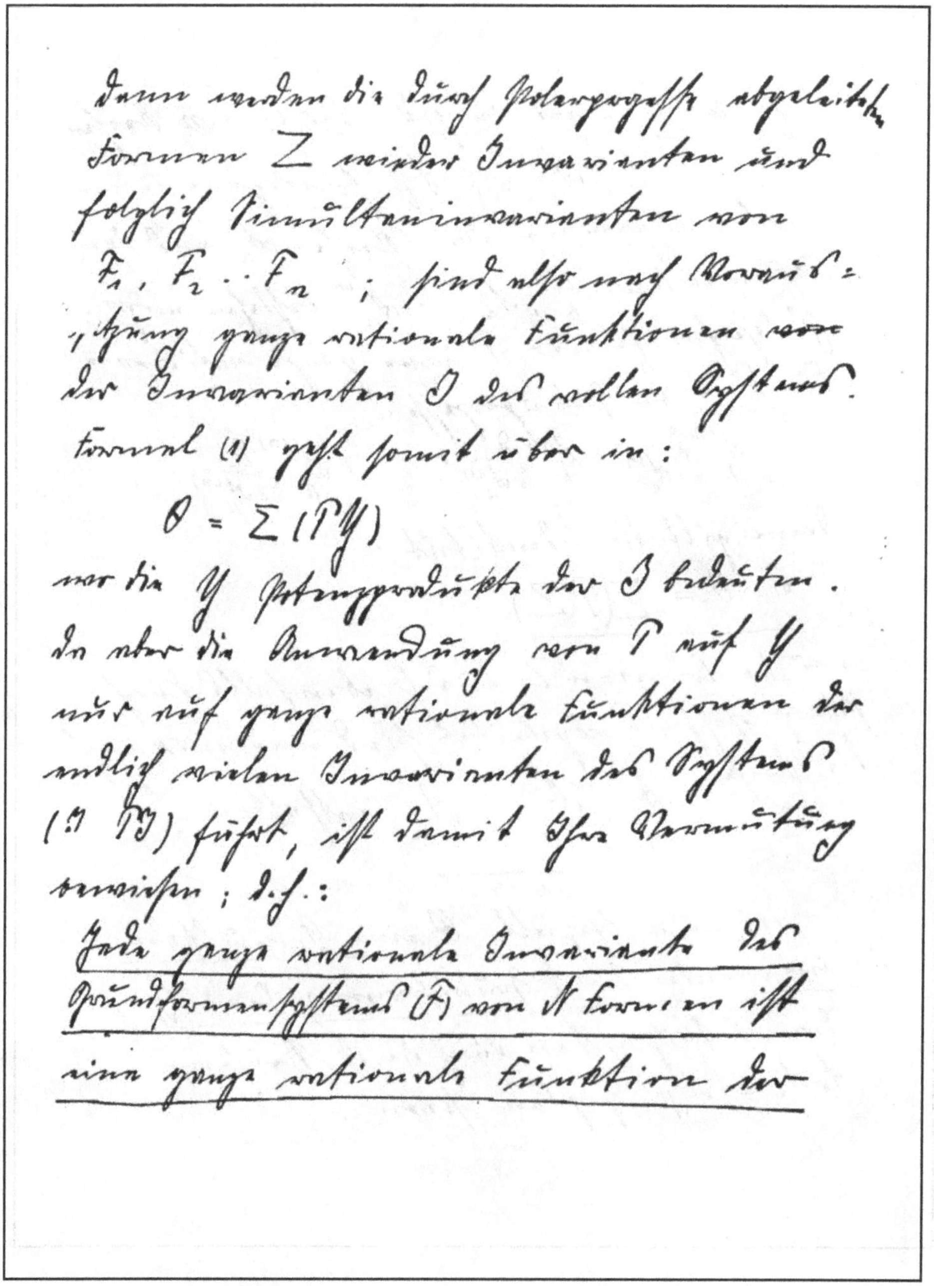

dann werden die durch Polarprozesse abgeleiteten Formen Σ wieder Invarianten und folglich Simultaninvarianten von $F_1, F_2 .. F_n$; sind also nach Voraus-setzung ganze rationale Funktionen von der Invarianten J des vollen Systems. Formel (1) geht somit über in:

$$\theta = \Sigma(PY)$$

wo die Y Potenzprodukte der J bedeuten. Da aber die Anwendung von P auf Y nur auf ganze rationale Funktionen der endlich vielen Invarianten des Systems (J PJ) führt, ist damit Ihre Vermutung bewiesen; d.h.:

<u>Jede ganze rationale Invariante des Grundformensystems (F) von N Formen ist eine ganze rationale Funktion der</u>

Seite 3 endet mit dem oben bereits zitierten Satz:
„<u>Jede ganze rationale Invariante des Grundformensystems (F) von N Formen ist eine ganz rationale Funktion der endlich vielen Invarianten (J, PJ).</u>“ (Schluss auf Seite 4)

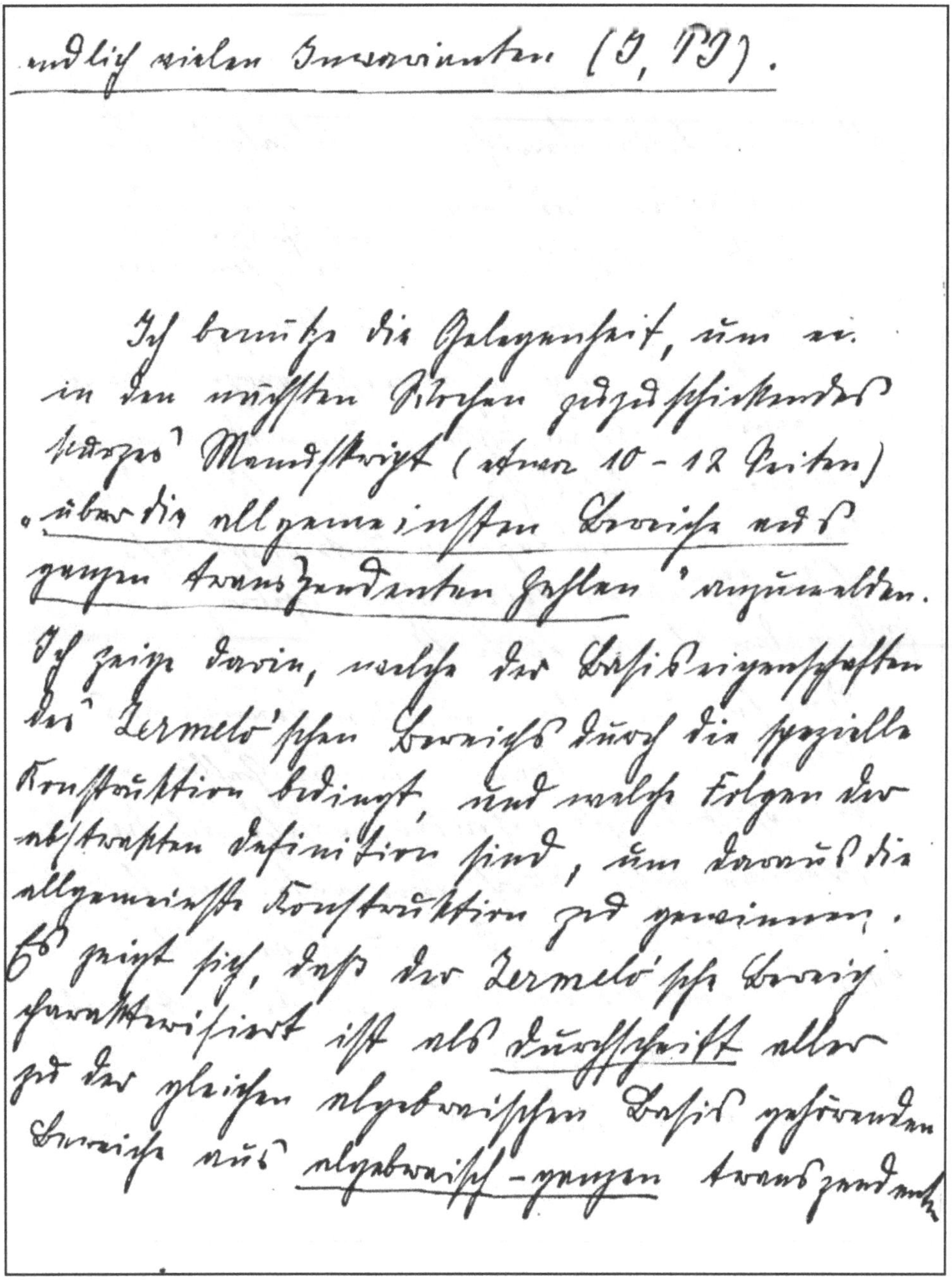

endlich vielen Invarianten (D, PD).

Ich benutze die Gelegenheit, um Ew. in den nächsten Wochen zuzuschickendes kurzes Manuskript (etwa 10 - 12 Seiten) „über die allgemeinsten Bereiche aus ganzen transzendenten Zahlen" anzumelden. Ich zeige darin, welche der Basiseigenschaften des Zermelo'schen Bereichs durch die spezielle Konstruktion bedingt, und welche Folgen der abstrakten Definition sind, um daraus die allgemeinste Konstruktion zu gewinnen. Es zeigt sich, daß der Zermelo'sche Bereich charakterisiert ist als Durchschnitt aller zu der gleichen algebraischen Basis gehörenden Bereiche aus algebraisch-ganzen transzendenten

Auf Seite 4 kündigt Emmy Noether ihr neues Manuskript an, dessen Inhalt sie auf den folgenden Seiten skizziert: „Es zeigt sich, daß der Zermolo'sche Bereich frakterisiert ist als Durchschnitt aller zu der gleichen algebraischen Basis gehörenden Bereiche aus algebraisch-ganzen transzendenten Zahlen …"

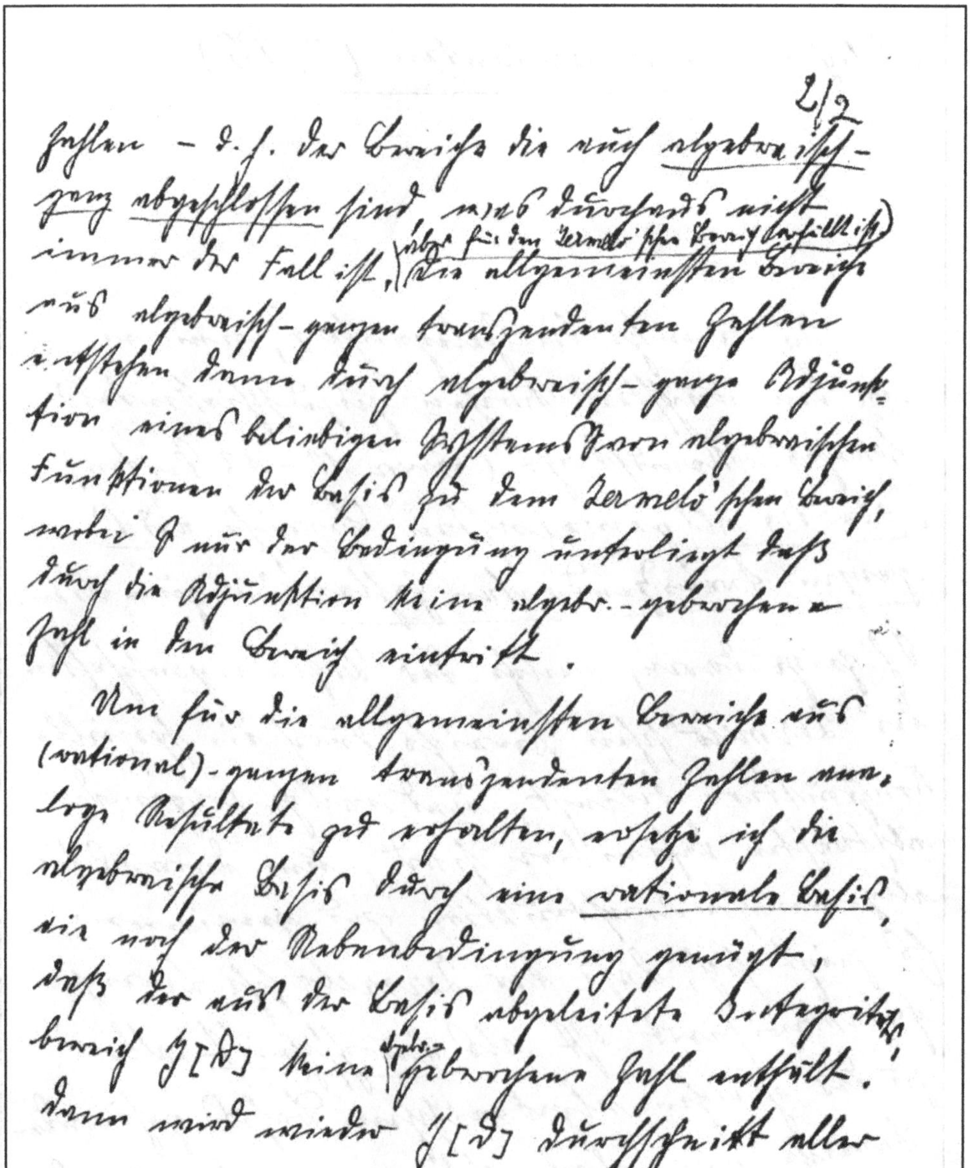
2/2

Zahlen – d. h. der Bereiche die auch algebraisch-ganz abgeschlossen sind, was durchaus nicht immer der Fall ist, (aber für den Zermelo'schen Bereich erfüllt ist) Die allgemeinsten Bereiche aus algebraisch-ganzen transzendenten Zahlen entstehen dann durch algebraisch-ganze Adjunktion eines beliebigen Systems von algebraischen Funktionen der Basis zu dem Zermelo'schen Bereich, wobei sie nur der Bedingung unterliegt, daß durch die Adjunktion keine algebr.-gebrochene Zahl in den Bereich eintritt.

Um für die allgemeinsten Bereiche aus (rational)-ganzen transzendenten Zahlen analoge Resultate zu erhalten, ersetze ich die algebraische Basis durch eine rationale Basis, die noch der Nebenbedingung genügt, daß der aus der Basis abgeleitete Integritätsbereich J[ϑ] keine (alg.) gebrochene Zahl enthält; dann wird wieder J[ϑ] Durchschnitt aller

Seite 4 fortführend umriss sie auf den Seiten 5 und 6 in groben Zügen ihre Ergebnisse, die 1916 wieder in den Mathematischen Annalen erschienen: Emmy Noether, Die allgemeinsten Bereiche aus ganzen transzendenten Zahlen, in: Mathematische Annalen 77 (1916), S. 103-128 (abgeschlossen 30. März 1915)

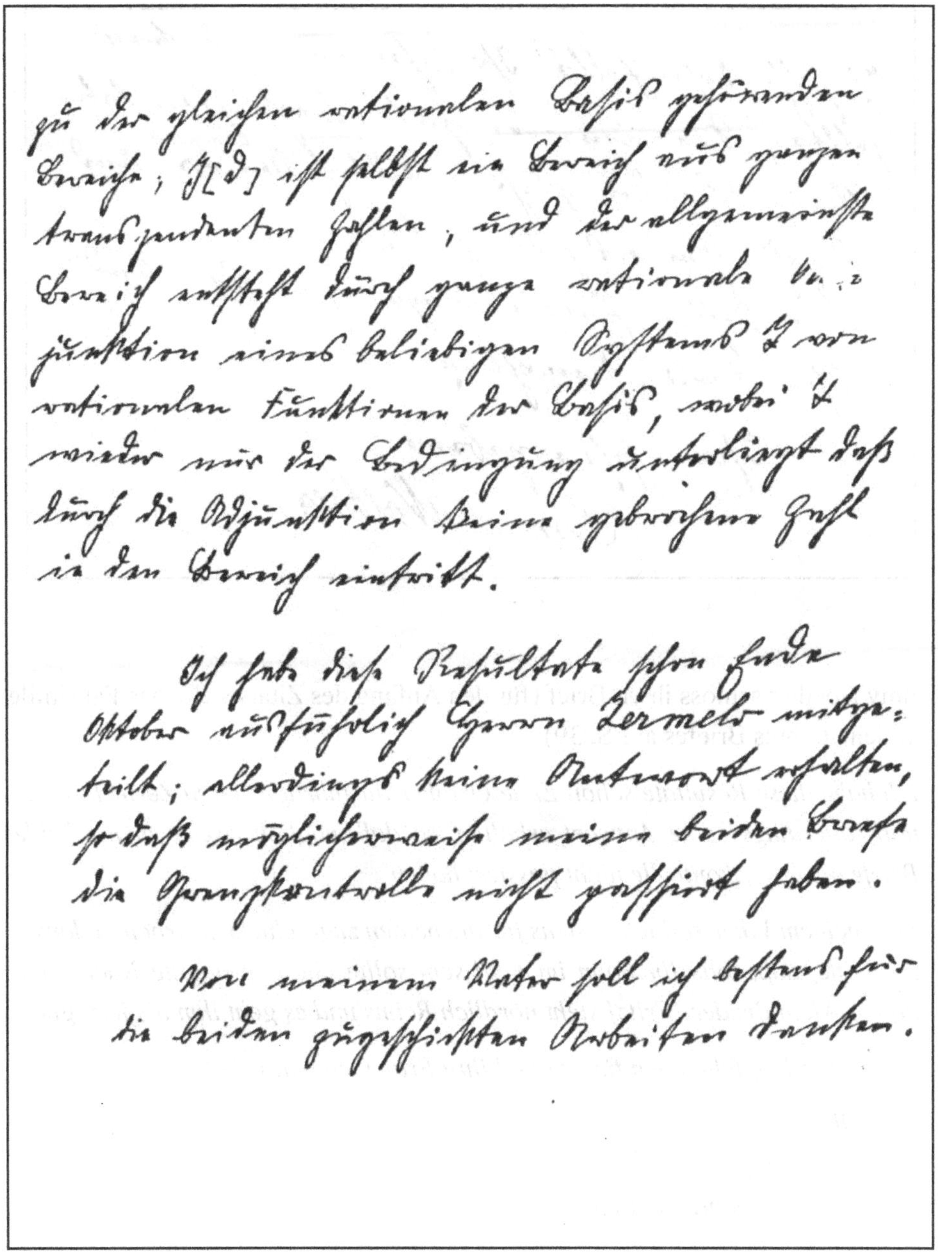
zu der gleichen rationalen Basis gehörenden Bereiche; J[d] ist selbst ein Bereich aus ganzen transcendenten Zahlen, und der allgemeinste Bereich entsteht durch ganze rationale Adjunktion eines beliebigen Systems Z von rationalen Funktionen der Basis, wobei Z wieder nur der Bedingung unterliegt daß durch die Adjunktion keine gebrochene Zahl in den Bereich eintritt.

Ich habe diese Resultate schon Ende Oktober ausführlich Herrn Zermelo mitgeteilt; allerdings keine Antwort erhalten, so daß möglicherweise meine beiden Briefe die Grenzkontrolle nicht passiert haben.

Von meinem Vater soll ich bestens für die beiden zugeschickten Arbeiten danken.

Seite 6 mit den beiden im Folgenden (S. 40) zitierten Schlusssätzen:
„Ich habe diese Resultate schon Ende Oktober…“

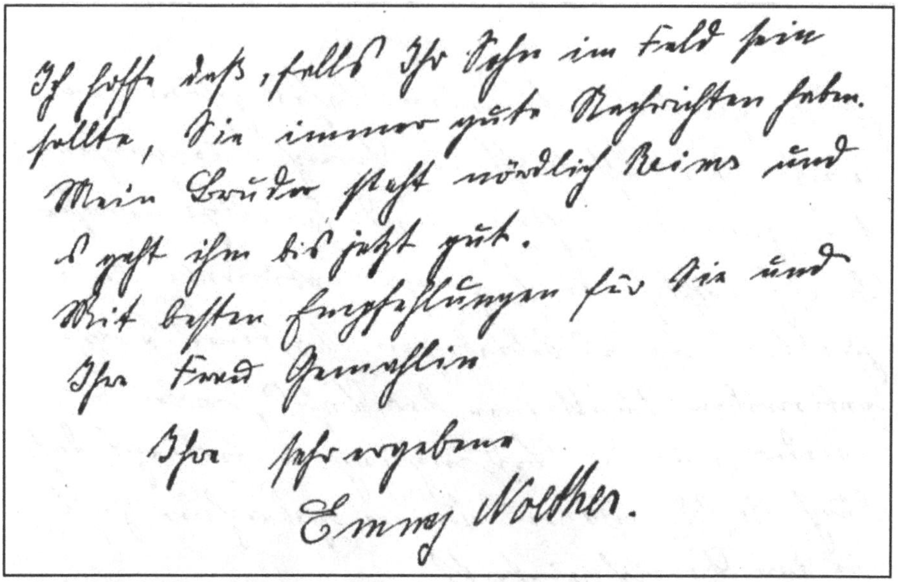
Ich hoffe daß, falls Ihr Sohn im Feld sein
sollte, Sie immer gute Nachrichten haben.
Mein Bruder steht nördlich Reims und
es geht ihm bis jetzt gut.
Mit besten Empfehlungen für Sie und
Ihre Frau Gemahlin
Ihre sehr ergebene
Emmy Noether.

Emmy Noether schloss ihren Brief (für den Anfang des Zitats siehe das Faksimile von Seite 6 ihres Briefes auf S. 39):

Ich habe diese Resultate schon Ende Oktober ausführlich Herrn Zermelo mitgeteilt; allerdings keine Antwort erhalten, so daß möglicherweise meine beiden Briefe die Grenzkontrolle nicht passiert haben.

Von meinem Vater soll ich bestens für die beiden zugeschickten Arbeiten danken. Ich hoffe, daß, falls Ihr Sohn im Feld sein sollte, Sie immer gute Nachrichten haben. Mein Bruder [Fritz] steht nördlich Reims und es geht ihm bis jetzt gut.

Mit besten Empfehlungen für Sie und Ihre Frau Gemahlin

Ihre
sehr ergebene
Emmy Noether.[37]

[37] Emmy Noether an David Hilbert 1.12.1914, NStuUB Gö Cod. Ms. Hilbert 284 (Unterstreichungen im Original). Zum Briefwechsel zwischen Emmy Noether und Hilbert siehe auch Rowe 2021, S. 33 ff.

Ernst Zermelo (1871-1953), der als Begründer der axiomatischen Mengenlehre gilt und wie Emmy Noether stark von Richard Dedekind (1831-1916) beeinflusst war, war seit 1910 Ordinarius an der Universität Zürich, lebte also in der neutralen Schweiz, was – da inzwischen der Erste Weltkrieg ausgebrochen war[38] – zu den von Emmy Noether vermuteten Problemen an der Grenze geführt haben könnte. 1904 und erneut 1908 hatte Zermelo den sogenannten Wohlordnungssatz bewiesen, der besagt, dass jede Menge wohlgeordnet sein kann, das heißt, dass in jeder ihrer nicht-leeren Teilmengen ein kleinstes Element existiert. Emmy Noether bezog sich nun auf eine gerade erst im September 1914 erschienene Arbeit Zermelos,[39] in der der Wohlordnungssatz ebenfalls eine wichtige Rolle spielt, und entwickelte eine verallgemeinernde Klassifizierung der von Zermelo in seiner Arbeit untersuchten speziellen Ringe.[40]

In das mathematische Gespräch, das sich hier in ihrem Brief an Hilbert abbildet, bezog Emmy Noether nicht nur Hilbert und Zermelo, sondern auch (zumindest indirekt) wieder Franz Mertens und natürlich auch Ernst Fischer mit ein, dem sie am 10. April 1915 – zwei Wochen bevor sie nach Göttingen aufbrach – eine Karte schrieb:

Hilbert schreibt daß er weiß, daß man für endliche Gruppen den Endlichkeitssatz elementar beweisen kann; nicht weiß, ob ein solcher Beweis publiziert ist – vermutlich hat er sich selbst den Beweis einmal überlegt. Er hat Toeplitz[41] beauftragt

---

[38] Die konkreten Auswirkungen des Kriegsausbruchs auf die Familie Noether, insbesondere auf Emmys Bruder Fritz werden thematisiert in Tollmien 4/2023 und auch noch einmal in Cordula Tollmien, Die Lebens- und Familiengeschichte der Mathematikerin Emmy Noether in Einzelaspekten 12: „Genossin Noether tritt warm für Förster ein" – Emmy Noethers politische Überzeugungen, tredition Hamburg (Erscheinungsjahr noch unsicher).

[39] Ernst Zermelo, Über ganze transzendente Zahlen, in: Mathematische Annalen 75 (1914), S. 434-441.

[40] Heinz-Dieter Ebbinghaus, Ernst Zermelo. An Approach to His Life and Work, Springer Berlin Heidelberg New York 2007, S. 84 und S. 133.

[41] Otto Toeplitz (1881-1940) war seit 1906 in Göttingen, wo er intensiv mit Hilbert zusammenarbe itete. Zur Person siehe Heinrich Behnke und Gottfried Köthe, Otto Toeplitz zum Gedächtnis, in: Jahresbericht der Deutschen Mathematiker-Vereinigung 66 (1963), S. 1-16, hier insb. S. 2 ff. und S. 8-12; Heinrich Behnke, Otto Toeplitz, in: Bonner Gelehrte. Beiträge zur Geschichte der Wissenschaften in Bonn. Mathematik und Naturwissenschaften, H. Bouvier und Co. und Ludwig Röhrscheid Verlag Bonn 1970, S. 49-53. Toeplitz, der in Breslau studiert hatte, war ein Schüler von Rudolf Sturm (1841-1919) und wie sein Biograf Friedrich Pukelsheim hervorhob, wohl dessen bedeutendster Schüler. Rudolf Sturms positive Haltung zum Frauenstudium hob diesen aus dem Kreis seiner Universitätskollegen so weit hervor, dass ein Zitat von ihm Tollmien 1/2021 vorangestellt und seine Haltung als vorbildhaft, ebenda, S. 88 f., hervorgehoben wurde. Zu Sturm siehe auch Friedrich Pukelsheim, Sturm, Rudolf, in: Neue Deutsche Biographie 25 (2013), S. 656 f.

nach einem gedruckten Beweis zu suchen. – Die Zermelosache hat er übrigens angesehen, da er schreibt daß die Durchsicht ihn sehr interessiert habe. Was hat eigentlich Mertens zu Ihrer Widmung gesagt? E.N.[42]

Hilbert hatte am 13. Februar 1915 der Göttinger Akademie der Wissenschaften eine Arbeit Ernst Fischers über „Die Isomorphie der Invariantenkörper der endlichen Abel'schen Gruppen linearer Transformationen" vorgelegt, die dieser Franz Mertens „in größter Verehrung zum 75. Geburtstage" gewidmet hatte.[43] Auf der zweiten Seite dieser Abhandlung findet man dann Sätze, die die wechselseitige Zusammenarbeit zwischen Emmy Noether und Ernst Fischer besonders eindrücklich illustrieren:

Ursprünglich, schrieb Fischer dort, *hatte ich bei der Stellung des Problems nur Permutationsgruppen im Auge. Mit dem so spezialisierten Problem hatte sich bereits vor mehreren Jahren auf meine Veranlassung Fräulein E. Noether beschäftigt, und hat insbesondere für den Invariantenkörper der zyklischen Permutationsgruppe durch Rechnung eine aus n Produkten von Lagrange'schen Resolventen bestehende Basis gefunden. Später haben sowohl Frl. Noether als ich den Beweis für dieses Resultat in der Weise geführt, daß die Lagrange'schen Resvolventen selbst als neue Variable* $y_1 \dots y_n$ *eingeführt werden* […].[44]

Als sich Hilbert sekundiert von Klein schließlich im Frühjahr 1915 entschloss, Emmy Noether nach Göttingen einzuladen und ihr dabei in Aussicht stellte, dass sie sich hier habilitieren könne, wusste er also sowohl durch eigene Anschauung als auch durch Fischers Expertise bezogen auf Emmy Noethers mathematische Fähigkeiten sehr gut, was er tat. Weniger gut wusste er allerdings, was es für ihn und seine ihn unterstützenden Kollegen bedeuten würde, die Habilitation einer Frau in der Fakultät und vor allem im Ministerium durchsetzen zu wollen. Davon wird im Weiteren ausführlich die Rede sein.

Hinter dieser Einladung von Klein und Hilbert an Emmy Noether – das ist vorab festzuhalten – stand kein wie auch immer geartetes Entgegenkommen gegenüber

[42] Emmy Noether an Ernst Fischer 10. April 1915, als Fotografie in der Akademie der Wissenschaften Wien, Nachlass Auguste Dick 12/15.

[43] Ernst Fischer, Die Isomorphie der Invariantenkörper der endlichen Abelschen Gruppen linearer Transformationen (vorgelegt von David Hilbert am 13. Februar 1915), in: Nachrichten von der Gesellschaft der Wissenschaften zu Göttingen, Mathematisch-Physikalische Klasse 1915, S. 77-80.

[44] Ebenda, S. 78.

einer begabten Frau, sondern ein ureigenes eigennütziges Interesse. Denn sowohl Hilbert als auch Klein beschäftigten sich seit mehreren Jahren mit der Einsteinschen Relativitätstheorie und dafür brauchten sie eine Invariantenspezialistin wie Emmy Noether, die in ihren Briefen an Hilbert nicht nur gezeigt hatte, wie gut sie sich in dessen invariantentheoretischen Arbeiten (und denen seiner Kollegen) auskannte, sondern auch wie kreativ sie diese weiterzuführen verstand. Besonders wertvoll war Emmy Noether vor allem deshalb für Hilbert und Klein, weil sie eine der wenigen Mathematiker, wenn nicht sogar die einzige war, die ein tiefes Verständnis sowohl für die klassische Invariantentheorie als auch für Hilberts modernen theoretischen Zugang besaß, worauf vor allem Constantin Carathéodory (1873-1950) in seinem unten zitierten Gutachten für Emmy Noethers Habilitation hinweisen sollte.[45]

Also kam Emmy Noether Ende April 1915 mit der Aussicht auf Habilitation und die Zusammenarbeit mit einigen der bedeutendsten Mathematiker ihrer Zeit nach Göttingen. Und diese Zusammenarbeit gestaltete sich in der Folgezeit für alle Beteiligten so positiv, dass Emmy Noether (nachdem sie nach dem überraschenden Tode ihrer Mutter zwei Wochen nach ihrer Ankunft zunächst vorübergehend nach Erlangen hatte zurückkehren müssen)[46] in Göttingen blieb, bis die Nationalsozialisten sie 1933 zunächst aus ihrer universitären Wirkungsstätte und schließlich ganz aus Deutschland vertrieben. Der inhaltlichen Ausgestaltung dieser einzigartigen Kooperation zwischen Hilbert, Klein, Noether und auch Einstein (1879-1955) in Emmy Noethers ersten Göttingen Jahren, in deren Folge sie einen eigenen fundamentalen Beitrag zur Allgemeinen Relativitätstheorie leisten sollte, wird eine gesonderte Veröffentlichung gewidmet sein.[47] In dem hier vorliegenden Band meiner Noetherbiografie konzentriere ich mich ausschließlich auf das Verfahren und die Diskussionen um Emmy Noethers Habilitation und die daraus sich ergebenden Folgerungen für die Habilitation von Frauen allgemein.

---

45 Siehe dazu unten S. 107 f.

46 Dick 1970, S. 11 f.

47 Cordula Tollmien, Die Lebens- und Familiengeschichte der Mathematikerin Emmy Noether in Einzelaspekten 3/2022: „Eine der schönsten Verbindungen, die zwischen der wahrnehmbaren Welt und ihrer wissenschaftlichen Beschreibung besteht“ – die Noether-Theoreme, tredition Hamburg 2021; zusammenfassend siehe auch Cordula Tollmien, Hundert Jahre Noether-Theoreme: „Invariantentheorie ist jetzt hier Trumpf“, in: Physik in unserer Zeit 49 (2018) 4, S. 176-182.

Emmy Noether mit ihren Brüdern: links Robert (1889-1928), sitzend Fritz (1884-1941) und rechts Alfred (1883-1918), wahrscheinlich aufgenommen kurz vor Beginn des Krieges und damit ein Jahr, bevor Emmy Noether Erlangen Richtung Göttingen verließ.

Das Foto stammt aus der Sammlung Ilse Sponsel, die seinerzeit von Herbert Heisig (1904-1989), dem Assistenten und Freund Fritz Noethers, eine Reihe von Fotos der Noetherfamilie erhalten hatte. Ilse Sponsel (1924-2010) war 1980 von der Stadt Erlangen zur ehrenamtlichen Beauftragten für die jüdischen Bürgerinnen und Bürger ernannt worden und forschte und publizierte in diesem Zusammenhang auch zu Emmy Noether. Dieses und einige andere Fotos überließ sie der Autorin 1991. Inzwischen befinden sich die Fotos von Heisig in der Sammlung des Mathematischen Forschungsinstituts Oberwolfach und die Sammlung Sponsel im Stadtarchiv Erlangen.

Vortrag vor der Göttinger Mathematischen Gesellschaft

Bevor Emmy Noether einen Antrag auf Habilitation stellten konnte, musste sie sich zunächst einmal durch einen Vortrag vor der Göttinger Mathematischen Gesellschaft bewähren. Diese Gesellschaft war im Herbst 1892 von Felix Klein gegründet worden und führte Professoren, Privatdozenten, Assistenten und Doktoranden einmal in der Woche zu Vorträgen mit anschließender Diskussion zusammen.

Klein, der über Jahrzehnte und weit über seine Emeritierung hinaus Spiritus Rector und Motor dieser ohne Statuten und daher auch ohne formellen Vorsitzenden auskommenden Gesellschaft war, hatte damit ein Forum geschaffen, das nicht nur etablierten Mathematikern wie etwa Klein selbst, der regelmäßig aus seinen aktuellen Forschungen vortrug, sondern vor allem auch jüngeren Wissenschaftlern oder auswärtigen Gästen eine Plattform zur Verfügung stellte, auf der sie ihre Ideen vorstellen und im Austausch mit anderen weiterentwickeln konnten.

Klein leitete die Sitzungen, berichtete zu Semesterbeginn über während der Ferien erfolgte wissenschaftliche Aktivitäten und über Veränderungen im Lehrkörper, erfragte mögliche Diskussionsthemen, regte ihn persönlich interessierende Themen an und wies auf die Literatur hin, die er für das 1886, direkt nach seiner Berufung nach Göttingen, von ihm gegründete mathematische Lesezimmer neu hatte anschaffen können. In der Sitzung vom 7. Juli 1908 war dies unter anderem die im Crelle Journal veröffentlichte „Dissertation von Frl. Nöther“ aus Erlangen.[48] Am 13. Juli 1915 trug Emmy Noether dann erstmals selbst in der Göttinger Mathematischen Gesellschaft vor, und zwar über das Thema „Endlichkeitsfragen der Invarianten-Theorie".[49]

---

[48] Emmy Noether, Über die Bildung des Formensystems der ternären biquadratischen Form, Dissertation 1907, Druck Reimer Berlin 1908, und in: Journal für die reine und angewandte Mathematik 134 (1908), S. 23-90 mit zwei Tafeln. *Das Journal für die reine und angewandte Mathematik* wurde 1826 von August Leopold Crelle (1780-1855) gegründet, der dieses bis zu seinem Tod auch herausgab, weshalb die Zeitschrift bis heute auch kurz als *Crelles Journal* oder auch *Crelle-Journal* firmiert. Zur Göttinger Mathematischen Gesellschaft siehe Tobies 2019, S. 346-350; der Hinweis auf Emmy Noethers Dissertation ebenda, S. 349 (Originalquelle: NStuUB Gö Cod. Ms. Klein 20 H, Bl. 28).

[49] Jahresbericht der Deutschen Mathematiker-Vereinigung 24 (1915), Zweite Abteilung (Rubrik Mitteilungen und Nachrichten), S. 68. In den Jahresberichten wurden die Vorträge seit 1901 veröffentlicht; für die Zeit davor existieren zwei Protokollbücher in NStuUB Gö Cod. Ms. Math. Archiv 19 I (1893-95) und II (1896-1902); online: http://www.math.uni-goettingen.de/historisches/cod-ms-math-arch-49-1.pdf und http://www.math.uni-goettingen.de/historisches/cod-ms-math-arch-49-1.pdf (Abruf 24.3.2019).

Die Göttinger Mathematische Gesellschaft 1902
(NStuUB Gö Cod. Ms. Schwarzschild 23)

Erste Reihe sitzend von links nach rechts: 1) der damalige Privatdozent für theoretische Physik Max Abraham (1875-1922); 2) der Kleinschüler Friedrich Schilling (1868-1950); 3) David Hilbert und 4) Felix Klein, als Mittelpunkt der Gesellschaft und mit Blick zu seiner ersten Doktorandin Grace Chisholm Young (1868-1944) am Tisch thronend; 5) der Astronom Karl Schwarzschild (1873-1916); 6) Grace Chisholm Young; 7) Friedrich Diestel (1863-1925), ein Schüler des bereits verstorbenen Göttinger Mathematikers Ernst Schering (1844-1897), 8) Ernst Zermelo, der von 1897 bis 1910 in Göttingen war und dort 1899 von Hilbert habilitiert worden war.

Zweite Reihe stehend von links nach rechts: 1) der im Jahr 1900 von Franz Mertens mit einer Arbeit aus der Zahlentheorie promovierte Ernst Fanta (1878-1939), der ein Gastsemester in Göttingen verbrachte; 2) Rudolf Hansen [Lebensdaten nicht eruierbar], Mathematikstudent, der 1899 und 1901 in Kleins Seminar vortrug;[50] 3) Conrad Müller (1878-

[50] Siehe dazu Felix Klein Protokolle, Band 15, S. 243-250 und Band 17, S. 205-214, Originale der von den Seminarteilnehmern verfassten Protokolle der Seminare, die Felix Klein von 1872 bis

1953), ebenfalls ein Kleinschüler und eifriger Beiträger zu Kleins Seminaren,[51] hier noch vor seiner Promotion 1903; 4) Dawney [Lebensdaten nicht eruierbar, trug auch nicht in Kleins Seminar vor]; 5) der Hilbertschüler und spätere direkte Nachfolger Gordans Erhard Schmidt, mit dem, wenn auch nur kurz, Emmy Noether in Erlangen zusammenarbeitete; 6) der japanische Zahlentheoretiker Takui Yoshiye [auch Takuzi Yoshie] (1874 -1947); 7) der amerikanische Mathematiker Saul Epsteen (1878-1940), der 1901 in Zürich mit einer Arbeit über Differentialgleichungen promoviert worden war und sich 1901/02 für ein Gastsemester in Göttingen aufhielt; Epsteen ging 1902 zurück in die Staaten, zunächst an die Universität von Chicago und 1905 an die Universität von Colorado; 8) der Mathematiker Hermann Fleischer [Lebensdaten nicht eruierbar], der im Dezember 1900 schon promoviert in Kleins Seminar vorgetragen hatte[52] und 1902 gerade an der Übersetzung der „Vorlesungen über projektive Geometrie" des italienischen Mathematikers Federigo Enriques (1871-1946) arbeitete, die 1903 mit einem Einführungstext von Felix Klein erschienen; nach seiner Göttinger Zeit wirkte Fleischer in Königsberg; 9) der später durch sein Institut für mathematische Statistik bekannt gewordene Felix Bernstein (1878-1956), der 1901 von Hilbert mit einer Arbeit aus dem Bereich Mengenlehre promoviert worden war und sich schon 1903 in Halle habilitieren konnte.

Dritte Reihe stehend von links nach rechts: 1) der erste Göttinger Schüler Hilberts, 1898 von ihm promoviert und seit 1901 Privatdozent, Otto Blumenthal (1876-1944); 2) Georg Hamel (1877-1953), ebenfalls ein Hilbertschüler, gerade ein Jahr zuvor mit einer Arbeit „Über die Geometrien, in denen die Geraden die Kürzesten sind" promoviert; 3) Hans Müller [Lebensdaten nicht eruierbar], wieder ein Student von Klein, der im November 1900 in dessen Seminar vorgetragen hatte.[53]

Wenn man sich vor Augen hält, was der Physiker und spätere „Erfinder" der Quantenmechanik Max Born (1882-1970) in seinen Erinnerungen über den vor allem für junge vortragsungeübte Wissenschaftler furchteinflößenden, von viel Kritik und wenig Zuspruch gekennzeichneten Charakter dieser Veranstaltungen geschrieben hat (es wurde grundsätzlich nicht geklatscht oder geklopft, das höchste der Gefühle waren wohlwollende Blicke),[54] kann dieser erste Auftritt vor der versammelten Göttinger Mathematiker- und Physikerprominenz für Emmy Noether nicht ganz einfach gewesen sein.

1912 in Göttingen, München und Leipzig gehalten hat, befinden sich in der Bibliothek des Mathematischen Instituts der Universität Göttingen, insgesamt 29 Bände; online einseh- und durchsuchbar unter http://page.mi.fu-berlin.de/moritz/klein/ (abgerufen 21.1.2021).

51 Felix Klein Protokolle, Band 15, S. 205-213 (November 1899), Band 16,1, S. 135-145 (Juli/August 1900) und Band 20, S. 7-14 (Januar 1903).

52 Felix Klein Protokolle, Band 16.2, S. 70-77.

53 Ebenda, S. 1-5.

54 Max Born, Mein Leben. Die Erinnerungen des Nobelpreisträgers, Nymphenburger Verlagshandlung München 1975, S. 191-194.

Born, der seinen Vortrag sechs Jahre vor Emmy Noether im Frühling 1909 gehalten hatte, hatte vor allem die Unaufmerksamkeit des Auditoriums zu schaffen gemacht:

Auf dem grünen Stoff der Tische waren Bücher aufgestapelt; zu Beginn der Versammlung berichtete Klein kurz, welchen Eindruck einige der neuen Publikationen auf ihn gemacht hatten, und ließ dann zirkulieren. So hatten bald alle ein Buch in der Hand und schenkten dem Redner nur wenig Aufmerksamkeit, wenn überhaupt, dann nur in Form von Widerspruch und Kritik. Es war ungemein schwierig, die Aufmerksamkeit dieses Auditoriums zu fesseln, sein Interesse hervorzurufen oder gar Begeisterung zu wecken.[55]

Es spricht einiges dafür, dass dies bei Emmy Noether anders war. Obwohl sie nicht die erste Frau war, die in der Göttinger Mathematischen Gesellschaft vortrug,

Grace Chisholm Young
(History of Scientific Women)

Lucy Bosworth und Nadjeschda Gernet
(NStuUB Gö Cod. Ms. Hilbert 784)

> vor ihr waren dort sowohl Kleins erste Doktorandin Emily Grace Chisholm (siehe die Abbildung auf S. 46) als auch Hilberts erste Doktorandin Lucy Bosworth (1868-1907) in der Gesellschaft aufgetreten und auch die russische Mathematikerin Nadjeschda Gernet (1877-1943), die 1901 von Hilbert promoviert worden war, war in ihren Sommerferien bis zum Ersten Weltkrieg regelmäßig in der Gesellschaft zu Gast gewesen,[56] <

[55] Born 1975, S. 191.

[56] Tobies 2019, S. 349; zu Chisholm Young, Bosworth und den Wurzeln von Hilberts Haltung zum Frauenstudium siehe Tollmien 1/2021, S. 110 ff. und S. 114; zu Gernet siehe Renate Tobies, Mathematikerinnen und Mathematiker um 1900 in Deutschland und international, in: Traumjob Mathematik. Berufswege von Frauen und Männern in der Mathematik, hg. von Andrea E. Abele, Helmut Neunzert und Renate Tobies, Springer Basel 2004, S. 133-146, S. 139 f.; Dies., Mathematiker/innen und ihre Doktorväter, in: „Aller Männerkultur zum Trotz“. Frauen in Mathematik, Naturwissenschaften und Technik, hg. von Renate Tobies, Campus Frankfurt New York 2008, S. 97-124, hier S. 111 f.; Dies., Felix Klein und David Hilbert als Förderer von Frauen in der Mathematik,

werden alle anwesenden Zuhörer gespannt darauf gewesen sein, wer diese Frau war, die von Klein und Hilbert zur Habilitation geführt werden sollte, und ihr also – so ist jedenfalls zu hoffen – einigermaßen konzentriert zugehört haben.

Angesichts der herausragenden Stellung, die die Göttinger Mathematische Gesellschaft in Kleins Kosmos für die Durchsetzung seiner vielfältigen Ziele und Projekte einnahm, aber auch angesichts der der dort herrschenden ausgeprägten Hierarchien

> die Ordinarien, so beschrieb Born die Sitzordnung in der Gesellschaft, „die größten Mathematiker, mathematischen Physiker und Astronomen Deutschlands", saßen an einem langen Tisch parallel zur Tafel, die jüngeren, aber, nach Born, nicht weniger eingebildeten oder weniger kritischeren Mitglieder saßen an zwei langen Tischen, die im rechten Winkel zum „hohen Tisch" der „Bonzen" standen[57] <

ist es, denke ich, nicht übertrieben, wenn man einen solchen ersten Auftritt vor der Göttinger Mathematischen Gesellschaft, zu dem man in einer Art „Kooptationsverfahren" von Felix Klein eingeladen werden musste, als eine spezielle Art von Initiationsritus interpretiert, den Emmy Noether offenbar zur allgemeinen Zufriedenheit absolvierte: „Nachdem ein Vortrag in der mathematischen Gesellschaft uns auch in pädagogischer Hinsicht wohlgelungen erschien", stand später in dem oben zitierten Habilitationsantrag für Emmy Noether an den Minister.

Eine Woche nach ihrem erfolgreichen Vortrag vor der Göttinger Mathematischen Gesellschaft, am 20. Juli 1915, stellte Emmy Noether dann ihren Antrag auf Habilitation bei der Mathematisch-Naturwissenschaftlichen Abteilung der Philosophischen Fakultät der Universität Göttingen.[58] Als Habilitationsarbeit reichte sie ihre Arbeit über „Körper und Systeme rationaler Funktionen" ein, die inzwischen im Doppelheft vom 23. März 1915 in den Annalen erschienen war.

---

in: Acta historiae rerum naturalium necnon technicarum, Prague Studies in the History of Science and Technology, N.S. 3 (1999), S. 69-101, hier S. 87 ; Trude Maurer, Emanzipierte Untertaninnen: Frauenstudium im Russischen Reich, in: Der Weg an die Universität. Höhere Frauenstudien vom Mittelalter bis zum 20. Jahrhundert, hg. von Trude Maurer, Wallstein Verlag Göttingen 2010, S. 108-146, hier S. 129 f.

[57] Born 1975, S. 191.

[58] Es sei an dieser Stelle darauf hingewiesen, dass 2021 eine neue Biografie Emmy Noethers erschienen ist: David Rowe, Emmy Noether, Mathematician Extraordinaire, Springer Nature Switzerland Cham 2021, und um einige Kapitel und Abschnitte gekürzt, im Übrigen aber weitgehend identisch: David Rowe und Mechthild Koreuber, Proving It Her Way: Emmy Noether, a Life in Mathematics, Springer Nature Switzerland Cham 2020. Darin findet sich natürlich auch eine Darstellung der Habilitationsgeschichte Emmy Noethers (Rowe 2021, S. 48-62, und Rowe und Koreuber 2021, S. 71-82), die sich jedoch im Wesentlichen an Tollmien 1990 orientiert.

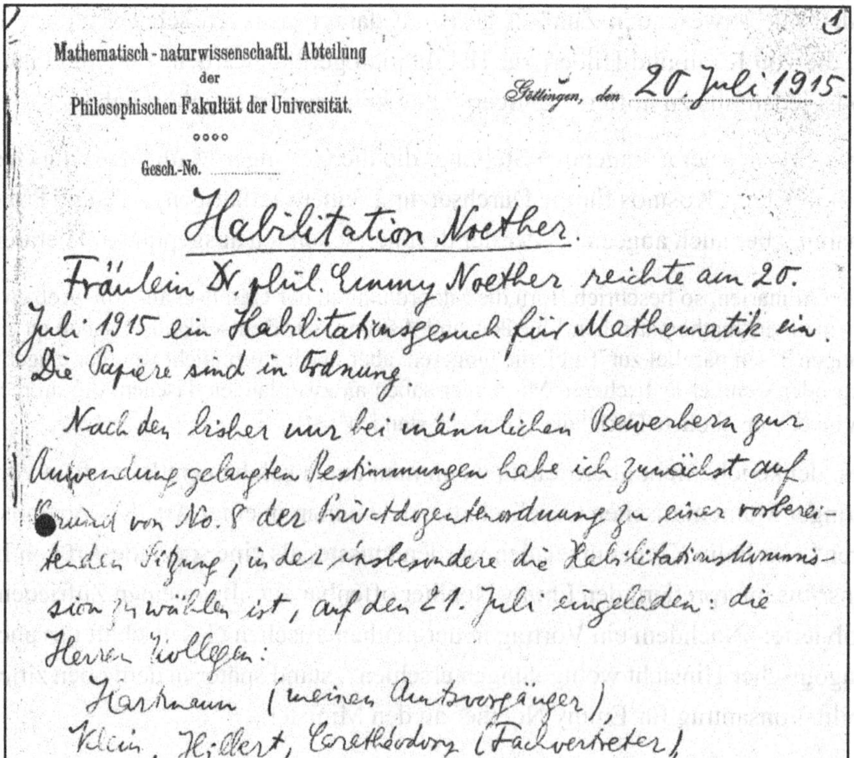
1

Mathematisch-naturwissenschaftl. Abteilung
der
Philosophischen Fakultät der Universität.
oooo
Gesch.-No. ....

Göttingen, den 20. Juli 1915.

Habilitation Noether.

Fräulein Dr. phil. Emmy Noether reichte am 20. Juli 1915 ein Habilitationsgesuch für Mathematik ein. Die Papiere sind in Ordnung.

Nach den bisher nur bei männlichen Bewerbern zur Anwendung gelangten Bestimmungen habe ich zunächst auf Grund von No. 8 der Privatdozentenordnung zu einer vorbereitenden Sitzung, in der insbesondere die Habilitationskommission zu wählen ist, auf den 21. Juli eingeladen: die Herren Kollegen:

Hartmann (meinen Amtsvorgänger),
Klein, Hilbert, Carathéodory (Fachvertreter),
Runge, Voigt, Debye (Vertreter benachbarter Fächer).
Ich selbst bin auch Fachvertreter.

Zu dieser Sitzung erschienen:
Klein, Voigt, Debye, Hartmann, Landau.

Entschuldigt: Runge, Hilbert.
In die Habilitationskommission werden gewählt:
Die acht obengenannten; ausserdem wegen der prinzipiellen Seite Koll. Sethe als Vorsteher der historisch-philologischen Abteilung.

Reihenfolge der Zirkulation: Hilbert, Klein, Landau, Carathéodory, Runge, Voigt, Debye, Hartmann, Sethe.

Einladungsschreiben des Abteilungsvorstehers Landau zur Wahl der Habilitationskommission für Emmy Noether vom 20.7.1915, zugleich Sitzungsprotokoll vom 21.7.1915
(UniA GÖ Math.-Nat. Pers., in 17: Personalakte Prof. Noether, o. P.)

3. Erster Habilitationsversuch 1915

Noch an demselben Tag, an dem Emmy Noether ihr Habilitationsgesuch gestellt hatte, berief der Abteilungsvorsteher Landau, nach den „bisher nur bei männlichen Bewerbern zur Anwendung gelangten Bestimmungen" eine vorbereitende Sitzung für den 21. Juli 1915 ein, zu der als Fachvertreter die Mathematiker Felix Klein, David Hilbert und Constantin Carathéodory, als Vertreter benachbarter Fächer der angewandte Mathematiker Carl Runge (1856-1924) und die Physiker Woldemar Voigt (1850-1919),[59] Peter Debye (1884-1966) und außerdem Landaus Vorgänger als Abteilungsvorsteher, der Astrophysiker Johannes Hartmann (1865-1936), eingeladen wurden. In dieser Sitzung wurde die Habilitationskommission gewählt, die aus den genannten Professoren und Landau selbst bestand. Zusätzlich wählte man aber „wegen der prinzipiellen Seite der Angelegenheit" – und damit wich man erstmals von dem sonst üblichen Verfahren ab – den Ägyptologen Kurt Sethe (1869-1934) in die Kommission, der zu diesem Zeitpunkt Vorsteher der Historisch-Philologischen Abteilung war.[60]

Sethe, der auf Beschluss seiner Abteilung nur informationshalber an den Verhandlungen der Kommission teilnahm, vertrat im Laufe des Verfahrens wiederholt die Auffassung, dass Habilitationsangelegenheiten eigentlich Abteilungssache seien.[61] Insofern ist zu fragen, ob sich die Mathematisch-Naturwissenschaftliche Abteilung mit diesem ersten Schritt außerhalb des kanonischen Verfahrensganges nicht selbst der ihr zustehenden Entscheidungsbefugnis begab. Denn im weiteren Verfahrensverlauf bestand insbesondere die Historisch-Philologische Abteilung nicht nur auf einer Einbeziehung der Gesamtfakultät in den Entscheidungsprozess,[62] sondern auch auf einer prinzipiellen Entscheidung über die Rechtmäßigkeit

59 Zu Runge siehe Tollmien 1/2021, S. 112-116; zu Voigt ebenda, S. 117 f.

60 Rundschreiben des Abteilungsvorstehers Landau vom 20.7.1915, zugleich Sitzungsprotokoll vom 21.7.1915; Einladungsschreiben an Sethe vom 22.7.1915, beide Schreiben in: UniA GÖ Math.-Nat. Pers., in 17: Personalakte Prof. Noether, o. P.

61 Sethe an Landau, Bestätigung der Einladung, 26.7.1915; Sethe an Landau 6.11.1915, alle Schreiben in: UniA GÖ Math.-Nat. Pers., in 17: Personalakte Prof. Noether, o. P.

62 Sethe an Landau 6.11.1915 (Verhandlung vor der Gesamtfakultät), ebenda. Ursprünglich war die Historisch-Philologische Abteilung sogar der Meinung gewesen, dass „das Habilitationsgesuch einer Dame von so prinzipieller Wichtigkeit für das gesamte Universitätsleben sei, das sie vor das Forum des Senats gehöre", Sethe an Landau 27.7.1915, ebenda. Dieses Ansinnen wurde jedoch nicht weiterverfolgt, man beschränkte sich auf eine Verhandlung vor der Gesamtfakultät.

der Habilitation einer Frau durch das Ministerium,[63] von dem wir durch die genaue Analyse der Entstehungsgeschichte des Erlasses vom 29. Mai 1908 wissen, dass es der Habilitation von Frauen grundsätzlich und ausnahmslos ablehnend gegenüberstand.[64]

Doch ist bei der Bewertung der Rolle, die die Historisch-Philologische Abteilung im Habilitationsverfahren Emmy Noether spielte, zu berücksichtigen, dass auch fast alle mathematischen und physikalischen Vertreter der Habilitationskommission, die – soweit sie diese beurteilen konnten – die mathematischen Leistungen Emmy Noethers durchweg sehr hoch einschätzten, nicht vorbehaltlos für Emmy Noethers Habilitation eintraten. In den von Landau sofort nach der Sitzung im Juli eingeforderten Gutachten zu Emmy Noethers Habilitationsgesuch gab nur Hilbert als Erstgutachter eine rein mathematische Stellungnahme ab und beantragte ohne jede Einschränkung ihre Zulassung zur Habilitation. Alle anderen Gutachter äußerten sich (so sie sich nicht einfach der Stellungnahme der Vorgutachter anschlossen) mehr oder weniger ausführlich zur allgemeinen Frage der Frauenhabilitation beziehungsweise dazu, ob und warum es gerechtfertigt sei, für Emmy Noether eventuell eine Ausnahme von der Bestimmung zu machen, dass die Bewerber männlichen Geschlechts zu sein hatten. Nachdem man zunächst erst einmal den Kurator um eine Abschrift des Erlasses vom 29. Mai 1908 hatte bitten müssen, war im Übrigen Klein der erste, der in seinem Gutachten auf diesen Erlass, der Frauen von der Habilitation ausschloss, hinwies und die Auffassung vertrat, dass man diesbezüglich um Dispens nachsuchen müsse. Dieser Rechtsauffassung schlossen sich alle anderen Kommissionsmitglieder an.[65]

In der Kommissionssitzung am 29. Oktober 1915, in der man sich nach der Sommerpause erstmals wieder mit dem Habilitationsgesuch befasste, wurde „zunächst als einstimmige Meinung konstatiert, dass ohne Ministerialdispens die Habilitation

[63] Sethe an Landau, Anzeige vom 2.8.1915, dass er durch die Abteilung nur zur Teilnahme informationshalber ermächtigt sei, da rechtliche Bedenken gegen die Verhandlung eines Einzelfalles bestünden und die Abteilung eine prinzipielle Entscheidung des Ministeriums wünsche, Sethe an Landau 11.11.1915 (Verhandlung vor der Gesamtfakultät), ebenda.

[64] Zum Erlass vom 29. Mai 1908, dem 1907 eine Umfrage unter allen preußischen Universitäten vorausgegangen war, und speziell zur Haltung des Ministeriums zu Frauenhabilitationen siehe Tollmien 1/2021, passim und insb. S. 223-257.

[65] Gutachten Kleins zum Habilitationsgesuch 28.7.1915, auf fortlaufenden Blättern im Anschluss an das Rundschreiben des Abteilungsvorstehers vom 20.07.1915; Antwort des Kurators nach Anfrage Landaus mit Abschrift des Erlasses 24.7.1915; alle Schreiben in: UniA GÖ Math.-Nat. Pers., in 17: Personalakte Prof. Noether, o. P.

einer Dame unzulässig" sei. Allerdings wünschten bis auf Hartmann alle Kommissionsmitglieder „die Bewilligung des Dispenses".[66]

Auf der gleichen Sitzung beschloss man außerdem, die von den Kommissionsmitgliedern schon vor der Sommerpause erstellten Gutachten an alle Abteilungsmitglieder zu versenden und zu einer Sitzung der Abteilung über die anstehende Frage einzuladen.[67]

Diese Sitzung fand am 6. November 1915 statt und hatte das im eingangs zitierten Antrag auf Dispens an den Minister vom 26. November 1915 wiedergegebene Ergebnis: Zehn Abteilungsmitglieder sprachen sich dafür aus, den Minister um Dispens vom Erlass des 29. Mai 1908 zu bitten, sieben waren dagegen und zwei enthielten sich der Stimme. Sowohl die in der Abstimmung unterlegenen Gegner eines Dispensantrages als auch die beiden Abteilungsmitglieder, die sich der Stimme enthalten hatten, kündigten ein Separatvotum beziehungsweise eine schriftliche Begründung ihres Abstimmungsverhaltens an.[68] An dieser Sitzung hatte übrigens Sethe auf eigenen Wunsch nicht teilgenommen, um nicht durch seine Anwesenheit dem einen oder anderen Mitglied der Mathematisch-Naturwissenschaftlichen Abteilung „die Zunge zu binden".[69]

Das Protokoll der Sitzung vom 6. November 1915 gibt das Abstimmungsergebnis namentlich wieder: Für den Dispensantrag stimmten bis auf Hartmann alle Mitgliedern der Habilitationskommission, also Carathéodory, Debye, Hilbert, Klein, Landau, Runge und Voigt, außerdem Gustav Tammann (1861-1909), sein gerade neu nach Göttingen berufener Chemikerkollege Adolf Windaus (1876-1959) und der Geograph Hermann Wagner (1840-1931).

Dagegen stimmten außer Johannes Hartmann der Zoologe Ernst Heinrich Ehlers (1835-1925) und der Agrarwissenschaftler Konrad von Seelhorst (1853-1930), die sich beide auch schon 1907 in der vom Ministerium als Vorlauf zum Erlass vom

---

66 Aktennotiz Landaus über eine Kommissionssitzung am 29.10.1915, Gutachten Hartmanns 5.8.1915, auf fortlaufenden Blättern im Anschluss an das Rundschreiben des Abteilungsvorstehers vom 20.07.1915, UniA GÖ Math.-Nat. Pers., in 17: Personalakte Prof. Noether, o. P.

67 Rundschreiben des Abteilungsvorstehers 2.11.1915, UniA GÖ Math.-Nat. Pers., in 17: Personalakte Prof. Noether, o. P. Die Abteilung als Ganzes war bisher über das Habilitationsgesuch von Emmy Noether nur informiert worden. Siehe Sitzungsprotokoll vom 21.7.1915, UniA GÖ Math.-Nat. Fak. 162: „Protokollbuch der Sitzungen der Mathematisch-naturwissenschaftlichen Abteilung der Philosophischen Fakultät Göttingen 1910-1918".

68 Sitzungsprotokoll vom 6.11.1915, UniA GÖ Math.-Nat. Fak. 162.

69 Sethe an Landau 6.11.1915, UniA GÖ Math.-Nat. Pers., in 17: Personalakte Prof. Noether, o. P.

29. Mai 1908 initiierten Umfrage unter allen preußischen Universitäten als dezidierte Gegner von Frauenhabilitationen erwiesen hatten;[70] außerdem von Seelhorsts Kollege Wilhelm Fleischmann (1837-1920), der Mineraloge Otto Mügge (1858-1932), der erst seit 1908 in Göttingen war, der Philosoph und Psychologe Georg Elias Müller (1850-1934) und der Geophysiker Ernst Wiechert (1861-1928).[71]

Der Chemiker Otto Wallach (1847-1931) und der Botaniker und Pflanzenphysiologe Gottfried Berthold (1854-1937) enthielten sich der Stimme mit der Begründung, dass sie als Fachfremde nicht zu beurteilten vermochten, ob „bei der uns persönlich unbekannten die Habilitation nachsuchenden Dame eine hervorragende und eigenartige Begabung vorliegt“.[72]

Von diesem Abstimmungsergebnis wurde die Historisch-Philologische Abteilung unterrichtet. Diese trat am 10. November 1915 zu einer Sitzung zusammen und ließ anschließend über ihren Abteilungsvorsteher mitteilen, dass sie „in Anbetracht der prinzipiellen Bedeutung des vorliegenden Falles, der ein völliges Novum von größter Tragweite für das deutsche Universitätsleben schaffen würde" und „unbeschadet der allgemeinen Zuständigkeit der einzelnen Abteilungen in Habilitationsangelegenheiten" die Verhandlung des Gegenstandes vor der Gesamtfakultät wünsche, zumal aus dem Kreise der Mathematisch-Naturwissenschaftlichen Abteilung selbst diesbezügliche Wünsche laut geworden seien.[73]

In der Sitzung der Gesamtfakultät, die am 18. November stattfand, wurde zunächst abgestimmt, „wer unter allen Umständen gegen die Zulassung einer Frau zur Habilitation ist." Das Abstimmungsergebnis betrug 17 zu 14 Stimmen (bei einer Enthaltung, insgesamt waren also 32 Stimmberechtigte anwesend). Ein Antrag, dem Minister zu empfehlen, den Dispensantrag der Mathematisch-Naturwissenschaftlichen Abteilung abzulehnen, was eine eindeutige Entscheidung gegen den anstehenden Einzelfall bedeutet hätte, wurde dagegen mit 14 gegen 14 Stimmen (bei vier Enthaltungen) abgelehnt.[74] Ausschlaggebend für die Ablehnung trotz

---

[70] Siehe zu von Seelhorst Tollmien 1/2021, S. 108 und S. 119, zu Ehlers ebenda S. 109 und S. 119.

[71] Sitzungsprotokoll vom 6.11.1915, UniA GÖ Math.-Nat. Fak. 162.

[72] Begründung der Stimmenthaltung, durch Landau übersandt an den Kurator am 26.11.1915, UniA GÖ Kur., 4134; auch als Schreiben von Wallach und Berthold an Landau, 25.11.1915, in: UniA GÖ Math.-Nat. Pers., in 17: Personalakte Prof. Noether, o. P.

[73] Sethe an Landau, 11.11.1915, UniA GÖ Math.-Nat. Pers., in 17: Personalakte Prof. Noether, o. P.

[74] Protokoll der Fakultätssitzung am 18.11.1915, UniA GÖ Phil. I. Fak. Prot. 2: „2. Band der Fakultätsprotokolle der Philosophischen Fakultät Juli 1905-14.11.1921“; eine Protokollnotiz Landaus zu dieser Sitzung findet sich auch auf fortlaufenden Blättern im Anschluss an sein Rundschreiben

Stimmengleichheit war die Gegenstimme von Landau, der 1915 nicht nur Vorsteher der Mathematisch-Naturwissenschaftlichen Abteilung war, sondern auch Dekan der Gesamtfakultät.

Aus der Kenntnis des sonstigen Abstimmungsverhaltens in dieser Frage und aus den Angaben im Protokoll kann man schließen, dass von den anwesenden 19 Mitgliedern der Mathematisch-Naturwissenschaftlichen Abteilung nur sieben Frauenhabilitationen prinzipiell (das heißt ohne jede Ausnahme) ablehnten, also deutlich weniger als die Hälfte. Von den 13 Mitgliedern der Historisch-Philologischen Abteilung waren dagegen nur zwei nicht für die prinzipielle Ablehnung von Frauenhabilitationen.[75] Einer von ihnen war der Historiker Max Lehmann (1845-1929), der sich auch schon 1907 entsprechend eindeutig positioniert hatte.[76]

Nachdem in der direkt im Anschluss an die Sitzung der Gesamtfakultät stattfindenden Abteilungssitzung der von Landau, Klein, Hilbert, Carathéodory und Runge formulierte Entwurf des Dispensantrags an den Minister zur Abstimmung gestellt und mit zehn gegen sechs Stimmen (bei einer Enthaltung) genehmigt worden war, und nachdem die Historisch-Philologische Abteilung beschlossen hatte, von sich aus keine weiteren Schritte gegen die Habilitation Emmy Noethers zu unternehmen, konnte der eingangs zitierte Antrag vom 26. November 1915 zusammen mit dem Separatvotum und der Begründung für die Stimmenthaltung dem Kurator zur Weiterleitung an den Minister übergeben werden.[77]

Dies geschah am 9. Dezember 1915, allerdings nicht, ohne dass Kurator Ernst Osterrath (1851-1925), der auch schon 1907 die Stellungnahmen der verschiedenen universitären Institutionen zur allgemeinen Frage der Frauenhabilitation an das Ministerium weitergeleitet und in seinem Sinne gewichtet hatte,[78] nun wiederum auch dieses Gesuch mit einer eigenen Stellungnahme versah:

---

vom 20.7.1915 nach den Gutachten in: UniA GÖ Math.-Nat. Pers., in 17: Personalakte Prof. Noether, o. P.

75 Protokoll der Fakultätssitzung am 18.11.1915, UniA GÖ Phil. I. Fak. Prot. 2.

76 Zu Lehmann siehe ausführlich Tollmien 1/2021, S. 122-129.

77 Abteilungssitzung am 18.11.1915, UniA GÖ Math.-Nat. Fak. 162; Sethe an Landau 25.11.1918, Aktennotiz zur Abteilungssitzung Landau 18.11.1915 im Anschluss an die Gutachten, UniA GÖ Math.-Nat. Pers., in 17: Personalakte Prof. Noether, o. P. Eine schriftliche Abstimmung bei den Mehrheitsvertretern, ob man das Separatvotum noch zusätzlich beantworten solle, ergab eine einstimmige Ablehnung. Siehe Aktennotiz Landaus vom 25.11.1915, ebenda.

78 Siehe dazu Tollmien 1/2021, S. 100. Osterrath war von 1906 bis 1921 Kurator der Universität Göttingen.

Die Frage betreibt hier im Interesse von Frl. Noether hauptsächlich der Geh[eime] Reg[ierungs] Rat Prof. Dr. Klein; mit ihm die anderen Mathematiker. Prof. Klein behauptet, er sei im Allgemeinen nicht für die Zulassung v[on] Frauen, glaube aber, daß Frl. Noether so außerordentlich befähigt sei, daß sich wohl eine Ausnahme rechtfertige - Meinerseits kann ich mich nicht für die Gestattung einer Ausnahme aussprechen, teils aus den von der Minderheit geltend gemachten, teils aus dem im Min[isterial] Erl[aß] vom 29.5.1908 angeführten noch heute geltenden Gründen.[79]

„Der Widerspruch der Minorität beruht lediglich auf der prinzipiellen Abneigung gegen die Zulassung einer Frau“[80] – Sondervoten gegen die Habilitation Emmy Noethers

Den „von der Minderheit geltend gemachten Gründen", die diese nach der Sitzung der Gesamtfakultät am 19. November 1915 in einem Separatvotum formulierten, lag vor allem die natürlich nicht unberechtigte Annahme zugrunde, dass durch eine Ausnahmegenehmigung für Emmy Noether ein Präzedenzfall geschaffen werde. Darüber hinaus aber bezweifelten die Unterzeichner auch, dass das Abstimmungsergebnis ausreichend legitimiert sei, indem sie geltend machten, dass die Mehrheit nur drei Stimmen betragen habe:

Die mathematisch-naturwissenschaftliche Abteilung der philosophischen Fakultät zu Göttingen, hieß es in dem Sondervotum der Gegner Emmy Noethers, *hat in ihrer Sitzung am 6. XI. 1915 mit einer Mehrheit von drei Stimmen bei zwei Stimmenthaltungen beschlossen, für Frl. Dr. Noether um Dispens von dem Ministerialerlass des 29. V. 1908 zu bitten, also um die Erlaubniss [sic!] ihrer Zulassung zur Habilitation nachzusuchen. Die ehrerbietigst Unterzeichneten haben schwere Bedenken gegen diese Zulassung, und bitten daher E[ure] Exzellenz, diesem nur von einer so geringen Majorität gebilligtem Gesuche nicht Folge zu geben.*[81]

---

[79] Gezeichnet O = Kurator Ernst Osterrath, Stellungnahme als Entwurf notiert auf der Rückseite des Anschreibens Landaus zum Gesuch 26.11.1915 mit Vermerk „ab 9.12.1915", UniA GÖ Kur., 4134, o. P.

[80] Zitat aus dem eingangs zitierten Dispensantrag der Mathematisch-Naturwissenschaftlichen Abteilung vom 26.11.1915.

[81] Sondervotum vom 19.11.1915, UniA GÖ Kur., 4134, o. P.

Nun muss man diese drei Stimmen natürlich auf die Zahl von insgesamt nur 19 Stimmberechtigten beziehen. Die Mehrheit von zehn Stimmen betrug dann zwar nur etwas mehr als 50 Prozent (genau 52 Prozent), doch brachte es die Minderheit mit ihren sieben Stimmen (wegen der beiden Enthaltungen) nur auf 37 Prozent der Stimmberechtigten.[82]

> *Die Zulassung der Frauen zur Habilitation,* so fuhren die Gegner Emmy Noethers fort, *ist eine so tief in die ganze Verfassung und das Leben unserer Universitäten einschneidende Frage, dass wir glauben, auch den entgegenstehenden Bedenken Ausdruck geben zu müssen.*
>
> *Zwar wird in dem Gesuche der Majorität betont, daß für jetzt nicht eine allgemeine Aufhebung der damals auf das Gutachten der überwiegenden Mehrheit der preußischen Universitäten gestützten Ministerialverfügung, sondern nur ein „Dispens" für einen einzelnen Fall nachgesucht wird. Aber es kann doch auf keine Weise geleugnet werden, daß mit der Zulassung dieser ersten Frau die Frage, ob überhaupt Frauen zur Habilitation zuzulassen sind, im bejahenden Sinne entschieden wäre.*

Weiterhin führten die Unterzeichner dieses Votums – der Astrophysiker Johannes Hartmann, der Zoologe Ernst Heinrich Ehlers, die Agrarwissenschaftler Konrad von Seelhorst und Wilhelm Fleischmann, der Mineraloge Otto Mügge, der Philosoph und Psychologe Georg Elias Müller und der Geophysiker Ernst Wiechert – wieder vor allem die antifeministischen Ressentiments an, die schon in den Antworten der Universitäten bei der Umfrage 1907 eine prominente Rollte gespielt hatten und betonten die „schweren sozialen und akademischen Bedenken und Folgen", die gegen die Zulassung der Frauen zur Habilitation sprächen:

> *Zahlreichen studierenden Frauen würde sich hiermit ein neuer Lebenslauf eröffnen und die wissenschaftliche Höhe der deutschen Universitäten würde durch die fortschreitende Verweiblichung zweifellos sinken. Alle Fakultätsmitglieder sind darüber einig – und auch das Votum der Majorität gibt dies ausdrücklich zu –, daß ein weiblicher Kopf nur ganz ausnahmsweise schöpferische wissenschaftliche Leistungen hervorbringen wird. Besonders aber zur ununterbrochenen Lehr-*

[82] Auch schon in der Abstimmung über den Habilitationsantrag Maria von Lindens (1869-1936), der zu dem Erlass vom 29.5.1908 führte, hatte deren Gegner die Legitimität dieser Abstimmung in Frage zu stellen versucht. Siehe dazu Tollmien 1/2021, S. 46 und S. 51 Anm. 89.

tätigkeit vor unseren Studenten ist eine Frau wegen der mit dem weiblichen Organismus zusammenhängenden Erscheinungen überhaupt nicht geeignet.

Mit der Zulassung zur Habilitation wäre ferner auch die Zulassung von Frauen zu den weiteren Stufen der akademischen Laufbahn, zum Ordinariat, folglich zum Mitglied von Fakultät und Senat im Prinzip entschieden. Denn es wäre eine offenbare Härte, wenn man den Frauen nur den Eintritt in die akademische Laufbahn ermöglichen, ihr Fortschreiten aber verhindern wollte. Da die vorliegende Frage somit in die Verfassung der Senate eingreift, so hoffen wir, daß Eur[e] Exzellenz keinesfalls dem Gesuche der Majorität Folge geben werden, ohne die Gutachten der Senate der preußischen Universitäten von neuem einzufordern.

Es ist nur vollkommen der Sache entsprechend, wenn sich unser Widerspruch nicht gegen das Votum der Fachvertreter über die mathematischen Kenntnisse der Bewerberin richtet, sondern nur auf die schweren sozialen und akademischen Bedenken und Folgen stützt, die gegen die Zulassung der Frauen zur Habilitation sprechen.[83]

Anders als 1907 waren die Gegner von Frauenhabilitationen 1915 nicht nur mit der Tatsache konfrontiert, dass Frauen nun als reguläre Studentinnen zugelassen waren, sondern vor allem damit, dass sich durch die Einberufung eines Großteils der männlichen Studenten die Geschlechterrelation in den Hörsälen verändert hatte. Die Zeitgenossen sprachen sogar davon, dass in Göttingen die Vorlesungen während des Krieges zu 75 % von Frauen besucht gewesen seien, und der Chronist der Göttinger Universität Götz von Selle behauptete:

Als im Herbst 1914 das Wintersemester begann, traten die Dozenten, sofern sie nicht selbst zu den Waffen geeilt waren, vor die gelichteten Reihen ihrer Hörer. Wären die Frauen nicht gewesen – Felix Klein und Max Lehmann hatten sich, stark in ihrem Bestreben angefeindet, besonders für das Frauenstudium eingesetzt – so hätte die Universität vielleicht vor der Notwendigkeit einer vorrübergehenden Schließung stehen können.[84]

---

83 Sondervotum vom 19.11.1915 (Unterstreichung im Original), als handschriftliche Abschrift und als maschinenschriftliche Fassung mit Originalunterschriften, UniA GÖ Kur., 4134, o. P.; eine Abschrift auch in: ebenda, Math.-Nat. Pers., in 17: Personalakte Prof. Noether, o. P.

84 Karl Brandi, Die Universität im Kriege, in: Albrecht Saathoff (Hg.), Göttinger Kriegsgedenkbuch 1914-1918, Vandenhoeck & Ruprecht Göttingen 1935, S. 149; Götz von Selle, Die Georg-August-Universität zu Göttingen, Vandenhoeck & Ruprecht Göttingen 1937, S. 331.

Die Zahlen ergeben ein differenzierteres Bild: Zwar waren drei bis vier Fünftel der männlichen Studenten während des Krieges von der Göttinger Universität beurlaubt, doch nahm die Zahl der Studentinnen im Wintersemester 1914/15 zunächst sogar ab, wuchs dann zwar stetig, aber nicht überproportional. Niemals war ihre Zahl absolut größer als die ihrer nicht beurlaubten männlichen Kommilitonen, durchschnittlich gab es offiziell immer noch etwa doppelt so viele Hörer wie Hörerinnen.[85] Dennoch waren die Frauen an den Universitäten seit Beginn des Krieges deutlich sichtbarer als zuvor, ob sie nun tatsächlich die Mehrheit in den Hörsälen stellten oder nicht. Und auch dieses Bild werden die Unterzeichner des Separatvotums vor Augen gehabt haben, wenn sie eine „fortschreitende Verweiblichung" und das daraus folgende angebliche Sinken des wissenschaftlichen Niveaus behaupteten, wovon schon die Gutachter der Umfrage 1907 überzeugt gewesen waren.[86]

Mit der von den Verfassern des Separatvotums wohl absichtlich unscharf gehaltenen Formulierung von den „mit dem weiblichen Organismus zusammenhängenden Erscheinungen", die Frauen angeblich ungeeignet für eine Dozententätigkeit machten, konnte zudem über Schwangerschaft, Menstruation und Klimakterium hinaus auch eine in vielen männlichen Köpfen herumspukende Vorstellung von weiblicher Hysterie, Migräneanfälligkeit oder nicht kontrollierbaren Stimmungsschwankungen mitgedacht werden.[87]

Dass Frauen ungeeignet für die „weiteren Stufen der akademischen Laufbahn" – für ein Ordinariat oder als Mitglied von Fakultät und Senat – seien, verstand sich dann offenbar so klar von selbst, dass es weiter nicht begründet werden musste, sondern nur – scheinprotektionistisch – davon gesprochen wurde, dass es „eine offenbare Härte" wäre, „wenn man den Frauen nur den Eintritt in die akademische Laufbahn ermöglichen, ihr Fortschreiten aber verhindern wollte."[88]

---

[85] Studentenzahlen 1734/37-1987, hg. vom Präsidenten der Universität Göttingen anlässlich der 250 Jahrfeier der Universität, Goltze Druck Göttingen 1987, S. 8 f.; Marianne Koerner, Auf fremdem Terrain. Studien- und Alltagserfahrungen von Studentinnen 1900 bis 1918, Didot-Verlag Bonn 1997, S. 293; Cordula Tollmien, Die Universität Göttingen im Kaiserreich, in: Göttingen – Die Geschichte einer Universitätsstadt, Band 3: Von der preußischen Mittelstadt zur südniedersächsischen Großstadt 1866 bis 1989, hg. von Rudolf von Thadden und Jürgen Trittel, Vandenhoeck & Ruprecht Göttingen 1999, S. 357-393, hier S. 386.

[86] Siehe dazu z.B. Tollmien 1/2021, S. 73 f.

[87] Vgl. dazu ebenda, S. 150.

[88] Diese scheinprotektionistischen Argumente wurden auch schon in der Umfrage von 1907 vielfach vorgebracht, siehe dazu ebenda, S. 82, S. 102 f. und S. 167 f.

Die Sorge, dass eine Dozentenlaufbahn für Frauen eventuell doch Realität werden könnte, war aber dennoch so stark, dass sie zu der dringenden Aufforderung führte, „daß Eur[e] Exzellenz keinesfalls dem Gesuche der Majorität Folge geben werden, ohne die Gutachten der Senate der preußischen Universitäten von neuem einzufordern." Nun dies tat das Ministerium nicht. Dafür wären mitten im Krieg auch kaum die personellen und technischen Kapazitäten vorhanden gewesen. Außerdem hatte man ja bereits durch die Umfrage von 1907 und den Erlass vom 29. Mai 1908 Tatsachen geschaffen und damit eine bequeme Handhabe, Frauen von der Habilitation auszuschließen. Dass aber die in der Mathematisch-Naturwissenschaftlichen Abteilung unterlegene Minderheit diesen Vorschlag machen zu müssen glaubte, zeigt, wie groß auch noch 1915 die Sorge war, eine Frau könnte tatsächlich auch nur die erste Stufe der akademischen Karriereleiter erklimmen und damit die sich in der Männeruniversität bequem eingerichteten Ordinarien noch stärker stören, als dies schon die scheinbar überhand nehmenden Studentinnen taten.

Einer der Mitunterzeichner dieses Votums, der Astrophysiker Johannes Hartmann, hatte schon im Sommer 1915, lange bevor seine Kollegen entsprechend tätig wurden, in seiner Eigenschaft als Mitglied der Habilitationskommission ein eigenes (ablehnendes) Gutachten verfasst, in dem er einleitend, wie später in das gemeinsame Sondervotum übernommen, mit dem befürchteten Präzedenzfall argumentierte, zusätzlich aber vor allem die besondere Situation hervorhob, in der sich Deutschland durch den Krieg befinde:

Als Nicht-Fachvertreter halte ich es für meine Pflicht, schrieb Hartmann am 5. August 1915, *auch hier, wie ich es schon in der Vorbesprechung getan habe, auf die schweren prinzipiellen Bedenken hinzuweisen, die sich gegen die Zulassung der Bewerberin zu den weiteren Habilitationsbedingungen ergeben. Es kann auf keine Weise geleugnet werden, dass mit der Zulassung dieser ersten Dame die Frage, ob überhaupt Damen zur Habilitation zuzulassen sind, im bejahenden Sinne entschieden wäre und dass sich hiermit sofort zahlreichen studierenden Damen ein neuer Lebenslauf eröffnen würde. Ob das im Interesse der wissenschaftlichen Höhe unserer Universitäten, ob es für das akademische Leben nützlich wäre, darüber werden die Ansichten geteilt sein und ich persönlich verneine diese Frage. Dazu kommen aber noch weitere Rücksichten, die wir gerade in der jetzigen ernsten Zeit nicht unbeachtet lassen sollten.*

Wenn Deutschland jetzt im Stande ist einer Welt von Feinden erfolgreich gegenüberzutreten, so verdanken wir das zum großen Teile unseren deutschen Frauen und Müttern, die uns eine kräftige Schar von Söhnen herangezogen haben. Jeder Schritt, der die Gleichberechtigung der Frau erweitert, ihre selbständige Haltung u[nd] Lebensführung erleichtert, bringt gewisse Gefahren für das Familienleben, für diejenigen Aufgaben der Frau mit sich, die ihr nun einmal nicht abgenommen werden können, die aber manchen Frauen, wenn sie ihr Interesse der wissenschaftlichen Arbeit zugewandt haben, unbequem erscheinen mögen. Insbesondere wird sich ja auch eine ununterbrochene akademische Lehrtätigkeit kaum mit den Aufgaben einer verheirateten Frau in Einklang bringen lassen. Im Interesse unseres Nachwuchses wäre es aber sicherlich nicht zu wünschen, wenn gerade die geistig besonders hochstehenden Frauen dem Familienleben mehr und mehr entzogen würden.

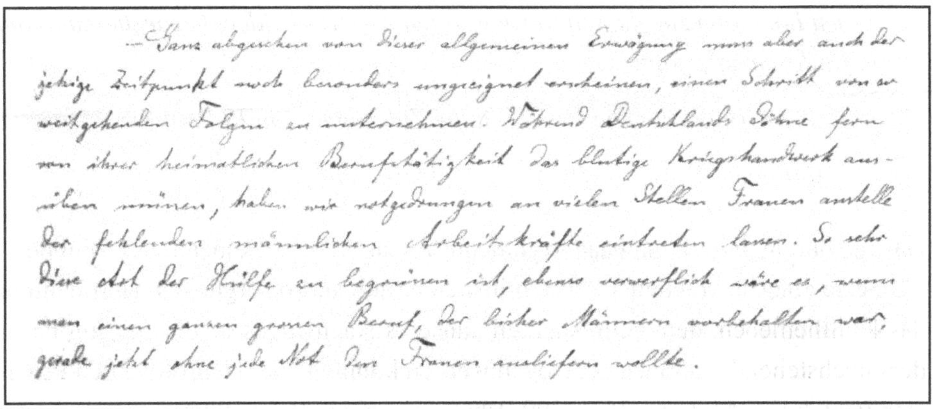
– Ganz abgesehen von dieser allgemeinen Erwägung muss aber auch der jetzige Zeitpunkt noch besonders ungeeignet erscheinen, einen Schritt von so weitgehenden Folgen zu unternehmen. Während Deutschlands Söhne fern von ihrer heimatlichen Berufstätigkeit das blutige Kriegshandwerk ausüben müssen, haben wir notgedrungen an vielen Stellen Frauen anstelle der fehlenden männlichen Arbeitskräfte eintreten lassen. So sehr diese Art der Hülfe zu begrüssen ist, ebenso verwerflich wäre es, wenn man einen ganzen grossen Beruf, der bisher Männern vorbehalten war, gerade jetzt ohne jede Not den Frauen ausliefern wollte.

Ausschnitt aus dem Gutachten Hartmanns vom 5. August 1915
(UniA GÖ Math.-Nat. Pers., in 17: Personalakte Prof. Noether, o. P.)

– Ganz abgesehen von dieser allgemeinen Erwägung muß aber auch der jetzige Zeitpunkt noch besonders ungeeignet erscheinen einen Schritt von so weitreichenden Folgen zu unternehmen. Während Deutschlands Söhne fern von ihrer heimatlichen Berufstätigkeit das blutige Kriegshandwerk ausüben müssen, haben wir notgedrungen an vielen Stellen Frauen an Stelle der fehlenden männlichen Arbeitskräfte eintreten lassen. So sehr diese Art der Hülfe zu begrüssen ist, so verwerflich wäre es, wenn man einen ganzen großen Beruf, der bisher Männern vorbehalten war, gerade jetzt ohne jede Not den Frauen ausliefern wollte. Unsere

aus dem Felde zurückkehrenden Privatdozenten, von denen jeder doch einen größeren oder kleineren Teil seiner Gesundheit dem Vaterlande geopfert hat, würden eine solche ihnen während ihrer Abwesenheit erwachsene Konkurrenz sicher mit sehr gemischten Gefühlen begrüßen. Gerade da die akademische Lehrtätigkeit einer von den wenigen Berufen ist, die auch ein im Kriege beschädigter Mann fast ohne besondere Beschwerden ausfüllen kann, müssen wir erwarten, daß sich ein Teil solcher aus dem Felde zurückkehrender Studierender alsdann dieser Laufbahn zuwenden wird. Unverantwortlich und tief betrübend wäre es, wenn gerade in einem solchen Beruf ihr Vorwärtskommen durch die Konkurrenz von Frauen erschwert würde.

Hartmann schloss sein Gutachten mit den Worten:

Um der Bewerberin unnötige Mühe und nachträgliche Enttäuschung zu ersparen, halte ich es für richtiger, die prinzipielle Frage, ob überhaupt Frauen zur akademischen Laufbahn zugelassen werden sollen, zu entscheiden, bevor die Zulassung zum Kolloquium erfolgt.

Aus diesem Grunde stimme ich gegen die Zulassung zum Kolloquium.

Göttingen, 5. August 1915 *J. Hartmann*[89]

Da sind nun in der Tat ein paar Argumente versammelt, die einen tiefen Einblick in die Seele eines überzeugten Antifeministen erlauben. So sorgte sich Hartmann um das Familienleben, dem zum Nachteil „unseres Nachwuchses" die „geistig besonders hochstehenden Frauen" entzogen werden könnten. Der Neurologe und Psychiater Paul Julius Möbius (1853-1907) hatte in seiner 1900 erstmals erschienenen, überaus erfolgreichen, viel Zustimmung, aber auch viel Widerspruch provozieren-

[89] Gutachten Hartmanns, 5.8.1915, auf fortlaufenden Blättern im Anschluss an das Rundschreiben Landaus vom 20.7.1915, UniA GÖ Math.-Nat. Pers., in 17: Personalakte Prof. Noether, o. P. Rowe 2021, S. 55 f., und dementsprechend auch Rowe und Koreuber 2020, S. 77 f., erwecken den Eindruck, als habe Hartmann sein Gutachten erst im November 1915 als Ergänzung zu dem oben zitierten Separatvotum geschrieben. Für die Bewertung von Hartmans Stellungnahme ist aber wesentlich, dass dieser sein Gutachten ohne Rücksprache mit seinen Kollegen, auf eigene Verantwortung und aus seiner ureigensten Überzeugung heraus schon im August 1915 verfasste, und dass dieses daher kein „postscript" oder „addendum" zum erst nach der Fakultätssitzung am 18.11.1915 verfassten Seperatvotum der Gegner von Emmy Noethers Habilitation war, sondern – wenn überhaupt – dessen Vorlage, auch wenn nicht alle dort genannten Argumente übernommen wurden. Dafür fanden seine Argumente, die in der Abteilungssitzung am 6.11.1915 ausführlich diskutiert wurden (siehe dazu unten S. 64 f.), indirekt oder besser gesagt als Gegenrede Eingang in den eingangs zitierten Dispensantrag (siehe dazu unten S. 71 f.).

den Kampfschrift „Über den physiologischen Schwachsinn des Weibes", die auch schon 1907 den Gegnern der Habilitation von Frauen als wichtige Argumentationshilfe gedient hatte,[90] noch behauptet, dass es für die Herausbildung von genialen Menschen besser sei, dass die Mutter möglichst ungebildet (in seinen Worten möglichst „natürlich") sei:

Die durch den Intellectualismus erleuchteten Frauen, die vom Kindersegen nichts mehr wissen wollen, verstehen sich auf hygienische Maassregeln, so dass die wenigen Kinder schön gedeihen, und sie sind reich an Geistesschätzen, so dass sie ihre Kinder nicht nur grossziehen, sondern auch auf die Höhen des Intellectualismus führen können,

so gibt Möbius die These einer seiner Kontrahentinnen wieder, die auf die ersten Auflagen seines Pamphlets reagiert hatte,[91] und hält dagegen:

Die Behauptung aber, dass die „gebildete" Frau ihre Kinder besser aufziehe als die natürliche Frau, ist einfach Unsinn. Wo gedeihen denn die Kinder am besten? In einfachen Verhältnissen und bei braven Eltern mit gesundem Verstande. Man lese die Biographien Derer, die einer Kinderschaar armer Eltern angehört haben. Neuerdings hat H. Ellis[92] für englische Verhältnisse nachgewiesen, dass geniale Menschen in der Regel kinderreichen Familien angehören, dass aus kinderarmen Familien durchschnittlich nicht viel Ausgezeichnetes kommt.[93]

Hartmann argumentierte dagegen eher wie Möbius' Kontrahentin, doch auch seine Schlussfolgerung richtete sich wie bei Möbius gegen zu hohe geistige Ambitionen der Frauen, die, wenn sie zu selbständig würden und sich zu sehr der wissenschaftlichen Arbeit zuwendeten, in Gefahr stünden, sich dem Familienleben zu entfremden und die damit verbundenen Pflichten als unbequem zu empfinden. Gebildete, „geistig hochstehende" Frauen waren nach Hartmann also durchaus zu begrüßen, jedoch nur im Interesse des (männlichen) Nachwuchses, der Aufzucht einer „kräftigen Schar von Söhnen".

---

90 Vgl. dazu Tollmien 1/2021, S. 69-73, S. 75, S. 78 f., S. 140 und S. 172.

91 Möbius bezog sich auf die sozialdemokratische Journalistin Oda Olberg (1872-)1955, die 1902 ihre Antwort auf die Thesen Möbius' veröffentlich hatte: Oda Olberg, Das Weib und der Intellectualismus, Akademischer Verlag für sociale Wissenschaften Dr. John Edelheim Berlin und Bern 1902.

92 Henry Havelock Ellis (1859-1939) bekannter britischer Sexualforscher.

93 Paul Julius Möbius, Über den physiologischen Schwachsinn des Weibes, Verlag von Carl Marhold Halle an der Saale 1903, Vorwort zur fünften veränderten Auflage, S. 9 f.

In der Umfrage des Ministeriums zur Habilitation von Frauen im Jahr 1907 hatte die Juristische Fakultät Göttingen – wie viele ihrer Kollegen an anderen preußischen Universitäten auch – behauptet, dass „die heranwachsende akademische Jugend nicht von Frauen (als Lehrer und Erzieher) zu Männern herangebildet werden" könne, wie dies der Göttinger Kurator in seiner stichwortartigen Zusammenfassung formuliert hatte.[94] Dies bezog sich allerdings auf Frauen als Dozenten an der Universität, als Mütter waren sie dagegen offensichtlich sehr wohl zur Aufzucht von Söhnen fähig, die – so Hartmann – sogar im Stande waren „einer Welt von Feinden erfolgreich gegenüberzutreten".

Der Satz Hartmanns „Insbesondere wird sich ja auch eine ununterbrochene akademische Lehrtätigkeit kaum mit den Aufgaben einer verheirateten Frau in Einklang bringen lassen", fand dann ohne die Einschränkung auf die verheiratete Frau als allgemeine Aussage über „den weiblichen Organismus" und die mit diesem „zusammenhängenden Erscheinungen" Eingang in das gemeinsame Separatvotum vom 19. November 1915.[95]

David Hilbert hatte sich als Vorbereitung für die zu erwartenden Diskussionen in Abteilung und Fakultät am 6. und 18. November 1915 eine Abschrift des Hartmannschen Gutachtens anfertigen lassen und war dieses, wie seine Unterstreichungen erkennen lassen, sehr sorgfältig durchgegangen. Unterstrichen hatte er dabei den Halbsatz, dass sich mit der Habilitation „sofort zahllosen studierenden Damen ein neuer Lebensberuf eröffnen würde", und auch die „wissenschaftliche Höhe unserer Universitäten", deren Sinken Hartmann befürchtete, hatte er markiert. Von Hilbert unterstrichen war auch „Jeder Schritt, der die Gleichberechtigung der Frau erweitert", und die „Aufgaben der Frau", die ihr nun einmal nicht abgenommen werden können, die aber manchen Frauen, wenn sie ihr Interesse der wissenschaftlichen Arbeit zugewandt haben, unbequem erscheinen mögen." Damit hatte er genau die Angelpunkte markiert, von denen anzunehmen war, dass sich daran die Diskussion entzünden würde.[96]

---

94 Handschriftliche Notizen auf dem Schreiben des Kurators an den Minister vom 20.2.1907, UniA GÖ Kur., 4134, o. P.; Stellungnahme der Göttinger Juristischen Fakultät vom 1.2.1907, GStAPK I. HA Rep. 76 Va, Sekt. 1, Tit. VIII, Nr. 8, Adh. III, Bl. 53 v. Vgl. dazu auch Tollmien 1/2021, S. 71 f., S. 81, S. 92 und S. 146 ff.

95 Siehe oben S. 57 f.

96 „Gutachten von Hartmann in Angelegenheit Nöther", Abschrift in der Handschrift Käthe Hilberts mit Unterstreichungen von David Hilbert, NStuUB Gö Cod. Ms. D. Hilbert 484.

Besonders schwer wog sicherlich Hartmanns Argument von der den Männern „erwachsenen Konkurrenz“, dadurch dass man, während diese „fern von ihrer heimatlichen Berufstätigkeit das blutige Kriegshandwerk ausüben müssen“, „einen ganzen großen Beruf, der bisher Männern vorbehalten war, gerade jetzt ohne jede Not den Frauen ausliefern würde“ (Unterstreichungen von David Hilbert).

Der katholische Publizist Adam Röder (1858-1937), seit 1913 Herausgeber und Chefredakteur der *Süddeutschen Conservativen Korrespondenz*, formulierte ein Jahr später diesen hier implizit erhobenen Vorwurf von der Frau als Kriegsgewinnlerin[97] in einem generell gegen das Frauenstudium gerichteten Pamphlet in besonders drastischen Worten:

> *In Heuschreckenschwärmen fallen die weiblichen Berechtigten über die deutschen Universitäten her, seitdem die männlichen Berechtigten in vielen Tausenden sich aufgemacht haben, dem Vaterlande Gut und Leben zu weihen. Während sich draußen die Elite der deutschen Männerschaft vor dem Feind verblutet, besetzen daheim die Weibchen die Kollegienbänke, um die gelehrten Berufsarten zu feminisieren.*[98]

Röder bezog sich hier ausschließlich auf Studentinnen (Dozentinnen werden ihm wohl gar nicht in den Sinn gekommen sein) und auf deren durch die Einberufung ihrer männlichen Kommilitonen hervorgerufene angebliche zahlenmäßige Überlegenheit in manchem Hörsaal, wovon schon die Rede war. Und er verband dies mit dem erschreckenden Bild von alles kahl fressenden Heuschreckenschwärmen und mit dem seit Beginn des Jahrhunderts gängigen Kampfbegriff der Feminisierung, in dem nicht nur eine quantitative, sondern vor allem auch eine qualitative Ab- und Entwertung der von den Frauen eroberten Berufe mitgedacht war.

Warum es gerade Johannes Hartmann war, der sich „als Nicht-Fachvertreter“ mit seinem frühen Gegengutachten gegen Hilbert und Klein und damit auch gegen

---

[97] Ob sich die Chancen für Frauen an den Universitäten durch den Krieg tatsächlich erhöhten, hat Trude Maurer untersucht und kommt dabei zu dem Schluss, dass der Krieg für den konkreten Status von Studentinnen und Wissenschaftlerinnen als Gruppe eher ein Moratorium als einen Fortschritt bedeutete: Trude Maurer, Der Krieg als Chance? Frauen im Streben nach Gleichberechtigung an deutschen Universitäten, in: Jahrbuch für Universitätsgeschichte 6 (2003), S. 107-138, hier S. 138 (Hervorhebung T. M.); siehe dazu auch Detlef Busse, Engagement oder Rückzug? Göttinger Naturwissenschaften im Ersten Weltkrieg, Universitätsverlag Göttingen 2008, S. 72-81.

[98] Adam Röder, "Konsuln, habt acht", in: Süddeutsche Conservative Korrespondenz vom 12. Mai 1916, zitiert nach: Edith Glaser, Hindernisse, Umwege, Sackgassen. Die Anfänge des Frauenstudiums in Tübingen (1904-1934), Deutscher Studien Verlag Weinheim 1992, S. 52.

Emmy Noether stellte, kann man nur vermuten. Hartmann, der aus einem kleinbürgerlich-katholischen, nicht-akademischen Elternhaus stammte, sich aber dennoch in seiner Zeit am Astrophysikalischen Observatorium in Potsdam zu einem der führenden deutschen Astrophysiker entwickelt hatte, war 1909 als Nachfolger von Karl Schwarzschild nach Göttingen berufen worden. Doch konnte er hier weder seinen wissenschaftlichen Neigungen nachgehen, noch seine Fähigkeiten adäquat einsetzen. Denn Hartmann zeichnete sich vor allem durch eine hohe technische Begabung aus und hatte in Potsdam eine Reihe von bahnbrechenden Beobachtungsinstrumenten entwickelt, durch die ihm unter anderem die Entdeckung der ruhenden Calciumwolken gelungen war und damit erstmals der Nachweis eines interstellaren Mediums, also eines Gases, das sich innerhalb der Galaxien und zwischen den Sternen unserer Milchstraße befindet. In Göttingen aber waren die Beobachtungsbedingungen mangels geeigneter Instrumente so schlecht, dass seine zuvor äußerst rege Publikationstätigkeit hier fast vollständig zu Erliegen kam.

Anders als der aus einem großbürgerlichen (jüdischem) Milieu stammende sehr viel stärker als Hartmann mathematisch ausgerichtete Schwarzschild, der die Astrophysik in Göttingen etabliert und eng mit Hilbert, dessen Freund Hermann Minkowski (1864-1909) und auch mit Klein zusammengearbeitet hatte,[99] war Hartmann in der Göttinger Gemeinschaft von Mathematikern und Physikern, die in ihrer ganz überwiegenden Mehrheit für das Frauenstudium und eben auch für die Habilitation Emmy Noethers eintraten,[100] ein Außenseiter. In einem Brief an den Göttinger Kurator vom 26. September 1911 hatte Hartmann nicht nur behauptet, dass er seine Stellung in Potsdam gegen die hiesige (Göttinger Stellung) habe vertauschen m ü s s e n, sondern auch, dass seine Gesundheit und seine Arbeitskraft durch die „häßlichen“, seiner vorgesetzten Behörde sehr wohl bekannten Göttinger Verhältnisse (womit er vor allem seine schlechte Wohnsituation meinte) stark gelitten hätten. Es verwundert daher nicht, dass er nur zwei Jahre nach seiner Berufung nach Göttingen sofort das Angebot annahm, die Leitung der Sternwarte La Plata in Ar-

---

99 Zu Schwarzschild, der im Übrigen auf Hartmanns Stelle in Potsdam wechselte, siehe Horst Kant, Schwarzschild, Karl, in: Neue Deutsche Biographie 24 (2010), S. 33 f.; Otto Blumenthal, Karl Schwarzschild, in: Jahresbericht der Deutschen Mathematiker-Vereinigung 26 (1917), S. 56-75; David Rowe, The Göttingen Response to General Relativity and Emmy Noether's Theorems, in: The Symbolic Universe. Geometry and Physics 1890-1930, hg. von J. J. Gray, Oxford University Press Oxford 1999, S. 189-233, hier S. 191 f., und den von Klaus Reinsch und Axel D. Wittmann verschiedene Aspekte von Schwarzschilds Wirken thematisierenden Band: Karl Schwarzschild (1873-1916). Ein Pionier und Wegbereiter der Astrophysik, Universitätsverlag Göttingen 2017.

100 Siehe dazu Tollmien 1/2021, S. 109-122.

gentinien zu übernehmen. Allerdings hatte Hartmann seine Übersiedlung nach Argentinien an die Bedingung geknüpft, dort von allen Vorlesungsverpflichtungen befreit zu werden, und als er für diese Bedingung zwei Monate später noch keine Bestätigung erhalten hatte, zog er seine ursprüngliche Zusage zurück, obwohl sowohl das Kultusministerium, als auch das Auswärtige Amt (der Kaiserliche Gesandte in Buenos Aires hatte sogar Reichskanzler Bethmann-Hollweg über den Vorgang informiert) sehr an dieser, deutschen Einfluss in Argentinien verstärkenden Berufung interessiert gewesen waren. Nicht genug damit schlug Hartmann in seinem oben schon genannten Brief an den Kurator vor, statt seiner doch Schwarzschild nach Argentinien zu schicken, womit der deutschen Wissenschaft „in mehr als einer Beziehung" gedient sei. Damit wird deutlich, dass Hartmann eigentlich nur eins wollte: nämlich nach Potsdam zurückkehren, wo er – wie aus dem hier wiedergegebenen Brief deutlich wird – keinerlei Vorlesungsverpflichtungen hatte, die ihm in Göttingen ganz offensichtlich schwer zu schaffen machten.[101] Kein Wunder also, dass Hartmann, der nach dem Krieg dann tatsächlich nach Argentinien ging,[102] von Anfang an ein Fremdkörper in der Göttinger Fakultät war und blieb, was durch sein gegen Emmy Noether gerichtetes Gutachten noch einmal unterstrichen wurde.

Dies erklärt aber nicht, warum ausgerechnet Hartmann in seinem Gegengutachten prominent und als einziger unter den Gegnern der Habilitation von Frauen auf das von den Männern geleistete „blutige Kriegshandwerk" hinwies. Seine Söhne (1908 und 1914 geboren, Hartmann hatte eine sechzehn Jahre jüngere Frau geheiratet) waren noch zu jung, um in den Krieg zu ziehen; er selbst war zu alt für den jetzigen

[101] Hartmann an Kurator 26.9.1911, UniA GÖ Kur., 6047: Personalakte Prof. Dr. Johannes Hartmann (Astronom, 1865-1936) 1909-1936, 1964-1965, Bl. 49 f.; der gesamte Vorgang ebenda, Bl. 35-50.

[102] Von der Göttinger Universität beurlaubt, ging Hartmann im April 1921 für Forschungsarbeiten nach La Plata (auch diesmal auf ministerieller Ebene wieder dadurch motiviert, dass man den deutschen Einfluss in Argentinien gegen die französische und nordamerikanische Konkurrenz sichern wollte). Seine Beurlaubung wurde dann in den folgenden Jahren immer wieder verlängert, bis die Fakultät, die es leid war, den faktisch vakanten Lehrstuhl nicht neu besetzen zu können, erreichte, dass Hartmann sich 1926 vorzeitig emeritieren ließ. Hartmann arbeitete noch bis zum Juni 1934 in La Plata. Seine Familie (er hatte zwei Söhne und eine Tochter), die er nur bei gelegentlichen in der Regel zwei bis drei Monate dauernden Besuchen sah, blieb bis auf ein anderthalb Jahre währendes Intermezzo 1924/25, in dem auch Frau und Kinder in La Plata lebten, in Göttingen wohnen. Hartmann kehrte 1934 krank aus Argentinien zurück und starb am 13. September 1936. Siehe dazu UniA GÖ Kur., 6047, ab Bl. 75 passim, und ebenda, Math.- Nat. Pers., in 9: Personalakte Johannes Hartmann, passim; Stadtarchiv Göttingen, Alte Einwohnermelderegistratur Einwohnermelde Karte Johannes Hartmann (1865-1936). Zur Person siehe auch Paul Labitzke, Hartmann, Johannes, in: Neue Deutsche Biographie 7 (1966), S. 744 f.; F. J. M. S. (nur mit Kürzel gezeichnet), Nachruf auf Johannes Hartmann, in: Monthly Notices of the Royal Astronomical Society 97 (1937) S. 284 f.

Krieg und zu jung für den französisch-deutschen Krieg 1870/71 gewesen. Vielleicht aber war die Tatsache, dass Hartmann kein eigenes Fronterlebnis vorzuweisen hatte, genau der Grund für Hartmanns Eintreten für die gegen Emmy Noether ins Feld geführten Frontteilnehmer, also kompensatorisch begründet.[103]

Johannes Hartmann, um 1915
(NStuUB Gö Sammlung Voit 1, Ausschnitt)

Allerdings ging seine patriotische Begeisterung für den Krieg nicht so weit, dass er – wie etwa sein Kollege der Agrarwissenschaftler Konrad von Seelhorst – langfristig größere Opfer zu bringen bereit war. Zwar bot er bereitwillig seine Mitarbeit im Kriegshilfsdienst an (ohne dass bekannt wäre, dass es in diesem Zusammenhang zu

[103] Vgl. Cordula Tollmien, Der „Krieg der Geister“ in der Provinz - das Beispiel der Universität Göttingen 1914-1919, in: Göttinger Jahrbuch 41 (1993), S. 137-209, hier S. 145 und S. 170.

einem Einsatz Hartmanns gekommen wäre),[104] und er verzichtete im August 1914 gemeinsam mit Konrad von Seelhorst „zugunsten der Staatskasse“ von sich aus auf einen Teil seiner Amtsbezüge, was das Ministerium wegen des nicht angegebenen Verwendungszwecks in einige Verlegenheit brachte.[105]

Konrad von Seelhorst, undatiert
(NSuUB Gö Sammlung Voit 7, Ausschnitt)

Doch anders als Konrad von Seelhorst, der auf ein ganzes Drittel seines Gehalts verzichtet hatte und dies bis über das Ende des Krieges hinaus beibehielt, trat Hartmann bereits im März 1915 wegen eines „unerwartet eingetretenen Vermögensverlusts“ von seiner freiwillig gegebenen Zusage zurück.[106] An das vielfältige propa-

[104] Busse 2008, S. 214-217.
[105] Man entschied sich schließlich das Geld „für vaterländische Zwecke“ zu verwenden, also für das Rote Kreuz oder zur Unterstützung von Kriegshinterbliebenen. Ebenda, S. 269 f.
[106] Ebenda, S. 270.

gandistische Engagement von Seelhorsts, der, auf einen Rittergut geboren und aus einer alten Soldatenfamilie stammend, als ehemaliger Marineoffizier vor dem Krieg massiv Werbung für den Ausbau der deutschen Flotte gemacht hatte und Vorsitzender der Göttinger Ortsgruppe des Alldeutschen Verbandes war,[107] reichte Hartmanns „Kriegseinsatz" also in keiner Weise heran.

So bleibt nur die wahrscheinlich richtige Vermutung, dass sich hinter Hartmanns antifeministischem Furor und dem in seinem Gegengutachten ausgedrückten patriotischen Engagement für „Deutschlands Söhne," die „fern von ihrer heimatlichen Berufstätigkeit das blutige Kriegshandwerk ausüben müssen", vor allem seine Unzufriedenheit mit seiner Göttinger Situation verbarg. In leidenschaftlich vorgetragene und scheinbar objektive Gründe gekleidet – weniger gegen eine ihm weder persönlich bekannte, noch ihn in seiner akademischen Position direkt bedrohende Frau als vielmehr gegen die weibliche Menschheit allgemein gerichtet – brach er hier eine Lanze für die Männer, die angeblich in Gefahr standen, einen ganzen „großen Beruf" an die Frauen zu verlieren.[108] In dieser kruden Melange aus dem Empfinden einer allgemeinen Bedrohung durch die Frauen und persönlichen Gefühlen von Kränkung und Zurücksetzung traf sich Hartmann übrigens mit Edmund Husserl (1859-1938), der 1907 ein von der Motivlage her sehr ähnliches Gutachten gegen die Habilitation von Frauen verfasst hatte.[109] Da Hartmann im Gegensatz zu den anderen Gegnern Emmy Noethers als Vorgänger Landaus in der Position des Abteilungsvorstehers Mitglied von Emmy Noethers Habilitationskommission war, stand ihm gleichberechtigt mit den Noetherunterstützern eine ausführliche Stellungnahme zu. Deshalb ist das Gutachten Hartmanns, der sich sonst vielleicht nur in der mündlichen Diskussion geäußert hätte, an prominenter Stelle in den Akten erhalten geblieben.

Bei der Umfrage 1907 war von Seelhorst Dekan der Philosophischen Fakultät gewesen und seine Stimme hatte dafür gesorgt, dass die mit Gleichstand der Stimmen ausgegangene Abstimmung in der Fakultät gegen die Zulassung von Frauen zur Habilitation gewertet wurde. 1915 nun waren die Verhältnisse umgekehrt. Der

---

[107] Siehe dazu Tollmien 1993, S. 149 f.; Busse 2008, S. 240, S. 267 f., S. 269.

[108] Dass Hartmann, im Juni 1934 aus Argentinien zurückgekehrt, noch ein Jahr vor seinem Tod einen Antrag auf Aufnahme in die NSDAP stellte, den er mit seiner aufrichtigen Verehrung „unseres herrlichen Führers und seines Werkes" begründete, rundet das Bild ab und passt zu seiner frauenverachtenden Grundhaltung. UniA GÖ Kur., 6047, Bl. 191; Bundesarchiv Berlin Lichterfelde R 9361-II-364186 (Lebenslauf mit Antrag auf Aufnahme in die NSDAP, daraus das Zitat).

[109] Vgl. dazu Tollmien 1/2021, S. 96-99.

Antrag, dem Minister zu empfehlen, den Dispensantrag der Mathematisch-Naturwissenschaftlichen Abteilung abzulehnen, wurde, wie oben schon gesagt, in der Fakultät mit 14 zu 14 Stimmen abgelehnt. Und ausschlaggebend für die Ablehnung trotz Stimmengleichheit war diesmal Gegenstimme des Dekans Landau und diejenigen, die wie von Seelhorst und Hartmann die Habilitation Emmy Noethers schon im Vorfeld verhindern wollten, konnten sich diesmal nicht durchsetzen.[110]

Das Hartmannsche Gutachten lag allen Abteilungsmitgliedern vor, als das gemeinsame Sondervotum gegen die Habilitation Emmy Noethers formuliert wurde, so dass man davon ausgehen kann – und dies soll hier gerechterweise hervorgehoben werden – dass dessen chauvinistische Argumentation von dem „großen Beruf", den man „ohne Not den Frauen ausliefern würde", bewusst nicht in das Sondervotum übernommen wurde. Wohl aber ist der Hinweis im eingangs zitierten Antrag auf Dispens vom 26. November 1915, dass Emmy Noether keinem der aus dem Felde heimkehrenden Dozenten oder Privatdozenten einen Platz wegnehmen werde, sicher eine Reaktion auf das Hartmannsche Gutachten und entsprechende Diskussionen in der Abteilung.

Auf letztere bezog sich auch Klein in seinem Gutachten vom 28. Juli 1915, in dem er den Verdacht zurückwies, dass die Habilitation einer Dame in jetziger Kriegszeit die im Felde stehenden männlichen Kandidaten schädige, da man bei der Aufnahme von Privatdozenten bisher immer sehr liberal verfahren sei. Außerdem müsse man der Rücksicht auf den Einzelnen (die für einen „geschädigt" aus dem Kriege zurückkehrenden Wissenschaftler ohnehin selbstverständlich sei) das Wohl der Gesamtheit gegenüberstellen, und diese verlange von denjenigen, „denen eine anderweitige vaterländische Tätigkeit versagt ist", in erster Linie die Aufrechterhaltung des Unterrichtsbetriebes und des wissenschaftlichen Lebens an der Universität.[111]

Damit argumentierte Klein, der die Hartmannschen Einwände bereits aus der ersten Kommissionssitzung vom 21. Juli 1915 kannte (also bevor dieser sein Gutachten formulierte), wie Hartmann mit der besonderen Situation, die durch den Krieg

[110] Protokoll der Fakultätssitzung am 18.11.1915, UniA GÖ Phil. Fak. I. Prot. 2; eine Protokollnotiz Landaus zu dieser Sitzung findet sich auch in: ebenda, Math.-Nat. Pers., in 17: Personalakte Prof. Noether, o. P. (auf fortlaufenden Blättern im Anschluss an sein Rundschreiben vom 20.7.1915 und nach den Gutachten); zur Abstimmung 1907 siehe Tollmien 1/2021, S. 104 f., S. 119 f. und S. 232.

[111] Kleins Gutachten ist unten auf S. 81-87 vollständig zitiert.

gegeben sei, versuchte aber dessen Bedenken mit dem Argument zu widerlegen, dass man gerade, weil man sich im Kriege befinde, auf die Mitarbeit von Frauen zur Aufrechterhaltung des wissenschaftlichen Lebens angewiesen sei.[112]

Hartmann, der die Hilfe der Frauen in Kriegszeiten notgedrungen ja durchaus begrüßt hatte (die Dozententätigkeit aber natürlich davon ausgenommen wissen wollte), hat er damit natürlich nicht überzeugen können. Abschließend äußerte dieser sich in seinem Gutachten denn auch ähnlich protektionistisch, wie dies schon in den Stellungnahmen auf die Umfrage von 1907 angeklungen war und was dann auch in das gemeinsame Separatvotum übernommen wurde.[113] Vorgeblich im Interesse der Frauen beziehungsweise diesmal konkret im Interesse Emmy Noethers, um ihr „unnötige Mühe und eine Enttäuschung“ zu ersparen, plädierte Hartmann, wie dies im Fall Maria von Lindens (1869-1936) auch Hubert Ludwig (1852-1913) getan hatte, dafür, die prinzipielle Frage, „ob überhaupt Frauen zur akademischen Laufbahn zugelassen werden sollen“ vor dem zur Diskussion stehenden Einzelfall zu entscheiden.

Maria von Linden hatte im Sommer 1906 bei der Philosophischen Fakultät der Universität Bonn einen Antrag auf Habilitation eingereicht, der von der Fakultät mehrheitlich befürwortet worden war. Hubert Ludwig, in dessen Institut Maria von Linden sechs Jahre lang gearbeitet hatte und der dennoch alles tat, um ihre Habilitation zu verhindern, hatte jedoch mit der Forderung nach einer prinzipiellen Entscheidung die im Januar 1907 an allen preußischen Universitäten gestartete Umfrage des Kultusministeriums über die Zulassung von Frauen zur akademischen Laufbahn provoziert, in deren Folge es dann zu dem im Erlass vom 29. Mai 1908 niedergelegten Verbot von Frauenhabilitationen in Preußen kam.[114] Daran erinnerte man sich 1915 zumindest dunkel auch in Göttingen, und so erbat Landau nicht nur beim Göttinger Kurator eine Abschrift des fraglichen Erlasses, sondern fragte zeitgleich auch direkt in Bonn an:

Eine Dame, schrieb Landau am 23. Juli 1915 an den Dekan der Bonner Philosophischen Fakultät, *hat bei uns ein Habilitationsgesuch eingereicht. Ein Präzedenzfall einer Habilitation in Deutschland ist für mich nicht bekannt; doch soll*

[112] Gutachten Kleins vom 28.7.1915, auf fortlaufenden Blättern im Anschluss an das Rundschreiben Landaus vom 20.7.1915, UniA GÖ. Math.-Nat. Pers., in 17: Personalakte Prof. Noether, o. P.
[113] Siehe dazu oben S. 58.
[114] Siehe dazu ausführlich Tollmien 1/2021, S. 31-63.

Gräfin Linden bei Ihrer Fakultät vor Jahren ein abschlägig beschiedenes Habilitationsgesuch eingereicht haben. Es würde für uns von Wert sein, hierüber bald authentisches zu erfahren, insbesondere ob die Ablehnung durch das Ministerium oder bereits durch Mehrheitsbeschluss der Fakultät erfolgte.[115]

Das ist eine spannende Anfrage, lässt sich doch vermuten, dass Landau und die (befürwortenden) Mitglieder der Habilitationskommission sich echte Argumentationshilfe aus Bonn erhofften. Doch diese Hoffnung wurde enttäuscht.

Der Dekan der Bonner Philosophischen Fakultät, der Mineraloge Reinhard Brauns (1861-1937), antwortete zwar nur drei Tage später, am 26. Juli 1915, stellte aber eingangs nur lakonisch fest, dass „unser Universitätsstatut die Habilitation von Frauen nicht vorsieht". Anschließend verwies er auf die Umfrage von 1907, behauptete aber, dass „eine generelle Regelung" durch das Ministerium bisher nicht erfolgt sei.[116]

Nun war der Erlass vom 29. Mai 1908 kein Gesetz, auch wenn er vom Ministerium wie ein feststehendes Verbot mit Gesetzescharakter gehandhabt wurde, insofern konnte man tatsächlich der Meinung sein, dass eine generelle Regelung der Frauenhabilitationen bisher nicht erfolgt war. Viel interessanter ist jedoch, dass Brauns die wirklich wichtige Frage Landaus, ob die Ablehnung des Habilitationsgesuchs Maria von Lindens durch das Ministeriums oder durch Mehrheitsbeschluss der Fakultät erfolgt sei, nicht beantwortete. Brauns, der noch mitten im Geschehen, also bevor das Ministerium die Umfrage auswertete, am 1. April 1907 nach Bonn gekommen war,[117] hatte sich damals offensichtlich nicht dafür interessiert, dass seine Fakultät kurz zuvor nicht nur mehrheitlich für die Habilitation Maria von Lindens gestimmt hatte, sondern auch in ihrem diesbezüglichen Bericht an das Ministerium die damals geradezu als revolutionär zu bezeichnende Aussage getroffen hatte, dass die bloße männliche Form der sprachlichen Bezeichnung, wie sie in den Universitätsstatuten aus historischen Gründen verwendet werde, zum Ausschluss von Frauen nicht ausreiche. Die Bonner Philosophische Fakultät unterschied also zwischen grammatischem und natürlichem Geschlecht und legte diese Unterschei-

---

[115] Landau an Dekan der Philosophischen Fakultät Bonn 23.7.1915, UniA GÖ Math.-Nat. Pers., in 17: Personalakte Prof. Noether, o. P.

[116] Brauns an Landau 26.7.1915, ebenda.

[117] Zur Biografie siehe Josef Frechen, Reinhard Brauns 1861-1937, in: Bonner Gelehrte. Beiträge zur Geschichte der Wissenschaften in Bonn. Mathematik und Naturwissenschaften, H. Bouvier und Co. und Ludwig Röhrscheid Verlag Bonn 1970, S. 149 ff.

dung ganz gegen den herrschenden Zeitgeist im Interesse der Frauen aus, indem sie argumentierte, dass die Frauen in der männlichen (grammatikalischen) Form mit gemeint seien.[118] Nur neun Jahre nach dieser exzeptionellen Aussage war diese bereits so weit in Vergessenheit geraten, dass dem nun amtierenden Dekan Reinhard Brauns nur ein trockenes, abwehrendes „Unser-Universitätsstatut-sieht-die-Habilitation-von-Frauen-nicht-vor“ einfiel.[119]

Tatsache ist, dass 1915 niemand mehr, wie Hartmann dies in seinem Gutachten getan hatte, eine prinzipielle Entscheidung vor der des Einzelfalles fordern musste. Denn der Erlass vom 29. Mai 1908 hatte eben diese prinzipielle Entscheidung festgeschrieben, und so blieb der Göttinger Abteilung nur, wie es Klein in seinem Gutachten vorformuliert hatte, den Minister „im Fall von Frl. Nöther“ um eine Ausnahme zu bitten.[120]

Die Gutachten für Emmy Noethers Habilitationsgesuch

Die Schwierigkeit der Befürworter von Emmy Noethers Habilitationsgesuch bestand darin, gleichzeitig prinzipiell gegen die Habilitation von Frauen und für eine Ausnahme im Fall Emmy Noethers argumentieren zu müssen. Ohne eine vorhergehende grundsätzliche positive Entscheidung war es aber fast unmöglich, die Argumentation der Vertreter des Separatvotums zu entkräften und etwa nachzuweisen, dass, wie es in dem Votum zur Stimmenthaltung des Chemikers Otto Wallach und des Biologen Gottfried Berthold hieß, eine „Nutzbarmachung" der Begabung Emmy Noethers für die Wissenschaft nur durch eine ordnungsgemäße Habilitation möglich sei.[121]

[118] Konzept des Berichts der Fakultät an das Preußische Kultusministerium vom 5.8.1906, Seite 4 f., UnivA Bonn PF 077-268, o. P. Siehe dazu ausführlich Tollmien 1/2021, S. 35 f.

[119] Brauns war, bevor er nach Bonn kam, Ordinarius in Kiel gewesen und hatte dort an der Umfrage 1907 teilgenommen. Die dortige Philosophische Fakultät hatte damals festgestellt, dass „in den Statuten unserer Fakultät“ nichts enthalten sei, „woraus gefolgert werden könnte, dass das ihr zustehende Recht der Erteilung der venia legendi auf Frauen unanwendbar sei“. Auch die Stellungnahme seiner vormaligen Fakultät hätte Brauns also zu einer genaueren Antwort an Landau veranlassen können. Stellungnahme der Philosophischen Fakultät Kiel 23.2.1907, GStAPK I. HA Rep. 76 Va, Sekt. 1, Tit. VIII, Nr. 8, Adh. III, Bl. 78. Vgl. dazu Tollmien 1/2021, S. 210 f.

[120] Gutachten Kleins vom 28.7.1915 auf fortlaufenden Blättern im Anschluss an das Rundschreiben des Abteilungsvorstehers Edmund Landau vom 20.7.2015, UniA GÖ Math.-Nat. Pers., in 17: Personalakte Prof. Noether, o. P.

[121] „Da wir uns ein selbständiges Urteil darüber nicht zu bilden vermögen“, so Wallach und Berthold, „ob bei der uns persönlich unbekannten die Habilitation nachsuchenden Dame eine hervorragende

Genau zu dieser grundsätzlich positiven Haltung zur Frauenhabilitation aber konnte sich auch die Mehrheit der Befürworter der Habilitation Emmy Noethers, deren Denk- und Argumentationsstrukturen oft gar nicht sehr weit von der ihrer Gegner entfernt waren, nicht entschließen. Auch sie erkannten nicht, dass eine prinzipiell positive Entscheidung nur bedeutet hätte, dass Frausein allein als Ablehnungsgrund nicht ausgereicht hätte und dass damit nicht etwa ein Rechtsanspruch auf Habilitation gegeben gewesen wäre, da jede Habilitation damals wie heute immer eine allein nach den wissenschaftlichen Verdiensten des Bewerbers/der Bewerberin zu bemessende Einzelfallentscheidung darstellt. Und sie erkannten auch nicht, dass sie sich mit einer prinzipiell positiven Entscheidung das Recht auf Zulassung zur Habilitation und auf die Verleihung der Venia legendi zurückgeholt hätten, das bis zum Erlass vom 29. Mai 1908 zu den verbrieften, von staatlicher Beeinflussung freien Rechten der akademischen Selbstverwaltung gehört hatte. Stattdessen baten auch die Befürworter der Habilitation Emmy Noethers nur um eine Ausnahmegenehmigung und erkannten damit – wie schon in der Umfrage des Jahres 1907 – das Recht des Ministeriums auf Einflussnahme auch in dieser eigentlich nach rein meritokratischen Gesichtspunkten zu entscheidenden Frage an.[122]

Dabei hatte Hilbert es allen seinen ihm im Umlauf zu Emmy Noethers Habilitation nachfolgenden Kollegen vorgemacht, indem er als Erstgutachter, ohne auch nur mit einem Wort auf die besondere Situation einzugehen, dass es sich bei dem Habilitanden um eine Frau handelte, lediglich ausführlich darlegte, was Emmy Noether wissenschaftlich bis 1915 geleistet hatte und sich damit im Gegensatz zu fast allen anderen seiner Kollegen nicht in die von diesen selbst geschaffene Zwickmühle (gleichzeitig für und gegen die Habilitation von Frauen argumentieren zu müssen) begab. Hilbert beschränkte sich stattdessen darauf, wie er dies auch für je-

und eigenartige Begabung vorliegt, deren Nutzbarmachung für die Wissenschaft außerhalb einer ordnungsgemäßen Habilitation nicht möglich ist, unter anderen Bedingungen aber die Aufnahme einer Dame in den akademischen Lehrkörper u[nseres] E[rachtens] größten Bedenken unterliegt, so halten wir es für richtig, uns im vorliegenden Fall der Abstimmung zu enthalten." Von Landau übersandt an den Kurator am 26.11.1915, in: UniA GÖ Kur., 4134, o. P., auch als Schreiben an Landau, November 1915, in: UniA GÖ Math.-Nat. Pers., in 17: Personalakte Prof. Noether, o. P.

122 Eva Brinkschulte, Wissenschaftspolitik im Kaiserreich entlang der Trennungslinie Geschlecht: die ministerielle Umfrage zur Habilitation von Frauen aus dem Jahre 1907, in: Elisabeth Dickmann und Eva Schöck-Quinteros unter Mitarbeit von Sigrid Dauks (Hg.), Barrieren und Karrieren: die Anfänge des Frauenstudiums in Deutschland: Dokumentationsband der Konferenz „100 Jahre Frauen in der Wissenschaft“ im Februar 1997 an der Universität Bremen, trafo Verlag Berlin 2000, S. 177-192, passim und insbesondere S. 177 und S. 186.

den männlichen Kandidaten getan hätte, Emmy Noethers mathematische Fähigkeiten zu beurteilen, und ordnete ihre Forschungen und Ergebnisse insbesondere in den Zusammenhang seiner eigenen Arbeiten ein.

Er begann mit Emmy Noethers 1907 verfassten Dissertation,[123] die Hilbert mit einer Würdigung versah, die länger geriet als das seinerzeit von Gordan verfasste Gutachten.[124] Er bezog sich dabei auch auf eine dem Thema ihrer Dissertation nahe verwandte Arbeit Emmy Noethers, die aus ihrem Vortrag auf der Versammlung der Naturforscher 1909 in Salzburg hervorgegangen und 1911 erschienen war:[125]

Die beiden frühesten Arbeiten der Kandidatin, nämlich ihre Dissertation und die Abhandlung 'Zur Invariantentheorie der Formen von n Variabeln' gehören dem damals sehr intensiv kultivierten heute leider vernachlässigten Gebiete der algebraischen Invarianten an. In der Dissertation wird die symbolische Methode für eine ternäre biquadratische Grundform soweit durchgearbeitet, dass die Endlichkeit und Aufstellbarkeit des vollen Invariantensystems für dieselbe klar wird: das volle System erscheint nämlich als erzeugbar durch Ueberschiebungen der in der Dissertation wirklich aufgestellten Invarianten mit dem nach Gordan bekannten System zweiter quadratischer ternären Formen – und dieser Erzeugungsprozess ist ein übersehbarer, weil es sich zu seiner Ausführung wesentlich um die Herstellung der positiven Grundlösungen eines Systems linearer diophantischer Gleichungen handelt. Die zweite oben genannte Arbeit erörtert die beiden von Study sogenannten Fundamentalsätze der symbolischen Methode: dieselben waren bis dahin nur bekannt, wenn in den Grundformen lediglich contravariante Variabelreihen auftreten, während die Verfasserin sie in dem allgemeinen Falle aufstellt, dass die Reihen von verschiedenen Stufen als Variable auftreten.[126]

---

[123] Emmy Noether 1908, Anhang 1 Nr. 2.

[124] Siehe dazu Tollmien 5/2023, hier den Abschnitt „Promotion bei Gordan".

[125] Emmy Noether, Zur Invariantentheorie der Formen von n Variabeln, in: Journal für die reine und angewandte Mathematik 139 (1911), S. 118-154; siehe zum Auftritt Emmy Noethers auf der Versammlung der Naturforscher 1909 auch Tollmien 4/2023.

[126] Eduard Study (1862-1930) leistete bedeutende Beiträge zur Invariantentheorie ternärer Formen und Emmy Noether bezog sich in der Einleitung ihrer von Hilbert genannten Arbeit auf Studys „Fundamentalsätze der symbolischen Methode", „nämlich den Satz von der symbolischen Darstellbarkeit der Formen und den Satz von den symbolischen Identitäten"; sie nannte dabei die Veröffentlichung Studys „Methoden zur Theorie der ternären Formen" aus dem Jahr 1889 und zwei spätere Arbeiten über das Auftreten dieser Fundamentalsätze auch in der Invariantentheorie spezieller Transformationsgruppen aus den Jahren 1897 und 1909 (Noether 1911, S. 118). Study hatte

Im Folgenden befasste sich Hilbert mit Emmy Noethers Habilitationsschrift „Körper und Systeme rationaler Funktionen“,[127] die Emmy Noether Hilbert im Mai 1914 zugeschickt hatte und von der in diesem Zusammenhang oben schon ausführlich die Rede war:

Die von der Kandidatin als Habilitationsschrift eingereichte Arbeit zieht einem von mir befolgten Ideengange entsprechend die arithmetische Theorie der Funktionenkörper im Kronecker-Dedekindschen Sinne zum Endlichkeitsproblem heran. Während ich aber mit den allgemeinen Begriffsbildungen der Körpertheorie nur den Invariantenkörper selbst behandelte, nimmt Frl. Noether einen abstrakt definirten [sic!] Körper, dessen Elemente rationale oder ganz rationale Funktionen von Unbestimmten sind, als Objekt und untersucht ihn nach eben jenen arithmetischen Gesichtspunkten auf Basis- und Endlichkeitsfragen hin. Die Resultate der Habilitationsschrift sind: Es giebt [sic!] immer eine endliche Anzahl von Funktionen des Körpers, so dass jede Funktion des Körpers sich rational durch diese ausdrücken lässt. Diese endliche Basis ist offenbar nicht eindeutig festgelegt, da man durch umkehrbar rationale Transformation zu einer neuen Basis gelangen kann, dennoch giebt es eine eindeutig definirte Basis mit gewissen ausgezeichneten Eigenschaften. Die aufgestellte Behauptung der rationalen Endlichkeit gilt nun nicht blos [sic!] für einen Körper, sondern für jedes abstrakt definirte System rationaler Funktionen, insbesondere also auch für Integritätsbereiche, bei denen – wie ich bereits gesagt hatte – im allgemeinen bei der Forderung ganzer rationaler Darstellung der Endlichkeitssatz nicht zutrifft. Die Habilitationsschrift zeigt aber, dass für jeden Integritätsbereich eine solche rationale Darstellung durch endlich viele Funktionen gefunden werden kann, bei der im Nenner nur die Potenz einer einzigen Funktion auftritt; die Darstellung wird gerade durch die obige ausgezeichnete eindeutig definirte Basis geleistet. Im Falle dieser Nenner

---

schon früh auch an die Geometrie einen hohen Anspruch auf logische Sauberkeit und mathematische Strenge herangetragen, was bis dato eher verpönt gewesen war. So fanden die von Emmy Noether erwähnten „Methoden zur Theorie der ternären Formen“ in der Fachwelt zunächst so wenig Anklang, dass die nicht verkaufte Auflage eingestampft werden musste. Siehe dazu Wolfgang Krull, Eduard Study, in: Bonner Gelehrte. Beiträge zur Geschichte der Wissenschaften in Bonn. Mathematik und Naturwissenschaften, H. Bouvier und Co. und Ludwig Röhrscheid Verlag Bonn 1970, S. 25-48, hier insb. S. 30 ff. Study ist uns übrigens auch schon in Tollmien 1/2021 als einer der drei Bonner Professoren begegnet, die obwohl fachfremd die Habilitationsarbeit Maria von Lindens begutachteten, nachdem sich der eigentlich zuständige Zoologe Hubert Ludwig diesem Auftrag verweigert hatte. Siehe dazu Tollmien 1/2021, S. 46-51.

[127] Emmy Noether 1915, Anhang 1 Nr. 6.

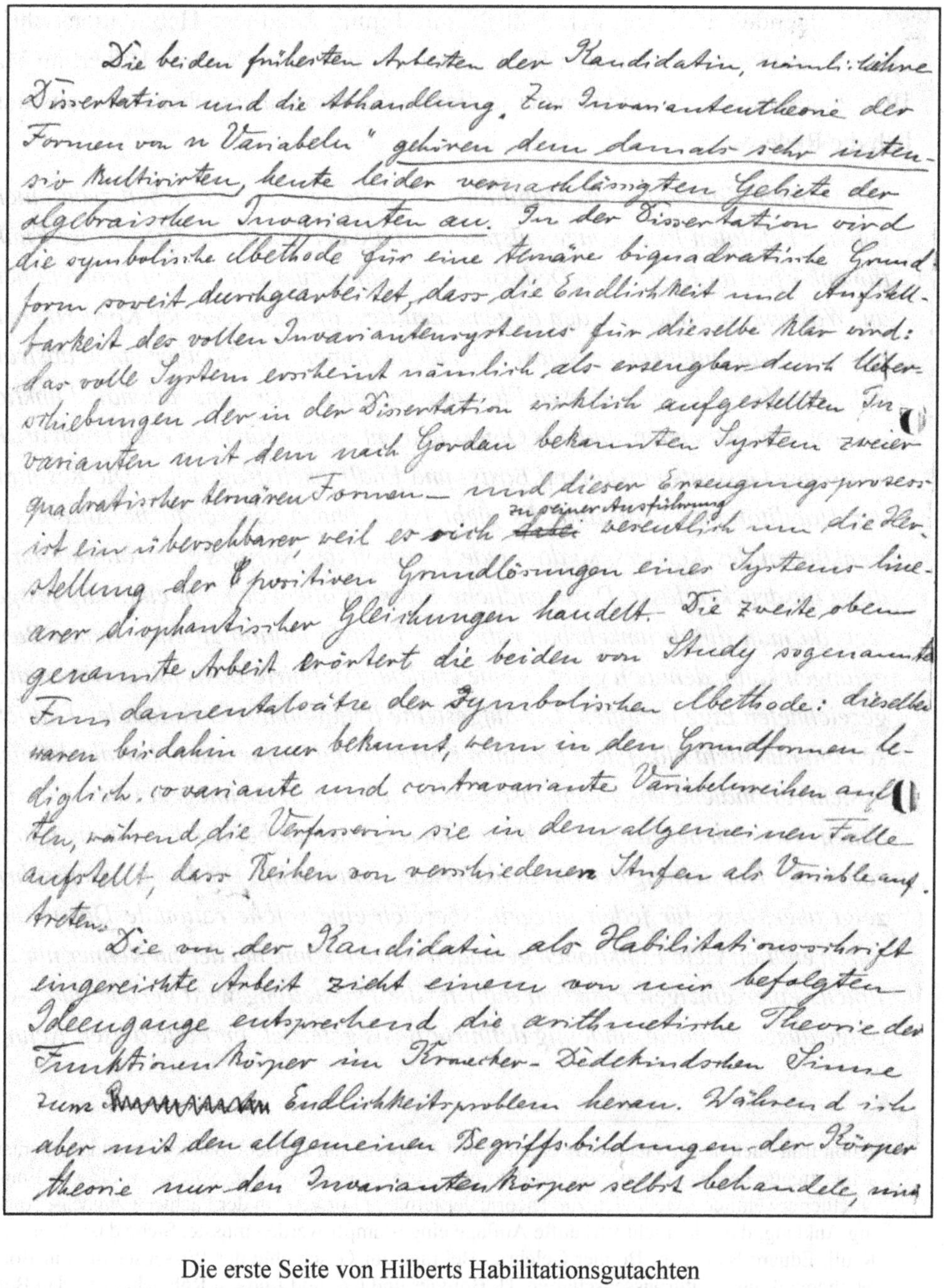

Die beiden früheren Arbeiten der Kandidatin, nämlich ihre Dissertation und die Abhandlung „Zur Invariantentheorie der Formen von n Variabeln" gehören dem damals sehr intensiv kultivirten, heute leider vernachlässigten Gebiete der algebraischen Invarianten an. In der Dissertation wird die symbolische Methode für eine ternäre biquadratische Grundform soweit durchgearbeitet, dass die Endlichkeit und Aufstellbarkeit des vollen Invariantensystems für dieselbe klar wird: das volle System erscheint nämlich als erzeugbar durch Ueberschiebungen der in der Dissertation wirklich aufgestellten Invarianten mit dem nach Gordan bekannten System zweier quadratischer ternären Formen – und dieser Erzeugungsprozess ist ein übersehbarer weil es sich ~~[illegible]~~ zu seiner Ausführung wesentlich um die Herstellung der positiven Grundlösungen eines Systems linearer diophantischer Gleichungen handelt. Die zweite, oben genannte Arbeit erörtert die beiden von Study sogenannten Fundamentalsätze der symbolischen Methode: dieselben waren bisdahin nur bekannt, wenn in den Grundformen lediglich covariante und contravariante Variabelnreihen auftreten, während die Verfasserin sie in dem allgemeinen Falle aufstellt, dass Reihen von verschiedenen Stufen als Variable auftreten.

Die von der Kandidatin als Habilitationsschrift eingereichte Arbeit zieht einem von mir befolgten Ideengange entsprechend die arithmetische Theorie der Funktionenkörper im Kronecker-Dedekindschen Sinne zum ~~[illegible]~~ Endlichkeitsproblem heran. Während ich aber mit den allgemeinen Begriffsbildungen der Körpertheorie nur den Invariantenkörper selbst behandele, wie

Die erste Seite von Hilberts Habilitationsgutachten
für Emmy Noether, undatiert [Juli 1915]
(UniA GÖ Math.-Nat. Pers., in 17: Personalakte Prof. Noether)

eine Konstante wird, gelangen wir offenbar zu der ganzen rationalen Endlichkeit Ein Kriterium für das Eintreten dieses Falles wird aus den Eigenschaften der gemeinsamen Nullstellen aller Formen des Integritätsbereiches gewonnen. Sogar Anwendungen auf ganzzahlige Darstellbarkeit können durch geeignete Modifikation des obigen Theorems gemacht werden.

Die eingereichte Habilitationsschrift kennzeichnet sich somit als die gelungene Ausführung eines Teiles des großen Programms, das ich seinerzeit hinsichtlich der Endlichkeitsfragen aufgestellt habe.[128]

Hilbert weiter in seinem Gutachten:

Eine demnächst in den Annalen erscheinende Note behandelt die Anwendung der Theoreme der Habilitationsschrift auf eine spezielle Klasse von Integritätsbereichen.[129] *Insbesondere wird in dieser Note die Endlichkeit der Invarianten endlicher Gruppen elementar bewiesen und zugleich die Basis wirklich angegeben.*

In einer weiteren Publikation, einem in Wien [auf der Versammlung der Deutschen Mathematiker-Vereinigung] gehaltenen Vortrage,[130] *wird die Frage nach der Minimalbasis für die in Rede stehenden Darstellungen, die in der Habilitationsschrift nur beiläufig gestreift worden ist, aufgenommen und in der Weise behandelt, dass sie für das bekannte Problem der Konstruktion von Gleichungen mit vorgeschriebener Gruppe – also von einer ganz neuen Seite aus – Bedeutung gewinnt. Die interessante Ausführung dieser Methode für Gleichungen 3ten und 4ten Grades ist der Gegenstand einer demnächst in Erlangen erscheinenden Erlanger Dissertation.*

Bei der von Hilbert angesprochenen Erlanger Dissertation handelt es sich um die oben schon kurz erwähnte Dissertation Fritz Seidelmanns.[131] Auch Emmy Noether verwies später in ihrem Habilitationslebenslauf von 1919 auf Seidelmanns Arbeit,

---

[128] Gemeint ist Problem 14 aus Hilbert Pariser Vortrag 1900, das die Frage nach der der Endlichkeit gewisser voller Funktionensysteme stellte. Siehe dazu oben die Erläuterungen zu Emmy Noethers Brief an David Hilbert vom 4.5.1914, S. 31 f.

[129] Emmy Noether, Der Endlichkeitssatz der Invarianten endlicher Gruppen, in: Mathematische Annalen 77 (1916), S. 89-92 (abgeschlossen Mai 1915).

[130] Emmy Noether, Rationale Funktionenkörper, in: Jahresbericht der Deutschen Mathematiker-Vereinigung 22 (1913), S. 316-319. Siehe zu ihrem Vortrag in Wien, wo sie – wie oben schon erwähnt – auch Ernst Fischers Lehrer Mertens besuchte, ausführlicher Tollmien 4/2023.

[131] Siehe oben S. 26. Zu den von Emmy Noether in Erlangen betreuten Dissertationen siehe ausführlich Tollmien 4/2023.

die sie in den Kontext ihrer Habilitationsarbeit von 1915 stellte (im Lebenslauf von 1919 als „die große Arbeit" bezeichnet).[132] Hilbert weiter in seinem Gutachten:

Eine besondere Freude hatte ich, als es Frl. Nöther [sic!] gelang, eine kürzlich von mir aufgestellte Vermuthung betreffend die Endlichkeit eines Systems von unendlich vielen Grundformen als richtig streng zu beweisen.[133] *Diese Leistung zeigt eklatant, dass Frl. Noether im Stande ist, sich den Zugang zur Lösung eines von anderwärts her vorliegenden besonders schwierigen Problems zu erzwingen.*

Diese Arbeit hatte Emmy Noether Hilbert in ihrem oben zitierten Brief vom 1. Dezember 1914 angekündigt; sie ging auf diese auch in ihrem Habilitationslebenslauf von 1919 ein und erwähnte dabei auch die zwischen ihr und Ernst Fischer existierende wechselseitige Beeinflussung, von der oben schon die Rede war:

Die Arbeit über "Ganze rationale Darstellung von Invarianten", schrieb Emmy Noether 1919, *weißt [sic!] eine von D[avid] Hilbert ausgesprochene Vermutung als zutreffend nach und gibt zugleich einen rein begrifflichen Beweis für die Reihenentwicklungen der Invariantentheorie, der auf der Aequivalenz linearer Formenscharen beruht und teilweise Gedankengängen von E[rnst] Fischer nachgebildet ist. Diese Arbeit gab dann ihrerseits wieder E[rnst] Fischer den Anstoß zu einer größeren Arbeit über "Differentiationsprozesse der Algebra" (Crelle 148).*[134]

Und Hilbert abschließend:

Ihre vielseitige Gewandtheit, formentheoretische Methoden auf scheinbar ganz abliegende Fragen anzuwenden, zeigt die Kandidatin in einer gerade fertig gedruckten Arbeit über die allgemeinsten Bereiche aus ganzen transzendenten Zahlen, so wie in weiteren gegenwärtig noch nicht abgeschlossenen Untersuchungen.[135]

---

[132] Der Lebenslauf ist abgedruckt als Anhang 2.

[133] Emmy Noether, Über ganze rationale Darstellung der Invarianten eines Systems von beliebig vielen Grundformen, in: Mathematische Annalen 77 (1916), S. 93-102 (abgeschlossen 5.1.1915).

[134] Ernst Fischer, Differentationsprozesse der Algebra, in: Journal für die reine und angewandte Mathematik 148 (1918), S. 1-78. Siehe auch oben S. 25 f.

[135] Emmy Noether, Die allgemeinsten Bereiche aus ganzen transzendenten Zahlen, in: Mathematische Annalen 77 (1916), S. 103-128 (abgeschlossen 30. März 1915); Dies., Die Funktionalgleichungen der isomorphen Abbildung, in: Mathematische Annalen 77 (1916), S. 536-545 (abschlossen 30. 10.1915); Dies., Gleichungen mit vorgeschriebener Gruppe, in: Mathematische Annalen 78 (1917), S. 221-229 (abgeschlossen Juli 1916).

Die Kandidatin besitzt durchdringenden Scharfsinn, wissenschaftliche Reife und ein reines ernstes Streben. Durch ihre Habilitation würde der mathematische Lehrkörper eine eigene Vertretung der Invariantentheorie erhalten – einer Disziplin, der ich selbst am Anfang meiner Laufbahn meine ganze Kraft gewidmet hatte und die gegenwärtig durch die Anwendungen auf die modernen Theorien der Relativität und der Gravitation eine wichtige Rolle zu spielen berufen ist.

Ich beantrage daher die Zulassung zur Habilitation.

Hilbert. [136]

Die hier in Hilberts Gutachten genannten Veröffentlichungen sind schon wegen ihrer Anzahl beeindruckend und die Tatsache, dass Emmy Noether allein im Jahr 1915 fünf Arbeiten abschloss, zeugt von einer bemerkenswerten Produktivität. Hilberts sachliche, ja fast trocken daherkommende Bewertung dieser Arbeiten machte diese zu Meilensteinen des mathematischen Fortschritts.

Felix Klein legte sein Gutachten völlig anders an als Hilbert: nicht nur, dass er, wie oben schon erwähnt, als erster auf den Erlass vom 29. Mai 1908 hinwies, der die Habilitation von Frauen verbot, und die Meinung vertrat, dass man sich wegen einer Ausnahme für Emmy Noether an das Ministerium wenden müsse; Klein nahm darüber hinaus sowohl allgemein zur Frage der Habilitation von Frauen Stellung als auch zur Entwicklung der Persönlichkeit Emmy Noethers, die er seit Kindesbeinen kannte und deren mathematisch überragende Fähigkeiten sich nach Kleins Beobachtungen erst spät zeigten:

Nachdem Koll[ege] Hilbert, der die einschlägigen Gebiete unserer Wissenschaft so viel genauer kennt, als ich, die von Frl. Nöther [sic!] eingereichten Arbeiten einer eingehenden Würdigung unterzogen hat, scheint es mir richtig, dass ich nicht das gleiche in unvollkommener Art wiederhole, sondern mich über den persönlichen Eindruck äussere, den ich von der wissenschaftlichen Qualifikation des Frl. Noether habe, sowie über die allgemeinen Gründe, welche ihre Zulassung zur Habilitation als wohlberechtigt und in unserem eigenen Interesse erwünscht erscheinen lassen.

---

136 Gutachten Hilberts o. D. [Juli 1915] (Unterstreichungen im Original), auf fortlaufenden Blättern im Anschluss an das Rundschreiben Landaus vom 20.7.1915, UniA GÖ Math.-Nat. Pers., in 17: Personalakte Prof. Noether, o. P.

Ich gehöre nicht zu denen, die im allgemeinen ein weitgehendes wissenschaftliches Studium der Damen empfehlen, und hatte in der Tat, als Frl. Nöther [sic!] vor Jahren zum ersten Mal bei uns war, zunächst den Eindruck, dass sie etwas Uebertriebenes, für sie Unerreichbares anstrebe.

Klein bezog sich hier darauf, dass Emmy Noether direkt nach ihrem Abitur im Wintersemester 1903/04 zunächst in Göttingen studiert hatte, dann aber erkrankt war und Göttingen im Februar 1904 verlassen hatte, um ihr Studium in ihrer Heimatstadt Erlangen fortzusetzen, wo sie dann im Dezember 1907 von Paul Gordan promoviert wurde.[137]

Mein Urteil in dieser Hinsicht hat sich aber vollkommen geändert, seit Frl. Noether mit ihrem Vater zusammen (der ein alter Jugendfreund ist) vor zwei Jahren für längere Zeit hier war und wir gemeinsam den Nachruf auf Prof. Gordan, der inzwischen in B[an]d 75 der Mathematischen Annalen veröffentlicht ist, vorbereiteten.[138] *Ich sah zu meiner Überraschung,* so Klein wie oben schon wiedergegeben weiter, *dass sie eines meiner früheren Arbeitsgebiete, die Theorie der Gleichungen fünften Grades,*[139] *nicht nur vollständig beherrschte, sondern mir darüber noch manche Einzelbemerkungen mitteilen konnte, die mir neu waren und mich sehr befriedigten. Seitdem steht mir fest, dass Frl. Noether den Anforderungen, die wir bei einer Habilitation zu stellen pflegen, vollauf genügt, ja die mittlere Qualität der Kandidaten, die wir in den letzten Jahren zugelassen haben, übertrifft.*

„Ich gehöre nicht zu denen, die im allgemeinen ein weitgehendes wissenschaftliches Studium der Damen empfehlen" – einen solchen Satz ausgerechnet im Gutachten Felix Kleins zu lesen, ist einigermaßen überraschend. Denn es war Klein, der schon 1897 anlässlich einer Umfrage über die Haltung von Hochschullehrern zum Frauenstudium ausdrücklich betont hatte,[140] dass er sich in seiner positiven Stellungnahme gerade nicht auf die außerordentlichen Fälle beziehe, „die als solche nichts beweisen", sondern auf den Durchschnitt seiner Erfahrungen in Göttingen;

[137] Siehe dazu Tollmien 5/2023, hier insbesondere den Abschnitt „Ein Semester bei Hilbert & Co".
[138] Max Noether mit Unterstützung von Felix Klein und Emmy Noether 1914.
[139] Klein 1884. Siehe dazu auch oben S. 27 f.
[140] Felix Klein, in: Die akademische Frau. Gutachten hervorragender Universitätsprofessoren, Frauenlehrer und Schriftsteller über die Befähigung der Frau zum wissenschaftlichen Studium und Berufe, hg. von Arthur Kirchhoff, Hugo Steinitz Verlag Berlin 1897, S. 241. Siehe auch Tollmien 1/2021, S. 90.

und diese Erfahrungen, so Klein damals, erwiesen die Gleichwertigkeit der Frauen verglichen mit ihren männlichen Konkurrenten.

Nun dachte der 66jährige Klein vielleicht inzwischen konservativer und war weniger innovationsfreudig als der um fast zwanzig Jahre jüngere. Vielleicht aber machte auch Klein – wie die meisten seiner Kollegen – einen Unterschied zwischen einem bloßen Studium und einer Habilitation und der mit dieser verbundenen Aufnahme in den akademischen (männlichen) Lehrkörper. Doch hatte er bei der Umfrage 1907 noch klar für die Frauenhabilitation gestimmt, auch wenn er das entsprechende von Lehmann, Hilbert und Runge formulierte Separatvotum seinerzeit nicht namentlich mitunterzeichnet hatte. Auch damals waren wahrscheinlich taktische Überlegungen für seine diesbezügliche Zurückhaltung maßgebend.[141] Ganz sicher spielten diese aber eine wichtige Rolle bei seiner Stellungnahme zu Emmy Noethers Habilitation. Denn alle seine Ausführungen, die er im weiteren Verlauf seines Gutachtens machte, waren – leicht erkennbar – direkte Reaktionen auf mögliche oder bereits erfolgte Einwände gegen die Habilitation Emmy Noethers, wobei er die Haltung seiner Gegner, ohne seine eigene Überzeugung zu verraten, äußerlich zustimmend einzubeziehen versuchte. Besonders deutlich wird dies in der von ihm im weiteren Verlauf seines Gutachtens durch Unterstreichung hervorgehobenen Formulierung „Ich lasse gegenüber dieser Erwägung alle Bedenken, welche man sonst gegen die Habilitation einer Dame haben könnte, zurücktreten“ – wobei er sich sicher bewusst für die Formulierung „könnte“ statt „kann“ entschieden hat.

Zunächst aber hatte Klein das Problem, dass er mit Emmy Noether für eine Vertreterin der reinen Mathematik werben musste, während doch allgemein bekannt war, dass er sich in der Vergangenheit vor allem für die Förderung der angewandten Wissenschaften, denen jetzt im Krieg eine besondere Bedeutung zukam, stark gemacht hatte:

Ich möchte ferner folgender Auffassung Ausdruck geben: [Die] neuzeitliche Entwicklung, und der Krieg insbesondere, weist [eine] große Zahl unserer Studenten auf mehr praktische Anwendungen der Wissenschaft hin, insbesondere für unsere Lehramtskandidaten treten die Anwendungen der Wissenschaft und die Probleme der Erziehung mehr als früher in den Vordergrund. Ich bin der letzte, der diese

[141] Siehe Tollmien 1/2021, S. 109 f.

Entwicklung, die notwendig scheint, bekämpft und habe mir, wie den näherstehenden Kollegen bekannt ist, in den letzten zwei Dezennien viel Mühe gegeben, sie zu fördern und sie in gerade Bahnen zu lenken.[142] *Aber daneben – oder vielmehr gerade deshalb – bin ich gleichzeitig immer dafür eingetreten, dass die Pflege der abstrakten Wissenschaft nicht erlischt, sondern im engeren Kreise mit aller Energie gefördert werde. Die abstrakte Wissenschaft gibt den festen Halt, dessen wir bei jeder weiterausgreifenden Wirksamkeit bedürfen!*

Kleins Argument von der Bedeutung der abstrakten Wissenschaft fand Eingang in die endgültige Formulierung des Dispensgesuches vom 26. November 1915 und zwar, wie ich finde, in noch über Klein, der ja die abstrakte Wissenschaft explizit auf einen „engeren Kreis" beschränkt wissen wollte, hinausgehender Dringlichkeit: „Wir heben hervor", hieß es dort, dass „gerade die Rücksicht auf die durch den Krieg bewirkte Neubewertung der Wissenschaften uns zwingt, alles zu tun, um neben den praktischen auch die theoretischen Fächer zu fördern, ohne welche eine Verflachung auf die Dauer unvermeidlich wäre."[143]

Von hier aus gesehen, so Klein weiter, *erscheint mir die Habilitation des Frl. Nöther [sic!] nicht nur zulässig sondern besonders erwünscht, damit nämlich ihre aussergewöhnliche Begabung zur vollen Entfaltung komme und sie gleichveranlagte Naturen fördern hilft. Ich lasse gegenüber dieser Erwägung alle Bedenken, welche man sonst gegen die Habilitation einer Dame haben könnte, zurücktreten und beantrage, dass wir uns, wenn unsere Vorberatungen geschlossen sind, zugunsten der Habilitation mit einem Gesuch an den H[er]rn Minister wenden. In der Tat gilt ja noch der Erlaß des H[er]rn Ministers vom 29. Mai 1908, welcher die Habilitation von Damen untersagte. Mein Wunsch ist nicht, dass eine Aufhebung dieses Erlasses erfolgt, die einen ungestümen Andrang ungeeigneter Kräfte hervorrufen könnte, sondern dass der H[er]r Minister im Falle von Frl[äulein] Nöther bez[iehungsweise] anderer, ähnlich gelegener Gesuche eine Ausnahme zulässt.*

---

142 Zu Kleins Förderung der angewandten Wissenschaften und seine Bemühungen um das Lehramtsstudium siehe Tobies, 2019, S. 350-352, S. 382-394, S. 402-408 und S. 423-429.

143 Mathematisch-Naturwissenschaftliche Abteilung der Philosophischen Fakultät der Universität Göttingen an den Kultusminister vom 26.11.1915, UniA GÖ Kur., 4134, o. P.; auch vorhanden in: UniA GÖ Math.-Nat. Pers., in 17: Personalakte Prof. Noether, o. P. (Hervorhebung C. T.) Siehe auch oben S. 20.

„Im Falle von Frl. Nöther, bez[iehungsweise] anderer, ähnlich gelegener Gesuche" – Klein war der einzige unter seinen Kollegen, der nicht nur eine Ausnahme für Emmy Noether wollte, sondern vorausschauend auch an „andere ähnlich gelegene Gesuche" dachte. Mit der Formulierung von dem „ungestümen Andrang ungeeigneter Kräfte" ging er allerdings über die Bedenken seiner Kollegen, die einen Präzedenzfall befürchteten, hinaus und näherte sich deutlich den Argumenten, die schon in der Umfrage 1907 von den Gegnern jeder Frauenhabilitation vorgebracht worden waren, die durch die Zulassung von Frauen eine Privatdozentenschwemme auf sich zukommen sahen. Auch schon damals zog sich das Bemühen einen solchen „unerwünschten Andrang" möglichst im Keim zu ersticken, durch viele auch der grundsätzlich positiven Stellungnahmen, die daher die Habilitation von Frauen auf „höchst seltene Ausnahmefälle" beschränken wollten.[144] Möglicherweise waren auch 1915 ähnliche Befürchtungen während der Diskussion in der Abteilung geäußert worden und Klein reagierte mit seiner Formulierung darauf. Doch es ist auch denkbar, dass Klein inzwischen von dem Mann, der Anfang der 1890er Jahre in Göttingen das Frauenstudium etabliert hatte und dem der damalige Göttinger Kurator deswegen vorgeworfen hatte, er wolle den Unterschied der Geschlechter abschaffen, weiter entfernt war, als er es selbst wahrhaben wollte; möglich daher, dass auch Klein zu den Professoren gehörte, die zwar wissenschaftlich tätige Frauen bis zu einer gewissen Grenze sehr wohlwollend förderten, jedoch die Möglichkeit zur Habilitation für Frauen zwar nicht in jedem Fall kategorisch ausschlossen, ihr aber doch mit einer gewissen Skepsis gegenüberstanden und sie nicht zu einem allgemeinen Recht erhoben wissen wollten.[145]

Abschließend äußerte sich Klein noch, wie oben schon zusammenfassend wiedergegeben, zu Hartmanns Argument, dass man im Krieg den Frauen den Dozentenberuf nicht „ohne Not ausliefern" dürfe:

In der Abteilung wurde letzthin noch der Meinung Ausdruck gegeben, die Habilitation einer Dame in jetziger Kriegszeit schädige die im Felde stehenden männlichen Kandidaten. Ich kann dies nicht zugeben, denn wir sind mit der Zulassung

[144] So etwa die Kieler Mediziner in ihrer Stellungnahme 1907, GStAPK I. HA Rep. 76 Va, Sekt. 1, Tit. VIII, Nr. 8, Adh. III, Bl. 77. Siehe dazu Tollmien 1/2021, S. 168 ff. und ebenda S. 84. Gleiches hatte man auch schon 1847 befürchtet, als es um die Zulassung von Juden zur Habilitation ging. Siehe dazu ebenda, S. 182-186.

[145] Vgl. dazu ebenda, S. 38, S. 54, S. 80, S. 168, S. 219 f. und S. 236.

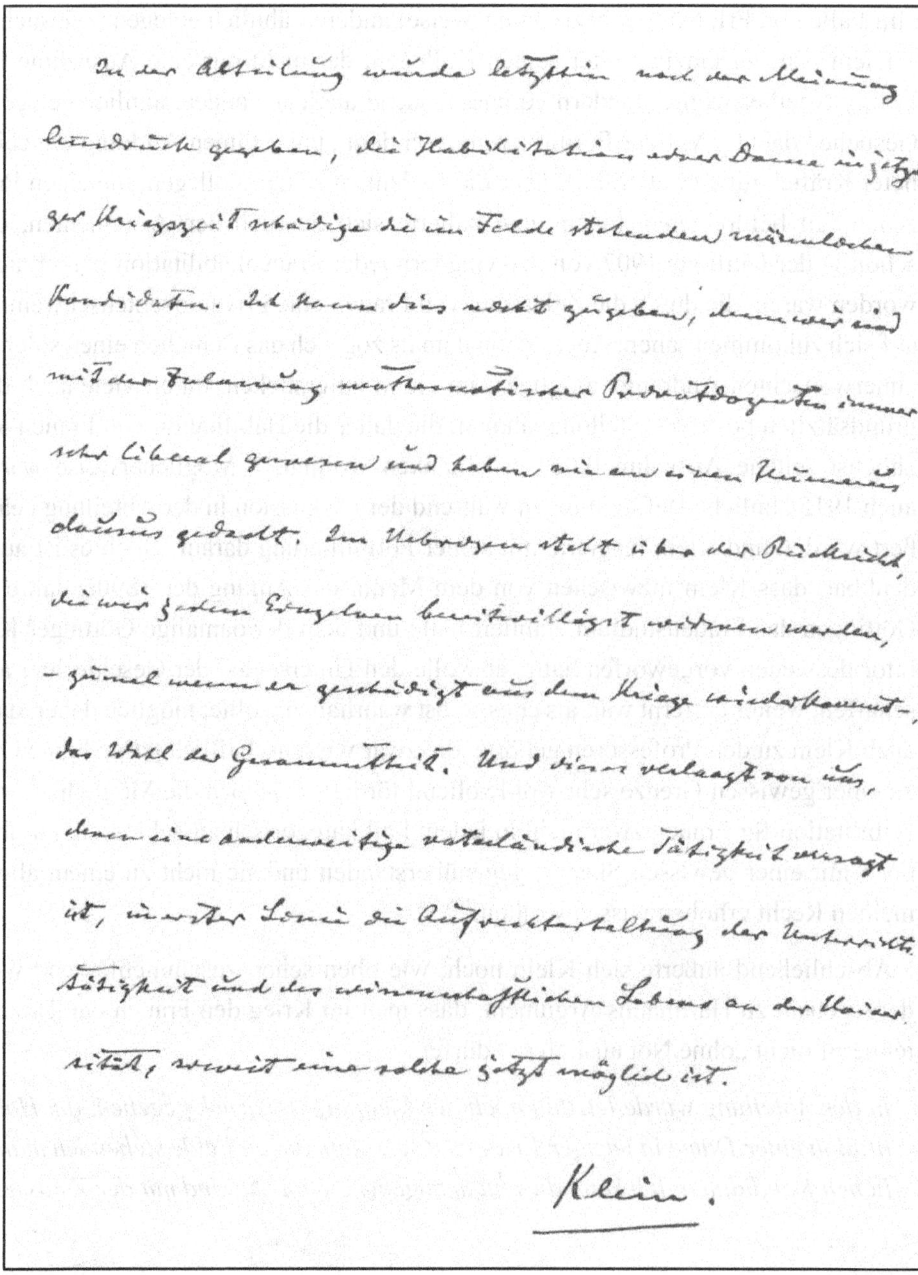
In der Abteilung wurde letzthin nach der Meinung
Ausdruck gegeben, die Habilitation einer Dame in jetziger Kriegszeit schädige die im Felde stehenden männlichen
Kandidaten. Ich kann dies nicht zugeben, denn wir sind
mit der Zulassung mathematischer Privatdozenten immer
sehr liberal gewesen und haben nie an einen Numerus
clausus gedacht. Im Uebrigen steht über der Rücksicht,
die wir jedem Einzelnen bereitwilligst widmen werden,
– zumal wenn er geschädigt aus dem Kriege wiederkommt –,
das Wohl der Gesammtheit. Und dieses verlangt von uns,
denen eine anderweitige vaterländische Tätigkeit versagt
ist, in erster Linie die Aufrechterhaltung der Unterrichtstätigkeit und des wissenschaftlichen Lebens an der Universität, soweit eine solche jetzt möglich ist.

Klein.

Schlussabsatz von Kleins Gutachten für Emmy Noether vom 28. Juli 1915
(UniA GÖ Math.-Nat. Pers., in 17: Personalakte Prof. Noether, o. P.)

mathematischer Privatdozenten immer sehr liberal gewesen und haben nie an einen Numerus clausus gedacht. Im Uebrigen steht über der Rücksicht, die wir jedem Einzelnen bereitwillig widmen werden – zumal wenn er geschädigt aus dem Kriege wiederkommt –, das Wohl der Gesammtheit. Und dieses verlangt von uns, denen eine anderweitige vaterländische Tätigkeit versagt ist, in erster Linie die Aufrechterhaltung der Unterrichtstätigkeit, und des wissenschaftlichen Lebens an der Universität, soweit eine solche jetzt möglich ist.

Klein.[146]

Im ursprünglichen Entwurf seines Gutachtens hatte Klein zunächst einen etwas anders lautenden letzten Satz formuliert, nämlich:

Und dieses verlangt, dass die Flamme wissenschaftlicher Thätigkeit, die später wieder hell emporlodern soll, während des Krieges nicht vollends erlischt, sondern von denjenigen, denen eine anderweitige vaterländische Tätigkeit versagt ist, nach Kräften weiter genährt wird.[147]

Warum Klein diese Formulierung verworfen hat, wissen wir nicht. Vielleicht erschien ihm das Pathos von der nach dem Krieg wieder hell emporlodernden Flamme der Wissenschaft doch zu gewagt oder dem Anlass – der Habilitation einer Frau – nicht angemessen, so dass er sich in der endgültigen Fassung seines Gutachtens dann für die vergleichsweise nüchterne „Aufrechterhaltung der Unterrichtstätigkeit, und des wissenschaftlichen Lebens an der Universität“ mit angefügten Einschränkung „ soweit eine solche möglich ist“ entschied.

---

[146] Gutachten Kleins zum Habilitationsgesuch von Emmy Noether vom 28. Juli 1915 auf fortlaufenden Blättern im Anschluss an das Rundschreiben Landaus vom 20.7.1915 (Unterstreichungen im Original), UniA GÖ Math.-Nat. Pers., in 17: Personalakte Prof. Noether, o. P.; als Entwurf auch in NStUB Gö Handschriftenabteilung Cod. Ms. Klein II G, Bl. 8 f. Dieser Entwurf ist abgedruckt in: Renate Tobies, Zum Beginn des mathematischen Frauenstudiums in Preußen, in: NTM -Schriftenreihe für Geschichte der Naturwissenschaften, Technik und Medizin, 28 (1991/92) 2, S. 151-172, hier S. 170 f. Auf diesen Entwurf bezieht sich Rowe 2021, S. 48 f. (Rowe und Koreuber 2020, S. 71), wobei er davon ausgeht, dass Klein diesen Text an das Ministerium geschickt habe. Tatsächlich wurde keins der hier zitierten Gutachten an das Ministerium geschickt; diese dienten lediglich der abteilungsinternen Abstimmung darüber, ob Emmy Noether eine geeignete Habilitationskandidatin sei. An das Ministerium ging lediglich das oben eingangs wiedergegebene Gesuch der Abteilung vom 26.11.1915 um Dispens vom Erlass des 29. Mai 1908 (oben S. 19 ff.), das Separatvotum der Habilitationsgegner vom 19.11.1915 (S. 56 f.), die Begründung der Stimmenthaltung von Wallach und Berthold (S. 74 Anm. 114) und der oben zitierte Kommentar des Kurators vom 9.12.1915 (S. 55 f.). Siehe dazu die abschließende Aktennotiz von Landau nach der Sitzung vom 18.11.1915, UniA GÖ Math.-Nat. Pers., in 17: Personalakte Prof. Noether, o. P. (oben S. 55).

[147] Zitiert nach Tobies 1991/92, S. 171.

Edmund Landau, vor 1909
(NStuUB Sammlung Voit 5)

Auch das Gutachten des Abteilungsvorstehers und Dekans der Philosophischen Fakultät Edmund Landau, dessen Stimme ausschlaggebend für die Entscheidung, den Minister für Emmy Noether um Dispens vom Erlass vom 29. Mai 1908 zu bitten, gewesen war, lohnt eine ausführliche Wiedergabe:

> *Dem sachverständigen Urteil von Koll[ege] Hilbert, einem der Begründer der Gebiete, in welchem Frl. Dr. Noethers Hauptarbeiten liegen, vermag ich nur meine Zustimmung hinzuzufügen,* schrieb Landau am 1. August 1915. *Ich habe leider während meiner 22jährigen Studenten- und Dozentenzeit nie Gelegenheit gehabt, genauer in diese Teile der Analysis und Arithmetik eingeführt zu werden; ich gestehe neulich aus Frl. N[oether]s Vortrage in der mathematischen Gesellschaft*[148] *zuerst die genauen Fragestellungen gelernt zu haben, deren Lösung ihr teilweise geglückt sind. Aber in der Beurteilung wissenschaftlicher Werte traue ich mir genügend Erfahrung und Kritik zu, um auf Grund meiner flüchtigen*

---

[148] Am 13. Juli 1915 hatte Emmy Noether vor der Göttinger Mathematischen Gesellschaft über das Thema „Endlichkeitsfragen der Invarianten-Theorie" vorgetragen. Siehe dazu oben S. 45-49.

Kenntnis dieser Materien von früher her und der Ergänzungen meiner Kenntnisse, welche die Beurteilung dieses Habilitationsgesuches nötig machte, die Arbeiten von Frl. N[oether] sehr hoch zu schätzen; sie sind weit über dem (durchaus anerkennenswerten) Niveau dessen, was die mathematischen Privatdozenten, bei deren Habilitation ich hier mitgewirkt habe (Haar, Weyl, Courant, Hecke, Behrens) seinerzeit geleistet hatten und – ich nehme Weyl aus – bis heute gleistet haben. [149]

Das ist nun allerdings mehr als bemerkenswert: Landau beschränkte sich hier nicht darauf wie etwa Klein allgemein festzustellen, dass Emmy Noether „die mittlere Qualität der Kandidaten, die wir in den letzten Jahren zugelassen haben" übertreffe, beziehungsweise dass „die Leistungen von Fräulein Noether [...] über dem Durchschnitt des Niveaus der bisher in Göttingen zugelassenen Privatdozenten der Mathematik" stünden, wie Kleins Urteil schließlich zusammengefasst in den eingangs zitierten Dispensantrag vom 26. November 1915 übernommen wurde, sondern nannte konkret Namen und zwar Namen, die in der Mathematikgeschichte bis heute einen sehr guten Klang haben:

- Der aus Ungarn stammende Mathematiker Alfréd Haar (1885-1933), der später wegen seiner Arbeiten über topologische Gruppen bekannt wurde, war 1909 mit einer Arbeit „Zur Theorie der orthogonalen Funktionensysteme" von Hilbert promoviert worden. Die Fortführung dieser Arbeit war dann nur einige Monate später als Habilitationsarbeit anerkannt worden, so dass Haar schon 1910 die Venia legendi für Mathematik und zugleich auch für Mathematische Astronomie erhielt.[150] Im Wintersemester 1910/11 hielt er mit seiner „Einführung in die Variationsrechnung" eine Vorlesung über ein Thema, das nicht nur Hilbert prominent beschäftigt hatte,[151] sondern das später auch eine wichtige Rolle in Emmy Noethers Beitrag zur Allgemeinen Relativitätstheorie spielen sollte – die Arbeit,

---

149 Gutachten Landaus vom 1.8.1915, auf fortlaufenden Blättern im Anschluss an das Rundschreiben Landaus vom 20.7.1915, UniA GÖ Math.-Nat. Pers., in 17: Personalakte Prof. Noether, o. P.

150 Alfréd Haar, Zur Theorie der orthogonalen Funktionensysteme, Erste Mitteilung, in: Mathematische Annalen 69 (1910), S. 311-172 (Dissertation im Juli 1909 vorgelegt); Ders., Zur Theorie der orthogonalen Funktionensysteme, Zweite Mitteilung, in: Mathematische Annalen 71 (1912), S. 38-53 (Habilitationsarbeit im Dezember 1909 vorgelegt).

151 Rüdiger Thiele, Über die Variationsrechnung in Hilberts Werken zur Analysis, in: NTM. Internationale Zeitschrift für Geschichte und Ethik der Naturwissenschaften, Technik und Medizin 5 (1997) 1. S. 23-41.

mit der sie im dritten und schließlich erfolgreichen Versuch 1919 endlich habilitiert werden sollte.[152] Haar vertrat im Wintersemester 1911/12 den erkrankten Ernst Zermelo in Zürich und erhielt 1912 einen Ruf als außerordentlicher Professor an die Universität von Klausenburg/Kolozsvár (damals zu Österreich-Ungarn gehörend, heute Cluj-Napoca in Rumänien).[153]

- Hermann Weyl (1885-1955), der später den meistzitierten und in vielerlei Hinsicht für die spätere Wahrnehmung von Werk und Person prägenden Nachruf auf Emmy Noether schreiben sollte,[154] hat im Laufe seines wissenschaftlichen Lebens auf einer Vielzahl von Gebieten der Mathematik hervorragende Leistungen erbracht. Er hatte seit 1904 in Göttingen studiert und war 1908 von David Hilbert mit einer Arbeit über Integralgleichungen (damals das bevorzugte Arbeitsgebiet Hilberts) promoviert worden.[155] Bei seiner Untersuchung der Integralgleichungen hatte Hilbert die Notwendigkeit erkannt, unendlichdimensionale Räume zu betrachten – man spricht heute von Hilberträumen –, und die von ihm sogenannte Spektraltheorie entwickelt, die später zum mathematischen Werkzeug der Quantenmechanik werden sollte und zur Entstehung der Funktionalanalysis führte. Diesem Hilbertschen Arbeitsgebiet eng verwandt habilitierte sich Weyl 1910 mit einer Arbeit über singuläre Differentialgleichungen und ihre Entwicklung in Eigenfunktionen, was später „Spektraltheorie selbstadjungierter Operatoren" genannt wurde. Schon diese Habilitationsschrift wies Weyl ebenso wie sein aus einem ganz anderen Gebiet stammender Habilitationsvortrag „Über die Defini-

[152] Alfréd Haar, Einführung in die Variationsrechnung, Vorlesung gehalten im Winter-Semester 1910-1911, ausgearbeitet von Fritz Frankfurter, Manuskript in der Bibliothek des Mathematischen Instituts der Universität Göttingen, Digitalisat: https://gdz.sub.uni-goettingen.de/id/PPN615096441 (Abruf 23.4.2019). Haar beschäftigte sich zwischen 1917 und 1919 weiter mit Problemen der Variationsrechnung und entwickelte ein später nach ihm benanntes Lemma, das vielfältig genutzt großen Einfluss auf die Weiterentwicklung der Variationsrechnung hatte. Zu Emmy Noethers Habilitationsschrift (Anhang 1 Nr. 13) siehe Tollmien 2018 und ausführlich Dies. 3/2022.

[153] Nach einer Zwischenstation in Budapest ging Haar nach dem Ersten Weltkrieg nach Szeged, wohin die Universität Kolozsvár nach der Abtretung Siebenbürgens an Rumänien infolge des Vertrags von Trianon verlegt worden war. Zur Biografie siehe: John J. O'Connor und Edmund F. Robertson, Alfréd Haar, Biography, in: MacTutor History of Mathematics Archive, August 2006, nur online: http://www-history.mcs.st-andrews.ac.uk/Biographies/Haar.html (Abruf 23.4.2019). Zu seiner Göttinger Zeit siehe seine Personalakte in UniA GÖ Math.-Nat. Pers., in 2, und die entsprechende Kuratorialakte UniA GÖ Kur., 6298.

[154] Hermann Weyl, Emmy Noether, in: Elemente der Mathematik, Beiheft 13, 1970, S. 53-72 (zitiert als Weyl 1935/1970); erstmals abgedruckt in: Scripta mathematica 3 (1935), S. 201-222. Siehe dazu Koreuber 2015, S. 4-7.

[155] Hermann Weyl, Singuläre Integralgleichungen mit besonderer Berücksichtigung des Fourierschen Integraltheorems, Dissertation, Kaestner Göttingen 1908.

tion der mathematischen Grundbegriffe“[156] als einen außergewöhnlichen Mathematiker aus, von dem künftig wesentliche Beiträge zum Fortschritt seines Faches zu erwarten waren. 1913 veröffentlichte Weyl dann das aus seinen Göttinger Vorlesungen 1911/12 hervorgegangene, seit seinem Ersterscheinen immer wieder neu aufgelegte Buch „Die Idee der Riemannschen Fläche“,[157] in dem die bisher nur heuristisch eingebrachten topologischen Methoden erstmals streng behandelt und das moderne Konzept der Mannigfaltigkeiten systematisch entwickelt und eingesetzt wurde. Dieses Buch gilt noch heute als Meisterwerk und hatte einen gar nicht hoch genug einzuschätzenden Einfluss auf die Entwicklung der geometrischen Funktionentheorie. Von besonderem Interesse für den Zahlentheoretiker Landau war zudem sicher Weyls Arbeit „Über die Gleichverteilung von Zahlen mod. Eins“. Diese wurde zwar erst im September 1916 in den Annalen veröffentlicht, doch hatte Weyl, der 1913 auf einen Lehrstuhl für Geometrie an der Technischen Hochschule in Zürich berufen worden war,[158] schon im Juli 1914 dazu eine kleine Note in den Göttinger Nachrichten der Gesellschaft

---

156 Hermann Weyl, Über gewöhnliche Differentialgleichungen mit Singularitäten und die zugehörigen Entwicklungen willkürlicher Funktionen, in: Mathematische Annalen 68 (1910), S. 220-269. Ders.. Über die Definitionen der mathematischen Grundbegriffe, in: Mathematisch-naturwissenschaftliche Blätter 7 (1910), S. 93-95 und S. 109-113. Weyl formulierte in diesem Vortrag erstmals vorsichtig seine Kritik an Mengenlehre und klassischer Analysis, stellte aber insbesondere die Mengenlehre als Grundlage der Mathematik noch nicht in Frage. Erst während des Krieges radikalisierte sich Weyl diesbezüglich. Seine Kritik an der axiomatischen Grundlegung der Mathematik (und damit seine Hinwendung zum Intuitionismus) fand ihren Niederschlag in seinem 1918 erschienenen Buch: Das Kontinuum. Kritische Untersuchungen über die Grundlagen der Analysis. Verlag von Veit & Comp. Leipzig 1918, das sich auch als eine mathematisch-literarische Verarbeitung des Krieges lesen lässt. Siehe dazu die erhellende Studie von Norbert Schappacher, Politisches in der Mathematik: Versuch einer Spurensicherung, in: Mathematische Semesterberichte 50 (2003), S. 1-27, hier insb. S. 10-17.

157 Hermann Weyl, Die Idee der Riemannschen Fläche, Schriftenreihe Mathematische Vorlesungen an der Universität Göttingen 5, Teubner Leipzig 1913. Zuletzt 1997 als fotomechanischer Nachdruck der Erstfassung von 1913 und der zweiten Auflage 1923 herausgegeben von Reinhold Remmert mit einer Vita Hermann Weyls, Persönlichen Erinnerungen und einem Beitrag über "Die Idee der Riemannschen Fläche" im Urteil der Mathematiker, jeweils verfasst vom Herausgeber, Teubner Archiv zur Mathematik Supplement 5, Leipzig 1997; außerdem mit Beiträgen von Reinhold Remmert und Michael Schneider, Analysis Situs und Flächentheorie; Stefan Hildebrandt, Bemerkungen zum Dirichletschen Prinzip; Klaus Hulek, Der Satz von Riemann-Roch; Samuel Patterson, Uniformisierung und diskontinuierliche Gruppen.

158 Zur Biografie Hermann Weyls, der 1930 Nachfolger Hilberts in Göttingen wurde, siehe beispielsweise John J. O'Connor und Edmund F. Robertson, Hermann Klaus Hugo Weyl, in: MacTutor History of Mathematics Archive, August 2005, nur online: http://www-history.mcs.st-andrews.ac.uk/Biographies/Weyl.html (Abruf 24. April 2019) und die Personalakten in UniA GÖ Math.-Nat. Pers., in 25, Prof. Dr. Hermann Weyl (Mathematiker, 1885-1955), 1909-1933, 1976, und Kur., 11545. Band 1 1910, Band 2 1930-1049 und Band 3 Personalakte des Rektorats, 1949.

der Wissenschaften publiziert, die Landau natürlich kannte.[159] Weyls Vielseitigkeit ebenso wie seine Fähigkeit, in die Tiefe seines jeweiligen Themas vorzudringen, und sein daher auch schon 1915 bedeutendes und umfangreiches Werk hat Landau zweifelsohne zu Recht bewogen, diesen von seinem Verdikt auszunehmen, dass die in den letzten Jahren in Göttingen zugelassenen Privatdozenten auch nach ihrer Habilitation nichts geleistet hätten, was an Emmy Noethers bisher vorliegende Arbeiten heranreiche.

- In den 1920er Jahren sollte Richard Courant (1888-1972) vor allem durch die Zusammenarbeit mit Hilbert in der mathematischen Physik, als Herausgeber der „Grundlehren der mathematischen Wissenschaften in Einzeldarstellungen mit besonderer Berücksichtigung der Anwendungsgebiete" bei Springer (der heute überall in der mathematischen Welt bekannten „Gelben Reihe")[160] und durch die Organisation des Ausbaus des Mathematischen Instituts bekannt werden.[161] In

---

[159] Hermann Weyl, Über die Gleichverteilung von Zahlen mod. Eins, in: Mathematische Annalen 77 (1916), S. 313-352; Ders., Über ein Problem aus dem Gebiet der Diophantischen Approximationen (vorgelegt von Felix Klein am 13. Juni 1914), in: Nachrichten der Königlichen Gesellschaft der Wissenschaften zu Göttingen, Mathematisch-physikalische Klasse, 1914, S. 234-244.

[160] Mit Ferdinand Springer (1881-1965) war Courant schon seit September 1917 im Gespräch gewesen und hatte diesem den Plan für eine neuartige mathematische Monographiereihe vorgestellt, für die er selbst als Herausgeber fungieren wollte. Der entsprechende Vertrag wurde am 24. November 1918 unterzeichnet. Eines der ersten Projekte, die Courant für diese Reihe realisierte, war ein Werk, das auf Hilberts Vorlesungen über partielle Differentialgleichungen beruhte und dessen erster Band 1924 unter dem Titel „Methoden der mathematischen Physik" erschien: Richard Courant und David Hilbert, Methoden der mathematischen Physik, Band 1, Berlin Verlag von Julius Springer Berlin 1924;der zweite Band erschien 1930. Das Buch beruht zwar auf Vorlesungen von Hilbert, wurde aber nahezu vollständig von Richard Courant verfasst. Bis heute gehören die „Methoden der mathematischen Physik" zu den bekanntesten Bänden der Reihe – nur noch übertroffen von dem 1930 und 1931, ebenfalls von Courant angeregten und von Emmy Noethers Schüler Bartel van der Waerden realisierten, zweibändigen Lehrbuch „Moderne Algebra", das die von Noether vertretene mathematische Denkweise weltweit bekannt machte und an Hand dessen sich noch heute Studierende ein algebraisches Verständnis von Mathematik erarbeiten: Bartel van der Waerden, Moderne Algebra. Unter Benutzung von Vorlesungen von E. Artin und E. Noether. 1 und 2. Teil, Grundlehren der mathematischen Wissenschaften, Band 33 und 34, 1. Auflage, Julius Springer Berlin 1930 und 1931. Siehe dazu Cordula Tollmien, Die Lebens- und Familiengeschichte der Mathematikerin Emmy Noether in Einzelaspekten 11: Emmy Noether als Mittelpunkt einer mathematischen Schule, tredition Hamburg (Erscheinungsjahr noch unsicher).

[161] Zur Biografie Courants siehe John J. O'Connor und Edmund F. Robertson, Richard Courant, in: MacTutor History of Mathematics Archive, Juli 2000, nur online: http://www-history.mcs.st-andrews.ac.uk/Biographies/Courant.html (Abruf 26.4. 2019); die Personalakte in UniA GÖ Math.-Nat. Pers., in 33: Richard Courant (Mathematiker (1888-1972), 1911-1976, und die vier Bände umfassende entsprechende Kuratorialakte: UniA GÖ Kur., 10133; obwohl diese den an eine wissenschaftliche Biografie zu stellenden Ansprüchen nicht genügt auch Constance Reid, Richard Courant (1888-1972). Der Mathematiker als Zeitgenosse, Springer Berlin Heidelberg New York 1979. Zur Bewertung der gut lesbaren, aber methodisch problematischen Biografien von Reid über

der Vorkriegszeit und auch während des Krieges aber war von Courants organisatorischen Fähigkeiten noch nicht viel zu spüren und seine mathematischen Arbeiten waren sehr überschaubar. 1910 war er von Hilbert mit einer Arbeit über das Dirichletsche Prinzip promoviert worden.[162] Das Dirichletsche Prinzip liefert eine Methode zur Lösung einer als Laplace-Gleichung bekannten Differentialgleichung (in einem vorgegebenen Gebiet zu vorgegebenen Werten der Funktion auf dem Rand), die für die algebraische Geometrie und die mathematische Physik (Potentialtheorie) von grundlegender Bedeutung ist. Nachdem diese von Riemann in die Mathematik eingeführte Methode durch einen Einwand von Karl Weierstraß in die Kritik geraten war, hatte sich Hilbert an den Beweis der Gültigkeit des Dirichletschen Prinzips gemacht und dieses durch einen konstruktiven Beweis „rehabilitiert", wobei er Methoden aus der Variationsrechnung anwandte, die heute zum alltäglichen Handwerkszeug der Analysis gehören.[163] Auf diesem Gebiet arbeitete nun auch Courant weiter und widmete diesem nicht nur seine Dissertation, sondern auch seine Habilitationsarbeit 1912.[164] In den seiner Habilitation folgenden Jahren allerdings war Courant mathematisch nicht mehr produktiv. Er wurde zu Beginn des Ersten Weltkriegs eingezogen, bekam Typhus und erlebte nach seiner Genesung den verlustreichen Vormarsch durch Belgien nach Frankreich mit, den er als ein desaströses Kommunikationschaos wahrnahm. Er entwickelte daraufhin die damals neuartige Idee einer Erdtelegraphie und erhielt im August 1915 die Erlaubnis nach Göttingen zurückzukehren, um diese Idee zu realisieren. Zurück an der Front wurde er am 27. September 1915 verwundet und verbrachte seine Zeit anschließend hauptsächlich mit der Propagierung seines Kommunikationssystems und der Ausbildung von Soldaten an seinen Erdtelegraphieapparaten. In den letzten beiden Kriegsjahren begann er allmählich wieder wissenschaftlich zu arbeiten, veröffentlichte aber erst im Januar 1918 wieder eine mathematische Arbeit, die sich mit einem Thema aus der Theorie des Schalls und in der von Springer gerade neubegründeten *Mathemati-*

Courant und Hilbert siehe Reinhard Siegmund-Schultze, „Mathematics Knows No Races": A Political Speech that David Hilbert Planned for the ICM in Bologna in 1928, in: The Mathematical Intelligencer 38 (2016) 1, S. 56-66, hier S. 64 f.

162 Richard Courant, Über die Anwendung des Dirichletschen Prinzipes auf die Probleme der konformen Abbildung, Dissertation, Kaestner Göttingen 1910.

163 David Hilbert, Über das Dirichletsche Prinzip, in: Mathematische Annalen 59 (1903), S. 161-183 (hervorgegangen aus einem Vortrag vor der Deutschen Mathematiker-Vereinigung im Jahr 1900).

164 Richard Courant, Über die Methode des Dirichletschen Prinzips, in: Mathematische Annalen 72 (1912), S. 517-550.

schen Zeitschrift erschien.[165] Landaus Urteil über den frühen Courant, den er mehrfach während seiner Urlaube vom Kriegsdienst in Göttingen erlebt hatte, scheint daher vollauf berechtigt gewesen zu sein.

- Noch stärker als Courant war der im Ersten Weltkrieg im Alter von nur 32 Jahren gefallene Wilhelm Behrens (1885-1917) – der einzige unter den von Landau genannten Mathematikern, der heute so gut wie unbekannt ist – ein Protagonist der mathematischen Physik und nicht der von Landau vertretenen und allein von ihm hochgehaltenen reinen Mathematik. Behrens war 1912 mit einer gemeinsam mit Erich Hecke (1887-1947) verfassten Veröffentlichung „Über die geradlinige Bewegung des Bornschen starren Elektrons" hervorgetreten, die aus Hilberts im Sommer 1912 gehaltenen Vorlesungen über Strahlungstheorie hervorgegangen war und eine Arbeit von Max Born aus dem Jahr 1909 weiterentwickelte.[166] Obwohl er 1910 Hilberts Assistent gewesen war, wurde Behrens nicht von Hilbert, sondern von Felix Klein promoviert und zwar mit einer Arbeit über „Ein mechanisches Problem aus der Theorie der Laval-Turbine, behandelt mit Methoden der Himmelsmechanik".[167] 1914 habilitierte er sich mit einer zwischen Mathematik und Physik oszillierenden Arbeit „Über die Lichtfortpflanzung in parallel-geschichteten Medien"[168] und erhielt dementsprechend die Venia legendi für Mathematik und Physik. Nur wenige Monate später wurde er jedoch eingezogen. Im ersten Kriegsjahr meldete er sich noch brieflich von der russischen Front bei seinem Doktorvater Klein,[169] gehörte dann aber zu den insgesamt elf Dozenten,

---

165 Richard Courant, Beweis des Satzes, daß von allen homogenen Membranen gegebenen Umfangs und gegebener Spannung die kreisförmige den tiefsten Grundton besitzt, in: Die Mathematische Zeitschrift 1 (1918), S. 321-328.

166 Wilhelm Behrens und Erich Hecke, Über die geradlinige Bewegung des Bornschen starren Elektrons (vorgelegt von David Hilbert am 22. Juni 1912), in: Nachrichten von der Königlichen Gesellschaft der Wissenschaften zu Göttingen, Mathematisch-physikalische Klasse 1912, S. 849-860; Max Born, Die Theorie des starren Elektrons in der Kinematik des Relativitätsprinzips, in: Annalen der Physik 30 (1909), S. 1-56. Hilberts Vorlesung ist mit einer Einleitung von Arne Schirrmacher abgedruckt in: Tilman Sauer und Ulrich Majer (Hg.), David Hilbert's Lectures on the Foundations of Physics 1915-1927. Relatitivity, Quantum Theory and Epistomolgy in collaboration with Arne Schirrmacher and Heinz-Jürgen Schmidt, Springer Berlin Heidelberg 2009, S. 436-501.

167 Wilhelm Behrens, Ein mechanisches Problem aus der Theorie der Laval-Turbine, behandelt mit Methoden der Himmelsmechanik, in: Zeitschrift für Mathematik und Physik 59 (1911), S. 337-390.

168 Wilhelm Behrens, Über die Lichtfortpflanzung in parallel-geschichteten Medien, in: Mathematische Annalen 76 (1915), S. 380-430.

169 Wilhelm Behrens (Munsterlager/Russische Front) an Prof. Dr. Felix Klein, NStuUB Gö Cod. Ms. F. Klein 8 : 75-76.

zehn Assistenten und über 700 Studenten der Universität Göttingen, die im Krieg ihr Leben ließen.[170]

Wilhelm Behrens (1885-1917)
(NStuUB Cod. Ms. Hilbert 754)

Obwohl Behrens zu diesem Zeitpunkt schon seit fünf Jahren nicht mehr lebte, wurde ein Foto von ihm in das anlässlich von Hilberts 60. Geburtstag am 23. Januar 1922 zusammengestellte Fotoalbum mit Aufnahmen seiner Kollegen und Freunde aufgenommen, was seine enge Verbindung zu Hilbert dokumentiert. Da uns Behrens wegen seines frühen Todes in den späteren Bänden der hier begonnenen Emmy Noether Biografie nicht mehr begegnen wird, wurde an dieser Stelle zu seinem Andenken ein Foto eingefügt.

---

[170] Weitere Daten in den Personalakten von Wilhelm Behrens UniA GÖ Math.-Nat. Pers., in 2, und UniA GÖ Kur., 6323; und in der namentlichen Liste der gefallenen Universitätsangehörigen in: Georg-August-Universität Göttingen, Dem Andenken ihrer im Weltkriege Gefallenen 1914-1918 gewidmet zum 1. März 1925, Universitätsbuchdruckerei Dr. C. Wolf & Sohn München 1925, S. 7 und S. 33-39. Behrens fiel am 23.6.1917.

- Wie Landau, dessen 1909 erschienenes „Handbuch der Lehre von der Verteilung der Primzahlen“ innerhalb kürzester Zeit zum Standardwerk avanciert war,[171] war Erich Hecke, der in gemeinsamen Berliner Zeiten einer von Landaus Studenten gewesen war,[172] sein Leben lang ein ausgemachter Zahlentheoretiker, so dass sein Ausflug mit Behrens zum Bornschen Atommodell eher wie eine kurze Aberration, denn wie ein echtes Interesse für die mathematische Physik anmutet. Dennoch promovierte Hecke nicht bei Landau, sondern bei David Hilbert. Noch vor Abschluss von Heckes Promotion hatte Hilbert in der Sitzung vom 23. Juli 1910 der Akademie der Wissenschaften eine Arbeit Heckes „Über nicht-reguläre Primzahlen und den Fermatschen Satz“ vorgelegt.[173] Es folgte die Dissertation „Zur Theorie der Modulfunktionen von zwei Variablen und ihrer Anwendung auf die Zahlentheorie“.[174] Darin beschäftigte Hecke sich mit dem zwölften der von Hilbert 1900 genannten 23 ungelösten mathematischen Probleme, das auch als „Kroneckers Jugendtraum“ bekannt ist. Leopold Kronecker (1823-1891) hatte die Vorstellung gehabt, dass man die Abelschen Erweiterungskörper eines algebraischen Zahlkörpers durch Adjunktion von speziellen Werten gewisser analytischer Funktionen erzeugen könnte; anders ausgedrückt suchte er nach Funktionen, die in der Theorie algebraischer Zahlkörper und ihrer Erweiterungen dieselbe Rolle spielen wie die Exponentialfunktion im Kreisteilungskörper oder der elliptischen Modulfunktion bei imaginär quadratischen Zahlkörpern. Kro-

---

171 Edmund Landau, Handbuch der Lehre von der Verteilung der Primzahlen, B. G. Teubner Leipzig und Berlin 1909; zu Landaus Biografie, der 1909 als Nachfolger von Hermann Minkowski nach Göttingen berufen worden war, siehe z. B. Helmut Rechenberg, Landau, Edmund, Mathematiker, in: Neue Deutsche Biographie 13 (1982), S. 479 f.; Reinhard Siegmund-Schultze, Landau und Schur – Dokumente einer Freundschaft bis in den Tod in unmenschlicher Zeit, in: Mitteilungen der DMV 19 (2011), S. 164-173; Norbert Schappacher, Das Mathematische Institut der Universität Göttingen 1929-1950, Langfassung 1983, Manuskript, S. 13 f., online seit April 2000: http://irma.math.unistra.fr/~schappa/NSch/Publications_files/GoeNS.pdf (Abruf 27.4.2019); Leo Corry, Norbert Schappacher, Zionist Internationalism through Number Theory: Edmund Landau at the Opening of the Hebrew University in 1925, in: Science in Context 23 (2010) 4, S. 427-471; und den Nachruf von Konrad Knopp, Edmund Landau, in: Jahresbericht der DMV 54, 1951, S. 55-62.

172 Im Nachlass Hecke befinden sich Mitschriften Heckes von Landaus Vorlesungen zur Zahlentheorie (WS 1906/07) über Integralgleichungen und Funktionen von unendlich vielen Variablen (beide WS 1907/08): NStuUB Gö Nachlassverzeichnis Erich Hecke (10.9.1887-13.2.1947).

173 Erich Hecke, Über nicht-reguläre Primzahlen und den Fermatschen Satz (vorgelegt von David Hilbert am 23. Juli 1910), in: Nachrichten von der Königlichen Gesellschaft der Wissenschaften zu Göttingen, Mathematisch-physikalische Klasse 1910, S. 420-424.

174 Erich Hecke, Zur Theorie der Modulfunktionen von zwei Variablen und ihrer Anwendung auf die Zahlentheorie, Göttingen 1910; auch abgedruckt unter dem Titel: Höhere Modulfunktionen und ihre Anwendung auf die Zahlentheorie, in: Mathematische Annalen 71 (1912), S. 1-37.

necker starb, bevor er seine Ideen voll ausgearbeitet hatte. Hilbert und eine Reihe seiner Schüler, darunter eben auch Hecke, nahmen diese Frage wieder auf. Die damals erreichbaren Ergebnisse waren jedoch wenig zufriedenstellend, was auch Hecke selbst bewusst war, der schon wenige Wochen nach Fertigstellung seiner Dissertation am 10. Dezember 1910 der Göttinger Akademie der Wissenschaften über Hilbert noch einmal eine Ergänzung präsentieren ließ.[175] Auch in seiner Habilitationsschrift, die 1913 erschien, beschäftigte Hecke sich – von heute aus gesehen erfolglos – wieder mit demselben Thema.[176] Auch Landaus Urteil über Hecke, der sich zwar schon in seinen frühen Arbeiten als innovativer Mathematiker erwiesen und dementsprechend schon 1915 einen Ruf an die Universität Basel erhalten hatte,[177] der sich aber erst später zu dem begnadeten Zahlentheoretiker entwickeln sollte, als der er heute bekannt ist,[178] ist daher nachvollziehbar.

---

175 Erich Hecke, Über die Konstruktion der Klassenkörper reeller quadratischer Körper mit Hilfe von automorphen Funktionen, in: Nachrichten von der Königlichen Gesellschaft der Wissenschaften zu Göttingen, Mathematisch-physikalische Klasse 1910, S. 619- 623.

176 Erich Hecke, Über die Konstruktion relativ-Abelscher Zahlkörper durch Modulfunktionen von zwei Variablen, in: Mathematische Annalen 74 (1913), S. 465 -510: „Die Untersuchungen über die Anwendung höherer Modulfunktionen auf zahlentheoretische Fragen, welche ich in meiner Dissertation begonnen habe, sollen in der vorliegenden Arbeit fortgesetzt und so weit gefördert werden, daß das schließliche Resultat die Berechtigung der ganzen Fragestellung erweist und gleichzeitig in Evidenz tritt, daß die Hilbertschen Modulfunktionen ein geeignetes Instrument zur Konstruktion relativ-Abelscher Zahlkörper bieten." (S. 465). Zur generellen Problematik dieser Arbeit, die zwar durchaus einige inspirierende Ideen enthält, strikt genommen aber formal leer ist, weil die von Hecke konstruierte Modulfunktion konstant ist, siehe Norbert Schappacher, On the History of Hilbert's Twelfth Problem, A Comedy of Errors, in: Matériaux pour l'histoire des mathématiques au XXe siècle. Actes du colloque à la mémoire de Jean Dieudonné (Nice, 1996), Séminaires et Congrès (Société Mathématique de France) 3 (1998), S. 243-273, passim und hier speziell S. 263.

177 Zur Biographie Heckes siehe den Überblick bei Hans Rohrbach, Hecke, Erich, Mathematiker, in: Neue Deutsche Biographie 8 (1969), S. 177, und die Personalakten in UniA Gö, Kur., 6211 und 6028, und in Math.-Nat. Pers. in 10.

178 Schon 1917 trat Hecke mit einer Arbeit hervor, die wesentliche Einsichten in den analytischen Charakter der Dirichletsche Zetafunktion (heute Dedekindsche Zetafunktion) ermöglichte und die er durch mehrere darauf folgende Veröffentlichungen ausbaute und verallgemeinerte: Erich Hecke, Über die Zetafunktion beliebiger algebraischer Zahlkörper (vorgelegt von David Hilbert am 23. Dezember 1916), in: Nachrichten von der Gesellschaft der Wissenschaften zu Göttingen, Mathematisch-physikalische Klasse 1917, S. 77-89; Ders., Über eine neue Anwendung der Zetafunktionen auf die Arithmetik der Zahlkörper (vorgelegt von David Hilbert am 13. Januar 1917), ebenda, S. 90 -95; Ders. Über die L-Funktionen und den Dirichletschen Primzahlsatz für einen beliebigen Zahlkörper (vorgelegt von Edmund Landau am 6. Juni 1917), ebenda, S. 299 -318. Von seinen späteren Arbeiten sind vor allem seine Entdeckungen über Dirichletreihen mit Funktionalgleichungen und über die Operatorentheorie bedeutsam, wobei es sich bei Letzteren um die Begründung einer der fruchtbarsten Theorien handelt, die je zur Erforschung des Zusammenhangs zwischen Primzahlen und analytischen Funktionen entwickelt wurden.

Dennoch ist Landaus klares uneingeschränktes Lob für Emmy Noether trotz ihrer langen Veröffentlichungsliste, die diesem sozusagen eine objektive quantitative Basis gab, erstaunlich. Denn Landau fällte hier ein Urteil über Arbeiten, deren von seinem eigenen Arbeitsgebiet doch weit entfernte Fragestellungen er nach eigenem Eingeständnis erst durch Emmy Noethers Vortrag vor der Mathematischen Gesellschaft kennengelernt hatte. Doch Landau war – vorsichtig ausgedrückt – ein sehr selbstbewusster, von vielen sogar als arrogant empfundener Mann, der sich daher trotz seiner nur rudimentären Kenntnisse „genügend Erfahrung und Kritik" zutraute, „um auf Grund meiner flüchtigen Kenntnis dieser Materien von früher her und der Ergänzungen meiner Kenntnisse, welche die Beurteilung dieses Habilitationsgesuches nötig machte, die Arbeiten von Frl. N[oether] sehr hoch zu schätzen" – und dies obwohl Landau den Ruf hatte, an seine Studenten (und an sich selbst) die allerhöchsten Ansprüche zu stellen und – wie im weiteren Verlauf seiner Argumentation noch deutlich werden wird – insbesondere äußerst kritisch gegenüber Frauen zu sein.[179]

Ganz gegen seine sonstige Gewohnheit war er jedoch von Emmy Noether so überzeugt, dass er sich zu negativer Kritik nicht berufen fühlte, wobei er ihr, indem er sie über alle anderen Privatdozenten stellte, objektiv auch eine große Last auf die Schultern lud. Landau galt im Übrigen als unbequem und zum Widerspruch neigend,[180] so dass die Tatsache, dass er sich, was die wissenschaftliche Beurteilung Emmy Noethers anging, hier einfach dem „sachverständigen Urteil" Hilberts anschloss und sich im Folgenden ihre Persönlichkeit betreffend auf Klein verließ, ebenfalls als einigermaßen überraschend gelten kann:

Persönlich kennt Koll[ege] Klein die Bewerberin schon lange; ich kenne sie erst ganz flüchtig und vertraue dem, was Koll[ege] Klein über diesen wesentlichen

---

[179] Zur Doktorarbeit von Maria-Pia Geppert (1907-1997), die 1931 an der Universität Breslau mit einer Arbeit aus der Analytischen Zahlentheorie promoviert worden war, beispielsweise schrieb Landau einen kritischen Artikel, der aus mehr als zwanzig Anmerkungen zu ihrer Arbeit besteht: Maria-Pia Geppert, Approximative Darstellungen analytischer Funktionen, die durch Dirichletsche Reihen gegeben sind , in: Mathematische Zeitschrift 35 (1932), S. 190-211; Edmund Landau, Bemerkungen zu der M.-P. Geppertschen Abhandlung „Approximative Darstellungen analytischer Funktionen, die durch Dirichletsche Reihen gegeben sind", in: Mathematische Zeitschrift 37 (1933), S. 314-320. Zu „Landau, der Schwierige" und Anspruchsvolle siehe auf einer eher impressionistischen und anekdotischen Ebene, aber dennoch zutreffend Marcus du Sautoy, Die Musik der Primzahlen. Auf den Spuren des größten Rätsels der Mathematik, 5. Auflage, Deutscher Taschenbuch Verlag München 2010, S. 149.

[180] Schappacher 1983, S. 13; Reid, 1979, S. 31.

Teil des Problems gesagt hat, welches uns Frl. N[oether] gestellt hat, oder vielmehr, zu dessen Stellung wir 5 Mathematiker der Fakultät (auf Anregung der Koll[egen] Hilbert und Klein) Frl. N[oether] ermuntert haben. Dies persönliche Moment ist mir sehr wesentlich. Haben [muss „Sind" heißen] doch zahlreiche wissenschaftliche hervorragende Mathematiker (auch solche, die ich wissenschaftlich noch höher stellen würde als Frl. N[oether]) uns aus persönlichen Gründen nicht geeignet zum Eintritt in unseren Lehrkörper erschienen, auf dessen harmonisches Zusammenarbeiten doch alles ankommt.

Wie einfach läge demnach für uns die Sache, wenn es sich um einen Mann mit genau den Arbeiten, der Vortragsgeschicklichkeit und dem ernsten Streben handeln würde. Es wäre mir viel lieber, wenn sich diese Erweiterung unseres Lehrprogramms ohne die damit verbundene Habilitation einer Dame ermöglichen liesse.

Man kann diese letzten beiden Sätze einfach nur als die Aussage eines Mannes lesen, der wie viele seiner Kollegen keiner Frau durch eine Habilitation den Weg als Dozentin an die Universität öffnen wollte. Doch scheint mir, dass es sich hier um einen echten Stoßseufzer handelte, dass Landau, der gegenüber Emmy Noether in allen seinen vorangegangenen Äußerungen sichtlich um Fairness bemüht war, es wirklich bedauerte, dass man Emmy Noether nicht einfach wie einen Mann habilitieren konnte, sondern den Umweg über das Ministerium gehen musste – wobei vielleicht auch eine Rolle spielte, dass Landau während des Habilitationsverfahrens Emmy Noethers Dekan und Abteilungsvorsteher war, die notwendige Mehrarbeit durch zusätzliche Sitzungen und aufwändigem Schriftverkehr daher zu einem nicht unerheblichen Teil auf seinen Schultern lastete:

Ich schliesse mich der Rechtsauffassung des Kollegen Klein an, nach welcher wir einer besonderen ministeriellen Erlaubnis vor Abhaltung des Kolloquiums bedürfen, und ich schliesse mich seinem Antrag an, der Abteilung zu empfehlen, um einen solchen Dispens von einer Norm, deren prinzipielle Aufhebung auch mir z[ur] Z[eit] nicht erwünscht erscheint, vorstellig zu werden.

Damit begab sich Landau wieder ganz auf die Ebene der prinzipiellen Gegner von Frauenhabilitationen, wobei das von ihm eingefügte „zur Zeit" sich sowohl wie bei Hartmann speziell auf die Kriegssituation beziehen als auch ganz allgemein auf eine Änderung seiner eigenen und der generellen Haltung zu dieser Frage in der Zukunft weisen konnte.

Für seine Empfehlung, beim Ministerium um Dispens vom Erlass vom 29. Mai 1908 für Emmy Noether nachzusuchen, reichte Landau dann noch eine Begründung nach („Ich vermag dies aber nicht zu thun, ohne zugleich einige weitere Erwägungen zu Papier zu bringen, die mich bei diesem Entschluss geleitet haben."), die ihn wiederum von seinen übrigen Fachkollegen abhob. Denn Landau befürchtete, und das sicher nicht ganz zu Unrecht, dass seine Kollegen Emmy Noether nur mit den wenigen weiblichen Mathematikern, die es bisher gegeben hatte, vergleichen würden und ihr daher nicht wegen ihrer Leistungen, sondern nur weil sie eine Frau war, „unberechtigter Ruhm zuteil" werden könne:

Ich bin überzeugt, dass manche Kollegen ihre Entscheidung doch von dem beeinflussen lassen, was über die Leistungen dieses Frl. N[oether] in Vergleich mit denen anderer weiblicher Mathematiker gesagt werden kann. Und es ist Pflicht der Fachvertreter, ihnen das Material hierzu zu unterbreiten.

Zunächst sicherte sich Landau ab (dabei nicht weit entfernt von Husserl[181] und wie wir sehen werden auch nicht von Möbius), indem er behauptete, dass Frauen grundsätzlich ungeeignet zur mathematischen Produktion seien, und nur Emmy Noether, die er folgerichtig auch nicht als Gelehrte, sondern als Gelehrte<u>n</u> titulierte, als Ausnahme gelten ließ:

Ich habe bisher, was produktive Leistungen betrifft die schlechtesten Erfahrungen in Bezug auf die studierenden Damen gemacht und halte das weibliche Gehirn für ungeeignet zur mathematischen Produktion; Frl. N[oether] halte ich aber für eine der seltenen Ausnahmen. Es ist keine Rede davon, dass ich sie für ein Genie oder auch nur einen Gelehrten [sic!] I. Ranges halte.

Und dann folgte der Vergleich, der hier natürlich nahelag, nämlich der mit Sofja Kowalewskja – der Frau, die 1874 in Göttingen mit drei Doktorarbeiten aufgrund ihrer guten Leistungen in absentia summa cum laude promoviert worden war und die 1884 einen Lehrstuhl für Mathematik an der neu gegründeten Stockholmer Universität erhalten hatte.[182]

Damit, so fuhr Landau fort, *will ich nicht gesagt haben, dass ich sie unter die berühmte Sonja Kowalewska [sic] stelle. Im Gegenteil: Frau K[owalewskaja]s*

[181] Siehe dazu Tollmien 1/2021, S. 95 ff.

[182] Zur Biografie der aus Russland stammenden Mathematikerin siehe Tollmien 1995 und Tollmien 1997, außerdem oben S. 21 f. und Tollmien 1/2021, S. 39, S. 89, S. 114-117 und S. 196 f.

Ruhm ist weit über Gebühr von weiblicher und männlicher Seite aufgebauscht worden; sie war nur eine gute Schülerin von Weierstraß. Auf deren wissenschaftlicher Höhe steht Frl. Noether gewiss. Ich bezweifle nicht, dass, falls ihre Habilitation zustande kommt, auch ihr unberechtigter Ruhm zuteil werden wird; das kann mich nicht verhindern, ihr dasjenige zuzusprechen, was ihr gebührt. Und das ist blos:

für Zulassung zu den weiteren Habilitationsleistungen zu stimmen.

Landau[183]

Die Herabsetzung der Leistungen Kowalewskajas, die Landau hier vornimmt, stammt nicht originär von Landau, sondern findet sich sowohl in (nicht immer entwertend gemeinten) Aussagen von Mathematikern, die sie (zutreffend) der Weierstraß-Schule zurechneten,[184] als auch vornehmlich bei Nichtmathematikern: so etwa schon bei ihrer ersten Biographin, der schwedischen Schriftstellerin und engen Freundin Kowalewskajas Charlotte Leffler (1849-1892),[185] und natürlich auch bei dem oben bereits zitierten Psychiater Paul Möbius, der „Sophie Kowalewsky" in seiner Abhandlung „Über die Anlage zur Mathematik" im Kapitel „Über die Mathematischen Weiber" im Sperrdruck bescheinigte, dass „alle ihre wissenschaftlichen Arbeiten" Ausführungen und Endwicklungen der „Sätze des Meisters" seien.[186] Aus dem Geschlechtscharakter von Frauen leitete Möbius wiederum ab, dass Frauen in der Wissenschaft per se nie mehr als gute Schüler von männlichen Lehrern sein könnten, weil sie zu eigenständiger wissenschaftlicher Arbeit nicht fähig seien:

Sie fassen, wenn sie wollen, recht gut auf und merken sich das Gelernte eben so gut wie die Männer. Da nun dazu kommt, dass sie fügsam und geduldig sind, so

---

[183] Gutachten Landaus vom 1.8.1915, auf fortlaufenden Blättern im Anschluss an das Rundschreiben Landaus vom 20.7.1915 (Unterstreichungen im Original), UniA GÖ Math.-Nat. Pers., in 17: Personalakte Prof. Noether, o. P.

[184] Felix Klein, Vorlesungen über die Entwicklung der Mathematik im 19. Jahrhundert, Verlag von Julius Springer Berlin, 1926, S. 294 f.

[185] Charlotte Leffler, Sonja Kovalevsky: was ich mit ihr zusammen erlebt habe und was sie mir über sich selbst mitgeteilt hat. Reclam Leipzig 1894, S. 30. Zur Interpretation und dem Kontext dieser Äußerung siehe Eva Kaufholz-Soldat, A Divergence of Lives. Zur Rezeptionsgeschichte Sofja Kowalewskajas (1850-1891) um die Wende vom 19. zum 20. Jahrhundert, Dissertation Universität Mainz 2019, S. 66 ff.

[186] Paul Julius Möbius, Über die Anlage zur Mathematik, Verlag von Johann Abrosius Barth Leipzig 1900, S. 82 f. (Sperrdruck im Original).

haben sie wirklich Anlage zum Musterschüler. Ueberall da, wo die Weiber es sich in den Kopf gesetzt haben, am höheren Unterrichte theilzunehmen, ist nur Eine Stimme darüber, dass sie ausgezeichnete Schülerinnen sind, und je gedankenloser der Lehrer ist, um so befriedigter pflegt er von dem eifrigen Lernen der Schülerinnen, das meist ein Auswendiglernen ist, zu sein. [...] Das Höchste ist, wenn ein Weib sich derart als guter Schüler beweist, dass sie im Sinne des Lehrers die von ihm erlernte Methode handhabt. Dagegen ist das eigentliche „Machen", das Erfinden, Schaffen neuer Methoden dem Weibe versagt. Sie kann sozusagen nicht Meister werden, denn Meister ist, wer was erdacht. [...] Dass die Wissenschaften im engeren Sinne von den Weibern keine Bereicherung erfahren haben, noch erwarten können, ist demnach begreiflich.[187]

Und in seiner Abhandlung „Über die Anlage zur Mathematik" untermauerte er dieses Urteil dann noch mit einer weiteren pseudowissenschaftlichen Ableitung aus den Studentinnenzahlen des Jahres 1898/99:

Will man sich auf statistische Vermuthungen einlassen, so kann man annehmen, daß im günstigsten Falle auf 1 Million weiblicher Personen 1 mit mathematischem Talent komme. Es ergiebt also diese Betrachtung dasselbe, was die tägliche Erfahrung lehrt, daß die Weiber in der Regel ohne Anlage für Mathematik sind.[188]

Mit seiner Aussage, dass er „das weibliche Gehirn für ungeeignet zur mathematischen Produktion" halte, entlarvte sich Landau also faktisch als Anhänger der Thesen Möbius' oder anderer zeitgenössischer Vertreter von der intellektuellen Unterlegenheit der Frauen. Auch dies mag seinem „Stoßseufzer" „Wie einfach wäre, wenn Emmy Noether ein Mann wäre" zugrunde gelegen haben und seine Stellungnahme zu Noethers Habilitationsgesuch in sich so widersprüchlich werden lassen, wie wir dies versucht haben herauszuarbeiten. In der am 26. November 1915 an den

---

[187] Möbius 1903, S. 23 und S. 25. Vgl. dazu auch Tollmien 1/2021, S. 69 und S. 90 Anm. 161, und zur genaueren Einordnung von Möbius' kruden Thesen Kaufholz-Soldat 2019, S. 13 f., S. 144-147 und S. 152-159.

[188] Möbius 1900, S. 85. Dort fährt Möbius, wobei er wie viele andere auch Mathematik mit der Beschäftigung mit Zahlen verwechselte, folgendermaßen fort: „Gewöhnlich sind die Weiber nicht nur unfähig, mathematische Beziehungen aufzufassen, sondern sie empfinden auch eine Art von Abscheu gegen alles Zahlenmäßige. Damit hängt wohl auch die weitverbreitete weibliche Unpünktlichkeit zusammen. In gewissem Sinne kann man sagen, das Mathematische ist der Gegensatz zum Weiblichen. Möchte dieses in grenzenlosen Gefühlen verschwimmen, so gipfelt männliche Klarheit in der Exactheit d[as] h[eißt] dem Zahlenmäßigen."

Minister weitergeleiteten Bitte um Dispens vom Erlass vom 29. Mai 1908 für Emmy Noether wurde Landaus Satz, wenn auch in etwas abgeschwächter Form („Sind wir doch der Meinung, daß ein weiblicher Kopf nur ganz ausnahmsweise in der Mathematik schöpferisch tätig sein kann"), aufgenommen – ein Zeichen dafür, dass die Überzeugung von den scheinbar wissenschaftlich belegten, angeborenen Eigenschaften der Geschlechter weit verbreitet und fest in den (männlichen) Köpfen auch derer verankert war, die eigentlich als Frauenförderer galten, und zugleich ein Zeichen dafür, dass man mit dieser Überzeugung auch und vor allem im Ministerium rechnete und zu rechnen hatte.

Klein, der in seinen Vorlesungen über die Entwicklung der Mathematik im 19. Jahrhundert Kowalewskaja ebenfalls unterstellte, dass „ihre Arbeiten in enger Anlehnung und ganz im Stil von Weierstraß geschrieben sind, so daß man nicht sieht, wie weit sie unabhängige eigene Gedanken enthalten",[189] hatte vor seinem Urteil über Kowalewskajas mathematische Abhängigkeit von Weierstraß abwägend geschrieben, dass es wegen ihrer vielfältigen anderen Interessen (Sofja Kowalewskaja schrieb auch Romane und stand, so Klein, „im Mittelpunkte des Interesses der Frauenemanzipation") schwierig sei, „ein klares Urteil über ihre wissenschaftliche Persönlichkeit zu gewinnen":

Auf der einen Seite stehen die Enthusiasten, die ihre Heldin rühmen und preisen, auf der anderen Seite die Zweifler, die eher geneigt sind, ihr Leben und ihre Arbeiten zu verurteilen. Sicherheiten bietet uns keine der beiden Parteien, denn wir wissen ja alle, wie sehr Reklame und zu großes Lob und wieder zu herber Tadel das wahre Bild eines Menschen verzerren.[190]

„Zu großes Lob" – das war offensichtlich genau das, was Landau befürchtete, wenn er schrieb, dass Emmy Noether einmal ähnlich unverdienter, soll heißen nicht auf ihren mathematischen Arbeiten beruhender, Ruhm zuteilwerden könne wie Sofja Kowalewskaja. Doch sollte sich dies später als in jeder Hinsicht unbegründet erweisen. Obwohl in den Zwanziger Jahren eine weltweit anerkannte Mathematikerin, war Emmy Noether anders als Sofja Kowalewskaja zu ihren Lebzeiten außer-

[189] Klein 1926, S. 294. Siehe zur Bewertung der Kleinschen Einschätzung Eva Kaufholz-Soldat 2019, S. 14, S. 159 -168. Einige Hinweise zur Frage der Eigenständigkeit von Kowalewskajas mathematischer Arbeit findet man auch schon in: Dies., Remembering Sofya Kovalevskaya by Michèle Audin, London 2011, Book Review by Eva Kaufholz-Soldat, in: Historia Mathematica 40 (2013) 4, S. 458 f

[190] Klein 1926, S. 294.

halb der mathematischen Welt völlig unbekannt. Erst in den 1990er Jahren wurde sie von der deutschen Frauenbewegung entdeckt und erst seitdem kennen zumindest (einige) Nicht-MathematikerInnen zumindest ihren Namen.[191]

Dem Vergleich mit Sofja Kowalewskaja war Emmy Noether übrigens immer wieder ausgesetzt – nicht nur wie hier am Anfang ihrer Karriere, sondern auch und vor allen an deren Ende –, und zwar sowohl in Bezug auf ihre mathematischen Fähigkeiten (dieser Vergleich ging in der Regel zu Ungunsten von Kowalewskaja aus) als auch bezüglich ihres Aussehens (dieser Vergleich ging immer zu Gunsten Kowalewskajas aus). Insbesondere Weyl hat in seinem ausführlichen, auch Emmy Noethers menschliche Eigenschaften thematisierenden Nachruf den Vergleich mit Sofja Kowalewskaja in extenso ausgeführt. Diese habe zwar eine geringere mathematische Begabung als Emmy Noether gehabt, dafür aber eine vielschichtigere Persönlichkeit. Emmy Noether habe nicht wie Kowalewskaja, die ja auch eine erfolgreiche Schriftstellerin war, nicht-mathematische Talente gehabt, dafür aber auch nicht wie diese unter Spannungen und Launen gelitten: sie sei froh und zufrieden allein in und mit ihrer Mathematik gewesen. Es ist überdeutlich, dass Weyls Sympathie als Mann der von ihm als charmant und feminin charakterisierten, nicht nur durch ihren Verstand, sondern auch durch Gefühle und eine liebenswerte Eitelkeit geleiteten Sofja Kowalewskaja galt. Von Weyl stammt ja bekanntlich auch der in der biografischen Literatur über Emmy Noether unermüdlich wiederholte Ausspruch, dass die Grazien nicht an Emmy Noethers Wiege Pate gestanden hätten.[192]

---

[191] 1992, zu Noethers 110. Geburtstag, brachte die feministische Zeitschrift *EMMA* einen großaufgemachten Artikel über Emmy Noether, und Ursula Brechtken-Manderscheid vom mathematischen Institut der Universität Würzburg konzipierte 1997 eine Ausstellung über Emmy, die zu einem großen Teil auf in Tollmien 1990 erstmals publizierten Quellen beruhte. Die Ausstellung wurde an verschiedenen Universitäten gezeigt u. a. in Braunschweig (2000), München (2000), Hildesheim (2001), Göttingen (2001) und Hannover (2005). In der von der feministischen Sprachwissenschaftlerin Luise Pusch gestalteten Datenbank FemBIO (FrauenBiographieforschung) erschien zu Emmy Noethers 120. Geburtstag am 23. März 2002 als „Frauen Biographie der Woche" ein Artikel über sie. Quellenhinweise und Links dazu findet man auf www.tollmien.com/rezeptionsgeschichte.html. Einer außermathematischen Öffentlichkeit ist Emmy Noether aber vor allem durch das seit 1998 existierende, nach ihr benannte DFG-Förderprogramm bekannt, das besonders qualifizierten Nachwuchswissenschaftlerinnen und Nachwuchswissenschaftlern aller Fachrichtungen die Möglichkeit eröffnet, sich durch die eigenverantwortliche Leitung einer Nachwuchsgruppe für eine Hochschulprofessur zu qualifizieren: https://www.dfg.de/foerderung/programme/einzelfoerderung/emmy_noether/index.html (Abruf 30.4.2019).

[192] Kaufholz 2019, S. 15 und S. 205, spricht davon, dass Weyl Kowalewskaja in Abgrenzung von Noether zum Inbegriff der Weiblichkeit erhoben habe, ein bis heute wirksames fatales Konstrukt, das wissenschaftlich tätige Frauen keineswegs vor der Unterstellung bewahrt, per se und notwendig

Sofja Kowalewskaja 1890
im Alter von 40 Jahren
(Institut-Mittag-Leffler Stockholm)

Emmy Noether 1925
im Alter von 43 Jahren
(NStUB Gö Sammlung Voit 1)

In Anerkennung ihrer Leistungen als kreative Denkerin, die die Schranken ihres Geschlechts durchbrochen habe, habe man sie, so Weyl, in Göttingen scherzhaft, wenn auch respektvoll „der Noether“ genannt.[193] In seiner Trauerrede, die er nach dem überraschenden Tod Emmy Noethers am 14. April 1935 in ihrem Exilzufluchtsort Bryn Mawr gehalten hatte, sprach Weyl von dem „die Grenzen ihres Geschlechts“ sprengenden mathematischen Genie Emmy Noethers.[194] Das macht deutlich, dass Emmy Noether auch nach einem wissenschaftlichen Leben voller beispielloser schöpferischer Leistungen faktisch noch immer dem Verdikt, dass das weibliche Gehirn zur mathematischen Produktion ungeeignet sei, ausgesetzt war,

hässlich zu sein, sondern sie vielmehr dazu zwingt oder vielleicht besser verleitet, ihrer Intelligenz und Forschergabe auch noch ein schönes Gesicht und Auftreten zu geben, also weniger Noether und mehr Kowalewskaja zu sein.

193 Weyl, 1935/1970, S. 71. Siehe dazu auch Cordula Tollmien, Weibliches Genie: Frau und Mathematiker: Emmy Noether, in: Georgia Augusta 6 (Dezember 2008), S. 38-44, hier insb. S. 39 f.

194 Hermann Weyl, Ansprache auf der Trauerfeier für Emmy Noether am 17.4.1935 in der Wohnung der Präsidentin von Bryn Mawr, Marion Edwards Park, abgedruckt in: Peter Roquette, Zu Emmy Noethers Geburtstag. Einige neue Noetheriana, in: Mitteilungen der DMV 15 (2007), S. 15-21, hier S. 19 f.

und sie daher nur als Ausnahme, als Frau mit einem männlichen Gehirn, akzeptiert werden konnte. Dementsprechend sprach ihr Landau auch nicht zu, was ihr als Frau gebührte, sondern, was ihr gebührte, wenn sie ein Mann gewesen wäre – nämlich die Zulassung zu den weiteren Habilitationsleistungen.

Constantin Carathéodory, der nächste Gutachter auf der oben abgedruckten Umlaufliste zu Emmy Noethers Habilitationsverfahren, war ein äußerst vielseitiger Wissenschaftler, von dem fundamentale Erkenntnisse auf vielen Gebieten der Mathematik, insbesondere der Theorie der partiellen Differentialgleichungen, der Funktionentheorie und der Maß- und Integrationstheorie stammen. 1904 von Hermann Minkowski promoviert und nur ein halbes Jahr später habilitiert, war er nach Zwischenstationen in Bonn und Hannover 1913 als Nachfolger von Klein nach Göttingen zurückgekehrt und gehörte nun Emmy Noethers Habilitationskommission an.[195]

Auch Carathéodory betonte Emmy Noethers besondere Stellung als „Einzelerscheinung“ und untermauerte seine Trotz-Allem-Befürwortung ihrer Habilitation mit der Behauptung, dass nicht anzunehmen sei, „daß in der ganzen Welt irgend jemand anders heute existiert, der für uns erreichbar wäre und uns Fräulein Noether ersetzen könnte.“ Das ist ein starkes Argument, das sich auf vielfältige Weise gegen die Gegner von Emmy Noethers Habilitation wenden ließ und das Carathéodory mit Emmy Noethers Kenntnissen in der Invariantentheorie begründete, die ja der Grund gewesen waren, warum Klein und Hilbert Emmy Noether nach Göttingen geholt hatten. Zugleich trat er mit dieser kaum überprüfbaren, fast ein wenig anmaßenden (wenn auch nicht in eigener Sache) Behauptung auch der Befürchtung entgegen, dass Emmy Noether einem männlichen Privatdozenten den Platz wegnehmen könne. Denn wenn es niemanden in der ganzen Welt gab, der ihre in Göttingen zum damaligen Zeitpunkt dringend benötigten Spezialkenntnisse besaß, dann konnte sie auch niemanden den Platz wegnehmen. Bei den invariantentheoretischen Arbeiten Hilberts, auf die sich Carathéodory in seinem weiter unten zitierten Gutachten bezog, handelte es sich um die oben schon erwähnten Veröffentlichungen Hilberts vom Anfang der 1890er Jahre, mit denen dieser statt durch aufwändige

---

195 Zur Biografie siehe Heinrich Tietze, Carathéodory, Constantin, in: Neue Deutsche Biographie 3 (1957), S. 136 f., und Ulf Hashagen, Ein griechischer Mathematiker als bayerischer Professor im Dritten Reich: Constantin Carathéodory (1873-1950) in München, in: "Fremde" Wissenschaftler im Dritten Reich. Die Debye-Affäre im Kontext, hg. von Dieter Hoffmann und Mark Walter, Wallstein Verlag Göttingen, 2011, S. 151-181, hier insb. S. 152-157.

symbolische Berechnungen durch einen reinen Existenzbeweis das Problem der Endlichkeit des Invariantensystems mit beliebig vielen Variablen bewiesen hatte und damit den Vertreter des symbolischen Rechnens Paul Gordan, der bis dahin als der unangefochtene „König der Invarianten“ gegolten hatte, von dessen Thron gestoßen hatte.[196] Damit war das Thema für die meisten Mathematiker erledigt, und so gab es außer Emmy Noether tatsächlich niemanden mehr, der beziehungsweise die sowohl die Gordanschen Methoden beherrschte als auch die Hilbertschen und ihnen zudem „Neues und Wertvolles hinzugefügt“ hatte, wie Carathéodory schrieb.

Dass es ausgerechnet der Minkowski-Schüler Carathéodory war, der die invariantentheoretischen Spezialkenntnisse Emmy Noethers in den Mittelpunkt seines Gutachtens stellte, verwundert nicht.[197] Denn Minkowskis hatte 1908 in einem aufsehenerregenden Vortrag die vierdimensionale Raumzeit eingeführt, die noch heute die Grundlage für die mathematische Formulierung der Speziellen Relativitätstheorie bildet und ohne die, wie auch Albert Einstein trotz ursprünglicher Skepsis später hatte einräumen müssen, die allgemeine Relativitätstheorie vielleicht „in den Windeln stecken geblieben“ wäre.[198] Und auch Carathéodory leistete durch den von ihm in die Variationsrechnung eingeführten neuen Feldbegriff wichtige mathematische Erklärungen für die Grundlegung der Allgemeinen Relativitätstheorie. Und genau daran arbeitete Hilbert 1915, und genau deshalb brauchte er Emmy Noethers invariantentheoretische Kenntnisse.[199]

Das Arbeitsgebiet der Habilitandin, die Invariantentheorie, das um die Mitte des XIX$^{\underline{en}}$ *Jahrhunderts entstanden ist,* schrieb Carathéodory in seinem Gutachten, *hat in den darauffolgenden Jahrzehnten eine große Blüte erlebt. Durch die Arbeiten von Hilbert ist aber das Zentralproblem dieser Theorie, das die ganze Fachwelt bemüht hatte mit einem Schlage gelöst worden und zwar durch eine Methode, die von den hergebrachten soweit ablag, dass alle früheren Untersuchungen eine – allerdings unberechtigte – Entwertung dadurch erfuhren. Die jüngere Generation der Mathematiker wandte sich von diesen Problemen ab und so*

---

196 Hilbert 1890 und 1893 (oben S. 29 f.); siehe dazu Rowe, 2021, S. 24-35 („Classical vs. Modern Invariant Theorie“), und in Tollmien 5/2023 den Abschnitt „Noether – Gordan – Hilbert“.

197 Vgl. dazu auch Rowe 2021, S. 50 f.

198 Hermann Minkowski, Raum und Zeit, Vortrag gehalten auf der 80. Naturforscher Versammlung zu Köln am 21. September 1908, B. G. Teubner, Leipzig und Berlin 1909. Zu Einstein siehe: Albrecht Fölsing, Albert Einstein. Eine Biografie, Suhrkamp Frankfurt am Main 1993, S. 282 f. (Zitat S. 283).

199 Siehe dazu ausführlich Tollmien 3/2022.

erklärt sich wieso sowohl Kollege Landau wie auch ich von diesen wichtigen Dingen so wenig wissen. Nun scheint aber die Zeit gekommen zu sein – und Kollege Hilbert begründet dies am Ende seines Gutachtens – wo die Invariantentheorie die Basis der jüngsten und tiefsten physikalischen Theorien zu bilden berufen ist; und zugleich e r s c h e i n t j e m a n d der den abgebrochenen Faden nach 20 Jahren wieder aufgelesen hat und nicht nur das Vorhandene im besten Sinne des Wortes verstanden, sondern auch Neues und Wertvolles hinzugefügt hat. Letzteres ist aber kein blosser Zufall: Fräulein Noether ist in Erlangen aufgewachsen, wo ihr Vater und Gordan wirkten, d[as[h[eißt] einem der letzten Orte wo die Invariantentheorie lebendig geblieben war. Es ist m[eines] E[rachtens] nicht anzunehmen, daß in der ganzen Welt irgend jemand anders heute existiert, der für uns erreichbar wäre und uns Fräulein Noether ersetzen könnte. Wie die Sachen liegen ist Fräulein Noether eine Einzelerscheinung, die für die weitere wissenschaftliche Entwicklung der Universität segensreich werden kann, und dies ist der Hauptgrund warum ich von Allem anderen absehend

für die Zulassung zu den weiteren Habilitationsleistungen zustimme.

Göttingen den 1. August 1915

C. Carathéodory[200]

Auch Carl Runge betonte wie Carathéodory Emmy Noethers Kenntnisse in der Invariantentheorie, wenn auch nur indirekt, indem er sich in seinem Gutachten vor allem auf ihren Vortrag über die „Endlichkeitsfragen der Invarianten-Theorie" bezog, den sie am 13. Juli 1915 vor der Mathematischen Gesellschaft gehalten hatte.

Ich bin durch den Vortrag, den uns Frl. Noether vor der mathematischen Gesellschaft gehalten hat, überzeugt, daß sie als Gelehrte auf der Höhe der Wissenschaft steht und stimme mit meinen mathematischen Kollegen überein, der Abteilung die Zulassung zu den weiteren Habilitationsleistungen zu empfehlen. Nach Abschluss unserer Vorberatungen muss in einem Gesuche an den Herrn Minister um Dispens von seiner Verfügung vom Mai 1908 nachgesucht werden.[201]

---

[200] Gutachten Carathéodorys vom 1.8.1915, auf fortlaufenden Blättern im Anschluss an das Rundschreiben Landaus vom 20.7.1915 (Unterstreichungen im Original), UniA GÖ Math.-Nat. Pers., in 17: Personalakte Prof. Noether. Die von mir hervorgehobene Formulierung „erscheint jemand" evoziert, wohl eher unbewusst, aber dennoch deutlich, religiös-christliche Vorstelllungen von einem Retter (einer Retterin) in der Not.

[201] Gutachten Runges vom 2.8.1915, ebenda.

Constantin Carathéodory um 1913
(NStuUB Gö Sammlung Voit 1)

Carl Runge 1909
(NStuUB Gö Sammlung Voit 10)

Nach den Mathematikern kamen die Physiker zu Wort: Peter Debye beschränkte sich dabei auf einen einzigen Satz, in dem er feststellte, dass er keine Bedenken habe, dem Habilitationsgesuch Emmy Noethers stattzugeben, und den „Antrag der Herrn Fachvertreter" befürworte.[202]

Danach verließ man die von Landau vorgegebene Reihenfolge der Zirkulation und so folgte nach Debye zunächst das oben schon zitierte und ausführlich interpretierte Gutachten von Johannes Hartmann,[203] das man wohl eher als Gegengutachten bezeichnen kann, und den Abschluss bildete dann die Stellungnahme von Woldemar Voigt, die, wie im Folgenden zu zeigen sein wird, in mehrerer Hinsicht bemerkenswert ist.

Wie wir gesehen haben, bestanden außer Hilbert alle befürwortenden Gutachter mehr oder weniger explizit darauf, dass es sich bei Emmy Noether um eine einzigartige Ausnahmeerscheinung handele. Nun war dies aber nicht oder zumindest nicht

[202] Gutachten Debyes vom 3.8. 1915, auf fortlaufenden Blättern im Anschluss an das Rundschreiben Landaus vom 20.7.1915, UniA GÖ Math.-Nat. Pers., in 17: Personalakte Prof. Noether, o. P.
[203] Siehe oben S. 60-70.

nur ein Ausdruck von Anerkennung für Noethers wissenschaftliche Leistungen oder gar der Erweis einer besonderen Ehrerbietung, sondern in erster Linie eine Absicherung dagegen, dass ihr keine weiteren Frauen nachfolgen würden.

Sofja Kowalewskaja 1890
(Institut-Mittag-Leffler Stockholm)

Julia Lermontowa nach 1880
(Institut-Mittag-Leffler Stockholm)

Dies macht ein Vergleich mit der Diskussion deutlich, die vierzig Jahre zuvor über die Zulassung der Chemikerin Julia Lermontowa (1846-1919) zur Promotion geführt wurde. Lermontowa, eine enge Freundin Sofja Kowalewskajas, hatte eine Woche nach dieser am 25. Juli 1874 ebenfalls einen Antrag auf Promotion bei der Philosophischen Fakultät der Universität Göttingen gestellt. Deren Arbeit entsprach zwar "vollständig den Anforderungen an eine recht gute Dissertation", aber sie war nicht – wie die Kowalewskajas – ausgezeichnet. Lermontowa kam daher nicht wie Kowalewskaja in den Genuss, von der mündlichen Prüfung befreit zu werden, weshalb letztere an der Universität Göttingen als (weibliche) Person persönlich nie in Erscheinung getreten war. Lermontowa aber konnte man nach den damals geltenden Statuten die mündliche Prüfung nicht erlassen, und der Dekan befürchtete nun „von dieser Ausdehnung des gewöhnlichen Geschäftsganges auf Fälle, die doch am beßten seltene Ausnahmen bleiben, einen Andrang von Bewerberinnen [..], deren Annahme nach diesem gewöhnlichen Maßstabe nicht zu verweigern, der Facultät nur Verlegenheiten und üblen Ruf verursachen könnte."[204]

Zwar konnte Lermontowa schließlich trotz dieser Bedenken ihr Rigorosum in Göttingen ablegen, doch gelang es der Universität, die sich in den folgenden Jahrzehnten mit Kowalewskaja durchaus und gern schmückte, den Fall Lermontowa so gut wie geheim zu halten und diesen, bis auch Lermontowa von der Frauenbewegung wiederentdeckt wurde, in den Akten zu verstecken.[205] Der befürchtete Präzedenzfall trat daher damals nicht ein.

Diesen Präzedenzfall aber wollten nicht nur die Gegner, sondern auch die Befürworter des Habilitationsgesuchs Emmy Noethers auf jeden Fall verhindern, entweder wie Landau aus Überzeugung oder aber, weil sie glaubten, diesen verhindern zu müssen, damit der Antrag auf Dispens vom Erlass vom 29. Mai 1908 überhaupt irgendeine Aussicht auf Erfolg haben würde. Letzteres hat niemand besser und klarer ausgedrückt (durch von ihm selbst angebrachte Unterstreichungen noch hervorgehoben) als der Physiker Woldemar Voigt:

> *Die wissenschaftlichen Leistungen der Kandidatin kann ich nicht beurteilen, nehme aber nach dem Votum der Fachleute an, daß sie hervorragend sind. Ich nehme demgemäß nicht Anstand, in dem vorliegenden Ausnahmefalle der Zulassung zuzustimmen. Für eine generelle Entscheidung der Frage, ob Frauen zu akademischen Laufbahnen zuzulassen sein würden, würde ich dagegen die gegenwärtige Zeit für durchaus ungeeignet halten, und ich möchte wünschen, daß in dem an die Unterrichtsverwaltung zu sendenden Schreiben nachdrücklich betont werden möchte, daß es sich vorerst um eine Ausnahme handelt und daß der Ausfall des Versuchs für die Entscheidung der generellen Frage wichtig sein würde.*[206]

Voigts Hinweis auf „die gegenwärtige Zeit", die für die Entscheidung der generellen Frage der Frauenhabilitationen „durchaus ungeeignet" sei, bezieht sich sicher

[204] Wiedergegeben und zitiert nach Tollmien 1995, S. 87 f. (Sperrung C. T.); siehe dazu auch Tollmien 1997, S. 102-107. Dekan war damals der Philosoph Rudolf Hermann Lotze (1817-1881).

[205] Erstmals ausführlich dargestellt in Tollmien 1997.

[206] Gutachten Voigts vom 8.8.1915, auf fortlaufenden Blättern im Anschluss an das Rundschreiben Landaus vom 20.7.1915, UniA GÖ Math.-Nat. Pers., in 17: Personal-akte Prof. Noether, o. P. (Unterstreichungen im Original)

auf die insbesondere von Hartmann in den Mittelpunkt seiner Argumentation gestellte besondere Kriegssituation. Darüber hinaus verwundert aber Voigts hier ganz unverhohlen gemachter Vorschlag, Emmy Noether zum Testfall zu erklären, dessen Ausgang für die Entscheidung der allgemeinen Frage wichtig sei. Dabei erzeugt die Reihung der Formulierung „möchte wünschen“, dass „nachdrücklich betont werden möchte“ eine Dringlichkeit, deren Motiv sich nicht ohne Weiteres erschließt. Doch gibt das kleine Wörtchen „vorerst“ einen Hinweis darauf, dass dem Nachsatz über den Ausfall des Versuchs, der „für die Entscheidung der generellen Frage“ wichtig sein könnte, eine taktische Überlegung Voigts zugrunde gelegen haben könnte. Voigt, der 1907 das Sondervotum für die Zulassung von Frauen zu Habilitation namentlich unterzeichnet hatte,[207] wollte dem Ministerium vielleicht deutlich machen, dass es mit der Zulassung Emmy Noethers kein Risiko einging. Denn wenn man Emmy Noether zur Habilitation nur deshalb zulassen würde, um am konkreten Fall die Habilitation einer Frau einfach einmal zu erproben, so wäre damit nichts grundsätzlich vorentschieden. Schließlich wäre dies dann nur ein Experiment, das theoretisch auch scheitern könnte.

Schon in Diskussion 1907 über die Habilitation von Frauen hatten einige der befragen Fakultäten etwa in Kiel, Königsberg oder Marburg dafür plädiert, durch die Zulassung einzelner Frauen entsprechende Erfahrungen zu sammeln und dann erst prinzipiell über die Frage von Frauenhabilitationen zu entscheiden. Einer der diesen Vorschlag befürwortenden Marburger Mediziner hatte allerdings dabei deutlich gemacht, dass er ein Scheitern der Frauen wünschte.[208]

Doch auf ein solches Experiment wollte sich das Ministerium weder 1907 noch, wie wir sehen werden, 1915 im Fall Emmy Noethers einlassen. Voigts Vorschlag wurde allerdings auch nicht in die endgültige Fassung des Dispensantrags vom 26. November 1915 aufgenommen.

[207] Tollmien 1/2021, S. 117 ff.
[208] Ebenda, S. 220 ff.

„Es hat mir in der letzten Fakultätssitzung durchaus ferngelegen, irgend einen der Herren Kollegen persönlich beleidigen zu wollen" – Hilbert platzt der Kragen

Dem Dispensantrag vom 26. November 1915 war, wie oben geschildert, am 18. November eine Sitzung der Gesamtfakultät vorausgegangen, in der es – was das trockene Protokoll des Abstimmungsergebnisses nicht ausweist[209] – offensichtlich zum Eklat gekommen war, der zeigt, dass Hilbert im Fall Emmy Noethers auch einen persönlichen Konflikt mit seinen Professorenkollegen nicht scheute. Kenntnis von diesem Eklat haben wir durch den im Hilbertnachlass erhaltenen Entwurf eines erklärenden Schreibens, das Hilbert drei Tage nach dieser Fakultätssitzung formulierte, nachdem sich die beiden Vertreter der klassischen Philologie, Richard Reitzenstein (1861-1931) und Max Pohlenz (1872-1962), beim Dekan über sein Verhalten während dieser Sitzung beschwert hatten:

Eure Spektabilität, schrieb Hilbert,

beehre ich mich zu dem Schreiben der Herren Professoren Reitzenstein und Pohlenz, von dem Sie mir freundlichst Kenntnis gegeben haben, Folgendes zu bemerken.

Es hat mir in der letzten Fakultätssitzung durchaus ferngelegen, irgend einen der Herren Kollegen, insbesondere die Herren Reitzenstein und Pohlenz persönlich beleidigen zu wollen und ihnen echte Wissenschaftlichkeit abzusprechen. Ebensowenig konnte es auch nur in meinen Gedanken sein, irgendein Fakultätsmitglied „auszuweisen".

Der Gedanke, den ich aussprechen wollte, war der, dass in jenen Räumen die Rücksicht auf die Wissenschaft allein den Ausschlag geben solle und soziale und politische Ziele außerhalb zu verfolgen seien.

Was den Geist der Kollegialität betrifft, der in dem Schreiben berührt wird, so bin ich der Meinung, dass die Rücksichten auf blosse Kollegialität Halt machen müssen, sobald es sich um die Wahrung wirklicher Interessen handelt – wie sehr auch schon persönliches Zunahetreten völlig unzulässig ist. [210]

---

[209] Protokoll der Fakultätssitzung am 18.11.1915, UniA GÖ Phil. Fak. Prot. 2.

[210] Briefentwurf Hilberts an den Dekan (Landau) vom 21.11.1915, NStuUB Gö Cod. Ms. D. Hilbert 457:18. Das Beschwerdeschreiben Reitzensteins und Pohlenz' ließ sich in den Akten nicht finden.

Der Brief lässt vermuten, dass Hilbert in der Sitzung Reitzenstein und Pohlenz aufgefordert haben muss (oder dass diese ihn zumindest so verstanden haben), den Raum zu verlassen oder gar die Fakultät, oder aber ihnen zumindest zu verstehen gegeben hat, dass sie mit ihren außer-wissenschaftlichen (gegen die Habilitation einer Frau gerichteten) Argumenten in den Räumen der Wissenschaft nichts zu suchen hätten.

Reitzenstein und Pohlenz stammten beide aus einem traditionell sehr konservativen familiären Milieu: Reitzenstein war der Sohn eines Militärpredigers und Pohlenz der Sohn eines ostelbischen Gutsbesitzers. Man kann sich daher gut vorstellen, wie der Freigeist Hilbert mit diesen seinen ihm in Überzeugung und Auftreten so unterschiedlichen Kollegen aneinandergeraten ist.

Der Bismarckverehrer Reitzenstein hatte vor seiner Göttinger Zeit mehr als 17 Jahre als Ordinarius in Straßburg gewirkt, wo er, so Pohlenz in seinem Nachruf auf Reitzenstein, „wie so mancher Straßburger Professor von dem Bewußtsein durchdrungen [war], nicht nur eine wissenschaftliche, sondern auch eine deutsche Aufgabe zu erfüllen.“ Reitzenstein hatte ursprünglich Theologie studiert und sich – von einigen seiner altphilologischen Fachgenossen dafür stark angefeindet – im Laufe seines wissenschaftlichen Lebens immer stärker religionsgeschichtlichen Fragen zugewandt. Straßburg hatte er 1911 wegen eines Zerwürfnisses mit einem Kollegen verlassen, er war also sozusagen kampferprobt. Pohlenz bezeugte in seinem Nachruf auf Reitzenstein zudem, dass dieser leicht erregbar war:

Ich weiß von mancher Sitzung in der Fakultät, die ihm [sic!] eine schlaflose Nacht kostete, weil er bei der Verhandlung nicht das rechte Wort gefunden oder gar zur Unzeit geschwiegen zu haben glaubte. Diese Sachlichkeit und Lauterkeit verlangte er auch von jedem anderen, und wo er auf unsachliche Beweggründe oder auf ein Verhalten zu stoßen glaubte, das seiner hohen Auffassung von der Wissenschaft widersprach, bäumte sich sein ganzes Innere auf. Er scheute den Kampf nicht, und offen und unerschrocken hat er ihn durchgeführt, wo er es für notwendig hielt.[211]

[211] Max Pohlenz, Nachruf auf Richard Reitzenstein, in: Nachrichten von der Gesellschaft der Wissenschaften zu Göttingen, Geschäftliche Mitteilungen aus dem Berichtsjahr 1930/31, S. 66-76 (Zitate S. 69 und S. 75 f.), siehe auch Alf Özen, Reitzenstein, Richard, in: Neue Deutsche Biographie 21 (2003), S. 405 f. Im Gegensatz zu Hartmann hatte Reitzenstein übrigens einen Sohn, der an der Front stand. Auch das mag seine Invektive gegen Emmy Noether beeinflusst haben.

Richard Reitzenstein 1931 (Ausschnitt)
(NStuUB Gö Sammlung Voit 2)

Max Pohlenz 1911 (Ausschnitt)
(NStuUB Gö Sammlung Voit 5)

Diesbezüglich scheinen sich in Hilbert und Reitzenstein zwei Menschen getroffen zu haben, die sich an Polemik und Kampfgeist nichts schenkten,[212] und wie Reitzenstein wird auch Hilbert so manche schlaflose Nacht nach einer Fakultätssitzung verbracht haben, in der wieder einmal die Kollegen der Historisch-Philologischen Abteilung seiner „sachlichen und lauteren" Argumentation nicht gefolgt waren.

[212] Interessanterweise erinnerte sich der Sohn Reitzensteins, der wie sein Vater Richard hieß (geb. 25.6.1894) und der im April 1916 so stark verwundet wurde, dass ihm nach dem Krieg der Lehrerberuf verwehrt blieb (er arbeitete daher ab 1923 in der Göttinger Universitätsbibliothek) in einem Gespräch über die NS-Zeit in Göttingen daran, dass sein Vater, als er 1914 von Freiburg, wo er nach seiner Straßburger Zeit drei Jahre gelehrt hatte, nach Göttingen wechselte, Göttingen als „überkonservativ" empfunden habe und immer gesagt habe, dass „die Leute [in Göttingen] noch Perücken des 18. Jahrhunderts" trügen. Aus Süddeutschland war die Familie Reitzenstein lockere Anreden und Sitten gewohnt. Dies sei hier nur angemerkt, um sich davor zu bewahren, die Gegner Hilberts im Habilitationsstreit Noether vorschnell in bequeme Schubladen zu stecken. Zu den Erinnerungen des Sohnes Richard Reitzenstein siehe Augenzeugenbefragung vom 29.4.1976, Stadtarchiv Göttingen, Dep. 77 I, Nr. 75 (Zitat S. 1); Verwundung Reitzensteins in Deutsche Verlustliste Nr. 1129 vom 30.8.1916, S. 14459, ursprünglich vorhanden in der Deutschen Dienststelle für die Benachrichtigung der nächsten Angehörigen von Gefallenen der ehemaligen deutschen Wehrmacht, kurz Deutsche Dienststelle, heute Bundesarchiv Berlin (Abteilung PA = Personenbezogene Auskünfte), online einsehbar in der Datenbank www.ancestry.de.

Pohlenz wiederum bescheinigte einer seiner späteren Nachfolger in einem 1962 erschienenen Nachruf einen ausgeprägten Patriotismus und „in Haltung und Intonation etwas Militärisches", was Hilbert ganz und gar wesensfremd war. Während der Weimarer Republik trat Pohlenz dann auch als Anhänger eines elitär-diktatorischen Staatswesens nach dem Vorbild des italienischen Faschismus auf.[213]

Hilberts „Entschuldigungsschreiben", das zwar nicht direkt an Reitzenstein und Pohlenz gerichtet war, das der Dekan aber sicher (wie zuvor deren schriftliche Beschwerde an Hilbert) an diese weitergeleitet haben wird, enthält im letzten Abschnitt eine besonders bemerkenswerte Aussage: Er erteilte nämlich dort der „Kollegialität" in dem Fall explizit eine Absage, in dem es um „wirkliche Interessen" gehe, stellte also die Sache über den Zusammenhalt in der Korporation. Damit begab er sich in deutlichen Gegensatz zu seinen Kollegen, die ausschließlich korporativ dachten und die althergebrachte (männliche) Struktur dieser Korporation um jeden Preis aufrechterhalten wissen wollten.

Wie wütend Hilbert auf seine bornierten Kollegen auch noch nach der Sitzung war, zeigt ein Abschnitt, den er nach dem Satz, dass man „soziale und politische Ziele" außerhalb der Räume, die der Wissenschaft vorbehalten seien, verfolgen solle, eingefügt hatte, den er aber später gestrichen und nicht in die endgültige Fassung übernommen hat. Dieser Abschnitt macht zudem deutlich, dass Hilberts „Ausraster" nicht nur gegen Reitzenstein und Pohlenz gerichtet war, sondern allgemein gegen die konservativen Vertreter in der Historisch-Philologischen Abteilung, die ihm seit Jahren das Leben schwer machten. Dazu gehörten neben Reitzenstein und Pohlenz beispielsweise auch Reitzensteins Vorgänger Friedrich Leo (1851-1914), der – wie übrigens auch Felix Klein[214] – als Kriegsfreiwilliger am deutsch-französischen Krieg teilgenommen hatte und in der Umfrage von 1907 (natürlich) gegen die Habilitation von Frauen gestimmt hatte, und vor allem der Germanist Edward

---

[213] Wolf-Hartmut Friedrich, Nachruf auf Max Pohlenz, in: Jahrbuch der Akademie der Wissenschaften in Göttingen für das Jahr 1962, Vandenhoeck & Ruprecht Göttingen, S. 59-63 (Zitat S. 63); siehe auch Wolfhart Unte, Pohlenz, Max, in: Neue Deutsche Biographie 20 (2001), S. 588 f.; Cornelia Wegeler, Das Institut für Altertumskunde der Universität Göttingen 1921-1962: Ein Beitrag zur Geschichte der Klassischen Philologie seit Wilamowitz, in: Die Universität Göttingen unter dem Nationalsozialismus, hg. von Heinrich Becker, Hans-Joachim Dahms und Cornelia Wegeler, zweite erweiterte Auflage, K. G. Saur München 1998, S. 337-364, hier S. 343. Wegeler weist darauf hin, dass Pohlenz anders als seine ebenfalls konservativen Kollegen sich 1933 für das Verbleiben seines jüdischen Kollegen Hermann Fränkel (1888-1977) eingesetzt habe.

[214] Klein allerdings nur als Sanitäter; siehe dazu Tobies 2019, S. 72-75.

Schröder (1858-1942), der zwar seit Beginn des Ersten Weltkriegs Hauptmann in Flandern und deshalb zum Zeitpunkt von Emmy Noethers Habilitationsantrag nicht in Göttingen war, dessen Invektiven gegen das Frauenstudium und speziell seine allgemein gegen die Habilitation von Frauen gerichtete Stellungnahme in der Umfrage von 1907 aber Hilbert sicher nicht vergessen hatte.[215]

Der von Hilbert gestrichene Absatz lautete:

> *Um aber Mißverständnissen vorzubeugen, muß ich zugleich hinzufügen, dass es meine volle Absicht war, zu sagen, dass in den verflossenen 20 Jahren die historisch philologische Sparte unter Führung der klassischen und germanistischen Philologen bei jeder Gelegenheit (Immatrikulationen, Ausländer-, Frauenzulassungen, Doktoranden, Habilitanden) unter Ausnutzung aller Mittel meine ganz allein auf die Förderung der Wissenschaft gerichteten Absichten zu durchkreuzen versucht haben. Auch nach der Teilung der Fakultät*[216] *und dem Wechsel der Personen glaubte ich annehmen zu müssen, dass der Sinn dazu fortbesteht, und der Grund dafür in der weiten und, wie ich glaube, unüberbrückbaren Kluft zwischen meiner Auffassung der Stellung des Professors zur Wissenschaft und der meiner Gegner zu suchen ist.*[217]

Warum Hilbert diesen Absatz gestrichen hat, erschließt sich jedem Leser unmittelbar, und diese Streichung geht vielleicht auf den Rat eines guten Freundes oder wahrscheinlicher noch auf den Einspruch seiner Frau zurück. Denn Käthe Hilbert (1864-1945) nahm intensiven Anteil an der Arbeit ihres Mannes. So hatte sie beispielsweise die oben erwähnte Abschrift des Hartmannschen Gutachtens erstellt,

---

[215] Siehe dazu Tollmien 1/2021, S. 93 f., S. 106 ff., und S. 119. Zu den Personen: Ulrich Schindel, Leo, Friedrich, in: Neue Deutsche Biographie 14 (1985), S. 241-242; Dorothea Ruprecht, Schröder, Edward, in: Neue Deutsche Biographie 23 (2007), S. 559 f., und zu Schröders weiterem Wirken während des Krieges, in dem er sich nicht scheute, einen sich offen als Pazifisten bekennenden jungen Privatdozenten der Physik, dessen Äußerungen von der Fakultät zwar missbilligt, aber nicht disziplinarisch geahndet worden waren, noch nachträglich bei den Militärbehörden zu denunzieren und dessen Zurückstellung vom Militärdienst aufheben zu lassen (nach dem Krieg versuchte Hilbert deshalb vergeblich einen Boykott der Sitzungen des Göttinger Gesellschaft der Wissenschaften zu organisieren, weil Schröder deren Vorsitzender war), siehe Tollmien 1993, S. 158 f., und ausführlich Busse 2008, S. 243-246 und S. 254-259.

[216] Gemeint ist die Aufspaltung der Philosophischen Fakultät in eine Mathematisch-Naturwissenschaftliche und eine Historisch-Philologische Abteilung im Jahr 1910.

[217] Briefentwurf Hilberts an den Dekan (Landau) vom 21.11.1915, NStuUB Gö Cod. Ms. D. Hilbert 457:18. Vgl. dazu auch die fast wörtlich damit übereinstimmende Argumentation, mit der die Historisch-Philologische Abteilung sich 1918 beim Minister für die endgültige Teilung der Philosophischen Fakultät einsetzte, zitiert unten S. 205 f.

mit der sich Hilbert auf die Argumente seiner Gegner vorbereitete.[218] Daher hat sie ihn denn wahrscheinlich auch davon abgehalten, die Vorwürfe, die er gegenüber Reitzenstein und Pohlenz in der Sitzung erhoben hatte, noch einmal zu bekräftigen und auszuweiten, statt sie zurückzunehmen.

Deutlicher als der in diesem Zusammenhang oft kolportierte Ausspruch Hilberts, er könne nicht einsehen, dass das Geschlecht des Kandidaten für die Habilitation eine Rolle spielen solle, schließlich befinde man sich an einer Universität und nicht in einer Badeanstalt,[219] verraten diese Zeilen, mit welchem Engagement und Einsatz seiner ganzen Person sich Hilbert für Emmy Noether stark gemacht hat. Und sie verraten zudem auch, wie tief die Verletzungen waren, die ihm seine „Gegner" in den letzten zwanzig Jahren zugefügt hatten, in denen er in Göttingen nicht nur für die Gleichstellung und Gleichbehandlung von Frauen gekämpft, sondern sich – wie von ihm ja explizit erwähnt – beispielsweise auch für die Zulassung von Ausländern zur Promotion eingesetzt hatte, wobei sich beides häufig überschnitt, da die ersten Frauen, die in Göttingen promoviert wurden, alle ausnahmslos Ausländerinnen waren.[220]

Bei den männlichen Bewerbern war der aus Weißrussland stammende orthodoxe Jude Jacob Grommer (1879-1933) ein besonders schwieriger, noch gar nicht lange zurückliegender Fall gewesen. Grommer hatte sich in seiner Jugend in Brest-Litowsk dem Studium des Talmuds gewidmet, aber kein Abitur abgelegt. 1906 war er von der Universität Bern als Mathematikstudent zugelassen worden und nach einem Zwischensemester in Marburg 1907 nach Göttingen gekommen, wo er 1913 seine Dissertation über „Ganze transzendente Funktionen mit lauter reellen Nullstellen" vorlegte.[221] Wegen des fehlenden Abiturs oder eines vergleichbaren Schulabschlusses hatte Hilbert sein ganzes Überredungsgeschick aufbieten müssen, um Grommers Zulassung zur Promotion durchzusetzen. Ausschlaggebend war dann Hilberts Gutachten, in dem dieser Grommer eine Leistung „vom Range einer Habi-

[218] „Gutachten von Hartmann in Angelegenheit Nöther", Abschrift in der Handschrift Käthe Hilberts mit Unterstreichungen von David Hilbert, NStuUB Gö Cod. Ms. D. Hilbert 484.

[219] Dick 1970, S. 17; Howard Withley Eves, Mathematical Circles Squared. A Third Collection of Mathematical Stories and Anecdotes, Prindle, Weber & Schmidt, Inc. Boston Massachusetts 1972, S. 144 (Nr. 266); siehe dazu den folgenden Abschnitt.

[220] Siehe dazu Tollmien 1/2021, S. 110 ff., S. 195 ff. und S. 223 f.

[221] Jakob Grommer, Ganze transzendente Funktionen mit lauter reellen Nullstellen, in: Journal für die reine und angewandte Mathematik 144 (1914) 2, S. 114-166.

litationsschrift" attestierte und prophezeite, dass deren zentraler Satz „fortan in jedem Lehrbuch der Funktionentheorie Platz haben" werde.[222]

Mit seiner Promotion waren die Auseinandersetzungen um Grommer aber noch nicht beendet. Denn mit Ausbruch des Ersten Weltkrieges waren eine Reihe von gegen sogenannte feindliche Ausländer gerichtete und vornehmlich deren Bewegungsfreiheit einschränkende Verordnungen erlassen worden, die auch die Studenten und Assistenten an der Universität betrafen. Und so erreichte am 17. Juli 1915 den damals amtierenden Prorektor Carl Runge ein Beschwerdeschreiben der Göttinger Studentenschaft, die sich darüber erregte, dass

> *in der Seminarvorlesung des Herrn Geh[eim] Rats Prof[essor] Hilbert vom 28. Juni [...] der am schwarzen Brett veröffentlichten ministeriellen Bestimmung entgegen, drei russische Staatsangehörige zugegen [waren].*
>
> *Dies Erscheinen von Angehörigen eines mit uns im Kriege stehenden Staates erregte starken Unwillen der anwesenden reichsdeutschen Studenten, zumal im Verlaufe des Krieges von russischer Seite vielfach das Deutschtum geschmäht und beleidigt wird.*[223]

Die drei russischen Staatsangehörigen, von denen in dem Schreiben die Rede war, waren[224]:

- Jakob Grommer,
- der Physiker und Privatdozent Wsewolod Konstantinowitsch Frederiks (Schreibweise auch Fréedericksz) (1885-1944), der Assistent bei Voigt gewesen war und nach seiner vorrübergehenden Inhaftierung bei Ausbruch des Krieges und dem damit einhergehenden Verlust seiner Assistentenstelle als Privatassistent von Hilbert in Göttingen weiterarbeitete,[225]

---

[222] Zitiert nach: David Rowe und Erhard Scholz, Göttingen, in: Jüdische Mathematiker in der deutschsprachigen akademischen Kultur, hg. von Birgit Bergmann und Moritz Epple, Springer Berlin Heidelberg 2009, S. 58-78, hier S. 66.

[223] Zitiert nach: Busse 2008, S. 58 (Originalquelle UniA GÖ Sek. 558.6 „Studium der Ausländer. Generalia", Bl. 1). Zu den Einschränkungen und Vorschriften für Ausländer seit Kriegsbeginn siehe ebenda, S. 39-56. Die Darstellung der durch diese Beschwerdeschrift verursachten Ereignisse folgt im Detail der quellengesättigten Darstellung von Detlef Busse 2008, S. 58-61.

[224] Namen ebenda, S. 60.

[225] Ebenda, S. 48, Georg Singer, Einführung zu: Alexander Friedmann, Die Welt als Raum und Zeit (1923), Verlag Harri Deutsch, Thun und Frankfurt am Main 2000, S. XI-ILX, hier S. XIV.

- und der Student Moses Schönfinkel (1889-1942), der später gemeinsam mit Paul Bernays (1888-1977) das Vorlesungsskript zu Hilberts Vorlesung über „Probleme der mathematischen Logik“ vom Sommersemester 1920 verfasste und im Dezember 1920 selbst mit einem Vortrag vor der Mathematischen Gesellschaft über „Elemente der Logik“ hervortrat.[226]

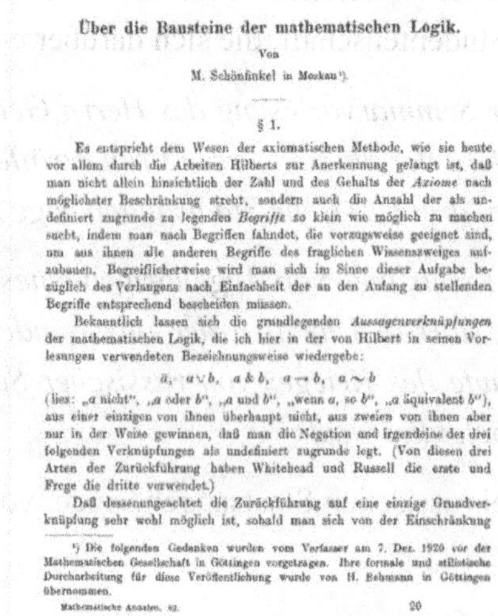

Über die Bausteine der mathematischen Logik.

Von

M. Schönfinkel in Moskau¹).

§ 1.

Es entspricht dem Wesen der axiomatischen Methode, wie sie heute vor allem durch die Arbeiten Hilberts zur Anerkennung gelangt ist, daß man nicht allein hinsichtlich der Zahl und des Gehalts der *Axiome* nach möglichster Beschränkung strebt, sondern auch die Anzahl der als undefiniert zugrunde zu legenden *Begriffe* so klein wie möglich zu machen sucht, indem man nach Begriffen fahndet, die vorzugsweise geeignet sind, um aus ihnen alle anderen Begriffe des fraglichen Wissenszweiges aufzubauen. Begreiflicherweise wird man sich im Sinne dieser Aufgabe bezüglich des Verlangens nach Einfachheit der an den Anfang zu stellenden Begriffe entsprechend bescheiden müssen.

Bekanntlich lassen sich die grundlegenden *Aussagenverknüpfungen* der mathematischen Logik, die ich hier in der von Hilbert in seinen Vorlesungen verwendeten Bezeichnungsweise wiedergebe:

$$\bar{a},\quad a \vee b,\quad a \,\&\, b,\quad a \rightarrow b,\quad a \sim b$$

(lies: „*a* nicht“, „*a* oder *b*“, „*a* und *b*“, „wenn *a*, so *b*“, „*a* äquivalent *b*“), aus einer einzigen von ihnen überhaupt nicht, aus zweien von ihnen aber nur in der Weise gewinnen, daß man die Negation und irgendeine der drei folgenden Verknüpfungen als undefiniert zugrunde legt. (Von diesen drei Arten der Zurückführung haben Whitehead und Russell die erste und Frege die dritte verwendet.)

Daß dessenungeachtet die Zurückführung auf eine einzige Grundverknüpfung sehr wohl möglich ist, sobald man sich von der Einschränkung

¹) Die folgenden Gedanken wurden vom Verfasser am 7. Dez. 1920 vor der Mathematischen Gesellschaft in Göttingen vorgetragen. Ihre formale und stilistische Durcharbeitung für diese Veröffentlichung wurde von H. Behmann in Göttingen übernommen.

Mathematische Annalen. 92. 20

Moses Schönfinkel (NStuUB Gö Cod. Ms. Hilbert 754) mit der ersten Seite seiner Veröffentlichung „Über die Bausteine der mathematischen Logik“ (Mathematische Annalen 92 (1924), S. 305-316). Schönfinkel ist der einzige der genannten russischen Staatsbürger, von dem ein annehmbares Foto auffindbar war, und dies nur, weil er ein Foto zu Hilberts aus Anlass von dessen 60. Geburtstag zusammengestelltem Album beisteuerte.

Aufgrund der damals herrschenden aggressiv fremdenfeindlichen Stimmung unter den Studenten konnte Runge diese Eingabe nicht einfach übergehen. Er erklärte daher genau und im Detail, dass mittlerweile eine ministerielle Verfügung Ausnahmen von der bisher geltenden Regel erlaube, die Studierende aus mit Deutschland im Krieg stehenden Nationen generell von den Hörsälen ausgeschlossen hatte. So

[226] Dieser Vortrag wurde erst 1924 veröffentlicht, bibliographische Angaben in der Bildunterschrift. Zur Person siehe die reichbebilderte und genau recherchierte Biografie von Stephen Wolfram, Where Did Combinators Come From? Hunting the Story of Moses Schönfinkel, nur online: https://writings.stephenwolfram.com/2020/12/where-did-combinators-come-from-hunting-the-story-of-moses-schonfinkel/, veröffentlicht am 7. Dezember 2020 (Abruf 5.2.2021).

hätten „Personen russischer sowohl von britischer Staatsangehörigkeit [...] in verschiedenem Umfange Erlaubnis bekommen, Einrichtungen unserer Universität zu benutzen." Darüber hinaus hoffte Runge, die aufgebrachten Studenten mit einem Hinweis auf ein entsprechendes russisches Entgegenkommen zu beruhigen:

Ich hoffe mich mit der Studentenvertretung in dem Wunsche eins zu wissen, daß es deutschen, in Russland zurückgehaltenen Gelehrten auch gestattet sein möge, dort wissenschaftliche Vorträge zu hören.[227]

Das war natürlich eine ganz vergebliche Hoffnung, und so verfassten die Vertreter der Studentenschaft denn auch eine überaus scharfe fünfseitige Erwiderung, in der sie anzweifelten, dass die gemachten Ausnahmen tatsächlich mit Einverständnis der Regierung stattfänden, und behaupteten stattdessen, dass

es sich bei diesen Ausnahmefällen – da sie sich nur auf einige und nicht auf alle der hier anwesenden bekannten Ausländer erstrecken und da sie nur von einem bestimmten Teil der Göttinger Professorenschaft gebilligt zu werden scheinen – um mehr oder minder persönliche, nur der Universität, vertreten durch E[ure] Magnifizenz, aber nicht der Regierung bekannte Verwaltungsmaßregeln einzelner Seminar- oder Institutsdirektoren handelt und zwar auf Grund höchstpersönlicher Fürsprache und Verwendung einiger der Göttinger Studentenschaft nach jener Richtung hin bereits aus früherer und jetziger Zeit bekannter Lehrer an unserer Georg-August-Universität.[228]

Das zielte natürlich gegen Runge persönlich, vor allem aber gegen David Hilbert, der ja schon in dem ersten Beschwerdeschreiben namentlich genannt worden war. Nun war es so, dass die von Runge erwähnten Ausnahmen nicht von ihm als Rektor, sondern nach entsprechender Rückfrage beim Ministerium vom Kurator genehmigt werden mussten. Entsprechend sah sich Hilbert denn auch als Folge dieser Beschwerde nur eine Woche später, am 24. Juli 1915, mit einem Schreiben von Kurator Ernst Osterrath konfrontiert, der ja – wie oben schon zitiert – wenige Monate später auch gegen die Habilitation Emmy Noethers Stellung beziehen sollte.[229] Osterrath warf Hilbert vor, die ihm erteilte Sondererlaubnis „missbraucht" zu haben, und widerrief zugleich die Erlaubnis, die es „russischen Untertanen" gestattete, an

[227] Zitiert nach Busse 2008, S. 59 (Originalquelle UniA GÖ Sek.558.6, Bl. 1 v).
[228] Zitiert nach ebenda, S. 59 f. (Originalquelle UniA GÖ Sek.558.6, Bl. 5).
[229] Siehe oben S. 55 f.

den Veranstaltungen der Mathematischen Gesellschaft teilzunehmen. Obwohl starken Gegenwind gewohnt, war Hilbert von diesen Vorwürfen offensichtlich so überrascht, dass er in seiner noch am gleichen Tag verfassten Antwort widerspruchslos zusagte, den betroffenen Personen Hausverbot zu erteilen. Erst danach fand er zu seiner bekannten kämpferischen Stärke zurück und bestritt energisch die geäußerten Anschuldigungen. Er erklärte, dass es sich bei der Veranstaltung der Mathematischen Gesellschaft am 28. Juni 1915 nicht um eine öffentliche Vorlesung, sondern um einen Vortrag von Albert Einstein gehandelt habe, für den die Sondererlaubnis eingeholt worden war und an dem man nur auf persönliche Einladung habe teilnehmen können. Wegen des großen Interesses habe man den Vortrag aber in einen Hörsaal des Auditoriums verlegen müssen und dabei seien die drei russischen Zuhörer entdeckt worden. Hilbert machte deutlich, dass er persönlich enttäuscht darüber sei, dass der Kurator der einseitigen Darstellung der Studentenschaft so schnell Glauben geschenkt habe und wies den Vorwurf des Missbrauchs, den er als einen Vertrauensbruch empfinde, zurück:

Die mir seinerzeit von Euer Hochwohlgeboren unter Vorbehalt und bedingt erteilte Erlaubnis habe ich mir als ein von Euer Hochwohlgeboren erwiesenes besonderes Vertrauen angesehen: den Vorwurf des Missbrauchs dieser Erlaubnis muss ich daher zugleich als den eines Vertrauensbruchs empfinden. Um so mehr, wie dieser schwer wiegt, hätte ich geglaubt, ein Recht zu haben, von Euer Hochwohlgeboren persönlich vorher gehört zu werden.[230]

Osterrath zog sich aus der Affäre, indem er nun behauptete, dass er die Sondererlaubnis nicht Hilbert, sondern den drei betroffenen Russen erteilt habe und zwar mit der Auflage, sich nur im nichtöffentlichen Rahmen der Mathematischen Gesellschaft zu betätigen. Die Teilnahme an einem Vortrag im Auditorium, wodurch andere Studierende an dem Auftreten der Russen Anstoß genommen und sich daraufhin beschwert hätten, halte er deswegen für missbräuchlich. Er habe daher keinen Vertrauensbruch Hilberts gesehen, sondern ein Fehlverhalten von dessen russischen Schülern. Osterrath kritisierte im Weiteren, dass die „in den Räumen der Universität tagenden Gesellschaften, Vereinigungen etc." fremde Gelehrte in die Hörsäle der Universität einluden, ohne mit der Verwaltung Rücksprache zu halten.[231]

---

[230] Zitiert nach Busse 2008, S. 61 (Originalquelle UniA GÖ Kur. 3443 „Mobilmachung und Krieg 1914", Bl. 8).

[231] Wiedergegeben nach ebenda, S. 60 f. (Originalquellen UniA GÖ Kur. 3443, Bl. 3, Bl. 6 und Bl. 8).

Bei dem von Osterrath als „fremden Gelehrten" titulierten Wissenschaftler handelte es sich, das sei hier noch einmal betont, um Albert Einstein, der seit 1914 an der Akademie der Wissenschaften in Berlin tätig war. Im beschriebenen Kontext legt Osterraths Formulierung nahe, dass es sich auch bei dem gerade erst aus der Schweiz nach Berlin übergesiedelten Einstein um einen Ausländer gehandelt habe, obwohl das „fremd" sich formal wohl einfach nur darauf bezog, dass Einstein kein Mitglied der Göttinger Universität war. Wie auch immer, weder Osterrath noch Hilbert kamen danach noch einmal auf die Angelegenheit zurück, und so war diese für den Kurator und Hilbert erledigt, nicht jedoch für die Studentenschaft, die schon vor dem Krieg an der grassierenden „Ausländerei" Anstoß genommen hatte.

In der Vorkriegszeit hatten zwischen 140 bis 180 ausländische Studierende in Göttingen studiert, wovon in den naturwissenschaftlichen Fächern jährlich 12 bis 14 promovierten. Insbesondere Hilbert hatte man daher als Vorkämpfer einer um sich greifenden Internationalisierung ausgemacht, und mit dem Kriegsausbruch war es nun möglich, dem schon vorher vorhandenen Unbehagen an dieser „Ausländerei" durch den Vorwurf von mangelndem Nationalgefühl oder auch mangelndem deutschen Selbstbewusstsein und Selbstachtung massiven, auch mit Drohungen versehenen Ausdruck zu verleihen. Die sich an diese Vorwürfe anschließenden Diskussionen und Auseinandersetzungen spielten sich dann nur noch zwischen dem Prorektor – zwischenzeitlich war Runge von dem Theologen Arthur Titius (1864-1936) abgelöst worden – und der Studentenschaft ab. Diese scheute sich nicht, auch die Presse einzuschalten und diese mit bewusst lancierten Falschmeldungen zu versorgen, die der Universität Göttingen wegen der dort herrschenden „Ausländerwirtschaft", durch die deutsche Studenten angeblich systematisch benachteiligt wurden, zu einer traurigen Berühmtheit verhalfen, die auch durch Gegendarstellungen seitens des Rektorats nicht mehr einzufangen war.[232]

Die Auseinandersetzung um Grommer (und seine russischen Kollegen) wurde hier deshalb so ausführlich geschildert, weil sie im Kontext von Emmy Noethers Habilitation in mehrfacher Hinsicht von Bedeutung ist:

- zum einen war Emmy Noether im Sommer 1915 schon in Göttingen, und der Besuch Einsteins, der nicht nur am 28. Juni in der Mathematischen Gesellschaft vortrug, sondern Anfang Juli auch noch sechs zweistündige Vorlesungen über Gra-

[232] Busse 2008, S. 62-71.

vitation hielt, hing insofern direkt mit Emmy Noethers Wirken in Göttingen zusammen, weil – wie bereits mehrfach gesagt – Hilbert und auch Klein zu diesem Zeitpunkt mit der Relativitätstheorie beschäftigt waren, was nicht nur die Einladung an Einstein, sondern auch an Emmy Noether zur Folge gehabt hatte. Nach Einsteins Besuch vertiefte sich Hilbert mit gesteigertem Elan in die Gravitationstheorie und lieferte sich in den folgenden Monaten einen regelrechten Wettstreit mit Einstein bei der Aufstellung der Gravitationsgleichungen, in den in der Folgezeit auch Emmy Noether intensiv eingespannt werden sollte;[233]

- zum zweiten haben sich Grommer und Einstein wahrscheinlich genau auf dieser von der Studentenschaft inkriminierten Veranstaltung am 28. Juni 1915 kennengelernt, was dazu führte, dass Einstein Grommer 1916 als Mitarbeiter zu sich nach Berlin holte. Dort arbeitete Grommer insgesamt zehn Jahre für Einstein, so lange wie sonst kein anderer Assistent. Grommer spielte eine wichtige Rolle als mathematischer Zulieferer für Einstein, auf dessen „freundliche Hilfe“ dieser in seinen Veröffentlichungen gelegentlich hinwies und was immerhin zu einer gemeinsamen Veröffentlichung führte;[234]

- und zum dritten spielten sich diese Auseinandersetzungen zeitlich genau parallel zur Diskussion um Emmy Noethers Habilitation ab. So erklärt sich wohl auch Hilberts besondere Gereiztheit, die – obwohl die geschilderten Attacken diesmal nicht von seinen Kollegen, sondern von der Studentenschaft ausgegangen waren – zu seinem Ausbruch in der Sitzung am 18. November führte, zumal es im Sommer 1915 auch wieder einmal eine Auseinandersetzung um den streitbaren linksgerichteten Philosophen Leonard Nelson (1882-1927) gegeben hatte.

Wegen Nelsons der Hilbertschen Mathematik anverwandtem philosophischen Programms hatte sich Hilbert schon vor dem Krieg immer wieder für Nelson eingesetzt, und als er den Vertretern der „historisch philologischen Sparte“ vorwarf, bei jeder Gelegenheit seine „ganz allein auf die Förderung der Wissenschaft gerichteten Absichten zu durchkreuzen versucht“ zu haben, hatte er sicher auch an Nelson gedacht. Denn Nelsons erster Habilitationsversuch war 1906 vornehmlich auf Betrei-

[233] Siehe dazu Tollmien 2018 und ausführlich Tollmien 3/2022.

[234] Albert Einstein und Jakob Grommer, Allgemeine Relativitätstheorie und Bewegungsgesetz, in: Sitzungsberichte der Preussischen Akademie der Wissenschaften 33 (1927), Sitzung vom 6.1.1927, S. 2-13; Rowe und Scholz 2009, S. 66 ff.; siehe dazu auch David Rowe, A Richer Picture of Mathematics. The Göttingen Tradition and Beyond, Springer International Publishing 2018, S. 48, S. 214, S. 277, S. 283 f. und S. 410.

ben des Philosophen und Psychologen Georg Elias Müller und Edmund Husserls zurückgewiesen worden, so dass Nelson sich erst 1909 habilitieren konnte. In Nelsons eigenen Worten:

> *Sie selbst wissen am besten,* so Nelson am 29. Dezember 1916 an Hilbert, *welche Hindernisse überwunden werden mussten, um mir auch nur meine jetzige Stellung [als Privatdozent] zu erkämpfen. Unter dem Vorwand, ich sei zu jung, ist meine Habilitation um Jahre aufgehalten worden, und ich hätte auch nicht einmal dies Ziel erreicht, wenn nicht Sie mir damals Ihre Hilfe hätten zu Teil werden lassen. In Wahrheit wollte man mich nicht zulassen, weil ich mir erlaubt hatte, an einigen viel bewunderten Würdenträgern freimütig Kritik zu üben.*[235]

Dabei ist zu konzedieren, dass es sich bei der hier von Nelson behaupteten „freimütiger Kritik" in Wahrheit um eine scharfe Polemik gehandelt hatte,[236] zu der Nelson einen ausgeprägten Hang hatte, was ihm immer wieder viel Ärger einbrachte, so auch im Sommer 1915: Nelson hatte in einer Lehrveranstaltung die Frage behandeln lassen, ob die Verletzung der Neutralität Belgiens durch den Durchmarsch der deutschen Truppen am Anfang des Krieges ethisch gerechtfertigt gewesen sei, was dem Verwaltungsausschuss zu Ohren gekommen war, der daraufhin Landau als Dekan darüber informierte.[237] Dieser stellte Nelson noch am gleichen Tag diesbezüglich zur Rede. Nelson rechtfertigte sich daraufhin, ohne dazu aufgefordert worden zu sein, ausführlich schriftlich gegenüber der Fakultät und, obwohl Landau als Dekan sich alle erdenkliche Mühe gab, die Angelegenheit möglichst schnell und geräuschlos zu erledigen, bestand Nelson auf einer Diskussion um seinen Ehrbegriff als Gelehrten im Speziellen und die akademische Lehrfreiheit im Allgemeinen:

---

[235] Zitiert nach Volker Peckhaus, „Mein Glaubensbekenntnis". Leonard Nelsons Brief an David Hilbert, in: Michael Toepell (Hg.), Mathematik im Wandel. Anregungen zu einem fächerübergreifenden Mathematikunterricht 2, Franzbecker Hildesheim und Berlin 2001, S. 335-346, hier S. 337. Zu den Auseinandersetzungen um Nelsons Habilitation siehe auch Volker Peckhaus, Hilbertprogramm und Kritische Philosophie. Das Göttinger Modell interdisziplinärer Zusammenarbeit zwischen Mathematik und Philosophie. Vandenhoeck & Ruprecht Göttingen 1990, S. 196-206; Arno Buschmann, Rechtswissenschaft ohne Recht. Leonard Nelson und die Kritik an der Rechtswissenschaft seiner Zeit, in: Stefan Chr. Saar, Andreas Roth, Christian Hattenhauer (Hg.), Recht als Erbe und Aufgabe, Heinz Holzhauer zum 21. April 2005, Erich Schmidt Verlag Berlin 2005, S. 275-298, hier S. 279 ff.

[236] Vgl. dazu Tollmien 1/2021, S. 248 f.

[237] Fast alle anstehenden Verwaltungsgeschäfte wurden in Göttingen nicht vom Gesamtsenat wahrgenommen, sondern vom sogenannten Verwaltungsausschuss, manchmal auch als „kleiner Senat" bezeichnet, der nur aus elf Personen bestand. Siehe dazu Tollmien 1/2021, S. 92.

Es ist in meinen Augen nichts anderes als eine [...] Beschränkung der akademischen Freiheit, wenn die wissenschaftliche Lehre von der Übereinstimmung oder Zustimmung irgendwelcher noch so hoch gestellter Personen oder Behörden abhängig gemacht wird, ihre Bewegungsfreiheit ihr somit nach ausserwissenschaftlichen Gesichtspunkten zugemessen und sie dadurch dem reinen Dienst der Wahrheit entfremdet wird. [...] Es widerspricht daher dem Ehrbegriff, den ich als Gelehrter habe, mir für meine Lehrtätigkeit den englischen Spruch „Right or wrong, my country" als Richtschnur vorschreiben zu lassen, wenn ich auch weiss, dass er in der Tat den Lehrern unserer Universität bereits als Verhaltensnorm empfohlen worden ist.[238]

Leonard Nelson
(NStUB Cod. Ms. Hilbert 754)

„Der Gedanke, den ich aussprechen wollte," hatte Hilbert am 21. November 1915 geschrieben, „war der, dass in jenen Räumen die Rücksicht auf die Wissenschaft allein den Ausschlag geben solle und soziale und politische Ziele außerhalb zu verfolgen seien" – das liegt in der Tat sehr nah bei Nelsons Forderung nach einer nicht von „ausserwissenschaftlichen Gesichtspunkten" eingeschränkten Bewegungsfreiheit der Wissenschaft.

Beendet werden konnte die Auseinandersetzung zwischen Nelson und der Fakultät schließlich nur dadurch, dass die Fakultät, die Nelsons Äußerungen zwar missbilligt, aber von einer disziplinarischen Ahndung abgesehen hatte, auf dessen weitere Schreiben, in denen er noch einmal die Klärung aller gegen ihn erhobenen Beschuldigungen verlangte, einfach nicht mehr reagierte.[239] Die Angelegenheit hatte

[238] Nelson an die Philosophische Fakultät 8.5.1915, zitiert nach: Tollmien1993, S. 155.

[239] Siehe zu dem gesamten Vorgang Tollmien 1993, S. 154-157; Busse 2008, S. 246-254. Auch Emmy Noether, die, als sie 1915 nach Göttingen gekommen war (Zufall oder nicht), in das Haus einzog, in dem auch Leonard Nelson lebte und dort immerhin über zwei Jahre wohnen blieb, und die daher

zunächst keine direkten Folgen für Nelson, doch als es 1917 dann um ein Extraordinariat für Nelson ging, brach dieser Konflikt noch einmal auf, so dass Nelson gegen ein von Hilbert initiiertes Sondervotum einer hauptsächlich aus Naturwissenschaftlern bestehenden Fakultätsminderheit (zu der auch wieder der Historiker Max Lehmann gehörte) zugunsten eines stärker geisteswissenschaftlich orientierten Kandidaten übergangen wurde,[240] und Hilbert seinen Wunschkandidaten auch diesmal nicht durchsetzen konnte.

Einstein, der in Emmy Noethers Habilitationsverfahren später noch eine entscheidende Rolle spielen sollte,[241] schrieb am 3. März 1920 einen Brief an Max Born, durch den er diesen (vergeblich) von dessen geplantem Wechsel nach Göttingen abhalten wollte, und nahm dabei direkt Bezug auf Hilberts Göttinger Erfahrungen:

> *Denn mir wäre es unerträglich"*, so Einstein an Born, *„auf einen kleinen Kreis aufgeblasener und meist engherziger (und -denkender) Gelehrter so ganz angewiesen zu sein (kein anderer Verkehr). Denkt daran, was Hilbert ausgestanden hat von dieser Gesellschaft.*[242]

Hilbert, der sich, als er 1895 nach Göttingen kam, hier anfänglich so wohl gefühlt hatte, dass ihm, wie seine Frau an ihre Königsberger Familie schrieb, hier alles „behage" und dass er „Alles" (unterstrichen) an Göttingen lobe und bewundere, hätte sich damals sicher nicht träumen lassen, wie sehr er als liberal und frei denkender Mann einmal unter der bornierten Göttinger Professorenschaft leiden würde, und er hätte sich vor allem nicht träumen lassen, dass er zwanzig Jahre, nachdem er seiner Frau von seinen ersten tüchtigen „Damen-Zuhörerinnen" vorgeschwärmt hatte,[243]

---

sicher mitbekommen hat, welchen Angriffen dieser wegen seiner Kritik an der deutschen Kriegsführung und seinen pazifistischen Äußerungen ausgesetzt war, sollte Nelson bei seinen auch später regelmäßig auftretenden inneruniversitären Konflikten immer vorbehaltlos unterstützen. Siehe dazu Busse 2008, S. 251 f.; die Erinnerungen der Doktorandin Emmy Noethers und Nelson Schülerin Grete Henry-Hermann, Erinnerungen an Leonard Nelson, in: Dies., Die Überwindung des Zufalls. Kritische Betrachtungen zu Leonard Nelsons Begründung der Ethik als Wissenschaft, Felix Meiner Verlag Hamburg 1985, S. 179-218, hier S. 189; und die Einwohnermeldekarte Emmy Noethers im Stadtarchiv Göttingen.

240 Es handelte sich um Georg Misch (1878-1965), der in der Habilitationssache Edith Stein später eine wichtige Rolle spielen sollte; siehe dazu unten Kapitel 6, S. 201-210.

241 Siehe dazu unten Kapitel 5, S. 160 f.

242 Zitiert nach Albert Einstein - Max Born. Briefwechsel 1916-1955, kommentiert von Max Born mit einem Geleitwort von Bertrand Russel und einem Vorwort von Werner Heisenberg, Ullstein Frankfurt am Main Berlin 1986, S. 48.

243 Käthe Hilbert an ihre Cousine 26.1.1896 und 28.11.1895, NStuUB Gö Cod. Ms. Hilbert 777, Nr 11 und Nr. 10.

in einer Sitzung, in der er um die Zulassung einer Frau zu den Habilitationsleistungen kämpfte, auf so großen Widerstand stoßen sollte, dass er anschließend von einer „unüberbrückbaren Kluft" zwischen seiner Auffassung der Stellung des Professors zur Wissenschaft und der seiner Gegner überzeugt war.

„Aber meine Herren, eine Universität ist doch keine Badeanstalt!"

Dies ist sicher der meistzitierte Ausspruch Hilberts, der nicht nur in Zusammenhang mit Emmy Noethers gescheitertem Habilitationsversuch immer wieder auftaucht, sondern beispielsweise kürzlich auch als titelgebendes Zitat einer 2017 erschienenen populären, von Georg von Wallwitz verfassten Hilbertbiographie.[244]

Dennoch gab es bisher – abgesehen von der ständigen Wiederholung dieser Anekdote[245] – keinen eindeutigen Beleg dafür, dass Hilbert „in der Hoffnung, sie möchten den Unterschied erkennen" diesen Satz tatsächlich, wie von Wallwitz schrieb, seinen „stumpfsinnigen Kollegen" entgegen geschleudert habe.[246] Zwar berichtete auch Hermann Weyl in seinem Nachruf auf Emmy Noether von diesem Ausspruch Hilberts. Doch war Weyl 1915 nicht in Göttingen, und so kannte auch er diese Geschichte nur vom Hörensagen und kennzeichnete sie daher auch richtigerweise nur als eine „allgemein bekannte Anekdote". Aber er vermutete zu Recht, dass, wenn dieser Satz tatsächlich so gefallen sein sollte, dies Hilberts Gegner sicherlich noch mehr provoziert haben wird.[247]

Immerhin war Weyl als zwar nicht direkt Anwesender, aber doch als Zeitgenosse schon relativ nah am in dieser Anekdote geschilderten Geschehen. Doch es gibt einen zeitlich noch näher liegenden Hinweis darauf, dass diese Anekdote sich tatsächlich so ereignet hat wie geschildert. Dieser Hinweis findet sich in einem zu Hilberts 60. Geburtstag am 23. Januar 1920 verfassten Scherzgedicht.[248] Das Gedicht hat eine Vielzahl von Strophen, in denen verschiedene Mathematiker vorkommen. Die beiden ersten Strophen beschäftigen sich zunächst mit Hilberts Bade- und Tanzlust und dann mit seinem Einsatz für Emmy Noether:

---

[244] Georg von Wallwitz, Meine Herren, dies ist keine Badeanstalt. Wie ein Mathematiker das 20. Jahrhundert veränderte, Berenberg Verlag Berlin 2017.
[245] Siehe dazu insbesondere Eves 1972, S. 144.
[246] Von Wallwitz 2017, S. 131.
[247] Weyl 1935/1970, S. 59.
[248] Ich danke Renate Tobies für den Hinweis auf dieses Gedicht.

Hört mich an u[nd] seid fein still,
Weil ich Euch was singen will
Von dem hohen Jubilar,
Der beginnt ein neues Jahr.
Wie er badet, wie er tanzt,
Weisheit in die Köpfe pflanzt,
In der Weender[249] *ist zu sehn,*
Ist das nicht um Kopf zu stehn.

Im Senat ist man erhitzt,
Und bisweilen wird geschwitzt
Wenn der David Hilbert kommt,
Dem Senat kein Sträuben frommt.
Dann wird zum Familienbad,
Der wohllöbliche Senat.
Emmy kann dann baden gehen,
Ist das nicht um Kopf zu stehn. [250]

Um Hilberts Ausspruch und die zweite Gedichtstrophe zu verstehen, muss man wissen, dass es bis in die 1920er Jahre nicht üblich war, dass Frauen und Männer gemeinsam schwimmen gingen. Selbst in den (wenigen) Bädern, in denen Frauen überhaupt schwimmen durften, gab es entweder getrennte Badebereiche für Frauen oder aber sie durften nur zu bestimmten Zeiten, die dann für Männer gesperrt waren, schwimmen gehen. So gab es etwa in der 1865 auf private Initiative an der Leine

---

249 Gemeint ist die Weender Straße in Göttingen, in der sich das Auditorium Maximum der Universität befand (und immer noch befindet), in dem zu diesem Zeitpunkt noch alle Vorlesungen, auch die der Mathematiker, stattfanden.

250 Undatiertes Scherzgedicht, NStuUB Gö Cod. Ms. Hilbert 761, o. P. Zur Datierung: Die folgende hier nicht abgedruckte Strophe beginnt mit der Zeile „Bernstein rettet's Vaterland". Damit wird darauf angespielt, dass Felix Bernstein (1878-1956) 1919 Reichskommissar für Anleihen geworden war. In einer weiteren Strophe heißt es: „Costja geht nach Smyrna fort, Bisschen weit liegt dieser Ort, Frosso schon bei Tag u[nd] Nacht, Denkt wie sie die Sachen packt". Das bezieht sich darauf, dass Constantin (Costja) Carathéodory, der erst im Oktober 1918 nach Berlin gegangen war, Ende 1919 einen Ruf nach Smyrna erhalten hatte, um dort eine neue Universität aufzubauen; seine Frau Euphrosyne (im Gedicht Frosso) genannt, war in Göttingen geblieben und packte nun die Sachen, um ihrem Mann nach Smyrna zu folgen. Und als letztes sehr eindeutiges Indiz für die Datierung auf den Januar 1920: Das Gedicht wurde von „Herr und Frau Scherrer" vorgetragen und wohl auch gedichtet, wobei „Herr Scherrer" der Schweizer Physiker Paul Scherrer (1890-1969) ist, der 1916 gemeinsam mit dem ebenfalls im Gedicht erwähnten Peter Debye eine experimentelle Methode zur Strukturbedingung von Kristallen mittels Röntgenstrahlen, das Debye-Scherrer-Verfahren, entwickelt hatte; beide sowohl Scherrer, als auch Debye gingen 1920 nach Zürich, waren also zu Hilberts Geburtstag im Januar 1920 gerade noch in Göttingen.

Universitätsbadeanstalt Göttingen 1908 (Sammlung Jörg-Dieter Schwethelm Göttingen). Verschickt wurde die Karte von einem Studenten, der auf der Vorderseite mit einem Pfeil versehen notierte: „Dies ist ein Fux von uns." Der Postkartenschreiber war also ein Verbindungsstudent (der „Fuchs" oder damals auch „Fux" geschrieben war ein gerade erst frisch in die Verbindung eingetretener Student). Dies unterstreicht noch einmal auf andere Weise den männlichen Charakter dieser Schwimmanstalt. Denn in den studentischen Verbindungen hatten sich die männlichen Strukturen so stark verfestigt, dass auch mit dem Beginn des Frauenstudiums Änderungen daran noch nicht einmal diskutiert wurden und in keiner der bestehenden Korporationen die Frage der Aufnahme von Frauen ernsthaft in Betracht gezogen wurde.

eingerichteten „Göttingenschen Bade-Anstalt", die 1884 in den Besitz der Stadt überging und seitdem „Städtische Badeanstalt an der Bürgerstraße" hieß, nicht nur ein Bassin zum Schwimmen, sondern auch sogenannte Zellbäder, die also auch optisch von der Außenwelt abgeschirmt waren. Von diesen Zellbädern war – bei getrennten Eingängen für Frauen und Männer – die Hälfte rund um die Uhr für Frauen reserviert und in den frühen Morgenstunden hatten die Frauen die Zellbäder sogar ganz für sich allein. Ob man darin aber wirklich schwimmen konnte, sei dahingestellt. 1884 wurde dann in Göttingen am Feuerteich (heute besser als Schwänchenteich bekannt) eine gesonderte Bademöglichkeit nur für Frauen geschaffen, in der es immerhin ein Schwimmbassin gab, das 12,00 m x 6,50 m maß. Doch ein echtes Familienbad, in dem Frauen und Männer gemeinsam und gleichzeitig schwimmen konnten, auf das ja in dem obigen Gedicht angespielt wird, wurde in Göttingen erst 1927 eingerichtet: das heute noch bestehende Freibad am Brauweg.[251]

Hilbert aber hatte bei seinem Ausspruch natürlich die traditionsreiche, 1819 zu einer Zeit, als an Frauen an der Universität überhaupt noch nicht zu denken war, gegründete Universitätsbadeanstalt im Sinn,[252] in der er selbst – wie oben in der ersten Gedichtstrophe angedeutet – regelmäßig schwimmen ging.[253] Auch in den 1920er Jahren wurde die Universitätsbadeanstalt ausschließlich von Jungen und Männern genutzt,[254] mit einer Ausnahme: Emmy Noether, die seit frühester Jugend eine begeisterte Schwimmerin war,[255] ließ sich weder von der primitiven Ausstattung des Bades (es gab nur Holzplanken, die über das Ufer gebaut waren, und ein Geländer aus Holzstangen, die auf hölzerne Pfähle genagelt waren, keine Umkleidekabine, aber immerhin drei Holztreppen, die ins Wasser führten) noch davon, dass das Schwimmen in der an einem Wehr gelegenen Flussbadeanstalt mit dem an manchen Stellen stark strömenden und meistens sehr kalten Leinewasser nicht ganz ungefährlich war,[256] noch natürlich davon, dass sie die einzige Frau war, davon abhalten, dort schwimmen zu gehen und sich vor allem an diesem von vielen Mathematikern geschätztem Ort mit ihren Kollegen zu treffen und auszutauschen.

Diese Badeanstalt, berichtete Emmy Noethers Freund und Kollege, der russische Mathematikers Pawel Alexandroff (1896-1982), der 1923 als 26jähriger erstmals nach Göttingen gekommen war, in einem 1969 veröffentlichen Vortrag, *mit ihrem „Oberhaupt", dem Bademeister Fritz Klie, einer überaus markanten Persönlichkeit des Göttinger Universitäts- und Studentenlebens, aber auch des ganzen Göttinger wissenschaftlich-mathematischen Betriebs, ist einer besonderen Erwäh-*

[251] Bettina Kratz-Ritter, "Manchmal ein wenig schmutzig" – Zur (Mentalitäts-)Geschichte des Flußbadens in Göttingen, in: Göttinger Jahrbuch 62 (2014), S. 167-187, S. 174, S. 178 f., S. 182 ff.

[252] Kratz-Ritter 2014, S. 170-174.

[253] Vielleicht ist die Frau im Badeanzug in dem eingangs abgedruckten Ehrendiplom für „David Frauenlob Hilbert" auch eine Anspielung auf Hilberts stadtbekannte „Badelust", obwohl 1912, als diese Urkunde entstand, an ein weibliches Wesen zumindest in der Universitätsbadeanstalt noch nicht zu denken war.

[254] Hans Seidel, Bei Fritze Klie badeten nur Männer und Jungen, Erinnerungen, in: Göttinger Monatsblätter November 1981, S. 14 f.

[255] Vgl. dazu Cordula Tollmien, „Die Weiblichkeit war nur durch Fräulein Emmy Noether vertreten" – die Mathematikerin Emmy Noether, in: Göttinger Stadtgespräche. Persönlichkeiten aus Kultur, Politik, Wirtschaft und Wissenschaft erinnern an Größen ihrer Stadt, hg. von Christiane Freudenstein, Vandenhoeck & Ruprecht Göttingen 2016, S. 185-193, hier S. 188 ff.

[256] Seidel, 1981. 1929 wurden immerhin Umkleidekabinen für Damen eingebaut, Kratz-Ritter 2014, S. 182.

nung wert. Manches mathematische und nicht nur mathematische Gespräch fand „beim Klie" statt: am bewegten, nicht immer so recht sauberen, nach dem Regen öfters sogar ziemlich braunen Leinewasser oder in der Sonne, oder im (von Mücken gerne aufgesuchten) Schatten der schönen Bäume der Kliesschen Schwimmanstalt. Auch ist dort manche mathematische Idee geboren. Die Kliesche Badeanstalt war nicht nur ein Studentenbad, sie wurde auch von vielen Universitätsdozenten besucht, darunter Hilbert, Courant, Emmy Noether [...][257]

Emmy Noether und Courant seien fast täglich dort schwimmen gegangen und auch Hilbert sei häufig dort anzutreffen gewesen, so Alexandroff, der regelmäßig im Sommer in Göttingen war, an anderer Stelle.[258]

> *Die Schwimmanstalt Klie war ein ausgesprochenes Männerbad,* so Alexandroff weiter in seinem Vortrag von 1969, *die Weiblichkeit war nur durch Fräulein Emmy Noether und Frau Nina Courant vertreten; die beiden Damen pflegten dabei ihre Ausnahmerechte täglich, des Wetters ungeachtet, zu geniessen. Später änderten sich die Verhältnisse: es entstand nebenan ein Familienbad. Bademeister Klie musste entrüstet konstatieren, dass viele unter den jüngeren Gästen – den Studenten – dorthin, „zu den bunten Weibern übergelaufen" sind; und er wandte sich gelegentlich zu den ihm treu gebliebenen [sic!] mit den Worten: „Sie aber, meine Herren, Sie bleiben bei der Reinheit."*[259]

Obwohl Alexandroff nur die Zeit nach 1923 bezeugen kann, lässt die Zeile in der oben zitierten Gedichtstrophe vom Januar 1920 „Emmy kann dann baden gehen" vermuten, dass diese hier nicht nur im übertragenen Sinne darauf anspielt, dass

---

[257] Pawel Alexandroff, Die Topologie in und um Holland in den Jahren 1920-1930, in: Nieuw Archief voor Wiskunde 17 (1969) 3, S. 109-127, hier S. 121.

[258] Pawel Alexandroff (Schreibweise hier Aleksandrov), Pages from an Autobiography, Part Two, in: Russian Math Surveys 35 (1980) 3, S. 315-358, hier S. 316. Vgl. dazu auch Reid 1979, S. 102, wo berichtet wird, dass Courant Carl Ludwig Siegel (1896-1981), als dieser 1919 nach Göttingen kam, mit ins „Fakultätsbad" nahm, wo er ihn mit Hilbert zusammenbrachte und dafür sorgte, dass dieser Siegels Arbeiten kennenlernte.

[259] Alexandroff 1969, S. 122. Nina Courant (1891-1991), die Ehefrau des Mathematikers Richard Courant und keine Mathematikerin, wollte sich allerdings, als sie 1980 schon fast 90jährig nach diesen gemeinsamen Badevergnügen befragt wurde, nicht mehr daran erinnern. Sie sei nicht Mitglied dieser von Alexandroff als „unvergesslich" bezeichneten mathematischen Gemeinschaft gewesen, schrieb sie Clark Kimberling, dem amerikanischen Biografen Emmy Noethers: Nina Courant an Clark Kimberling 1.6.1980, NStuUB Gö Cod. Ms. C. Kimberling 6, o. P. Es ist gut möglich, dass Alexandroff, der seine Erinnerungen ebenfalls erst im Nachhinein mit über 70 Jahren zu Papier brachte, sich hier geirrt hat, zumal er im gleichen Absatz auch von gemeinsamen anderen Vergnügungen mit dem Ehepaar Courant berichtete.

Emmy Noether, inzwischen seit einem dreiviertel Jahr endlich habilitiert, sich sozusagen an der Universität freigeschwommen hatte, sondern dass dieser Satz auch wörtlich gemeint war: dass Emmy Noether also auch schon vor 1920 in der Klieschen Universitätsbadeanstalt schwimmen war. Und vielleicht war auch dies bei dem bärbeißigen und als echter Herrscher in seiner Badeanstalt auftretenden Fritz Klie, der wie wir an Alexandroffs Erinnerungen gesehen haben, die „Reinheit" seines Männerbades überaus schätzte, zunächst einmal nicht ganz einfach durchzusetzen gewesen, so dass David Hilbert im Sommer 1915 vielleicht tatsächlich die konkrete Erfahrung gemacht hatte, dass er sich mit Emmy Noether damals noch nicht in der Universitätsbadeanstalt zum von ihm gern dorthin verlegten wissenschaftlichen Austausch treffen konnte. Das gäbe seinem Ausspruch über die Universität, die doch keine Badeanstalt sei, zusätzlich eine sehr konkrete, materiale Basis.[260]

Der Kompromiss – Seminare unter Hilberts Namen

Ihre Erzählung von Frl. Noethers Habilitationshindernissen hat uns sehr amüsiert. Gott, Gott, wie dumm die gescheiten Männer sind! Werden Sie 's denn, trotz der Häßlichkeit des Objekts, und trotz dem [sic!] Widerstand der bornierten Gelehrten, durchsetzen?

Dies schrieb am 2. März 1916 Hedwig Pringsheim (1855-1942) an David Hilbert, der ihr zuvor in einem langen Brief ausführlich über seine erfolglosen Versuche, Emmy Noethers Habilitation durchzusetzen, berichtet hatte.[261] Hedwig Pringsheim, Tochter der Frauenrechtlerin, Schriftstellerin und Pazifistin Hedwig Dohm (1831-1919), Ehefrau des Mathematikers Alfred Pringsheim (1850-1941) und Schwiegermutter von Thomas Mann (1875-1955), war eine vielseitig interessierte, kluge, gebildete, vor allem aber unabhängig denkende und darüber hinaus auch noch sehr

---

[260] Die Idee für eine solche konkrete Erklärung von Hilberts Ausspruch entstammt einer Diskussion, die ich im Januar und dann noch einmal im August 2018 mit Reinhard Siegmund-Schultze über den Hintergrund des Hilbertschen Ausspruchs über die Badeanstalt geführt habe.

[261] Hedwig Pringsheim an David Hilbert o. D. [aufgrund der Tagebücher Hedwig Pringsheims sicher auf den 2.3.1916 datierbar, Hilberts Brief, auf den sie hier antwortete, bekam sie am 23.2.1916], NStuUB Gö Cod. Ms. Hilbert 318, Beilage 4, Bl. 14 f. hier Bl. 15 v. Hedwig Pringsheim, Tagebücher Band 5 1911-1916, herausgegeben und kommentiert von Christina Herbst, Wallstein Verlag Göttingen 2016, S. 525 und S. 527.

sportliche Frau, in deren Haus in München die Kunst- und Wissenschaftselite der Stadt ein und aus ging.[262]

Mit dem „kolossal gescheidten [sic!] Professor Hilbert aus Göttingen“[263] verband sie nicht nur die pazifistische Grundhaltung, die beide immun gegen den vor allem zu Beginn des Krieges grassierenden Hurra-Patriotismus machte und, wie Hedwig Pringsheim es formulierte, „schaudernd den ganzen Wansinn dieses sinnlosen nie endenden Mordens“ empfinden ließ,[264] sondern auch die Freude am Wortwitz[265] und eine spielerische, rein platonische, jedoch auffällig explizite Liebesbeziehung, in der sie ihn als „Davidchen“ und als ihren „allerliebsten Bräutigam“ titulierte. Den oben zitierten Brief schloss sie „in treuer Liebe“ und unterzeichnete ihn mit „Deine ewige Braut Hedwig“, nicht ohne vorher natürlich Hilberts Frau „tausendmal“ gegrüßt zu haben. Begonnen hatte diese spielerische und immer auch stark ironisch gefärbte Verlobungsgeschichte schon zehn Jahre zuvor, im September 1906 auf einer Tagung der Deutschen Mathematiker-Vereinigung in Stuttgart, an der übrigens auch Max Noether und seine Frau teilgenommen hatten, die ebenfalls mit Pringsheims freundschaftlich verbunden waren.[266] Über das „Ergebnis“ dieser Tagung berichtete Hedwig Pringsheim ihrem Freund und Vorbild Maximilian Harden (1861-1927), dem Herausgeber der Wochenschrift *Die Zukunft*, am 17. September 1906 lakonisch und ohne weitere Erklärung:

---

262 Siehe dazu Inge und Walter Jens, Katias Mutter. Das außerordentliche Leben der Hedwig Pringsheim, Rowohlt Taschenbuch Verlag Reinbek bei Hamburg 2007, S. 104-247.

263 Hedwig Pringsheim an Maximilian Harden 4.3.1916, zitiert nach: Hedwig Pringsheim, Meine Manns. Briefe an Maximilian Harden 1900-1922, hg. von Helga und Manfred Neumann, Aufbau Taschenbuch Verlag Berlin 2008, S. 174. Hedwig Pringsheim berichtete Harden hier über Hilberts Brief, den sie am 23.2.1916 erhalten hatte, und in dem er u. a. auch ausführlich über seine Arbeit an der Allgemeinen Relativitätstheorie geschrieben hatte, und speziell darauf bezog sich ihr Urteil, dass er „kolossal“ gescheit sei. Pringsheims Antwortbrief an Hilbert vom 2.3.1916 (siehe Anm. 253) wird noch einmal ausführlich in Tollmien 3/2022 zitiert und interpretiert werden.

264 Hedwig Pringsheim an Maximilian Harden 23.12.1915, zitiert nach Pringsheim 2008, S. 166. Die eigenwillige Schreibweise Hedwig Pringsheims, insbesondere die durchgängige Auslassung des Dehnungs-hs, wurde beibehalten.

265 Siehe zu Hilbert diesbezüglich z. B. Born 1975, S. 127 f.

266 Eintrag vom 16.9. und vom 17.9.2016, Hedwig Pringsheim, Tagebücher Band 4 1905-1910, herausgegeben und kommentiert von Christina Herbst, Wallstein Verlag Göttingen 2015, S. 201. Die Herausgeberin irrt allerdings, wenn sie in Fußnote 192 vermutet, dass mit den von Hedwig Pringsheim erwähnten „Nöthers“ Max Noether und seine Tochter Emmy gemeint seien. Mit Nöthers, Schurs, Hilberts etc. waren immer die Eheleute (in diesen Fall also Max und Ida Noether) gemeint; wenn Emmy Noether, die zu diesem Zeitpunkt noch nicht promoviert war, schon an der DMV-Tagung in Stuttgart teilgenommen hätte, dann hätte Hedwig Pringsheim sie explizit erwähnt und „Nöther mit Tochter Emmy“ oder ähnliches geschrieben.

Hedwig Pringsheim um 1903
(Ausschnitt, Thomas Mann Archiv Zürich 1060)

Übrigens habe ich mich nämlich in Stuttgart mit David Hilbert aus Göttingen definitiv verlobt. Man kommt aus den Kinderkrankheiten nicht heraus.[267]

Damit stellte Hedwig Pringsheim, die seit 1878 mit Alfred Pringsheim trotz seines Hanges zu keineswegs nur platonischen Geliebten und Nebenfrauen[268] in einer letztendlich über 60 Jahre andauernden Ehe verbunden war, diese „Verlobung" auf eine Stufe mit einem Kinderspiel („Du, David, bist jetzt mein Verlobter und wenn wir groß, sind heiraten wir.") und gab ihr durch den Ausdruck „Kinderkrankheiten", die man ja tunlichst überwinden sollte, den richtigen Stellenwert. Und Hilbert (und auch Pringsheims Ehemann Alfred) spielten dieses Spiel mit:

[267] Pringsheim 2008, S. 55.
[268] Siehe dazu Jens und Jens 2007, S. 136 ff.

Gestern, schrieb Hedwig Pringsheim am 7. April 1917 an Maximilian Harden, *hatte ich einen Brief des Göttinger Mathematikers, von dem ich Ihnen gelegentlich erzälte, und mit dem ich mich, nächst Ihnen, am besten verstehe. Dieser Lebenskünstler genießt, trotz Krieg und Kriegsgeschrei, sein Leben in erstaunlicher Weise und benutzt alle Ferien zu herrlichen Reisen in die Schweiz. Jetzt schreibt er mir aus Lugano, einen kompletten Liebesbrief, in dem er mich, als sei es von je so gewesen, plötzlich „geliebteste Hedwig" und „Du" nennt. Ich bin vor Vergnügen vom Stul gefallen, und Gatte meiniges hat sich totgelacht.*[269]

Leider sind alle Briefe an Hedwig Pringsheim, darunter auch die David Hilberts und speziell der, in dem er seine Bemühungen um Emmy Noethers Habilitation schilderte, durch ihre durch die Nationalsozialisten erzwungene Flucht aus Deutschland und die Plünderung und den Abriss ihres Münchner Hauses verloren gegangen.[270] Doch können wir vermuten, dass David Hilbert, der eine stadtbekannte, von seiner weise verständnisvollen Ehefrau tolerierte Schwäche für schöne und intelligente Frauen hatte,[271] Hedwig Pringsheim gegenüber besonders offenherzig war und sich vielleicht tatsächlich zu einer Äußerung über Emmy Noethers Aussehen hat hinreißen lassen. Denn mit der „Häßlichkeit des Objekts" in dem im Eingang zu dem hier verhandelten Abschnitt zitierten Brief kann schlechterdings nur Emmy Noether gemeint sein – eine für Hilbert, wenn sie denn wörtlich von ihm stammte (und nicht von Hedwig Pringsheim zugespitzt wurde), eigentlich ganz untypische Herabsetzung einer Person, die er sehr schätzte. Möglicherweise wollte er mit dieser vielleicht nur scherzhaft gemeinten Bemerkung gegenüber einer von ihm begehrten schönen Frau auch nur einer potentiellen Eifersucht vorbeugen, etwa so: „Machen Sie sich keine Sorgen, Emmy Noether ist zwar eine ausgezeichnete Mathematikerin, aber hässlich, also keine Konkurrenz für Sie." Vielleicht hat Hilbert in seinem Brief an Hedwig Pringsheim auch seinen Badeanstaltsvergleich erwähnt und damit in dieser sonst wenig vergnüglichen Geschichte das Amüsement der Pringsheims hervorgerufen.

Wie dem auch sei, Hedwig Pringsheim verfasste in diesem Brief en passant eine der schönsten Charakterisierungen Hilberts, die ich kenne und die auch treffend

[269] Zitiert nach Pringsheim 2008, S. 198.

[270] Siehe dazu die Einleitung von Helga und Manfred Neumann, zu Pringsheim 2008, S. 14 f.

[271] Eves 1972, S. 125 f. (darin zahlreiche weitere Anekdoten über Hilbert); Born 1975, S. 214 f.; Otto Blumenthal, Lebensgeschichte [David Hilberts], in: David Hilbert, Gesammelte Abhandlungen, Band III, Springer Berlin Heidelberg New York 1935/1970, S. 388-433, hier S. 396.

Hilberts Verhalten in der Causa Emmy Noether beschreibt, in der er nicht nur auf vehemente Ablehnung stieß, sondern sich auch echte Feinde machte:

> *Ein Mann wie Sie,* schrieb Hedwig Pringsheim am 2. März 1916, *ist doch warhaftig ein König im eigentlichen Sinne. Die absolute innere und äußere Freiheit gibt Ihnen eine Ausnahmestelle und macht Sie zu einem Ausnahmemenschen. Davidchen, Sie sind herrlich! Ich habe die Unterhaltungen mit Ihnen sehr genossen, es hat mir so unendlich wol getan, mit einem wirklichen Menschen zu sprechen, der seine eigene Meinung hat und sie ausspricht und den Teufel fragt, ob er sich damit schaden oder nützen könnte. Natürlich schaden Sie sich sehr oft damit. Aber das ist ja eben das Schöne.*[272]

‚Werden Sie's trotz aller Widerstände durchsetzen können?', hatte Hedwig Pringsheim am Schluss ihres Briefes gefragt, und Hilbert tat sein Möglichstes: Schon am 4. Dezember 1915, also noch bevor der Kurator das Dispensgesuch vom 26. November 1915 am 9. Dezember 1915 an das Ministerium weiterleitete, hatte Hilbert ein zweites Mal an den Preußischen Kultusminister geschrieben. Er betonte vor allem Emmy Noethers für ihn äußerst wertvolle Mitarbeit an seinen Forschungen zur Relativitätstheorie und bat für den Fall, dass der Minister Emmy Noethers Habilitationsgesuch ablehnen werde, um ein persönliches Gespräch:

> *Aber auch die mathematisch physikalischen Fortschritte (Gravitationstheorie von Einstein, Theorie von Zeit und Raum) streben einem ungeahnten Kulminationspunkt gerade gegenwärtig zu; und da habe ich hier Frl. Emmy Noether als erfolgreichste Mitarbeiterin. Falls, was ich nicht hoffe, der Herr Minister abgeneigt sein sollte, die Habilitation von Emmy Noether zu gestatten, würden wir doch gerne noch Gelegenheit zu persönlicher Aussprache erhalten. Hier erlaube ich mir nur zu bemerken, daß die Gesamtfakultät einen Antrag, beim Herrn Minister gegen die Habilitation vorstellig zu werden, abgelehnt und auch die philologisch-historische Abteilung der Fakultät ihre ursprüngliche Absicht einer Gegenvorstellung aufgegeben hat.*[273]

---

[272] Hedwig Pringsheim an David Hilbert o. D. [2.3.1916], NStuUB Gö Cod. Ms. Hilbert 318, Beilage 4, Bl. 14 v.

[273] Hilbert für die Mathematisch-Naturwissenschaftliche Abteilung an den Preußischen Kultusminister 4.12.1915, Abschrift vom 9.2.1919, beigelegt dem erneuten Antrag auf Habilitation im Jahre 1919, UniA GÖ Kur., 4134, o. P. (Unterstreichungen im Original). In den Akten befindet sich nur der zitierte Auszug, nicht jedoch das ursprüngliche, vollständige Schreiben.

Einem späteren Schreiben aus dem Jahre 1917 kann man entnehmen, dass dieses persönliche Gespräch tatsächlich stattgefunden hat, und zwar bei Ministerialdirektor Otto Naumann (1852-1925), der seit 1907 als Nachfolger des charismatischen und einflussreichen Friedrich Althoff (1839-1908) für das Hochschulwesen zuständig war.[274] Das Ergebnis dieses Gesprächs gab Voigt, der 1917 Abteilungsvorsteher war, am 17. Juni 1917 in einem wiederum an Naumann gerichteten Schreiben folgendermaßen wieder:

Eure Exzellenz haben seiner Zeit darauf den Koll[egen] Hilbert, Debye und mir bei einer in Berlin gewährten Unterredung eröffnet, daß eine prinzipielle Regelung der Frage, ob Frauen als Univ[ersitäts]-Lehrer zuzulassen seien, gegenwärtig nicht angezeigt sei, daß aber gegen andere Wege, Frl. N[oethers] Mitarbeit zu ermöglichen, keine Bedenken erhoben werden würden. Demgemäß nimmt Frl. N[oether] jetzt eine Assistentenstelle bei Koll[ege] Hilbert ein und bewährt sich in derselben ganz außerordentlich.[275]

Das war immerhin ein Teilerfolg, auch wenn Hilbert und seinen Begleitern in diesem nicht genau datierbaren Gespräch, das aber spätestens im Sommer 1916 stattgefunden haben muss, klar geworden sein wird, dass – wie von Hilbert schon in seinem Schreiben vom Dezember 1915 befürchtet – Emmy Noethers Habilitationsantrag zu diesem Zeitpunkt faktisch bereits gescheitert war.

Und dieser „andere Weg, Fräulein Noethers Mitarbeit zu ermöglichen", sah dann so aus, dass Emmy Noether künftig Lehrveranstaltungen unter Hilberts Namen anbieten konnte, und Hilbert setzte sogar durch, dass im Vorlesungsverzeichnis nicht nur sein, sondern auch ihr Name erschien. Erstmals im Wintersemester 1916/17 wurde daher im Vorlesungsverzeichnis der Göttinger Universität unter „Mathematisch-Physikalisches Seminar" angekündigt:

Invariantentheorie: Prof. *Hilbert* mit Unterstützung von Frl. Dr. *E. Nöther*, Montag 4—6 Uhr, gratis. [*190*]

Aus dem im vorangehenden Absatz zitierten Schreiben kann man schließen, dass diese Regelung mit Billigung des Ministeriums getroffen worden war. Anders als

274 Vgl. dazu Tollmien 1/2021, S. 226 und S. 244 Anm. 537. Zum System Althoff siehe ebenda, S. 110 Anm. 207.

275 Abteilungsvorsteher Voigt an Ministerialdirektor Otto Naumann 17.6.1917, Konzept, UniA GÖ Phil. Fak. 224, „Betr. Anfragen über Habilitationen 1908 bis 1919", o. P.

in diesem Schreiben behauptet, war Emmy Noether allerdings nicht offiziell Hilberts Assistentin. Sie war zwar eine für ihn unentbehrliche Mit- und Zuarbeiterin, aber sie hatte wie auch schon zuvor in Erlangen auch in Göttingen wieder keine bezahlte Stelle, sondern arbeitete weiter unentgeltlich.[276]

Aber Hilbert wollte zumindest Letzteres ändern und nutzte dafür die von ihm nach einem Ende 1916 ergangenen Ruf an die Berliner Universität mit dem Ministerium geführten Bleibeverhandlungen. Schon im Juni 1914 hatte die Berliner Universität nach dem von Hilbert 1902 zugunsten der Berufung seines Freundes Hermann Minkowski nach Göttingen abgelehnten Ruf nach Berlin einen erneuten Versuch unternommen, Hilbert an die Berliner Universität zu holen. Dafür hätte jedoch ein viertes mathematisches Ordinariat für Hilbert eingerichtet werden müssen, was vom Ministerium abgelehnt wurde.

1917 stand jedoch die Emeritierung von Carl Hermann Amandus Schwarz (1843-1921) an, und so erging am 19. Dezember 1916 erneut ein Ruf aus Berlin an Hilbert.[277] Und wieder lehnte Hilbert ab und zwar, wie er in einer Rede am 24. Februar 1917 vor seinen Schülern und Kollegen, die ihn für sein Bleiben gefeiert hatten, emphatisch betonte, weil er sich in dem Göttinger mathematischen Kreis einfach sehr wohl fühle. In dieser Rede dankte Hilbert auch Klein, der ihn nach Göttingen geholt hatte, vor allem aber dem

> *seinerzeit mächtige[n], allgewaltigen[n] [...] Kultusminister C. F. Althoff, der [...] mir keinen kleinen und keinen großen Wunsch versagt hat bis an sein Lebensende. [...] Althoff anerkannte das Prinzip, dass die Wissenschaft ihren höchsten Wert in sich selbst trägt und behandelte solche Zweige und Richtungen in der Wissenschaft nicht als Aschenbrödel, die keinen Nutzen bringen; er schätzte sie nicht nach dem Nutzen, den sie dem Staat oder der Welt bringen. Der Althoffsche Geist war grosszügig, weitschauend ohne Kleinlichkeit ohne Spur einer Bürokratie. Was für uns das Wichtigste war, er hat diesen Geist auch vererbt auf die Männer, die heute im Kultusministerium an seiner Stelle stehen, die noch mit ihm gearbeitet haben.*[278]

[276] Vgl. dazu Tollmien 4/2023.

[277] Kurt-R. Biermann, Die Mathematik und ihre Dozenten an der Berliner Universität, Stationen auf dem Weg eines mathematischen Zentrums von Weltgeltung, Akademie Verlag Berlin 1988, Dokument 27, S. 324-327.

[278] Hilbert, Konzept einer Rede am 24.2.1917, NStuUB Gö Cod. Ms. Hilbert 741/10, Bl. 35.

Nun traf diese Einschätzung Hilberts sicher nicht zu für Althoffs Nachfolger als Universitätsreferent Ludwig Elster (1856-1935), der den Erlass vom 29. Mai 1908 zu verantworten hatte und den Althoff selbst für eine eklatante Fehlbesetzung hielt, was ihn noch auf seinem Sterbebett gequält hatte. Eine Berliner Zeitung schrieb 1910 über Elster, dieser habe „im Verkehr die Schroffheit seines großen Vorbildes Althoff übernommen, ohne sich dabei dessen überragende Bedeutung aneignen zu können".[279] Doch Elster war im Sommer 1916 glücklicherweise von Carl Heinrich Becker (1876-1933) abgelöst worden, einem entschiedenen Reformer, der nach dem Krieg – zunächst als Staatssekretär und ab 1925 als Minister – die preußische Hochschulpolitik der Weimarer Republik maßgeblich prägen sollte.[280] Und Becker wiederum war an das Ministerium geholt worden von Friedrich Schmidt-Ott (1860-1956), der seit 1888 Mitarbeiter von Althoff gewesen war und obwohl nach Althoffs Ausscheiden nur mit einer neugegründeten Abteilung für Kunst und Wissenschaft außerhalb des Hochschulsektors betraut, als der eigentliche, sozusagen ideelle Nachfolger Althoffs gelten kann. Nur wenige Monate nach Hilberts oben zitierter Rede, wurde Schmidt-Ott im August 1917 dann der neue preußische Kultusminister.[281]

Seine Bleibeverhandlungen hatte Hilbert also mit Becker geführt und von diesen Verhandlungen gibt es ein in der Handschrift Käthe Hilberts niedergelegtes Ergebnisprotokoll, dem man entnehmen kann, dass Hilbert nicht nur für sich selbst und seine Assistenten eine Gehaltserhöhung ausgehandelt hatte, sondern auch die Zukunft Emmy Noethers zum Gegenstand seiner Bleibeverhandlungen gemacht hatte. Unter Punkt 4 der für Hilberts Bleiben in Göttingen getroffenen Vereinbarungen heißt es:

---

[279] Hannoverscher Courier vom 22.10.1907 (als Zeitungsausriss in: GStAPK I. HA Rep. 76, I Sek. 3 Nr. 252, Bl. 112), zitiert nach: Hartwin Spenkuch, Die Politik des Kultusministeriums gegenüber den Wissenschaften und den Hochschulen, in: Acta Borussica Neue Folge 2. Reihe: Preußen als Kulturstaat, hg. von der Berlin-Brandenburgischen Akademie der Wissenschaften (vormals Preußische Akademie der Wissenschaften) unter Leitung von Wolfgang Neugebauer, Abteilung I: Das preußische Kultusministeriums als Staatsbehörde und gesellschaftliche Agentur (1817-1934), Band 2.1: Das Kultusministerium auf seinen Wirkungsfeldern Schule, Wissenschaft, Kirchen, Künste und Medizinalwesen – Darstellung, Akademie Verlag Berlin 2010, S. 135-288, hier S. 171 f. Zu Elster vergl. im Übrigen Tollmien 1/2021, S. 225-245.

[280] Adolf Grimme, Becker, Carl Heinrich, in: Neue Deutsche Biographie 1 (1953), S. 711; „Der neue Personaldezernent im Kultusministerium", Meldung im Berliner Tageblatt am 26.10.1916, online: http://webopac.hwwa.de/PresseMappe20E/Digiview_MID.cfm?mid=P001271 (Abruf 26.9.2020).

[281] Zu Schmidt-Ott siehe Bernhard vom Brocke, Schmidt-Ott, Friedrich, in: Neue Deutsche Biographie 23 (2007), S. 165 ff., und Tollmien 1/2021, S. 226 und S. 245.

Ferner wird in Aussicht genommen nach dem Kriege Frl. Noether eine Renumeration [= eine Bezahlung] zu gewähren um sie dem Göttinger Seminar zu erhalten.

Auch andere von Hilbert ausgehandelte Zusicherungen sollten wie etwa eine hohe Kolleggeldgarantie für ihn selbst oder auch die von ihm gewünschte Einrichtung von Gastprofessuren erst nach Friedensschluss wirksam werden.[282] Dass man auch für Emmy Noether erst für die Zeit nach dem Krieg plante, war also nicht ungewöhnlich; ungewöhnlich war nur, dass es nach der im Mai 1919 endlich erfolgten Habilitation, der anschließenden (immerhin verkürzten) dreijährigen Privatdozentenzeit, die bekanntlich grundsätzlich nicht bezahlt wurde, auch nach ihrer Ernennung zur außerordentlichen Professorin im April 1922 noch ein weiteres Jahr dauern sollte, bis Emmy Noether im April 1923 ein Lehrauftrag erteilt wurde und sie damit zum ersten Mal in ihrem Leben für ihre wissenschaftliche Arbeit bezahlt wurde.[283]

Bis zum Ende des Krieges blieb es bei der im Sommer 1916 mit dem Ministerium getroffenen Vereinbarung, und so findet sich der Zusatz „mit Unterstützung von Frl. Dr. Nöther" (später auch richtig „mit Unterstützung von Frl. Dr. Noether") bis einschließlich Sommersemester 1919 bei allen Übungen und Vorträgen, die Hilbert im Mathematisch-Physikalischen Seminar ankündigte,[284] wobei insbesondere auffällt, dass Emmy Noether schon im Sommersemester 1917 eine Veranstaltung über Algebra anbot – dem Teilgebiet der Mathematik, das wenig mit Hilberts damaligen Interessen, wohl aber mit dem Fachgebiet zu tun hatte, für das sie später schulebildend werden sollte.[285]

---

282 Abschrift der Ergebnisse der Bleibeverhandlungen zwischen Hilbert und Becker von Käthe Hilbert, versehentlich statt auf den 15.1.1917 auf den 15.1.1915 datiert, NStuUB Gö Cod. Ms. Hilbert 741/5, Bl. 21 v. Zur Datierung: Hilberts Bleibeverhandlungen fanden, wie oben ausgeführt, erst im Januar 1917 statt (denn 1914 war trotz des Wunsches der Berliner Universität kein Ruf an ihn ergangen), und im Januar 1915 war Emmy Noether auch noch gar nicht in Göttingen und konnte daher dem Göttinger Seminar auch nicht erhalten werden. Wieso Käthe Hilbert sich hier um zwei ganze Jahre vertat, ist nicht nachvollziehbar.

283 Siehe dazu Tollmien 1990, S. 181-190 und ausführlicher: Cordula Tollmien, Die Lebens- und Familiengeschichte der Mathematikerin Emmy Noether in Einzelaspekten 10: Professorentitel und Lehrauftrag – Beginn und Ende einer akademischen Karriere, tredition Hamburg (Erscheinungsjahr noch unsicher).

284 Siehe dazu Anhang 3.

285 Siehe dazu Koreuber 2015 und Tollmien, Die Lebens- und Familiengeschichte der Mathematikerin Emmy Noether in Einzelaspekten 11 (Erscheinungsjahr noch unsicher).

4. Zweiter Habilitationsversuch und Entscheidung des Ministers 1917

Ein halbes Jahr nach Hilberts Bleibeverhandlungen, beschloss die Mathematisch-Naturwissenschaftliche Abteilung auf ihrer Sitzung am 14. Juni 1917 in der Sache Noether, in der noch immer keine offizielle Entscheidung ergangen war, beim Ministerium noch einmal vorstellig zu werden. Emmy Noether war nämlich, so ein Schreiben des seinerzeitigen Abteilungsvorstehers Woldemar Voigt an das Ministerium, von der Universität Frankfurt aufgefordert worden, sich zu habilitieren, wobei man ihr gegenüber der Zuversicht Ausdruck verliehen habe, dass wegen der „speziellen in Frankf[urt] geltenden Verhältnisse" diesbezüglich keine Schwierigkeiten zu erwarten seien. Emmy Noether sei prinzipiell nicht abgeneigt, dieser Einladung zu folgen.

Unsere math[ematischen] Kollegen sind lebhaft beunruhigt, so Voigt an Ministerialdirektor Naumann, *durch den Gedanken, die geschätzte Mitarbeiterin zu verlieren. Sie bitten daher Eure Exzellenz durch mich, gütigst in Rücksicht nehmen zu wollen, daß Frl. N[oether] hier in G[öttingen] als Dozentin gewünscht worden ist lange bevor der gleiche Gedanke in Frankfurt a. M. auftauchte, und erhoffen, daß wenn Fr[ankfurt] das Recht erhalten sollte, weibliche Dozenten heranzuziehen, Göttingen dann gleiches eingeräumt werden möge.*[286]

[286] Abteilungsvorsteher Voigt an Ministerialdirektor Naumann, 17.6.1917, Konzept, UniA GÖ Phil. Fak. 224, o. P. Den Sitzungsprotokollen der Abteilung (UniA GÖ Math.-Nat. Fak. 162) kann man entnehmen, dass am 14.6.1917 tatsächlich eine Sitzung stattfand. Doch wurde der in dem Schreiben vom 17.6.1917 erwähnte Beschluss, sich wegen Emmy Noether an das Ministerium zu wenden, nicht protokolliert. Ein Kurzabriss des Vorgangs findet sich bei David Rowe, „Jewish Mathematics" at Göttingen in the Era of Felix Klein, in: ISIS 77 (1986), S. 422-449, hier S. 446. Rowe 2021, S. 59 f., vermutet, dass das Habilitationsangebot an Emmy Noether auf Arthur Schoenflies (1853-1928) zurückging, der zu den Gründungsmitgliedern der Universität Frankfurt gehörte und in den 1890er Jahren ein enger Mitarbeiter von Klein gewesen war und 1892 das von Klein geschaffene Extraordinariat für Angewandte Mathematik erhalten hatte. Allerdings verließ Schoenflies Göttingen schon 1899 wieder und vermutlich kannte er daher Emmy Noether nicht persönlich. Dennoch ist es aufgrund seiner engen Verbindungen zu Klein natürlich denkbar (wenn auch nicht belegbar), dass Schoenflies für das aus Frankfurt an Emmy Noether ergangene Angebot im Hintergrund die Fäden gezogen hat. Immerhin hatte sich Schoenflies 1907 – damals an der Universität Königsberg tätig – in der ministeriellen Umfrage zur Habilitation von Frauen in einem Separatvotum als Befürworter von Frauenhabilitationen gezeigt (es diene dem Interesse der Universitäten, „wenn gute Kräfte gewonnen werden, wo sie sich finden"). Siehe dazu Tollmien 1/2021, S. 155 und S. 217. Zur Person siehe John J. O'Connor und Edmund F. Robertson, Arthur Schoenflies, in: MacTutor History of Mathematics Archive, November 2010, nur online: https://mathshistory.st-andrews.ac.uk/Biographies/Schonflies/ (Abruf 1.3.2020).

Die Hoffnung, dass an der erst 1914 auf der Grundlage privater Stiftungen gegründeten Universität Frankfurt „eine freiere Luft weht“ als an den anderen preußischen Universitäten und dass diese „uns Frauen die Bahn frei geben [möge], damit auch wir nach bestem Vermögen mitarbeiten an der Förderung und Erforschung des Wahren und Edlen“, hatte auch schon die Nationalökonomin Charlotte Engel-Reimers (1870-1930), eine Schülerin von Gustav Schmoller (1838-1917), erfüllt, als sie am 15. September 1912 in einem Artikel der liberalen Frankfurter Zeitung über die „jüngst erfolgte Abweisung meines Gesuches um Habilitation durch die Berliner Universität“ berichtete.[287]

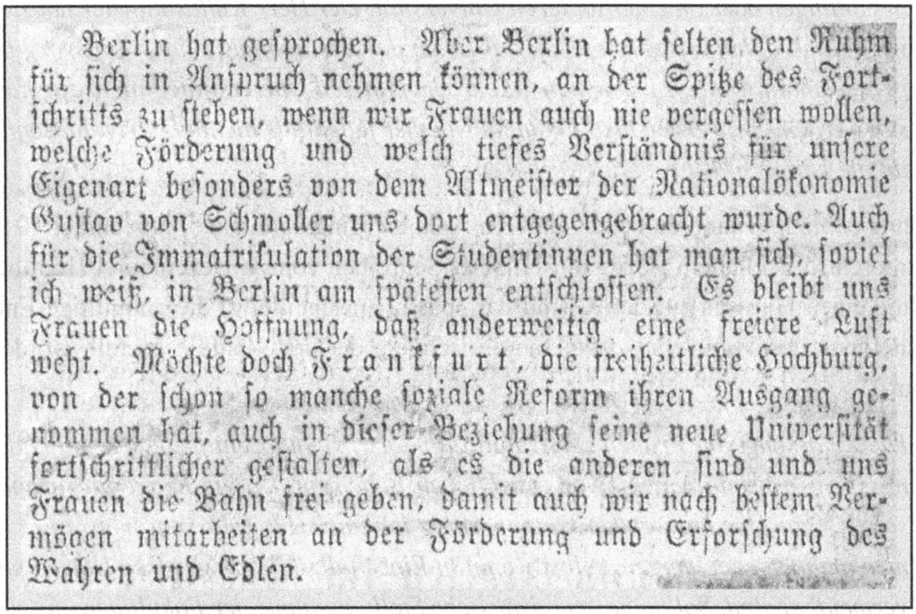
Berlin hat gesprochen. Aber Berlin hat selten den Ruhm für sich in Anspruch nehmen können, an der Spitze des Fortschritts zu stehen, wenn wir Frauen auch nie vergessen wollen, welche Förderung und welch tiefes Verständnis für unsere Eigenart besonders von dem Altmeister der Nationalökonomie Gustav von Schmoller uns dort entgegengebracht wurde. Auch für die Immatrikulation der Studentinnen hat man sich, soviel ich weiß, in Berlin am spätesten entschlossen. Es bleibt uns Frauen die Hoffnung, daß anderweitig eine freiere Luft weht. Möchte doch Frankfurt, die freiheitliche Hochburg, von der schon so manche soziale Reform ihren Ausgang genommen hat, auch in dieser Beziehung seine neue Universität fortschrittlicher gestalten, als es die anderen sind und uns Frauen die Bahn frei geben, damit auch wir nach bestem Vermögen mitarbeiten an der Förderung und Erforschung des Wahren und Edlen.

Der letzte Abschnitt des Artikels von Charlotte Engel-Reimers, erschienen in der Frankfurter Zeitung am 15. September 1912

Doch diese Hoffnung trog. „Berlin hat gesprochen“, und „Berlin hat selten für sich in Anspruch nehmen können, an der Spitze des Fortschritts zu stehen“ – Engel-Reimers sprach hier zwar von der Berliner Universität, doch galt dies auch und sogar stärker für das Berliner Ministerium, wie dies Emmy Noether und ihre Göttinger Unterstützer erfahren mussten, die nur sechs Tage nach ihrem Schreiben, in dem

[287] Zu Engels-Reimers‘ Artikel und zur Person siehe ausführlich Tollmien 1/2021, S. 253-257 und S. 263.

sie die Befürchtung geäußert hatten, dass Emmy Noether nach Frankfurt gehen könnte, das folgende herablassende, ja sogar leicht spöttische Schreiben aus dem Preußischen Kultusministerium erhielten:

> *Für die Universität Frankfurt gelten genau dieselben Bestimmungen wie für die anderen Universitäten hinsichtlich der Zulassung von Damen zum Lehrberuf; d[as] h[eißt]: sie werden nicht zur Privatdozentur zugelassen. Es ist auch ganz unmöglich, zu Gunsten einer Universität eine Ausnahme zu machen. Ihre Befürchtung also, Fräulein Noether würde nach Frankfurt gehen, um dort die venia legendi zu erlangen, ist unbegründet, sie wird dort ebensowenig zugelassen wie in Göttingen oder an einer anderen Universität. Der Herr Kultusminister hat sich wiederholt dahin ausgesprochen, daß er an der Bestimmung seines Amtsvorgängers festhält, wonach Damen zum Lehrberuf an den Universitäten nicht zugelassen werden. Sie werden also Fräulein Noether jedenfalls nicht als Privatdozentin an die Universität Frankfurt verlieren.*[288]

Ohne explizit genannten neuen äußeren Anlass erging dann am 5. November 1917 (unter ausdrücklichem Bezug auf Hilberts Schreiben vom 4. Dezember 1915, aber ohne einen Hinweis auf den Grund der späten Entscheidung) die endgültige Entscheidung des Ministers – zwei Jahre, nachdem der erste Antrag gestellt worden war:

> *Die Zulassung von Frauen zur Habilitation als Privatdozent begegnet in akademischen Kreisen nach wie vor erheblichen Bedenken. Da die Frage nur grundsätzlich entschieden werden kann, vermag ich auch die Zulassung von Ausnahmen nicht zu genehmigen, selbst wenn im Einzelfall dadurch gewisse Härten unvermeidbar sind. Sollte die grundsätzliche Stellungnahme der Fakultäten, mit der der Erlaß vom 29. Mai 1908 rechnet, eine andere werden, bin ich gern bereit, die Frage erneut zu prüfen.*[289]

Der Grund für diese unerwartete abschließende Entscheidung war möglicherweise der Ministerwechsel im August 1917, als Friedrich Schmidt-Ott (Minister von Au-

---

288 Ministerialdirektor Naumann an Abteilungsvorsteher Voigt, 20.6.1917, UniA GÖ Phil. Fak. 224, o. P.

289 Minister Friedrich Schmidt-Ott an den Kurator am 5.11.1917 mit Bezug auf den Bericht vom 6.12.1915 (das ist das Eingangsdatum des Hilbertschen Briefes vom 4.12.1915), UniA GÖ Kur., 4134, o. P., und Math.-Nat. Pers., in 17: Personalakte Prof. Noether, o. P. Die Abschrift des Kurators, die er am 9.11.1917 an die Philosophische Fakultät sandte, nannte als Bezugspunkt das Gesuch vom 26.11.1915.

gust 1917 bis November 1918) seinen langjährigen Vorgänger im Amt, August von Trott zu Solz (1855-1938) ablöste. Der Vorgang Noether ist vielleicht beim Aufarbeiten der Akten den Mitarbeitern des neuen Ministers als immer noch unerledigt aufgefallen und deshalb abschließend beschieden worden.

Carl Heinrich Becker undatiert
(Bundesarchiv Bilddatenbank
Bild 146-2005-0165)

Ernst Meyer 1915
(Festschrift für Ernst Meyer, Archiv für
Psychiatrie und Nervenkrankheiten 1931)

Eine Rolle hat aber sehr wahrscheinlich auch die Tatsache gespielt, dass am 14. September 1917 der Direktor der Psychiatrischen und Nervenklinik der Universität Königsberg Ernst Meyer (1871-1931) bei Universitätsreferent Becker vorstellig geworden war, den er offensichtlich persönlich gut kannte. Meyer erkundigte sich für seine von ihm 1913 promovierte Schülerin Frieda Reichmann (1887-1957), die während des Krieges als Assistentin des Neurologen und Psychiaters Kurt Goldstein (1878-1965) an der Nervenklinik der Universität Königsberg gehirnverletzte deutsche Soldaten behandelte, wie denn der Stand der Dinge in Sachen Habilitation von Frauen sei:

Bei der ganz besonderen Tüchtigkeit der fraglichen Dame, Frl. Dr. Reichmann, denke ich an den Versuch, durch die Fakultät einen entsprechenden Antrag bei dem Herrn Minister zu stellen, wäre Ihnen aber zu diesem Zweck sehr dankbar für eine Mitteilung, ob bei einem etwaigen Antrag der Fakultät zugunsten der

Zulassung von Frl. Dr. R[eichmann] eine nochmalige Prüfung oder Ablehnung a limine [= von vornherein] zu erwarten wäre.[290]

Meyer, dem Königsberg die moderne, 1913 eingeweihte, in ganz Deutschland als Musterbau geltende Psychiatrie und Nervenklinik zu verdanken hatte, die ohne Gitter vor den Fenstern, hohe Mauern und Stacheldraht auskam, war sich seiner Sache so sicher, dass er ankündigte, dass Reichmann sich auf ihrer Reise zum jährlich im September stattfindenden Neurologen-Kongress bei Becker in Berlin vorstellen werde.[291] Doch der Minister, dem Becker die Anfrage vorzulegen hatte, reagierte erwartungsgemäß mit einer „Ablehnung a limine", indem er Meyer mitteilen ließ, dass „Frauen als Privatdozent an einer Preußischen Universität grundsätzlich nicht zugelassen werden und daß daher zu Gunsten des Fräulein Dr. Reichmann eine Ausnahme nicht gemacht werden kann."[292]

Doch damit gaben sich Meyer und insbesondere Ministerialdirektor Becker nicht zufrieden, der sich zumindest hinter den Kulissen offensichtlich auch zum Fürsprecher für die Rechte von Frauen machte und das auf ausnehmend kreative Weise. Denn als am 5. November 1917 der Bescheid gegen die Habilitation von Emmy Noether erging, der den Schlusssatz enthielt, dass der Minister bereit sei, die Frage erneut zu prüfen, „sollte die grundsätzliche Stellungnahme der Fakultäten, mit der der Erlaß vom 29. Mai 1908 rechnet, eine andere werden", beschloss Becker, seinen Ministers beim Wort zu nehmen. Und so notierte er nicht nur am Rand, dass man diese Frage vielleicht der Rektorenkonferenz vorlegen könne, sondern setzte auch seinen Freund Ernst Meyer von diesem Bescheid in Kenntnis. Und mitten in einem inzwischen über drei Jahre andauernden Krieg, in dem die antifeministischen

---

290 Anfrage Meyer 14.9.1917, GStAPK I. HA Rep. 76 Va, Sekt. 1, Tit. VIII, Nr. 8, Adh. III, Bl. 148.

291 Zur Person Frieda Reichmann siehe Tollmien 1/2021, S. 263 f. Zu Ernst Meyer siehe die Einträge in: Christian Tilitzki, Die Albertus-Universität Königsberg. Ihre Geschichte von der Reichsgründung bis zum Untergang der Provinz Ostpreussen, Band 1, Akademie Verlag Berlin 2012, S. 585, und Alma Kreuter, Deutschsprachige Neurologen und Psychiater. Ein biographisch-bibliographisches Lexikon von den Vorläufern bis zur Mitte des 20. Jahrhunderts, Band 1, Saur Verlag München 1996, S. 95; außerdem Gerhard Meyer, Die Universitätsnervenklinik in Königsberg unter Ernst Meyer, in: Medizin in und aus Ostpreußen. Nachdrucke aus den Rundbriefen der „Ostpreußischen Arztfamilie" 1945-1995, hg. von Joachim Hensel, Druckerei Josef Jägerhuber Starnberg 1996, S. 309 f. Ernst Meyer war der Sohn von Ludwig Meyer (1827-1900), der seit 1866 in Göttingen tätig gewesen war und auf den das No-Restraint-Prinzip (keine Zwangsmaßnahmen) in der Psychiatrie zurückgeht. Meyers Sohn Joachim Ernst Meyer (1917-1998) wiederum leitete von 1963 bis 1985 die Psychiatrische Universitätsklinik in Göttingen.

292 Antwort des Ministers o. D. [Sep.1917] als Abschrift an Becker, GStAPK I. HA Rep. 76 Va, Sekt. 1, Tit. VIII, Nr. 8, Adh. III, Bl. 148 v.

Ressentiments gegen die potentielle Vergabe von Lehrstühlen an Frauen eher zu- als abgenommen hatten, versuchte nun Meyer tatsächlich eine erneute, allgemeine Diskussion über die Habilitation von Frauen in Gang zu bringen, scheiterte jedoch damit schon in der eigenen Fakultät:

> *Leider muß ich Ihnen berichten,* schrieb Meyer am 29. November 1917 an Becker, *dass entgegen meiner Hoffnung, die Fakultät sich nicht entschließen konnte, meinen Antrag „Die Fakultät möge beschließen, beim Kultusministerium den Antrag zu stellen, dass die Zulassung von Frauen zur Habilitation erneut geprüft werde, da hier ein Einzelfall eine prinzipielle Entscheidung wünschenswert erscheinen lasse" anzunehmen, teils aus prinzipieller Abneigung, teils weil man zur Zeit den Ärzten [schwer lesbar, eventuell: etc. Berufen] eine neue Konkurrenz nicht schaffen dürfe. Bei der verschwindend kleinen Zahl von Frauen, die in Betracht kommen, halte ich auch diesen Grund nicht für stichhaltig und bedauere es sehr, dass so Frl. R[eichmann], die schon Gutes geleistet hat nur noch Besseres bringen würde, der wissenschaftlichen Arbeit entzogen wird.*
>
> *Daher möchte ich Ihnen noch besonders danken für das Interesse, das Sie der Angelegenheit entgegenbringen. Sollten noch Beschlüsse erfolgen, die mir bekannt gemacht werden können, so wäre ich für eine Mitteilung sehr dankbar.*[293]

Auch die Göttinger Unterzeichner des Sondervotums gegen Emmy Noethers Habilitation hatten, wie oben schon zitiert, im November 1915 eine erneute Umfrage unter allen preußischen Universitäten gefordert:

> *Da die vorliegende Frage somit in die Verfassung der Senate eingreift, so hoffen wir, daß Eur[e] Exzellenz keinesfalls dem Gesuche der Majorität Folge geben werden, ohne die Gutachten der Senate der preußischen Universitäten von neuem einzufordern.*[294]

Doch weder dieser intentional gegen die Frauen gerichtete, noch Meyers frauenfreundlicher Versuch hatten irgendeine Aussicht auf Erfolg. Bis zum Ende des Krieges und dem Zusammenbruch des Deutschen Kaiserreiches stand der Erlass vom 29. Mai 1908, der die Habilitation von Frauen verbot, in Stein gemeißelt und auch nach dem Umbruch des Jahres 1918/19 fiel er nicht sofort.

---

[293] Randnotiz Beckers auf dem Ministerbescheid vom 5.11.1917, Schreiben Meyers an Becker vom 28.11.1917, GStAPK I. HA Rep. 76 Va, Sekt. 1, Tit. VIII, Nr. 8, Adh. III, Bl. 149, Bl. 150.

[294] Sondervotum vom 19.11.1915, UniA GÖ Kur., 4134, o. P., siehe oben S. 58.

5. Zulassung zur Dozentenlaufbahn 1919

Zwei Frauen wurden nach dem Ende des Krieges und dem diesem folgenden politischen Umbruch noch vor Emmy Noether habilitiert und als Privatdozentinnen zugelassen: die Medizinerin Adele Hartmann (1881-1937) am 13. Februar 1919 an der Universität München[295] und die Archäologin Margarete Bieber (1879-1978) nur wenige Tage vor Emmy Noether am 28. Mai 1919 an der Universität Gießen.[296]

Dabei war es sicher kein Zufall, dass diese beiden ersten Habilitationen einer Frau nicht in Preußen stattfanden, sondern in Bayern und in dem ehemaligen Großherzogtum Hessen, das am 9. November 1918 in den Volksstaat Hessen umgewandelt worden war. Denn weder in Bayern noch in Hessen gab es ein dem preußischen Erlass vom 29. Mai 1908 vergleichbares offizielles Habilitationsverbot für Frauen. Dennoch waren auch in Bayern und in Hessen vor dem Ende des Krieges keine Frauen habilitiert worden, und so war die Universität Gießen einigermaßen ratlos, wie sie auf das Habilitationsgesuch Margarete Biebers reagieren sollte. Und wie immer in solchen Fällen griff man auch in Gießen wieder zu einer Umfrage und bat mit Schreiben vom 11. März 1919 alle deutschen philosophischen Fakultäten um eine Antwort auf die Frage,

---

295 Zur Person siehe Monika Ebert, Zwischen Anerkennung und Ächtung. Medizinerinnen der Ludwig-Maximilians-Universität in der ersten Hälfte des 20. Jahrhunderts, VDS-Verlagsdruckerei Schmidt Neustadt an der Aisch 2003, hier S. 103-116, und Wolfgang J. Smolka (Kürzel WS), Aus der Personalakte von Adele Hartmann, Oktober 2015, nur online: www.universitaetsarchiv.uni-muenchen.de/monatsstueck/2015/oktober_2015/index.html (Abruf 14.10.2020).

296 Zur Person siehe Hiltrud Häntzschel, Zur Geschichte der Habilitation von Frauen in Deutschland, in: Hiltrud Häntzschel und Hadumod Bußmann (Hg.), Bedrohlich gescheit. Ein Jahrhundert Frauen und Wissenschaft in Bayern, C.H. Beck München 1997, S. 84-104, hier S. 90 f.; Eva-Marie Felschow, Der lange Weg an die Universität – Zum Beginn des Frauenstudiums in Gießen, in: Recht auf Wissen. 90 Jahre Frauenstudium an der Gießener Universität. Vorlesungen, hg. von Marion Oberschelp, Verlag der Ferber'schen Universitätsbuchhandlung Gießen 1999, S. 35-58, hier S. 53 ff.; Dagmar Klein, Margarte Bieber, in: Dies., Pionierinnen im Wissenschaftsbetrieb – Biographien Gießener Akademikerinnen, in: Ebenda, S. 59-112, hier S. 72-77; Larissa Bonfante und Matthias Recke, Margarete Bieber: Two Worlds, 2003, nur online: https://www. brown.edu/Research/Breaking_Ground/bios/Bieber_Margarete.pdf (Abruf 15. 10. 2020), insb. S. 6 ff.; Matthias Recke, „…besonders schauerlich war die Anwesenheit von Frl. Bieber". Die Archäologin Margarete Bieber (1879-1978) – Etablierung einer Frau als Wissenschaftlerin, in: Jana Esther Fries, Ulrike Rambuscheck, Gisela Schulte-Dornberg, Science oder Fiction? Geschlechterrollen in archäologischen Lebensbildern - Bericht der 2. Sitzung der AG Geschlechterforschung während des 5. Deutschen Archäologen-Kongresses in Frankfurt (Oder) 2005, Waxmann Verlag Münster 2007, S. 209-231, hier insb. S. 216-220; und Ders., Die Klassische Archäologie in Gießen. 100 Jahre Antikensammlung, Verlag der Ferber'schen Universitäts-Buchhandlung Gießen, edition Gießen 2000, S. 65-90.

ob und in welchem Sinn Ihre Fakultät schon, besonders seit der Revolution zu der Frage der Habilitation von Frauen Stellung genommen hat.[297]

Von 22 angeschriebenen Fakultäten antworteten immerhin 19, fast alle vage und abwartend. Doch sprach sich keine der Fakultäten explizit gegen eine Zulassung von Frauen aus und positiv äußerten sich immerhin Frankfurt,[298] Rostock, Münster[299] und München, wo man darauf verweisen konnte, dass Adele Hartmann zu diesem Zeitpunkt bereits habilitiert worden war:

- Berlin: „bisher noch keine Veranlassung gehabt, zu der Frage [...] Stellung zu nehmen";
- Bonn: „seit der Revolution keine Stellung zu Frage der Habilitation von Frauen genommen [...] vorläufig auch keine Veranlassung, es zu tun [...]. In den Jahren 1900 und 1906 sind Habilitationsgesuche von Frauen abschlägig beschieden worden."[300]
- Breslau: „hier noch nicht zur Erörterung gekommen";
- Erlangen: „bisher keine Veranlassung";
- Frankfurt: „Die Fakultät wünscht ihre bestimmte Stellungsnahme bis auf einen gegebenen Anlaß zu verschieben, glaubt aber jetzt schon aussprechen zu müssen, daß sie [...] keine Möglichkeit zu einer grundsätzlich ablehnenden Stellungsnahme in der Angelegenheit erblickt";
- Freiburg: „noch keine Stellung";
- Greifswald: „keine Stellung";
- Halle: „keinen Anlass gehabt";
- Jena: „noch nicht ausdrücklich Stellung genommen";
- Kiel: „noch keine Stellung";
- Königsberg: „noch keine Stellung";
- Leipzig: „noch nicht Stellung genommen";
- Marburg: „bislang keinen Anlass gehabt";

---

[297] Zitiert nach Häntzschel 1997, S. 90.

[298] Vgl. zur Universität Frankfurt oben S. 142 ff. und Tollmien 1/2021, S. 256 f.

[299] Schon während der Umfrage 1907 hatten sich die Philosophische und Naturwissenschaftliche Fakultät und auch der Kurator der gerade neu gegründeten Universität Münster für die Habilitation von Frauen ausgesprochen; siehe dazu Tollmien 1/2021, S. 211, S. 215 f. und S. 220.

[300] Siehe zum Habilitationsgesuch Maria von Lindens (1869-1936), das diese 1906 stellte und das zum preußischen Erlass vom 29. Mai 1908 führte, der jede Habilitation einer Frau untersagte, Tollmien 1/2021 passim, und zum Habilitationsgesuch Adeline Rittershaus-Bjarnasons (1867-1924) aus dem Jahre 1901 (nicht 1900), ebenda, S. 17 ff.

- München: „dass an sich [...] kein Hinderungsgrund vorliegt. Es wurde auf den Vorgang unserer medizinischen Fakultät hingewiesen."
- Münster: „mit überwiegender Mehrheit für die Zulassung ausgesprochen";
- Rostock: „dass unsere Fakultät keine Bedenken hat auch Damen gegebenen Falles unter den gleichen Bedingungen wie Männer zu habilitieren";
- Tübingen: „weder vor noch nach der Revolution [...] Stellung genommen";
- Würzburg: „noch nicht herangetreten".[301]

Insgesamt waren dies wenig befriedigende Auskünfte, doch hatte die Philosophische Fakultät Gießen in der ersten Sitzung des in der Sache Bieber gebildeten Habilitationsausschusses am 27. Februar 1919 auch beschlossen, die eigene Juristische Fakultät um ein „Gutachten über die rechtliche Seite der Zulassung von Frauen zur Habilitation zu bitten (auf Grund der bestehenden Satzungen)",[302] und dies fiel eindeutig positiv aus:

> *Während die Frauen,* so die Gießener Juristen in ihrem Gutachten vom 27. März 1919, *zur Ablegung von Doktorprüfungen ausdrücklich zugelassen sind, fehlt es an einer entsprechenden Bestimmung für die Zulassung zur Habilitation. Andererseits ist die Zulassung von Frauen auch nicht untersagt. Erstens können die [...] Bedingungen auch von Frauen erfüllt werden. Zweitens kann [...] kein Ausschluss der Frauen herausgelesen werden. [...] Es kann höchstens die Frage aufgeworfen werden, ob die Frauen durch Gewohnheitsrecht von der Habilitation ausgeschlossen sind. [...] Für die frühere Zeit wird man ein solches Gewohnheitsrecht annehmen dürfen. [...] schon dass es niemandem einfiel, solche Anträge zu stellen, deutet auf das Bestehen eines Gewohnheitsrechts. Aber schon seit einigen Jahrzehnten hat sich eine Wendung zugunsten der Frauen angebahnt: sie wurden als Hörerinnen, dann als Studierende zu den Vorlesungen zugelassen, sie erhielten das Recht zur Erwerbung des Doktorgrades. [...] auch in dem Lehrkörper von Universitäten haben sie schon Aufnahme gefunden, ganz allgemein als Assistentinnen, da und dort auch als Privatdozentinnen und als Lektorinnen.*

---

[301] Die Antworten wurden zwischen dem 11.3. und dem 11.4.1919 verfasst und befinden sich in der Personalakte Margarete Biebers im Universitätsarchiv (kurz: UnivA) Gießen Phil 3, Bl. 106-126, hier zitiert nach Recke 2007, S. 218 f. und Recke 2000, S. 69 ff; oben nicht aufgeführt ist die Antwort der Philosophischen Fakultät Göttingen, da darauf in dem Abschnitt „Beim Empfang der neuen Arbeit von Frl. Noether…" ausführlich eingegangen werden wird, siehe unten S.168.

[302] Zitiert nach Recke 2000, S. 69.

Daher, so die Schlussfolgerung, könne dieses Gewohnheitsrecht nicht mehr als fortbestehend angenommen werden.

> *Auch aus der Natur des Berufs kann kein Hindernis abgeleitet werden,* hieß es in dem Gutachten weiter. *Die Frauen vermögen sich die vorgeschriebene Vorbildung ebensogut anzueignen wie die Männer, und viele Frauen stehen in der Fähigkeit zur Ausübung des Lehrberufs hinter den Männern nicht zurück. Daher ist die Zulassung von Frauen zur Habilitation als rechtlich zulässig zu bezeichnen. Eine durch das Ministerium zu genehmigende Aenderung der Satzung ist hiernach nicht erforderlich.*[303]

In Hessen und wohl auch in Bayern beruhte also der Ausschluss der Frauen von einer akademischen Karriere lediglich auf einem „Gewohnheitsrecht", war also nicht wie in Preußen durch einen ministeriellen Erlass festgeschrieben und war daher nach dem Krieg – anders als dies bei Emmy Noether der Fall sein sollte – auch ohne Einschaltung des Ministeriums einfach aufhebbar.

„Erst die Revolution hat sie geschaffen" – die ersten Privatdozentinnen in Deutschland

Wie Emmy Noether hatte die mit ihr fast gleichaltrige Adele Hartmann zunächst ein Sprachlehrerinnenexamen abgelegt, dann 1906 als Externe an einem Knabengymnasium das Abitur gemacht und anschließend ihr Medizinstudium in München aufgenommen (Bayern ließ schon seit 1903 Frauen als reguläre Studentinnen zu, so sie ein Abiturzeugnis vorweisen konnten). 1913 war Hartmann „summa cum laude" promoviert worden und erhielt anschließend eine Assistentenstelle. Von 1915 bis 1918 arbeitete sie an ihrer Habilitationsschrift, die sie im Mai 1918 der Fakultät vorlegte, die diese noch vor (!) dem Ende des Krieges am 21. Juni 1918 als Habilitationsarbeit akzeptierte. Am 20. Dezember 1918 hielt Adele Hartmann dann an der Universität München ihre Probevorlesung „Ueber die bisherigen Erklärungsversuche der Zellteilung", die wie ihre Habilitationsarbeit mit „ausgezeichnet" bewertet

[303] Gutachten der Juristischen Fakultät der Universität Gießen vom 27.3.1919, UnivA Gießen Personalakte Margarete Bieber, Phil 3, Bl. 128, hier zitiert nach Recke 2007, S. 219 f. Anm. 4 (auch in Recke 2000, S. 71 Anm. 264) und Häntzschel, 1997, S. 90 f. Dieses Gutachten der Gießener Juristen verleitete Häntzschel zu der Aussage, dass auch in Preußen der Ausschluss der Frauen von der Habilitation nur ein Gewohnheitsrecht gewesen sei, was aber unzutreffend ist; siehe dazu Tollmien 1/2021, S. 63 Anm. 112.

wurde. Am 25. Januar 1919 beschloss der Münchener Senat, dem Antrag der Medizinischen Fakultät auf Habilitation Adele Hartmanns stattzugeben, so dass Hartmann mit Wirkung vom 13. Februar 1919 zur Privatdozentin der Medizin an der Ludwig-Maximilians-Universität ernannt werden konnte.

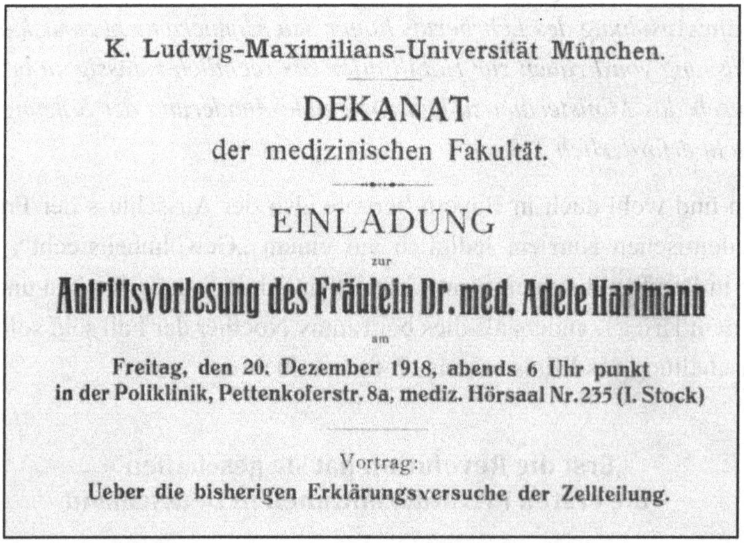

K. Ludwig-Maximilians-Universität München.

DEKANAT

der medizinischen Fakultät.

EINLADUNG

zur

Antrittsvorlesung des Fräulein Dr. med. Adele Hartmann

am

Freitag, den 20. Dezember 1918, abends 6 Uhr punkt
in der Poliklinik, Pettenkoferstr. 8a, mediz. Hörsaal Nr. 235 (I. Stock)

Vortrag:
Ueber die bisherigen Erklärungsversuche der Zellteilung.

Einladung zur Probevorlesung Adele Hartmanns
(Universitätsarchiv München E-II-1610 Personalakte Adele Hartmann)

Hartmanns Ernennung zur Privatdozentin war nicht nur einer Vielzahl von Tageszeitungen wenigstens eine Kurzmeldung wert – und wurde demzufolge auch im inzwischen in „Ministerium für Wissenschaft, Kunst und Volksbildung" umbenannten Berliner Kultusministerium zur Kenntnis genommen –, sondern veranlasste auch den sozialdemokratischen *Vorwärts* am 27. Februar 1919 unter der Titelzeile „Die erste deutsche Universitätsdozentin" zu einem begeisterten Jubelartikel:

Erst die Revolution hat sie geschaffen, die erste Privatdozentin in Deutschland. Dr. Adele Hartmann ist in München – in der vorkommunistischen Zeit[304] *– als Anatomin zu den Vorlesungen zugelassen worden!*

[304] Der USPD-Politiker (das U im Parteinamen steht für Unabhängig) und strikte Gegner des bolschewistischen Systems der Sowjetunion Kurt Eisner (1867-1919) hatte am 8. November 1918 den

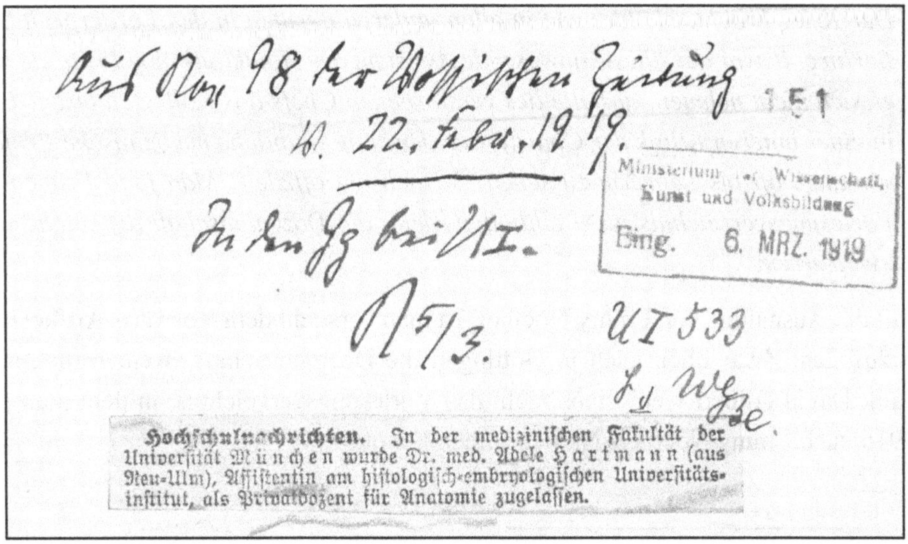

Aus Nr. 98 der Vossischen Zeitung v. 22. Febr. 1919.

151

Ministerium für Wissenschaft, Kunst und Volksbildung
Eing. 6. MRZ. 1919

UI 533

Hochschulnachrichten. In der medizinischen Fakultät der Universität München wurde Dr. med. Adele Hartmann (aus Neu-Ulm), Assistentin am histologisch-embryologischen Universitätsinstitut, als Privatdozent für Anatomie zugelassen.

Meldung über Adele Hartmanns Ernennung zur Privatdozentin in der Vossischen Zeitung vom 22. Februar 1919, als Zeitungsausriss in der Akte des Berliner Kultusministeriums zur Umfrage von 1907 abgelegt (siehe zu dieser Umfrage Tollmien 1/2021) (GStAPK I. HA Rep. 76 Va, Sekt. 1, Tit. VIII, Nr. 8, Adh. III Bl. 151)

Trotz aller Redensarten hatte es die bisherige „demokratische" Universitätsverfassung verhindert, dass der Aufstieg der Tüchtigen bei den studierten Frauen die schwindelnde Höhe des Universitätslehrers erreichte. Und es ist bezeichnend, dass es die Mediziner waren, dieselben, die weibliche Kollegen am längsten auf der Universität kannten, die eine Änderung dieses höchst unmodern Standpunktes zuerst vornahmen. Waren doch im inoffiziellen Lehrbetriebe Frauen hier schon längst bewährt. Assistentinnen gab es in jeder Klinik, in den meisten Instituten.

Freistaat Bayern ausgerufen und war dessen erster Ministerpräsident geworden. Eisner, der als erster Politiker in Deutschland schon in der Nacht vom 7. auf den 8. November das allgemeine, gleiche und direkte Wahlrecht für Frauen verkündet hatte, war am 21. Februar 1919 – also wenige Tage vor dem zitierten Vorwärtsartikel – ermordet worden, weshalb sich die schon zuvor bestehenden Auseinandersetzungen zwischen den Anhängern einer parlamentarischen Demokratie und denen einer sozialistischen Räterepublik in Bayern massiv verschärften. Zur Ausrufung der (nur sehr kurzlebigen) Bayrischen Räterepublik kam es jedoch erst am 7. April 1919. Weshalb hier der Vorwärts schon am 27. Februar 1919 den Eindruck erweckte, es herrschten in Bayern bereits kommunistische Zustände, lässt sich nur mit der damals herrschenden, uns heute fernliegenden, teilweise auch unscharfen Begriffsverwendung erklären, nach der jeder SPD-Anhänger ein „Marxist" war und die 1916 als Abspaltung von der SPD gegründete USPD auch schon einmal als kommunistisch gelten konnte. Siehe dazu auch die geplante Veröffentlichung über Emmy Noethers „marxistische" Vergangenheit: Tollmien, Die Lebens- und Familiengeschichte der Mathematikerin Emmy Noether in Einzelaspekten 12 (Erscheinungsjahr noch unsicher).

Der Krieg brachte sie hier wie in allen anderen Berufen in den Vordergrund. In Berlin z. B. war der älteste anwesende Assistent der Hautklinik eine Frau, sie ließ es sich nicht nehmen, anstelle des verstorbenen Chefs das Kolleg zu lesen! Und in einer inneren Klinik der Charité war der erste weibliche medizinische Professor auch oft als Lehrerin zu sehen.[305] *Doch nie offiziell! Man fand Frauen im Vorlesungsverzeichnis nicht enthalten, denn die Dozentenschaft als solche war „weiberrein".*[306]

Mit der Ausnahme von Emmy Noether, ist man versucht dem Vorwärts Artikel hinzuzufügen: Zwar blieb auch in Göttingen die Dozentenschaft „weiberrein", aber dank David Hilbert wenigstens nicht das Vorlesungsverzeichnis, in dem man seit 1916 auch Emmy Noethers Namen finden konnte.[307]

---

[305] Um welche Assistentin an der Hautklinik es sich handelte, ist unklar. Zwar war Edmund Lesser (1852-1918), der erste Ordinarius für Dermatologie in Deutschland, am 5. Juni 1918 gestorben, doch gehörte er zu den beiden Berliner Professoren, die noch nach der Zulassung von Frauen als reguläre Studentinnen in Preußen im August 1908 von ihrem in dem entsprechenden Erlass verbrieften Recht Gebrauch machten, Frauen von ihren Vorlesungen auszuschließen (siehe dazu Störgröße „F". Frauenstudium und Wissenschaftlerinnenkarrieren an der Friedrich-Wilhelms-Universität Berlin – 1892-1945. Eine kommentierte Aktenedition, hg. vom Zentrum für transdisziplinäre Geschlechterstudien der Humboldt-Universität zu Berlin und der Projektgruppe Edition Frauenstudium, trafo Verlag Berlin 2010, S. 80). Insofern erscheint es eher unwahrscheinlich, dass Lesser eine Assistentin hatte, ausgeschlossen ist dies allerdings auch nicht. Immerhin beschränkte Lesser den Ausschluss der Frauen nur auf seine Vorlesung „Die Geschlechtskrankheiten, ihre Gefahren und Verhütungen" und der Krieg mit dem durch diesen hervorgerufenen Männermangel änderte manches. Name und sonstige Daten dieser Assistentin ließen sich allerdings von der Autorin nicht feststellen. Mit dem „ersten weiblichen Professor" an der Charité aber ist eindeutig Rahel Hirsch (1870-1953) gemeint, der 1913 auf Initiative des Klinikchefs, des Internisten und Pathologen Friedrich Kraus (1858-1936), der Professorentitel verliehen worden war und die, obwohl (natürlich) nicht habilitiert. während des Krieges offensichtlich auch Lehrveranstaltungen übernahm. Zur Bedeutung dieses Professorentitels als „Trostpflaster" für die nicht gewährte Habilitation siehe Tollmien 1/2021, S. 45 Anm. 74 und S. 260 ff. Zur Person Rahel Hirschs siehe Gerhard Volkheimer, Hirsch, Rahel, in: Neue Deutsche Biographie 9 (1972), S. 209 f.; Petra Lindner, Rahel Hirsch. 1870-1953, in: Jewish Women's Archive, o. J., nur online: https://jwa.org/encyclopedia/article/hirsch-rahel (Abruf 14.10.2020). Doch nicht nur in der Medizin übernahmen Frauen während des Krieges Lehrverpflichtungen So war beispielsweise Charlotte Engel-Reimers, der man, wie oben berichtet, 1912 die Habilitation verweigert hatte, seit 1914 als Assistentin am Staatswissenschaftlichen Seminar tätig und übernahm mit drei männlichen Nachwuchswissenschaftlern dort das Proseminar. Siehe dazu das Dokument 52 in Störgröße „F" 2010, S. 136 f., und zu weiteren Beispielen von Frauen im „Kriegshilfsdienst" an der Berliner Universität ebenda, S. 141, S. 144 f. Verwiesen sei hier auch auf die Physikerin Christine Straßer (1891-1972), die während des Krieges an der Universität Bonn lehrte. Siehe dazu Tollmien 1/2021, S. 51 Anm. 88.

[306] Zitiert nach Ebert 2003, S. 103 f.; in Häntzschel 1997, S. 94, befindet sich ein Faksimile des Artikels.

[307] Gerechterweise sei hier erwähnt, dass auch Max Planck (1858-1947) dafür sorgte, dass Lise Meitner (1878-1968), als sie 1913 für ihn als seine Assistentin die Übungsaufgaben seiner Studenten

Dass erst die Revolution die erste Privatdozentin in Deutschland geschaffen habe, bestritt Adele Hartmann übrigens vehement in einem Leserbrief, den der *Vorwärts* in seiner Ausgabe von 12. März 1919 zusammenfassend wiedergab. Diese Möglichkeit, so Hartmann, sei „schon lange vorher“ gegeben gewesen. Was sie damit meinte, wird allerdings nicht ganz deutlich. Sie bezog sich in diesem Brief nur auf die Tatsache, dass sie ihre Arbeit 1915 mit Einverständnis ihrer Professoren begonnen habe, in der Absicht, sie der medizinischen Fakultät zwecks Zulassung zur Habilitation einzureichen, dass diese schon im Juni 1918 angenommen worden sei und der Habilitationsakt (gemeint ist wohl das Kolloquium) am 29. November 1918 abgeschlossen gewesen sei.

Das aber sind relativ schwache Argumente. Denn auch Emmy Noether konnte bei ihren vergeblichen Versuchen, habilitiert zu werden, auf die vorbehaltlose Unterstützung der sie betreuenden Professoren rechnen und die von ihr eingereichte Arbeit wurde sogar schon 1915 als Habilitationsarbeit angenommen. Doch hatte dies bis zur Revolution 1918/19 keinerlei Einfluss auf die Bewilligung ihres Habilitationsgesuches, und auch Adele Hartmann wurde, obwohl in München kein offizielles Habilitationsverbot für Frauen existierte, erst nach dem Krieg habilitiert. Sie hatte jedoch insofern mehr Glück als Emmy Noether, als sie ihre Arbeit erst kurz vor dem Ende des Krieges einreichte und daher nicht wie diese vier Jahre auf ihre Habilitation warten musste. Daher ist dem *Vorwärts* zuzustimmen, wenn er nach der Wiedergabe des Leserbriefs Adele Hartmanns abschließend feststellte:

> *Die Revolution ist nicht aus blauer Luft hereingebrochen. Dieselben Ursachen aber, die den 9. November reif werden ließen, haben auch mitgewirkt, der weiblichen Dozentenschaft in Deutschland endlich die Hindernisse aus dem Weg zu räumen, die bisher unüberwindlich waren. Was Adele Hartmann erreichte, ist nicht eine Folge des 9. November, aber ein Revolutionszeichen bleibt es, und darauf kommt es an.*[308]

Nach Adele Hartmann war es dann Margarete Bieber, die als zweite Frau an einer deutschen Universität habilitiert wurde, wieder – wie oben schon gesagt – an einer nicht-preußischen Universität. Geplant hatte die 1907 in Bonn promovierte Bieber ihre Habilitation schon lange, war aber nach der Promotion zunächst für mehrere

---

korrigierte, im Personalverzeichnis der Berliner Universität genannt wurde. Siehe dazu Störgröße „F“ 2010, S. 128 f. und S. 132.

[308] Zitiert nach Ebert 2003, S. 104, Faksimile bei Häntzschel 1997, S. 94.

Jahre zu Forschungsreisen in den Mittelmeerraum aufgebrochen. Nach Ausbruch des Ersten Weltkriegs hatte sie nach Deutschland zurückkehren müssen und wurde Ostern 1915 als Ersatz für ihren einberufenen Kollegen und Freund Gerhart Rodenwaldt (1886-1945) Assistentin ihres Bonner Doktorvaters Georg Loeschcke (1852-1915), der seit 1912 an der Berliner Universität lehrte. Als Loeschcke kurz darauf erkrankte und am 26. November 1915 starb, übernahm sie die Vertretung seines Lehrstuhls.

Adele Hartmann in München mit einem Verwandten, undatiert, wohl Zwanziger Jahre (Ebert 2003, S. 111, Ausschnitt)

Margarete Bieber als Modell in ihrem 1928 bei Walter de Gruyter & Co erschienenen Buch über „Griechische Kleidung“ (dem Thema ihrer Probevorlesung)

Bieber gehörte damit also auch zu den Frauen, die schon während des Krieges unerkannt und ungewürdigt an einer Universität lehrten und denen man dennoch die Habilitation verwehrte. Damit nicht genug, verbot der 1916 als Loeschckes Nachfolger berufene Ferdinand Noack (1865-1931) ihr die Lehrtätigkeit und verwehrte ihr sogar den Zugang zum archäologischen Institut. Bieber war daher in den folgenden Jahren darauf angewiesen, private Kurse zu geben, die insbesondere von ehemaligen Schülern Loeschckes frequentiert wurden. Dennoch gab Bieber ihre Habilitationspläne nie auf: „Acht Jahre lang“, so hieß es in einer 1931 in der Zeitschrift *Die Frau* erschienen Würdigung“, „hatte sie ständig eine druckfertige Arbeit als Habilitationsschrift liegen und gab sie erst in Druck, wenn eine neue fertig war.“[309] 1918 erhielt sie schließlich wie schon im Studienjahr 1909/10 wieder ein Stipendium des Deutschen Archäologischen Instituts, das ihr die Materialaufnahme von Denkmälern zum antiken Theaterwesen ermöglichte. Aus diesen Studien entstand ihre letzte, dann schließlich erfolgreiche Habilitationsschrift. Denn inzwischen war Rodenwaldt als ordentlicher Professor nach Gießen berufen worden und unternahm sofort nach Kriegsende den Versuch, sie – wenn schon nicht in Berlin – so doch wenigstens in Gießen zu habilitieren.

Bieber stellte ihren Antrag am 24. Februar 1919, als Habilitationsarbeit reichte sie ihre Abhandlung über „Die Denkmäler zum Theaterwesen im Altertum“ ein.[310] Im März 1919 fand die oben geschilderte Umfrage mit dem abschließenden positiven Gutachten der Gießener Juristischen Fakultät statt, am 2. April 1919 beschloss die Fakultät einstimmig, „die grundsätzliche Frage der Zulassung von Frauen zu bejahen“, am 14. Mai 1919 hielt Margarete Bieber ihre Probevorlesung zum Thema „Kleidung der griechischen Frau“ und am 28. Mai 1919 wurde sie vom Gießener Senat einstimmig zur Privatdozentin ernannt.[311]

Wie wenig selbstverständlich dies auch nach dem Krieg und auch an einer nichtpreußischen Universität war, macht ein Brief deutlich, den Ludwig Curtius (1874-

---

309 Charlotte von Reichenau in einer Würdigung Margarete Biebers anlässlich ihrer Ernennung zur planmäßigen außerordentlichen Professorin 1931, in: Die Frau 38 (1938), S. 701 f., zitiert nach Häntzschel 1997, S. 90.

310 Margarete Bieber, Die Denkmäler zum Theaterwesen im Altertum, Vereinigung wissenschaftlicher Verleger Berlin 1920.

311 Recke 200, S. 71 (dort das Zitat zum Beschluss der Fakultät, Originalquelle UnivA Gießen, Personalakte Margarete Bieber Phil 3, Bl. 130) und Häntzschel 1997, S. 91. Bei Häntzschel ist allerdings mit dem 18. Mai 1919 ein falsches Datum angegeben. Der 28. Mai 1919 ergibt sich jedoch zweifelsfrei aus einer Aktennotiz vom 28. Mai 1919 auf dem Skript des Vortrags des Rechtswissenschaftlers Otto Eger (1877-1949) zum „Habilitationsgesuch von Fräulein Doctor phil. Margarete Bieber für das Fach der klassischen Archäologie“, den dieser die Sache Biebers positiv vertretend, am 17. Mai 1919 vor dem Senat hielt. Die Notiz lautet wörtlich: „Der Antrag [auf Habilitation] wurde in der heutigen Sitzung des Gesamtsenats einstimmig angenommen. G[ießen] 28/5.19.“ UnivA Gießen, Personalakte Margarete Bieber Phil Nr. 3, Bl. 139. Richtiges Datum bei Bonfante und Recke 2003, S. 8, die weiteren oben genannten Daten auch ebenda S. 7 f.; vgl. auch Felschow 1999, S. 54, und Klein 1999, S. 73 f.

1954), gerade erst nach vierjährigem Kriegsdienst zum 1. Oktober 1918 als Direktor des Archäologischen Instituts nach Freiburg berufen,[312] am 15. Mai 1919 an seinen Freund und Kollegen Paul Wolters (1858-1936) in München schrieb:

> *Gestern kam eine Berliner jüdische Aesthetin zu mir und frug mich im Auftrag von Frl. Dr. Bieber, wie ich mich zu dem Wunsch dieser Dame sich in Freiburg zu habilitieren stelle. – Ich erwiederte [sic!] gelassen, man könne zwar jemand anderes schicken, um einen zum Thee oder Kafee [sic!] oder sonst zu einem Stelldichein zu bitten, aber für eine Habilitationsfrage müsste ich mir diese Form verbitten. – Lustig, nicht wahr. Fiel mir gerade ein, mir eine Berliner Jüdin zeitlebens auf den Buckel zu laden.*[313]

Natürlich war diese Bemerkung nicht für die Öffentlichkeit bestimmt, doch macht sie eindringlich deutlich, wie nah beieinander antifeministische und antisemitische Vorbehalte lagen.[314]

Schon vor dem Ersten Weltkrieg hatte Curtius, der einer der bekanntesten Archäologen des 20. Jahrhunderts war, deutlich völkische und antisemitische Neigungen erkennen lassen, die sich nach dem verlorenen Krieg und vor allem der Unterzeichnung des Versailler Vertrages durch die von ihm als dilettantisch geschmähte Regierung Ebert-Scheidemann massiv verstärkten. So fand er mit seinem auch antisemitisch motivierten Hass sowohl auf die Demokratie, als auch insbesondere auf die politische Linke (was für ihn die aus heutiger Sicht maßvolle MSPD, die in Abgrenzung zur USPD sogenannten Mehrheitssozialisten, ebenso einschloss wie die Kommunisten) seine politische Heimat denn auch folgerichtig in der im November 1918 gegründeten Deutschnationalen Volkspartei (DNVP), einem Sammelbecken

---

312 Robert Heidenreich, Curtius, Ludwig in: Neue Deutsche Biographie 3 (1957), S. 449.

313 Curtius an Wolters 15.5.1919, Bayerische Staatsbibliothek München, Woltersiana I Curtius 11. Dieser Absatz aus dem genannten Brief ist auch zitiert in: Recke 2007 S. 218, und auch schon in Recke 2000, S. 68. Merkwürdig ist allerdings, dass Bieber noch im Mai 1919, als ihr Habilitationsgesuch in Gießen längst akzeptiert war und sie sich mitten im Verfahren befand, ernsthaft erwogen haben soll, sich in Freiburg zu habilitieren. Es wurde deshalb sehr sorgfältig überprüft, ob das Datum des Briefes stimmt. Curtius verwendete für die Angabe des Monats ein V, was der römischen Fünf entspricht; außerdem bezieht er sich in diesem Brief auf den Tod seines Vaters, des Augsburger Arztes Ferdinand Curtius (1844-1919), der am 3. April 1919 verstarb. Deshalb müssen wir davon ausgehen, dass tatsächlich am 14.5.1919, an dem Tag, an dem Margarete Bieber in Gießen bereits ihre Probevorlesung hielt, eine nicht näher bezeichnete Berliner Bekannte sich bei Curtius für Bieber wegen einer Habilitation in Freiburg verwenden zu müssen glaubte. Und dies wiederum ist nur denkbar, wenn dies ohne Wissen Biebers geschah.

314 Siehe dazu Tollmien 1/2021, S. 174-206, insb. S. 187-190.

nationalkonservativer, antisemitischer und verfassungsfeindlicher Kräfte.[315] Ob im Fall der „Berliner jüdischen Aesthetin“ bei Curtius die antifeministischen oder die antisemitischen Vorurteile überwogen, ist nicht leicht zu entscheiden, aber hier auch nicht von Bedeutung. Für Emmy Noether kann man dagegen sagen, dass sie in den Anfängen ihrer (nicht-gehabten) Karriere eher als Frau, denn als Jüdin diskriminiert wurde, was sich erst mit dem Erstarken des Nationalsozialismus änderte.[316]

Nicht unerwähnt soll hier bleiben, dass auch die Philosophische Fakultät Gießen nicht so weit gehen wollte, sich Frauen auf Lehrstühlen vorzustellen. Trotz ihres einstimmigen Beschlusses für die Habilitation von Frauen hob sie „in einem nur gegen zwei Stimmen gefassten Beschluss ausdrücklich“ hervor, „dass sie zu der Frage, ob Frauen bei der Besetzung von Professuren in Betracht gezogen werden können, noch keine Stellung nehme.“[317]

An dem Tag, an dem Margarete Bieber zur Privatdozentin ernannt wurde, fand in der Habilitationssache Emmy Noether das Kolloquium statt. Am 4. Juni 1919 hielt Emmy Noether ihre Probevorlesung und am gleichen Tag, also nur eine Woche nach Margarete Bieber, wurde sie von der Mathematisch-Naturwissenschaftlichen Abteilung der Göttinger Philosophischen Fakultät zur Privatdozentin ernannt.[318]

---

[315] Siehe zur politischen Entwicklung von Curtius, der seit 1928 das Deutsche Archäologische Institut in Rom leitete und speziell zu seinem Verhältnis zum Nationalsozialismus und zum italienischen Faschismus, die überzeugende Studie von Silvia Diebner und Christian Jansen über Ludwig Curtius (1874-1954), in: Lebensbilder. Klassische Archäologen und der Nationalsozialismus, Band 2, hg. von Gunnar Brands und Martin Maischberger, Verlag Marie Leidorf Rahden/Westfalen 2016, S. 7-111. Unkritisch Curtius‘ Selbstdarstellung in seiner Autobiografie folgend kommen Angelos Chaniotis und Ulrich Thaler, Altertumswissenschaften, in: Wolfgang U. Eckart, Volker Sellin, Elke Wolgast (Hg.), Die Universität Heidelberg im Nationalsozialismus, Springer Medizin Verlag Heidelberg 2006, S. 391-434, zu einer wesentlich positiveren Darstellung des Verhaltens von Curtius während des Nationalsozialismus.

[316] Siehe dazu Tollmien, Die Lebens- und Familiengeschichte der Mathematikerin Emmy Noether in Einzelaspekten 10, und auch Dies., Die Lebens- und Familiengeschichte der Mathematikerin Emmy Noether in Einzelaspekten 14 „So glaube ich doch mit Bestimmtheit, daß ein rückhaltloses Eintreten für den nationalen Staat von ihr nicht zu erwarten ist“ – entlassen als Jüdin und Pazifistin, tredition Hamburg (Erscheinungsjahre noch unsicher).

[317] Vortrag Eger zum Habilitationsgesuch Bieber 17.5.1919, UnivA Gießen Personalakte Margarete Bieber Phil Nr. 3, Bl. 139.

[318] Das Habilitationsprocedere war an den verschiedenen Universitäten unterschiedlich: So wurde in Göttingen nicht wie in Gießen und München der Gesamtsenat eingeschaltet, und die Ernennung zur Privatdozentin erfolgte auch nicht durch die Gesamtfakultät, sondern die beiden Abteilungen, die Mathematisch-Naturwissenschaftliche und die Historisch-Philologische, agierten in dieser Sache eigenständig.

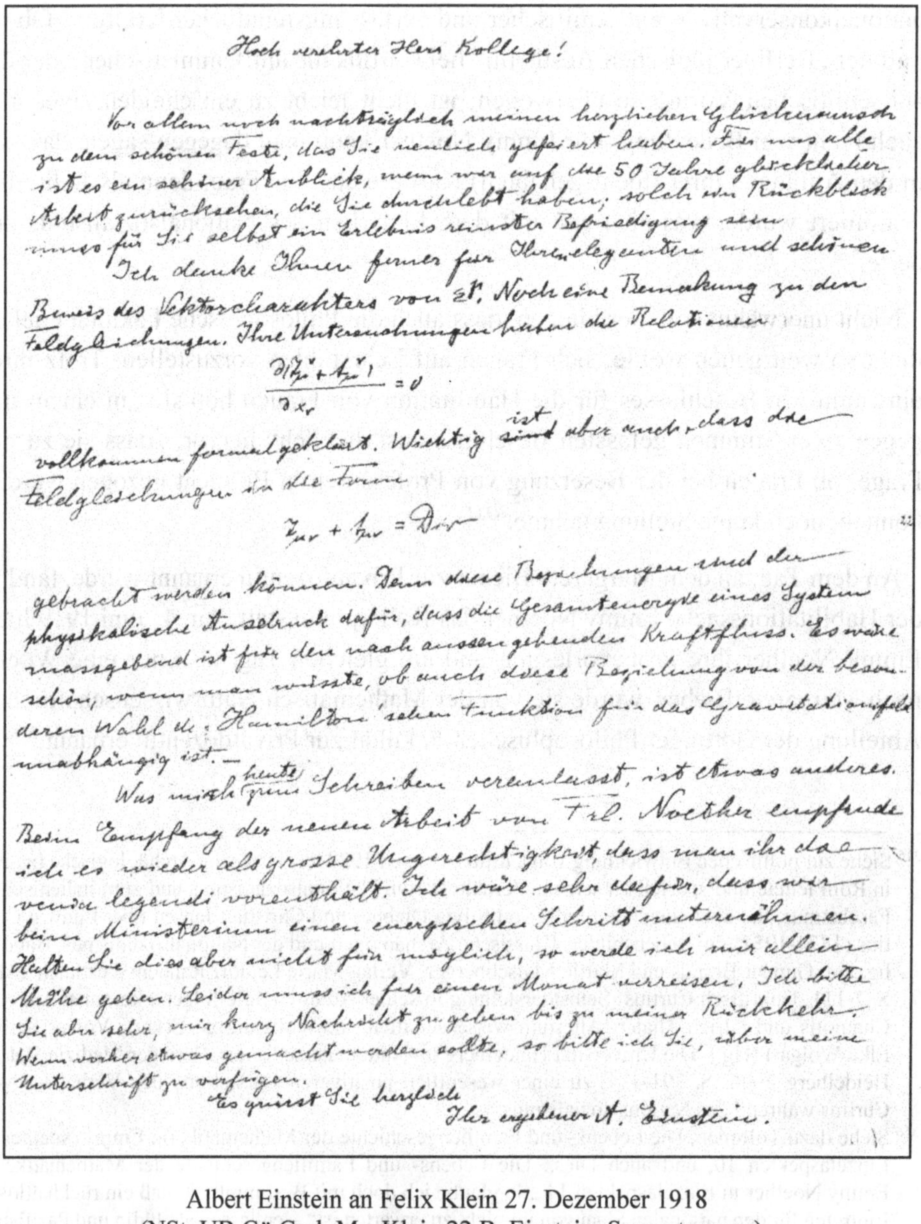

Hoch verehrter Herr Kollege!

Vor allem noch nachträglich meinen herzlichen Glückwunsch zu dem schönen Feste, das Sie neulich gefeiert haben. Für uns alle ist es ein schöner Anblick, wenn wir auf die 50 Jahre glücklicher Arbeit zurücksehen, die Sie durchlebt haben; solch ein Rückblick muss für Sie selbst ein Erlebnis reinster Befriedigung sein.

Ich danke Ihnen ferner für Ihren eleganten und schönen Beweis des Vektorcharakters von Σt. Noch eine Bemerkung zu den Feldgleichungen. Ihre Untersuchungen haben die Relationen

$$\frac{\partial (T_\mu^\nu + t_\mu^\nu)}{\partial x_\nu} = 0$$

vollkommen formal geklärt. Wichtig ist aber auch, dass die Feldgleichungen in die Form

$$T_{\mu\nu} + t_{\mu\nu} = \mathrm{Div}$$

gebracht werden können. Denn diese Beziehungen sind der physikalische Ausdruck dafür, dass die Gesamtenergie eines System massgebend ist für den nach aussen gehenden Kraftfluss. Es wäre schön, wenn man wüsste, ob auch diese Beziehung von der besonderen Wahl der Hamilton'schen Funktion für das Gravitationsfeld unabhängig ist. –

Was mich heute zum Schreiben veranlasst, ist etwas anderes. Beim Empfang der neuen Arbeit von Frl. Noether empfinde ich es wieder als grosse Ungerechtigkeit, dass man ihr die venia legendi vorenthält. Ich wäre sehr dafür, dass wir beim Ministerium einen energischen Schritt unternähmen. Halten Sie dies aber nicht für möglich, so werde ich mir allein Mühe geben. Leider muss ich für einen Monat verreisen. Ich bitte Sie aber sehr, mir kurz Nachricht zu geben bis zu meiner Rückkehr. Wenn vorher etwas gemacht werden sollte, so bitte ich Sie, über meine Unterschrift zu verfügen.

Es grüsst Sie herzlich

Ihr ergebener A. Einstein.

Albert Einstein an Felix Klein 27. Dezember 1918
(NStuUB Gö Cod. Ms. Klein 22 B, Einstein, Separatmappe)

Nach einem Glückwunsch zu Kleins fünfzigjährigem Doktorjubiläum und der kurzen Diskussion über einen Beweis, den Klein Einstein im Zusammenhang mit ihrem Austausch über die Bedeutung der Energieerhaltungssätze unter den Bedingungen der Allgemeinen Relativitätstheorie geschickt hatte, kam Einstein im letzten Absatz auf sein eigentliches Anliegen zu sprechen: „Was mich heute zum Schreiben veranlasst, ist etwas anderes. Beim Empfang der neuen Arbeit von Frl. Noether …"

„Beim Empfang der neuen Arbeit von Frl. Noether empfand ich es wieder als grosse Ungerechtigkeit, dass man ihr die venia legendi vorenthält" – Einsteins Intervention

Bemerkenswerterweise kam der Anstoß, nach dem Kriege erneut einen Habilitationsantrag für Emmy Noether zu stellen, nicht von ihren Göttinger Kollegen, sondern von Albert Einstein, der sie durch ihre Zusammenarbeit mit Hilbert und Klein an Fragen der Gravitations- und Relativitätstheorie kennen- und schätzen gelernt hatte. Schon am 27. Dezember 1918 schrieb Einstein an Klein:

> *Beim Empfang der neuen Arbeit von Frl. Noether empfand ich es wieder als grosse Ungerechtigkeit, dass man ihr die venia legendi vorenthält. Ich wäre sehr dafür, dass wir beim Ministerium einen energischen Schritt unternähmen. Halten Sie dies aber nicht für möglich, so werde ich mir allein Mühe geben. Leider muss ich für einen Monat verreisen. Ich bitte Sie aber sehr, mir kurz Nachricht zu geben bis zu meiner Rückkehr. Wenn vorher etwas gemacht werden sollte, so bitte ich Sie über meine Unterschrift zu verfügen.*[319]

Da Klein nach diesem Schreiben sofort tätig wurde, erübrigte sich ein Alleingang Einsteins, und auch in den weiteren Verfahrensgang musste Einstein nicht mehr eingreifen. Am 5. Januar 1919 fragte Klein zunächst beim Preußischen Kultusministerium an, wie man sich dort unter den veränderten politischen Bedingungen zu einem Habilitationsantrag Emmy Noethers stelle:

> *Ew. [=Eure] Exzellenz*
>
> *erinnern sich ja sicher des s[einer] Z[eit] bei der hiesigen Philos[sophischen]Fakultät eingereichten Gesuches des Frl. Noether, sich für Mathematik habilitieren zu dürfen.*
>
> *Von den Vertretern der Math[ematik] lebhaft befürwortet, wurde dieses Gesuch s[einer] Z[eit] aus allgemeinen Gründen abgewiesen, aber ein Modus vivendi gestattet, durch den Frl. Noether immerhin eine gewisse Wirksamkeit ermöglicht*

[319] Einstein an Klein 27.12.1918, NStuUB Gö Cod. Ms. Klein 22 B, Einstein (Separatmappe); der vollständige Brief ist abgedruckt in: Albert Einstein, The Collected Papers, Volume 8, Part B: The Berlin Years: Correspondence 1918, hg. von Robert Schulmann, A. J. Kox, Michel Janssen und József Illy, Princeton University Press 1998, S. 975 f. Bei der Arbeit, von der Einstein in diesem Brief sprach, handelt es sich um Emmy Noethers Veröffentlichung „Invariante Variationsprobleme" aus dem Jahr 1918 (Anhang 1 Nr. 13), die die heute berühmten Noether Theoreme enthält und die später als ihre Habilitationsarbeit angenommen wurde. Ausführlich dazu Tollmien 3/2022.

ist. Ich verstand damals die so umschriebene Entscheidung des Ministeriums natürlich sehr wohl, aber möchte fragen, ob diese auch fernerhin auf alle Fälle aufrecht erhalten werden soll. Wenn nicht, so möchte ich die hiesige Fakultät veranlassen, sich erneut mit der Angelegenheit zu beschäftigen. Bei den heutigen Zeitumständen kann es in der Tat nicht fehlen, dass die jetzige Stellung von Frl. Noether von vielen Seiten als eine unbillige Einengung empfunden wird, zumal die wiss[enschaftliche] Leistung von Frl. Noether alle von uns gehegte Voraussicht weit übersteigt. Sie hat im letzten Jahre eine Reihe theoretischer Untersuchungen abgeschlossen, die oberhalb aller im Zeitraum von Anderen hierorts realisierten Leistungen liegen (die Arbeiten der Ordinarien mit eingeschlossen), sie hat auch auf die Zusammenarbeit der gleichstrebenden Mathematiker durch Besprechungen und Vorträge in der math[ematischen] Ges[ellschaft] den günstigsten Einfluß geübt. Die Voraussetzungen für eine Ausnahmebehandlung des Falles sind also in vollstem Maasse gegeben. Aber vielleicht ist es nach der inzwischen eingetretenen Zulassung von Frauen zu den verschiedensten Staatsämtern überhaupt jetzt nicht mehr nötig, auf Ausnahmeleistung zu argumentieren.[320]

Nur zehn Tage später, am 15. Januar 1919, beantragten die Mathematiker Hecke, Hilbert, Klein, Landau und Runge die Habilitationssache Noether in der Abteilung zur Verhandlung zu bringen, und am 18. Januar 1919 ersuchte Emmy Noether dann bei der Mathematisch-Naturwissenschaftlichen Abteilung um Zulassung zur Habilitation „auf Grund der beiliegenden Habilitationsschrift ‚Invariante Variationsprobleme'". Sie legte außerdem ihren in Anhang 2 abgedruckten Lebenslauf bei und schlug auch gleich drei Themata für den öffentlichen Probevortrag vor, nämlich:

1) Fragen der Modultheorie

2) Differentialinvarianten und Variationsprobleme

3) Richtlinien Integralgleichungen[321]

---

[320] Briefentwurf Kleins an Ministerialdirektor Naumann 5.1.1919, NStuUB Gö Cod. Ms. Klein 2 G, Bl. 55 und 55 v. Das Schreiben ist vollständig abgedruckt im Anhang zu Tobies 1991/92, S. 172, und auch in Tobies 2019, S 461.

[321] Gemeint sind beim letzten Thema wahrscheinlich „Richtlinien für die Lösung von Integralgleichungen". Alle genannten Daten und Informationen und der Lebenslauf Emmy Noethers 1919, in: UniA GÖ Math.-Nat. Pers, in 17 "Personalakte Prof. Noether", o. P.

In ihrer Sitzung am 23. Januar 1919 endschied die Abteilung dann, das Habilitationsgesuch Emmy Noethers in der nächsten Sitzung zu verhandeln und dazu auch die Privatdozenten und Extraordinarien um Entsendung von je zwei Vertretern zu bitten, was die Bedeutung dieser ersten Habilitation einer Frau in Göttingen (und damit in Preußen) unterstrich. Offensichtlich wollte man auch die in erster Linie von einer weiblichen Konkurrenz Betroffenen, wenn schon nicht an der Entscheidung beteiligen, so sie doch wenigstens diesen Entscheidungsprozess beobachten lassen. In einer vorläufigen Besprechung am 28. Januar einigten sich Hilbert, Runge, Landau und Hecke (Klein war zwar eingeladen, hatte sich aber entschuldigen müssen), „die vorliegende Eingabe von Frl. Noether nicht als neues Habilitationsgesuch, sondern nur als eine Erneuerung des Gesuchs von 1915 zu behandeln."[322]

Dies kann nur bedeuten, dass die Abteilung davon ausging, dass der Erlass vom 29. Mai 1908 nach wie vor gültig war. Denn die von Klein am Schluss seiner Anfrage vom 5. Januar 1919 erbetene „ganz kurze Antwort" des Ministeriums war offensichtlich in Göttingen nicht eingegangen, was – falls Kleins Schreiben und/oder auch eine mögliche Antwort darauf in den chaotischen ersten Nachkriegsmonaten nicht verloren gegangen waren – entweder bedeuten kann, dass wegen der Vielzahl der zu bewältigenden Aufgaben Kleins Anfrage im Ministerium einfach untergegangen war und man in Göttingen daher, weil man nicht länger warten wollte, selbsttätig agierte, oder aber, dass man Klein auf eine mündliche (eventuell telefonische) Nachfrage im Ministerium zur Erneuerung des alten Gesuchs von 1915 geraten hatte.

Wie auch immer, man sah sich in Göttingen offensichtlich gezwungen, erneut eine Ausnahmegenehmigung für Emmy Noether zu beantragen, was die uns schon aus den Diskussionen um Emmy Noethers Habilitationsgesuch 1915 und der allgemeinen Umfrage zur Habilitation von Frauen 1907 bekannte Folge hatte, dass sich wieder zumindest einer unter den diesbezüglich einschlägig bekannten Mitgliedern der Abteilung fand, der dies ablehnte: Und diesmal verlangte von Seelhorst nicht nur eine generelle Regelung vor der Ausnahme für den speziellen Fall, sondern sogar eine Vertagung der Abstimmung bis „zur Einsetzung einer definitiven Regie-

---

[322] Aktennotiz zur Abteilungssitzung am 23.1.1919 und zur Vorbesprechung am 28.1.1919, UniA GÖ Math.-Nat. Pers, in 17 „Personalakte Prof. Noether", o. P.; Protokoll der Abteilungssitzung am 23.1.1919, UniA GÖ Math.-Nat. Fak. 164 „Protokollbuch der Sitzungen der Mathematisch-Naturwissenschaftlichen Abteilung der Philosophischen Fakultät Göttingen 1919-Aug.1927".

rung". In Preußen regierte zu diesem Zeitpunkt ein nicht gewähltes, SPD-geführtes sogenanntes Revolutionskabinett und preußischer Kultusminister war der Sozialdemokrat Konrad Haenisch (1876-1925). Dieser, so befürchtete von Seelhorst, wie sich erweisen sollte, zu Recht, könnte geneigt sein, dem Antrag auf eine Ausnahmegenehmigung für Emmy Noether mehr oder weniger unbesehen zuzustimmen. Doch auf eine solche Vertagung auf nicht absehbare unbestimmte Zeit, wie sie von Seelhorst forderte,

> Am 26. Januar hatte in Preußen die Wahl zur verfassungsgebenden preußischen Landesversammlung stattgefunden und am 25. März 1919 wurde das Revolutionskabinett durch eine durch die Landesversammlung legitimierte vorläufige Regierung ersetzt. Doch erst anderthalb Jahre später, am 30. November 1920, kam es zur Verabschiedung einer neuen preußischen Verfassung, danach fand am 20. Februar 1921 die erste preußische Landtagswahl nach dem Krieg statt und erst als deren Folge kam es zur Einsetzung einer „definitiven Regierung". <

ließ sich die Abteilung nicht ein, sondern beschloss in ihrer Sitzung am 31. Januar 1919 „mit großer Majorität" beim Ministerium erneut einen Antrag auf Habilitation von Emmy Noether zu stellen.[323]

Beschlossen wurde auf dieser Sitzung zusätzlich, „für den Fall, dass das ursprüngl[iche] Gesuch der Fachvertreter nicht genehmigt werden könne", „die Ernennung von Frl. Noether zum ausserordentlichen Honorarprofessor" zu beantragen.[324] Wäre dieser Beschluss zum Tragen gekommen, hätte dies bedeutet, dass Emmy Noether cum grano salis das gleiche Schicksal beschieden gewesen wäre wie Maria von Linden oder auch Rahel Hirsch (1870-1953), denen man die Habilitation verweigert und sie stattdessen mit dem Titel „Professor" abgespeist hatte, der mit keinerlei akademischen Rechten verbunden war und insbesondere nicht dazu

[323] Protokoll der Abteilungssitzung am 31.1.1919, UniA GÖ Math.-Nat. Fak. 164.

[324] Ebenda. Vorsichtshalber verwahrte sich die Historisch-Philologische Abteilung übrigens dagegen, dass diese hier ja nur als mögliche Alternative zur Habilitation angedachte Ernennung Noethers zur Honorarprofessorin ohne Einbeziehung der Historisch-Philologischen Abteilung geschehen könne: Sitzungsprotokoll vom 13.2.1919: „Tagesordnungspunkt 1: Wichtige Mitteilung des Punktes 6 der Fakultätssitzung/Fall Noether [...] Der Vorsteher gibt Aufschluss über die Rechtslage, nach der ein eventueller Antrag der anderen Abteilung auf Anstellung des Frl. Noether als Honorarprofessorin ohne Befragung der Historisch-Philologischen Abteilung als ein Rechtsbruch anzusehen ist." Zitiert nach Anm. 3 zu Brief 26, Edith Stein Gesamtausgabe Band 2, Selbstbildnis in Briefen I, 1916-1933, pdf-Ausgabe, o. P. (genaue bibliographische Angaben in Anm. 355 und im Literaturverzeichnis). Diese Invektive zeigt, wie groß auch noch 1919 die Widerstände gegen Emmy Noethers Aufnahme in die Fakultät waren, die auch bei dem Versuch Edith Steins (1891-1942), sich 1919 ebenfalls zu habilitieren, eine Rolle spielen sollten. Siehe dazu unten Kapitel 6.

berechtigte, eigene universitäre Veranstaltungen anzubieten.[325] Der „ausserordentliche Honorarprofessor“ dagegen durfte zwar an der Universität lehren, bekam aber für seine Lehrtätigkeit gerade kein Honorar, sondern war verpflichtet unentgeltlich, also für die bloße Ehre (lateinisch honor) zu lesen. Auch Honorarprofessoren hatten (und haben) daher faktisch ebenfalls nichts als den Titel (verbunden mit einer Lehrverpflichtung), und insofern wäre Emmy Noether tatsächlich nicht besser gestellt gewesen als Rahel Hirsch oder Maria von Linden. Gedacht waren Honorarprofessuren zudem für nebenberufliche Hochschullehrer, die sich außerhalb der Universität in Wissenschaft und Lehre bewährt hatten und weiterhin hauptsächlich in ihrem angestammten Beruf tätig waren. Das hätte bedeutet, dass man Emmy Noether die Verankerung im universitären Betrieb, aus dem sie stammte und in dem sie gewachsen war und ohne den ihre wissenschaftlichen Erkenntnisse nicht denkbar gewesen wären, verweigert und sie weiter als Außenstehende behandelt hätte.

Dennoch war es richtig, dass die Abteilung den Ausweg einer Honorarprofessur für Emmy Noether in ihren Antrag aufnahm. Denn zu diesem Zeitpunkt hatten die Frauen zwar bereits erstmals in der deutschen Geschichte an Wahlen (zur Deutschen Nationalversammlung am 19. Januar 1919 und auch an der Wahl zur preußischen verfassungsgebenden Landesversammlung am 26. Januar 1919[326]) teilnehmen können, und sie waren bereits, wie Klein an das Ministerium geschrieben hatte, „zu den verschiedensten Staatsämtern" zugelassen, aber ihre staatsbürgerliche Gleichstellung war noch nicht in der Verfassung verankert, und man musste daher tatsächlich davon ausgehen, dass der Erlass vom 29. Mai 1908 noch immer galt.

Leider wurde das Abstimmungsergebnis der Sitzung am 31. Januar 1919 im Protokoll nicht zahlenmäßig wiedergegeben. So wissen wir nur, dass insgesamt 15 Ordinarien anwesend waren – bis auf den entschuldigten Mineralogen Otto Mügge also die gesamte Abteilung – und dass tatsächlich jeweils zwei Vertreter der außerordentlichen Professoren und der Privatdozenten an der Sitzung teilnahmen, die aber nicht stimmberechtigt waren.[327] Gegen Emmy Noethers Habilitationsgesuch gestimmt hat zweifellos Konrad von Seelhorst, die Haltung Johannes Hartmanns ist

---

325 Während des Krieges waren allerdings Ausnahmen denkbar, siehe dazu oben S. 153 f. und insb. Anm. 297 und Tollmien 1/2021, S. 263.

326 Und speziell Emmy Noether, die ja keine Preußin war, sondern aus Bayern stammte, hätte schon am 12. Januar 1919 (also noch vor der Wahl zur deutschen Nationalversammlung) den Bayerischen Landtag mitwählen können. Ob sie es tatsächlich tat, wissen wir allerdings nicht.

327 Protokoll der Abteilungssitzung am 31.1.1919, UniA GÖ Math.-Nat. Fak. 164.

dagegen nicht sicher. Denn ausgerechnet er war zu diesem Zeitpunkt Abteilungsvorsteher und daher damit befasst, die Angelegenheit gegenüber den übergeordneten Stellen zu vertreten. Und das tat er gewissenhaft und ohne erkennbare Aversionen weder gegen die Person Emmy Noethers noch gegen deren Habilitationsbegehren. So schrieb er nach der Sitzung am 31. Januar 1919 schon am nächsten Tag an den Kurator und bat diesen um die Zusendung des ablehnenden Bescheids des Ministers für das ursprüngliche Habilitationsgesuch Emmy Noethers, da „wegen der Kriegsjahre die Einordnung der Akten unterblieben“ sei. Nachdem ihm der oben zitierte Bescheid des Ministers vom 5. November 1917 zugegangen war, entwarf dann Hartmann (!) das Schreiben an den Minister und leitete dieses am 9. Februar 1919 an den Kurator weiter mit der Bitte, das Habilitationsgesuch Emmy Noethers „beim Herrn Minister gütigst befürworten zu wollen.“[328] Dieser Alleingang ging den übrigen Abteilungsmitgliedern, insbesondere wohl den Mathematikern, allerdings dann doch zu weit, und so erbat man das Schreiben Hartmanns vom Kurator zurück und nahm es dann in der Abteilungssitzung vom 13. Februar 1919 erst an, nachdem einige, nicht genauer bezeichnete Änderungen erfolgt waren.[329] So lautete das auf den 15. Februar 1919 datierte, außerordentlich vorsichtig formulierte und jede prinzipielle Festlegung vermeidende Gesuch an den Minister schließlich:

Am 26. November 1915 richtete die Mathematisch-naturwissenschaftliche Abteilung der Philosophischen Fakultät an den Herrn Minister das Gesuch, ausnahmsweise eine Dame, Fräulein Dr. phil. Emmy Noether, zur Habilitation zuzulassen. Dieses Gesuch wurde unter dem 5. November 1917 (UI Nr. 1889/15 I) vom damaligen Minister aus prinzipiellen Gründen abschlägig beschieden.

Die veränderten politischen Verhältnisse, die zu einer umfassenden Erweiterung der Rechte der Frauen geführt haben, geben den hiesigen Fachvertretern der Mathematik die Hoffnung, dass ein in dieser Richtung gestelltes Gesuch jetzt erfolgreich sein würde. Ihrem Wunsche, das damals abgelehnte Gesuch zu erneuern, hat sich die Mathematische naturwissenschaftliche Abteilung in ihrer Sitzung am 31. Januar 1919 mit überwiegender Mehrheit angeschlossen und sie erneu[er]t daher ihr Gesuch vom 26. November 1915,

Fräulein Dr. Emmy Noether ausnahmsweise zur Habilitation zuzulassen.

---

[328] Hartmann an den Kurator 1.2.1919 und 9.2.1919, UniA GÖ Kur., 4134, o. P.

[329] Randnotiz des Kurators vom 13.2.1919 auf dem Schreiben Hartmanns vom 1.2.1919, UniA GÖ Kur., 4134, o. P.; Protokoll der Abteilungssitzung am 13.2.1919, UniA GÖ Math.-Nat. Fak. 164.

Die Abteilung wünscht auch jetzt nicht die allgemeine Entscheidung der Zulassung von Frauen zur Dozentenlaufbahn anzuregen, sondern begründet ihr Gesuch wie damals mit der aussergewöhnlich hohen mathematischen Begabung und wissenschaftlichen Leistung der Bewerberin. Fräulein Nöther [sic] hat in der Zeit ihres Hierseins die von uns auf ihre Wirksamkeit gesetzten Hoffnungen nicht nur erfüllt, sondern übertroffen. Sie steht durch eine Reihe rasch erschienener Arbeiten, die wir in der Beilage überreichen, jetzt zweifelhaft [muß natürlich „zweifellos" heißen] mit in erster Reihe der wissenschaftlich produzierenden Mathematiker und hat durch Unterricht und persönliche Bezugnahme auf den ganzen Kreis der in Göttingen vorhandenen Fachvertreter einen überaus wertvollen fördernden Einfluss gewonnen.

Die Abteilung hat mit der nochmaligen Einreichung dieses Gesuches nur die Absicht, der Bewerberin eine ihren Fähigkeiten entsprechende Lehrtätigkeit und Stellung zu ermöglichen, die im Interesse des hiesigen mathematischen Unterrichts sehr erwünscht wäre. Sollten deshalb der Genehmigung des obigen Gesuches auch jetzt noch prinzipielle Bedenken entgegenstehen, so erlaubt sich die Abteilung um die

Ernennung von Frl. Dr. Emmy Noether zum ausserordentlichen Honorarprofessor

ganz gehorsamst zu bitten.

Die gleichen Leistungen würden in der Tat bei einem männlichen Bewerber zur Beförderung in eine Professur weitaus ausreichend sein.

Die Abteilung wünscht hiermit nicht auf die Aufhebung des Ministerialerlasses vom 29. Mai 1908, der die prinzipielle Ausschließung der Frauen von der Habilitation bestimmt, hinzuwirken.[330]

Am 13. Februar 1919 fand dann eine Sitzung der Gesamtfakultät statt, die dem Habilitationsantrag Emmy Noethers ebenfalls zustimmte, so dass dieser vom Dekan an den Kurator und von diesem am 19. Februar schließlich an das Ministerium weitergeleitet werden konnte.[331]

---

330 Mathematisch-Naturwissenschaftliche Abteilung an den Minister 15.2.1919 (Abschrift, deshalb wohl die vielen Verschreiber), UniA GÖ Kur., 4134, o. P. (Unterstreichungen im Original).

331 Protokoll der Fakultätssitzung vom 13.2.1919, UniA GÖ Phil. I. Fak. Prot 2; Dekan an Kurator 15.2.1919 mit Randnotiz vom 19.2.1919, UniA GÖ Kur., 4134, o. P.

Nun war der Dekan der Gesamtfakultät zu diesem Zeitpunkt ausgerechnet Richard Reitzenstein, so dass mit Hartmann und Reitzenstein zwei erklärte Gegner Hilberts auch unmittelbar nach dem Krieg wichtige Entscheidungsträger waren. Beide legten aber Emmy Noether offensichtlich keine Steine mehr in den Weg. Doch während Hartmann den „veränderten politischen Verhältnissen" kommentarlos Rechnung trug (die entsprechende Formulierung im zitierten Habilitationsgesuch für Emmy Noether stammte vom ihm[332]), konnte sich Reitzenstein eine kleine Spitze gegen Emmy Noether nicht verkneifen und machte auch aus seiner Ablehnung von Frauenhabilitationen weiterhin keinen Hehl. Das geht aus seiner Antwort auf die oben erwähnte Anfrage der Gießener Philosophischen Fakultät vom 11. März 1919 in der Habilitationsangelegenheit Margarete Biebers hervor. Die Gießener Fakultät wollte wissen, ob man in Göttingen „seit der Revolution zu der Frage der Habilitation von Frauen Stellung" genommen habe.[333] Reitzenstein antwortete darauf am 18. März 1919:

Prinzipielle Stellung hat die Fakultät nicht genommen, oder vielmehr sogar abgelehnt auf die prinzipielle Frage der Zulassung von Frauen einzugehen oder einzuwirken. Dagegen hat die naturwissenschaftlich-mathematische Abteilung für ein Fräulein Noether entweder ausnahmsweise Zulassung zur Habilitation oder, falls dies Bedenken unterliegen sollte, eine Honorarprofessur beantragt.

Eine Entscheidung des Ministeriums steht noch aus.[334]

„Ein Fräulein Noether", statt einfach nur „Fräulein Noether" das hat etwas jovial Herablassendes und zeigt deutlich Reitzensteins innere Distanz sowohl zur Person als auch zu deren Anliegen. Wichtiger für seine innere Haltung ist aber das von ihm unterstrichene „ausnahmsweise" und der erste Satz seiner Antwort an Gießen, in dem er doppelt betont, dass die Fakultät (und damit vor allem er selbst) an eine prinzipielle Zulassung von Frauen zur Habilitation nicht denke.

Doch wenn Reitzenstein auch diesmal wieder auf einen negativen Bescheid des Ministeriums gehofft hatte, so sollte diese Hoffnung enttäuscht werden. Denn schon am 25. März 1919 erschien in der liberalen Göttinger Zeitung unter dem Titel „Die erste Privatdozentin in Preußen" die folgende kleine Notiz:

---

332 Hartmann an Kurator 9.2.1919, UniA GÖ Kur., 4134, o. P.

333 Zitiert nach Häntzschel 1997, S. 90.

334 UnivA Gießen Personalakte Margarete Bieber Phil Nr. 3, Bl. 115 (Unterstreichung im Original).

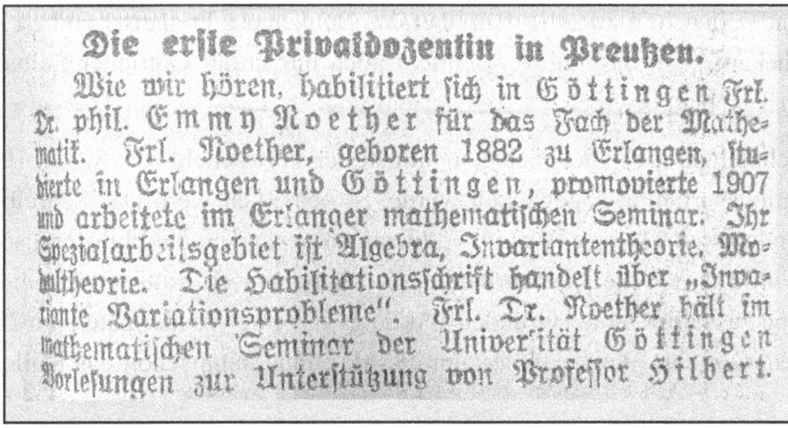
Die erste Privatdozentin in Preußen.

Wie wir hören, habilitiert sich in Göttingen Frl. Dr. phil. Emmy Noether für das Fach der Mathematik. Frl. Noether, geboren 1882 zu Erlangen, studierte in Erlangen und Göttingen, promovierte 1907 und arbeitete im Erlanger mathematischen Seminar. Ihr Spezialarbeitsgebiet ist Algebra, Invariantentheorie, Modultheorie. Die Habilitationsschrift handelt über „Invariante Variationsprobleme". Frl. Dr. Noether hält im mathematischen Seminar der Universität Göttingen Vorlesungen zur Unterstützung von Professor Hilbert.

Meldung in den Ortsnachrichten der Göttinger Zeitung vom 25.3.1919

Wie wir hören, habilitiert sich in Göttingen Frl. Dr. phil. Emmy Noether für das Fach Mathematik. Frl. Noether, geboren 1882 zu Erlangen, studierte in Erlangen und Göttingen, promovierte 1907 und arbeitete im Erlanger mathematischen Seminar. Ihr Spezialgebiet ist Algebra, Invariantentheorie, Modultheorie. Die Habilitationsschrift handelt über „Invariante Variatonsprobleme" Frl. Dr. Noether hält im mathematischen Seminar der Universität Göttingen Vorlesungen zur Unterstützung von Professor Hilbert.

Das ist insofern mehr als bemerkenswert, als diese Meldung sechs Wochen vor dem offiziellen Bescheid des Ministeriums erschien, der erst am 8. Mai 1919 erfolgte.[335] Zu fragen ist daher, woher diese Nachricht stammte und wer diese an die Zeitung weitergegeben hat.

Naheliegend, aber nicht beweisbar ist, dass Hilbert aus dem Ministerium, entweder von Naumann oder noch wahrscheinlicher von Becker, mit dem er ja Anfang 1917 seine oben erwähnten Bleibeverhandlungen geführt hatte, in denen es auch schon um Emmy Noether gegangen war, vorab darüber informiert worden war, dass der Minister keine Einwendungen gegen die Habilitation Emmy Noethers erheben werde. Und sehr wahrscheinlich war es dann auch Hilbert, der ja in der Notiz namentlich erwähnt wird (was, da der Name ganz am Ende steht, fast wie eine Unterschrift wirkt), der die Göttinger Zeitung entsprechend informierte. Denn diese vertrat anders als das nationalistische, später nationalsozialistische Göttinger Tage-

[335] Bescheid des Ministers vom 8.5.1919, I. HA Rep. 76 Va, Sekt. 1, Tit. VIII, Nr. 8, Adh. III, Bl. 152; auch in UniA GÖ Kur., 4134, o. P.

blatt, eine politische Linie, die dem liberalen Denken des Freigeists Hilbert zumindest nahekam,[336] so dass diese Nachricht auch nur in der Göttinger Zeitung und nicht im Tageblatt erschien.

Die Schnelligkeit, mit der nach dem ministeriellen Bescheid vom 8. Mai 1919 das Habilitationsverfahren abgewickelt wurde, ist bemerkenswert. Das Schreiben des Ministers war am 11. Mai 1919 in Göttingen eingegangen, die Philosophische Fakultät wurde am 13. Mai benachrichtigt, die Mathematisch-Naturwissenschaftliche Abteilung aus unbekannten Gründen allerdings erst eine Woche später, am 21. Mai, und wiederum eine Woche später, am 28. Mai, fand dann schon das Kolloquium statt.[337]

Hilbert nahm nicht am Kolloquium teil, da er, wie das Protokoll lakonisch vermerkt, verreist war. Anwesend waren daher nur Klein, Landau und Hecke als Prüfer und außerdem Voigt, Runge und Hartmann. Nur Klein führte ein ausführliches Prüfungsgespräch von immerhin 40 Minuten, Landau beschränkte sich auf acht Minuten, und Hecke, der 1918 aus Basel nach Göttingen zurückgekehrt und im Mai 1919 gerade noch nicht in Hamburg war, stellte abschließend noch ein paar Fragen, bevor das Kolloquium, bei dem es sich offensichtlich nur noch um eine Formsache handelte, einstimmig (also auch mit der Stimme von Hartmann) für bestanden erklärt wurde. Als Probevortrag wurde das erste der von Emmy Noether vorgeschlagenen Themen „Fragen der Modultheorie" festgelegt und dieser auf Mittwoch, den 4. Juni, morgens 10-11 Uhr, im Auditorium Raum 16 terminiert.[338]

Diesmal war Hilbert anwesend, dafür hatten sich der Kurator Ernst Osterrath und der Rektor, der Historiker Karl Brandi, entschuldigen lassen. Osterrath hatte sich, wie oben erwähnt, 1915 explizit gegen die Habilitation Emmy Noethers ausgespro-

---

[336] So hatte Hilbert im November 1918 den ebenfalls in der Göttinger Zeitung erschienenen Gründungsaufruf „für eine große demokratische Partei für das einige Reich" unterzeichnet, aus der später die linksliberale Deutsche Demokratische Partei (DDP) hervorging. Göttinger Zeitung 28.11. 1918, Faksimile unten auf S. 214. Zum Tageblatt siehe Cordula Tollmien, Nationalsozialismus in Göttingen (1933-1945), in: Göttingen – Die Geschichte einer Universitätsstadt, Band 3: Von der preußischen Mittelstadt zur südniedersächsischen Großstadt 1866 bis 1989 hg. von Rudolf von Thadden und Jürgen Trittel, Vandenhoeck & Ruprecht Göttingen 1999, S. 127-273, hier insb. S. 129, S. 131 und S. 172 f

[337] Minister an Kurator 8.5.1919, Eingangsvermerk 11.5.1919, Weiterleitung an die Philosophische Fakultät 13.5.1919, UniA GÖ Kur., 4134, o. P.; Notiz auf der Aktennotiz vom 21.1.1919 „Habilitation Noether": „Genehmigung des Ministers am 21.5.1919 eingegangen", UniA GÖ Math.-Nat. Pers., in 17: Personalakte Prof. Noether, o. P.

[338] Protokoll der Abteilungssitzung am 28.5.1919, UniA GÖ Math.-Nat. Fak. 164.

chen und wie auch Brandi schon 1907 vehement gegen Frauenhabilitationen Stellung bezogen,[339] so dass sein und Brandis Fehlen kaum als Zufall gewertet werden kann.

Also hielt Emmy Noether ihre Probevorlesung im kleinen Kreis vor Klein, Hilbert, Runge, Landau, Hecke und Hartmann. Ob bei dieser im Prinzip öffentlichen Vorlesung noch andere Zuhörer anwesend waren, etwa Studenten oder Neugierige, die erstmals eine Frau lesen sehen wollten, wissen wir nicht, doch ist dies wahrscheinlich. Denn nach ihrem Vortrag wurde die Öffentlichkeit ausgeschlossen und Emmy Noether von den genannten Vertretern der Mathematisch-Naturwissenschaftlichen Abteilung einstimmig (also insbesondere auch von Hartmann) als „Privatdozent“ zugelassen.[340] Im Herbst-Zwischensemester 1919, das für die zurückkehrenden Kriegsteilnehmer eingerichtet worden war, konnte Emmy Noether dann zum ersten Mal eine Lehrveranstaltung unter ihrem eigenen Namen ankündigen:

> **Analytische Geometrie: Dr. *Emmy Noether*, Mittwoch und Sonnabend 11—1 Uhr, privatim.** [*161*]

Nur zweimal in ihrem universitären Leben hat Emmy Noether eine Anfängervorlesung gehalten: hier direkt nach ihrer Ernennung zur Privatdozentin und nachdem sie im April 1922 unter Verkürzung der eigentlich sechsjährigen Privatdozentenzeit zur außerordentlichen Professorin gemacht worden war.[341]

Nach Emmy Noether konnten sich 1919 noch zwei Frauen[342] habilitieren:

Am 4. November 1919 Agathe Lasch (1878-1942) in germanischer Philologie an der am 10. Mai 1919 gerade neu eröffneten Universität Hamburg, die damit die

[339] Siehe oben S. 55 f. und Tollmien 1/2021, S. 98 ff. und S. 106.

[340] Protokoll der öffentlichen Abteilungssitzung am 4.6.1919, UniA GÖ Math.-Nat. Fak. 164. Siehe auch Philosophische Fakultät an Kurator 13.6.1919 und an den Minister für Wissenschaft, Kunst und Volksbildung 15.7.1919 (Entwurf), UniA GÖ Kur., 12099, o. P.

[341] Vorlesungsverzeichnis Universität Göttingen Herbstzwischensemester 1919 und Sommersemester 1922; siehe dazu Tollmien 1990, S. 185, und Dies., Die Lebens- und Familiengeschichte der Mathematikerin Emmy Noether in Einzelaspekten 10 (Erscheinungsjahr noch unsicher).

[342] Bei der von Tollmien 1990, S. 184 Anm. 102, und Häntzschel 1997, S. 91, in diesem Zusammenhang genannten Physikerin Hedwig Kohn (1887-1964) handelt es sich um einen auf Elisabeth Boedeker und Maria Meyer-Plath, 50 Jahre Habilitation von Frauen in Deutschland, Verlag Otto Schwartz & Co Göttingen 1974, S. 174, zurückgehenden Fehler. Denn Kohn wurde nicht wie dort angegeben schon 1918, sondern erst 1930 habilitiert. Siehe dazu Brenda Winnewisser, Hedwig Kohn - Eine Physikerin des zwanzigsten Jahrhunderts, in: Physik Journal 2 (2003), S. 51–55.

erste demokratische Universitätsgründung in Deutschland war. Aufgrund ihrer bisher erbrachten wissenschaftlichen Leistungen wurden Lasch sämtliche Habilitationsleistungen bis auf die Probevorlesung erlassen.[343]

Sogar noch einen Tag früher als Lasch, nämlich am 3. November 1919, wurde Paula Hertwig (1899-1983) in Berlin habilitiert, also an einer oder besser der preußischen Universität, und zwar in dem Fach, in dem man Maria von Linden 1906 noch die Habilitation verwehrt hatte, in Zoologie. Weil Berlin eine preußische Universität war, brauchte auch Hertwig noch eine Ausnahmegenehmigung und wieder musste begründet werden, warum auch Frauen habilitiert werden durften. So führte Hertwigs Gutachter der Zoologe Karl Heider (1856-1935) noch einmal aus, was auch schon die Befürworter von Frauenhabilitationen gegenüber dem Preußischen Kultusministeriums 1907 geltend gemacht hatten und was eigentlich inzwischen längst eine Selbstverständlichkeit hätte sein sollen:

> *Was den prinzipiellen Teil der Frage anbelangt, so bin ich für die Zulassung von Damen zur Habilitation. Ich sehe keinen Grund ein, der dagegen sprechen würde. Die Zulassung ist eine Consequenz des Frauenstudiums. Die Zeit ist heute nicht danach angetan, berechtigten Forderungen ablehnend entgegenzutreten.*[344]

---

343 Der Titel von Laschs Probevorlesung lautete: "Der Anteil des Plattdeutschen am niederelbischen Geistesleben im 17. Jahrhundert". Agathe Lasch hatte, bevor sie im Januar 1917 ihre Tätigkeit am Deutschen Seminar des Hamburgischen Kolonialinstituts aufnahm, von September 1910 bis Juni 1916 das Department „Allgemeine Germanische Philologie“ am berühmten Frauencollege Bryn Mawr in den USA geleitet, das später Emmy Noether Zuflucht gewähren sollte. Christine M. Kaiser, Agathe Lasch – die erste Germanistikprofessorin Deutschlands, www.agathe-lasch.de (Abruf 3.11.2020).

344 Heider an den Dekan der Philosophischen Fakultät 1.6.1919, Universitätsarchiv der Humboldt-Universität zu Berlin, Phil. Fak. Acta 1236, Blatt 130, zitiert nach: Sybille Gerstengarbe, „[…] kenntnisreich, überlegt, kritisch gut veranlagt und von guter Darstellungsgabe“ – die Genetikerin Paula Hertwig, in: BIOspektrum 9 (2003) 4, S. 378 ff., hier S. 379; auch in Stefanie Marggraf, Eine Ausnahmeuniversität? Habilitationen und Karrierewege von Wissenschaftlerinnen an der Friedrich-Wilhelms-Universität vor 1945, in: Bulletin Texte 23, hg. vom Zentrum für transdiziplinäre Geschlechterstudien der HU Berlin WS 2001/02, S. 32-47, hier S. 35, und vollständig zitiert in: Störgröße „F“ 2010, S. 160. Zu Hertwig siehe auch die Seite des Kulturrings Berlin e. V. über Frauenpersönlichkeiten in Berlin Mitte: http://www.kulturring.org/konkret/frauen-persoenlichkeiten/index.php?frauen-persoenlichkeiten=wissenschaft/bildung&id=118 (Abruf 3.11.2020); und speziell zu ihrer Haltung im Nationalsozialismus Störgröße „F“ 2010, S.15, S. 15, S. 384 und S. 408. Zu den Stellungnahmen 1907, in denen die Habilitation als logische Folge der Zulassung von Frauen zum Universitätsstudium angesehen wurde, siehe Tollmien 1/2021, S. 212 f.

6. „Der in Ihrer Eingabe vom 12. Dezember 1919 vertretenen Auffassung, daß in der Zugehörigkeit zum weiblichen Geschlecht kein Hindernis gegen die Habilitierung erblickt werden darf, trete ich bei" – Edith Steins Vorstoß für eine generelle Regelung der Frauenhabilitationen in Preußen

Dass die Zulassung einer Frau zur Habilitation auch 1919 noch keine Selbstverständlichkeit war, sollte sich am Beispiel der Philosophin Edith Stein (1891-1942) zeigen, die im Oktober 1919 bei der Historisch-Philologischen Abteilung der Göttinger Philosophischen Fakultät einen Antrag auf Habilitation gestellt hatte, der – ohne ihre Arbeit zu prüfen – abgewiesen wurde, weil sie eine Frau war. Doch anders als die oben genannten Frauen und anders vor allem als die Göttinger Mathematisch-Naturwissenschaftliche Abteilung, die, wie wir gesehen haben, in ihrem Antrag für Emmy Noethers betont hatte, dass sie nicht auf die Aufhebung des Ministerialerlasses vom 29. Mai 1908 hinzuwirken beabsichtige,[345] gab sich Edith Stein nicht mit dieser Frauen prinzipiell ausschließenden Auskunft zufrieden, sondern wandte sich am 12. Dezember 1919 direkt an den Minister für Wissenschaft, Kunst und Volksbildung Konrad Haenisch und bat diesen um eine grundsätzliche Klärung der Frage der Habilitation von Frauen:

> *Betrifft die Frage der Habilitation von Frauen an preussischen Universitäten* — *12. XII. 19*
>
> *Euer Excellenz erlaube ich mir folgenden Fall zur prinzipiellen Beurteilung vorzulegen:*
>
> *Das beigefügte Schreiben erhielt ich als Bescheid auf eine offizielle Meldung zur Habilitation bei der Philosophischen Fakultät in Göttingen (Historisch-Philologische Abteilung). Der vorausgegangene Fall, auf den das Schreiben sich bezieht, ist die Habilitation der Mathematikerin Fräulein Dr. Nöther [sic!]. Es wurde mir auch mündlich wiederholt versichert, dass diese nur als Ausnahme zugelassen worden sei, weil die Dame nach dem Urteil der Fachleute „über dem Durchschnitt der Ordinarien stände"; es dürfte daraus kein Präzedenzfall gemacht werden. – Da dieses Verfahren meines Wissens durch die Habilitationsordnung nicht gerechtfertigt ist und ausserdem gegen die Reichsverfassung verstösst, erlaube*

[345] Mathematisch-Naturwissenschaftliche Abteilung der Philosophischen Fakultät Göttingen an den Minister 15.2.1919, UniA GÖ Kur., 4134, o. P. Siehe oben S. 167.

ich mir, Eure Exzellenz darauf aufmerksam zu machen, in der Hoffnung, dass eine prinzipielle Klärung der Frage erfolgen wird.[346]

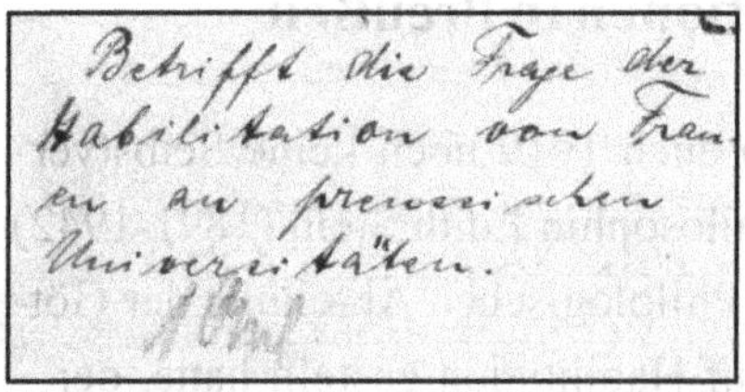

Betrifft die Frage der Habilitation von Frauen an preussischen Universitäten.

„Betrifft die Frage der Habilitation von Frauen an preussischen Universitäten“

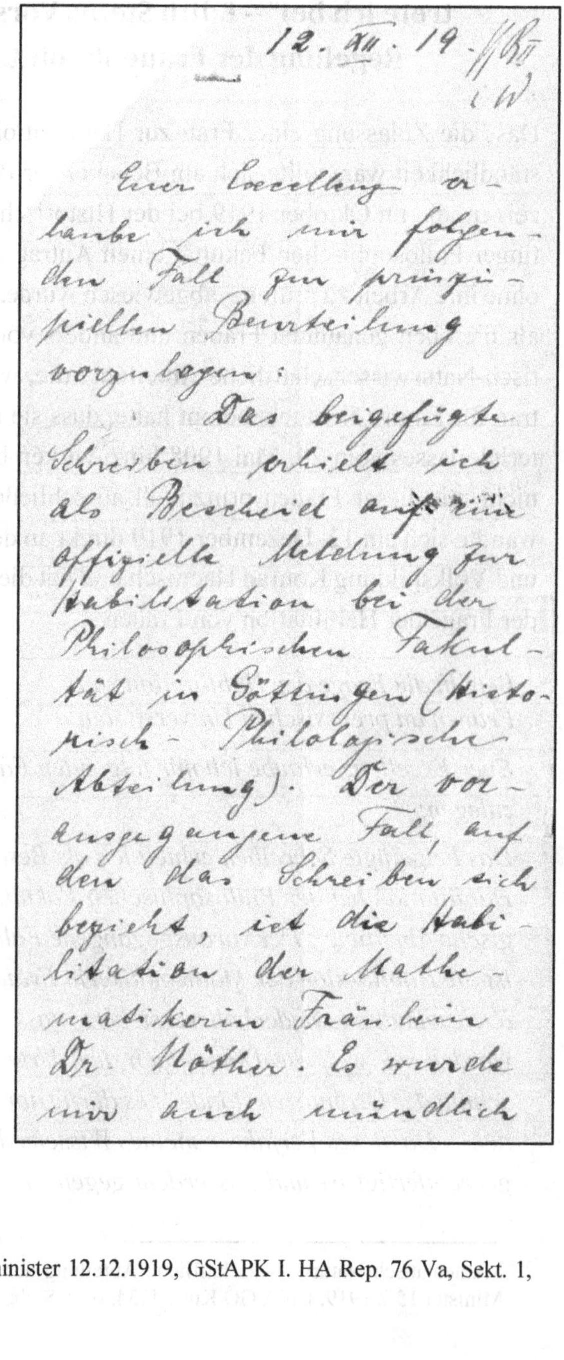

12. XII. 19.

Euer Excellenz erlaube ich mir folgenden Fall zur prinzipiellen Beurteilung vorzulegen: Das beigefügte Schreiben erhielt ich als Bescheid auf eine offizielle Meldung zur Habilitation bei der Philosophischen Fakultät in Göttingen (Historisch-Philologische Abteilung). Der vorausgegangene Fall, auf den das Schreiben sich bezieht, ist die Habilitation der Mathematikerin Fräulein Dr. Nöther. Es wurde mir auch mündlich

Schreiben Edith Steins an den Minister für Wissenschaft, Kunst und Volksbildung Konrad Haenisch vom 12. Dezember 1919, (ohne den Schlusssatz mit der Bitte um Rücksendung der Anlage).

[346] Edith Stein an den Preußischen Kultusminister 12.12.1919, GStAPK I. HA Rep. 76 Va, Sekt. 1, Tit. VIII, Nr. 8, Adh. III Bl. 153 f.

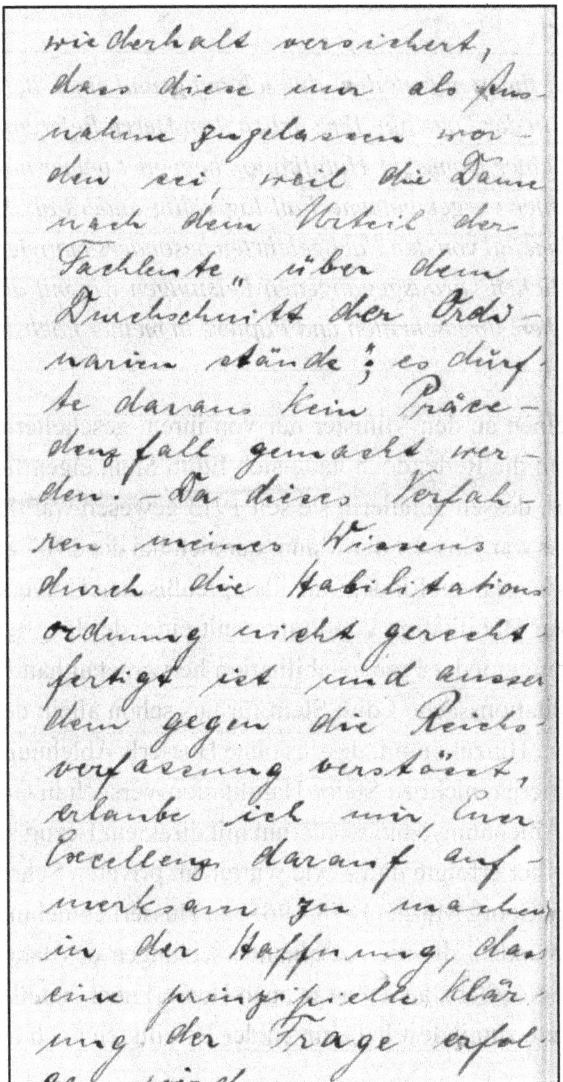

wiederholt versichert,
dass diese nur als Aus-
nahme zugelassen wor-
den sei, weil die Dame
nach dem Urteil der
Fachleute „über dem
Durchschnitt der Ordi-
narien stände"; es dürf-
te daraus kein Präce-
denzfall gemacht wer-
den. – Da dieses Verfah-
ren meines Wissens
durch die Habilitations-
ordnung nicht gerecht-
fertigt ist und ausser-
dem gegen die Reichs-
verfassung verstösst,
erlaube ich mir, Euer
Excellenz darauf auf-
merksam zu machen
in der Hoffnung, dass
eine prinzipielle Klär-
ung der Frage erfol-
gen wird.

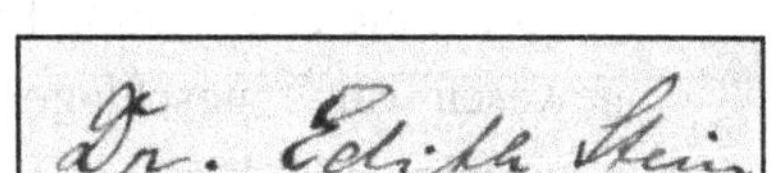

Dr. Edith Stein

Beigelegt hatte sie ihrem Schreiben die von dem Abteilungsvorsteher der Historisch-Philologischen Abteilung, dem Spezialisten für baltische Sprachen Eduard Hermann (1869-1950), unterzeichnete Ablehnung ihres Habilitationsgesuches vom 29. Oktober 1919, die folgenden Wortlaut hatte:

Sehr geehrtes Fräulein Doktor!

Zu meinem Bedauern habe ich Ihnen mitzuteilen, daß ich auf grund einer Beratung der Vorkommission nicht in der Lage bin, Ihre Arbeit dem Herrn Referenten zu überweisen. Die Zulassung einer Dame zur Habilitation begegnet immer noch Schwierigkeiten. Der einzige hier vorgekommene Fall lag völlig anders als bei Ihnen; denn er war als Ausnahmefall von den Fachgelehrten besonders motiviert: sowohl mit den außergewöhnlichen vorausgegangenen Leistungen wie mit dem Lehrbedürfnis. Ich bitte Sie daher, Ihre Schriften und Papiere in meiner nächsten Sprechstunde wiederzuholen.

Zwar war in Edith Steins Schreiben an den Minister nur von ihrem gescheiterten Habilitationsversuch in Göttingen die Rede, doch hatte sich Edith Stein eigentlich in Freiburg von Edmund Husserl, dessen Schülerin sie seit 1913 gewesen war, habilitieren lassen wollen. Nun aber war Husserl der Mann, der sich bei der 1907 aus Anlass des Habilitationsgesuchs Maria von Lindens an allen preußischen Universitäten durchgeführten Umfrage zur Habilitation von Frauen mit einer der längsten, umständlich gewundenen Ablehnung jeder Frauenhabilitation hervorgetan hatte[347] und dessen Haltung in der Habilitationssache Edith Stein für uns schon allein deshalb von besonderem Interesse ist. Hinzukommt, dass es ohne Husserls Ablehnung, Edith Stein in Freiburg zu habilitieren, nicht zu Steins Habilitationsversuch in Göttingen gekommen wäre, dessen Ablehnung dann wiederum mit direktem Bezug auf den „Ausnahmefall" Emmy Noether erfolgte und – wie wir einem privaten Schreiben seines Göttinger Nachfolgers Georg Misch (1878-1965) an Husserl entnehmen können – offenbarte, dass die Wunden, die die Auseinandersetzungen des Jahres 1915 um die Habilitation Emmy Noethers, an denen ja auch Husserl noch beteiligt gewesen war,[348] geschlagen hatten, zumindest bei einigen der Beteiligten noch immer nicht verheilt waren.

[347] Siehe dazu Tollmien 1/2021, S. 95-98.

[348] Er hatte beispielsweise an der entscheidenden Fakultätssitzung am 18.11.1915 teilgenommen. Protokoll der Fakultätssitzung am 18.11.1915, UniA GÖ Phil. I. Fak. Prot. 2.

Um zu verstehen, wie es überhaupt zu dem Habilitationsversuch Edith Steins in Göttingen gekommen war, ist zunächst das komplizierte Verhältnis zwischen Edith Stein und Husserl zu beleuchten. Dies ist insofern über das Interesse an beiden Protagonisten hinaus lohnend, als Edith Stein eine Vielzahl von Selbstzeugnissen (Erinnerungen und Briefe) hinterlassen hat, die ein lebendiges Bild der frauenfeindlichen Stimmung in der Professorenschaft vermitteln, wie sie insbesondere unter den Göttinger Geisteswissenschaftlern herrschte und speziell bei Husserl vorzufinden war, der damit als eine Art Gegenpol oder Gegencharakter, wie ich es im Vorwort genannt habe, zu Hilbert angesehen werden kann.

Eindringlich veranschaulichen Steins Erinnerungen und Briefe zudem, wie die Vorurteile, Animositäten oder auch verletzten Eitelkeiten einzelner Professoren auf dem Rücken einer hochbegabten intelligenten Frau ausgetragen wurden, die die Absurdität der Argumentation hellsichtig durchschaute, ohne etwas dagegen unternehmen zu können, und die zumindest für sich selbst letztendlich resignierte. Da es eine solche Vielzahl von persönlichen und zudem auch noch hochreflektierten Quellen für keine der hier genannten Frauen gibt und insbesondere nicht für Emmy Noether, von der kaum nicht-mathematische Äußerungen überliefert sind, soll Edith Stein hier stellvertretend für diese ersten Frauen stehen, die erfolgreich (oder auch nicht) versuchten, sich den kräftezehrenden und sie persönlich und menschlich vielfältig herabsetzenden Weg zu einer wie auch immer gebrochenen Universitätskarriere zu erstreiten. Nur scheinbar führen daher die ausführlichen Schilderungen von Edith Steins Kampf zunächst um ihre Promotion, dann um ihre Habilitation von Emmy Noether weg. Sie stellen vielmehr einen anderen Zugang, einen Umweg über eine andere Person dar, der indirekt auf Emmy Noether zurückweist, über deren persönliche Haltung und Empfindungen wir wegen der spärlichen Quellenlage nur sehr wenig wissen.

Außerdem kam es, wie schon im Vorwort gesagt und wie im Folgenden auszuführen sein wird, faktisch zu einem nicht-intentionalen und beiden nicht bewussten, aber dennoch vorhandenen Zusammenwirken Edith Steins mit Emmy Noether (von Stein in ihrem Schreiben an den Minister namentlich erwähnt) bei der mit Erlass vom 21. Februar 1920 endlich erfolgten Aufhebung des Verbots von Frauenhabilitationen in Preußen.

Die Husserlschülerin Edith Stein

Edith Stein wurde am 12. Oktober 1891 in Breslau als jüngste Tochter (von insgesamt elf Kindern) einer jüdischen Kaufmannsfamilie geboren. Ihr Vater starb überraschend, als sie zwei Jahre alt war, und ihre Mutter, die eine geborene Courant war (der Göttinger Mathematiker Richard Courant war Ediths Cousin), führte das Holzgeschäft des Mannes so erfolgreich weiter, dass die finanziellen Verhältnisse der Familie auch den beiden jüngsten Kindern, Erna und Edith, eine akademische Ausbildung erlaubten. Beide Töchter besuchten zunächst die Städtische Victoriaschule in Breslau – eine sogenannte Höhere Töchterschule, die nichts mit höherer Bildung, sondern nur mit sogenannten höheren Töchtern zu tun hatte, die nicht die allgemeine Volksschule besuchen sollten. Auch Emmy Noethers Ausbildung begann auf einer dieser Höheren Töchterschulen, auf der den Mädchen lediglich eine elementare Grund- und Sprachenausbildung vermittelt wurde. Beide Steintöchter machten wie auch Emmy Noether anschließend das Abitur: Erna, die später eine bekannte Frauenärztin wurde, hatte als Vorbereitung noch die für Mädchen eingerichteten Realgymnasialkurse besuchen und ihr Abitur als Externe an einer Knabenschule ablegen müssen.[349] Die nur anderthalb Jahre jüngere Edith konnte schon die auf der Höheren Töchterschule aufbauende Studienanstalt besuchen, die zu einem eigenen anerkannten, den Realgymnasien gleichgestellten Abitur führte, das sie am 3. März 1911 ablegte.[350] Emmy Noether musste auf ihrem Weg zum Abitur, das sie schon 1903 absolvierte, noch größere Umwege in Kauf nehmen: Für sie gab es weder Realgymnasialkurse noch eine Studienanstalt, stattdessen musste sie sich die nötige Kenntnisse und Fähigkeiten im Selbststudium, privat und durch den Besuch von Vorlesungen an der Erlanger Universität aneignen, bis auch sie wie Erna Stein das Abitur als Externe an einem Knabengymnasium ablegen konnte.[351]

---

[349] Zu Erna Stein, später verheiratete Bieberbach (1890-1978) , siehe den Eintrag in der Datenbank Ärztinnen im Kaiserreich, https://geschichte.charite.de/aeik/biografie.php?ID=AEIK00231 (Abruf 30.11.2020), und Edith Stein, Gesamtausgabe (= ESGA), Band 1, Aus dem Leben einer jüdischen Familie und weitere autobiographische Beiträge, Druckausgabe neu bearbeitet und eingeleitet von Maria Amata Neyer, Herder Freiburg 2010; hier wurde ausschließlich die online zugängliche pdf-Version: http://www.edith-stein-gesellschaft.org/wp-content/uploads/2019/01/ESGA-01-Text.pdf (Abruf 17.11.2020) genutzt (künftig kurz als „ESGA, Band 1, pdf-Version“ bezeichnet), S. 135-145.

[350] ESGA, Band 1, pdf-Version, S. 88-106. Vgl. dazu auch Christian Feldmann, Edith Stein, Rowohlt Taschenbuch Verlag Reinbek bei Hamburg 2004, S. 7-14.

[351] Siehe dazu Tollmien 2016 und ausführlicher Tollmien 6/2024.

Direkt nach dem Abitur begann Edith Stein ein Studium der Germanistik, Geschichte, Psychologie und Philosophie in Breslau, das sie allerdings wenig befriedigte, und so lehnte sie auch die ihr von William Stern (1871-1938), der in Breslau den Lehrstuhl für Pädagogik bekleidete, angebotene Dissertation über die Entwicklung des kindlichen Denkens ab, weil – wie sie selbst schrieb – die Psychologie als „Wissenschaft noch in den Kinderschuhen steckte" und es ihr noch an dem „notwendigen Fundament geklärter Grundbegriffe fehle".[352]

Denn inzwischen hatte sie in den Weihnachtsferien 1912 Husserls „Logische Untersuchungen"[353] gelesen, und in der darin enthaltenen Methode, der Phänomenologie, fand sie die begriffliche und gedankliche Klärung, die sie in der Psychologie vermisste. Diese von den Phänomenen, den Erscheinungen, ausgehende, von Husserl zur Blüte getriebene philosophische Richtung, versuchte zum Wesen der Dinge nicht nur über die Anschauung, die höchstmögliche Objektivität in der Wahrnehmung, vorzudringen, sondern auch über die innere Erfahrung, das subjektive Erleben. Grundlage war eine akribisch strenge Klärung von Begriffen und eine Skepsis gegen alle Selbstverständlichkeiten des Alltags. Dass die Außenwelt existiert, klammerte die Phänomenologie aus und konzentrierte sich darauf, zu beschreiben, wie man diese wahrnimmt: „Was ich von der Phänomenologie bisher kennen gelernt hatte," schrieb Edith Stein in ihren Lebenserinnerungen, „entzückte mich darum so sehr, weil sie ganz eigentlich in solcher Klärungsarbeit bestand und weil man sich hier das gedankliche Rüstzeug, das man brauchte, von Anfang an selbst schmiedete."[354] Folgerichtig setzte Edith Stein ihr Studium nach vier Semestern Breslau ab April 1913 in Göttingen fort und begab sich damit in den direkten Einflussbereich Husserls, den seine Schüler nur verehrungsvoll den „Meister" nannten, was Edith Stein übernahm.[355] Direkt nach ihrer Ankunft in Göttingen wurde Edith

---

352 ESGA Band 1, pdf-Version, S. 134.

353 Edmund Husserl, Logische Untersuchungen, Erster Band: Prolegomena zur reinen Logik, zweite überarbeitete Auflage, Max Niemeyer Halle 1913 (erste Auflage 1900), Zweiter Band: Untersuchungen zur Phänomenologie und Theorie der Erkenntnis, Max Niemeyer Halle 1901.

354 ESGA Band 1, pdf-Version, S. 134; siehe dazu auch Feldmann 2004, S. 17.

355 Dafür finden sich viele Beispiele in Steins Lebenserinnerungen und in ihren Briefen; zu letzteren siehe Edith Stein, Gesamtausgabe (= ESGA), Band 2, Selbstbildnis in Briefen I (1916-1933), Druckausgabe eingeleitet von Hanna-Barbara Gerl-Falkovitz, Bearbeitung und Anmerkungen von Maria Amata Neyer, Herder Freiburg 2010; hier wurde ausschließlich die online zugängliche pdf-Version genutzt und nur die Briefnummerierung angegeben: http://www.edith-stein-gesellschaft.org/wp-content/uploads/2019/01/ESGA-02-Text.pdf (Abruf 17.11.2020), künftig kurz „ESGA Band 2, pdf-Version".

Stein in die „den engeren Kreis der eigentlichen Husserlschüler“ umfassende Göttinger Philosophische Gesellschaft aufgenommen, in der sie sich – obwohl neue Mitglieder eigentlich zunächst „monatelang ehrfürchtig schweigend“ zuzuhören hatten – sofort aktiv einbrachte.[356] Und nicht nur das, noch im Sommersemester 1913 bat Edith Stein zu dessen großem Erstaunen Husserl um eine Doktorarbeit:

> *„Sind Sie denn schon so weit?“, fragte er überrascht. Er war gewöhnt, daß man jahrelang bei ihm hörte, ehe man sich an eine selbständige Arbeit heranwagte. Immerhin wies er mich nicht zurück. Er stellte mir nur alle Schwierigkeiten vor Augen. Seine Ansprüche an eine Doktorarbeit seien sehr hoch; er rechne, daß man drei Jahre dafür brauche. Wenn ich die Absicht hätte, Staatsexamen zu machen, dann würde er mir dringend raten, dies erst zu tun, sonst käme ich zu sehr aus meinen andern Fächern heraus. Und er selbst lege großen Wert darauf, daß man in einer Spezialwissenschaft etwas Tüchtiges leiste. Es tauge nichts, nur Philosophie zu treiben, als solide Grundlage brauche man gründliche Vertrautheit mit den Methoden der andern Wissenschaften. Das stieß zwar alle meine bisherigen Pläne um und machte mir das Herz etwas schwer; aber ich ließ mich durch nichts abschrecken, sondern wollte auf jede Bedingung eingehen. Nun wurde der Meister etwas entgegenkommender. Er hätte nichts dagegen, wenn ich mein Thema jetzt schon wählte und anfinge, daran zu arbeiten. Wenn ich dann mit meiner Vorbereitung zum Staatsexamen weit genug wäre, wolle er mir die Aufgabe für die Staatsarbeit so stellen, daß ich sie nachher zur Doktorarbeit ausbauen könnte.*[357]

Obwohl sich Husserl schon in dieser ersten Besprechung deutlich abratend, ja fast ablehnend verhalten hatte und Edith Stein nicht nur zwang, die von ihr eigentlich geplante Prüfungsreihenfolge (erst Dissertation, dann Staatsexamen) umzukehren (weshalb nicht ausgeschlossen werden kann, dass Husserl hoffte, dass sie sich mit dem Staatsexamen zufrieden geben würde), einigten sie sich schon in dieser ersten Besprechung auf ein Dissertationsthema, das von Edith Stein selbst stammte. Sie wollte in ihrer Dissertation untersuchen, was Einfühlung sei – ein Begriff, mit dem Husserl die Erfahrung meinte, durch die „eine objektive Außenwelt“ „intersubjektiv“ wahrgenommen wurde, den er aber selbst noch nicht genauer bestimmt hatte.[358]

---

356 ESGA Band 1, pdf-Version, S. 154.
357 Ebenda, S. 165.
358 Ebenda.

Wohl vor allem als Vorarbeit für seine eigenen Studien gab ihr Husserl auf, in ihrer Staatsexamensarbeit Literaturstudien zum Thema durchzuführen, die so umfangreich waren, dass diese sie an den Rand der Verzweiflung und Erschöpfung brachten. Dennoch schloss Edith Stein die Arbeit noch im Winter 1913/14 ab. Da Max Lehmann, bei dem sie in ihrem ersten Semester an einem Seminar teilgenommen hatte, ihr spontan angeboten hatte, ihre Semesterarbeit als Staatsexamensarbeit anzuerkennen,[359] und der Literaturhistoriker Richard Weißenfels (1857-1944), der, da Edward Schröder als Hauptmann im Feld stand, das Germanistische Seminar leitete, ihr die eigentlich geforderte Zulassungsarbeit erließ und sich mit der Lektüre ihrer für Husserl angefertigten Arbeit zur Einfühlung zufrieden gab,[360] bestand sie schon am 14./15. Januar 1915 ihr Staatsexamen in den Fächern Philosophie, Geschichte und Germanistik, und zwar mit Auszeichnung – dies, obwohl sich Husserl im Gegensatz zu Lehmann nicht an die Absprache gehalten hatte und die ihr aufgegebene Literaturrecherche in der Themenstellung für ihre Staatsexamensarbeit so erheblich erweitert hatte, dass sie „wohl die sachliche Einteilung und den ganzen Aufbau" ihrer bereits fertig gestellten Arbeit übernehmen konnte, aber erneut „Massen von Literatur durchstudieren und hineinarbeiten" musste.[361]

Nun war jedoch mitten in ihren Prüfungsvorbereitungen der Krieg ausgebrochen, was nicht nur Einfluss auf Edith Steins weitere Lebensplanung hatte, sondern – zumindest indirekt – auch in ihre Staatsexamensprüfung hineinspielte. Denn mit Lehmann hatte Edith Stein einen Prüfer, der wegen seiner Haltung in der Frauenfrage und während des Krieges vor allem aber wegen seiner antichauvinistischen politischen Grundhaltung, die ihn auf deutliche Distanz zur Expansions- und Rüstungspolitik der Reichsregierung gehen und ihn gegen Ende des Krieges sogar die Nähe zur deutschen Friedensbewegung suchen ließ, unter seinen geisteswissenschaftlichen Kollegen völlig isoliert war und stärker noch als Hilbert immer wieder massiv angefeindet wurde.[362] Edith Stein, die vor ihrem Staatsexamen jeden Prüfer zu Hause besuchen musste, stand dies noch fast zwanzig Jahre später, als sie 1933/34 ihre Lebenserinnerungen zu Papier brachte, deutlich vor Augen:

---

[359] Vgl. dazu Tollmien 1/2021, S. 127 ff.

[360] Damals musste man noch für jedes einzelne Prüfungsfach eine gesonderte Zulassungs- oder Staatsexamensarbeit verfassen, nicht nur wie heute in einem einzigen (Haupt-)Fach.

[361] ESGA Band 1, pdf-Version), S. 176; der gesamte Ablauf der Prüfung und der dazugehörigen Vorbereitungen ausführlich ebenda, S. 165-197.

[362] Zur Person siehe ausführlich Tollmien 1/2021, S. 123-129.

Der alte Mann hatte es damals sehr schwer in Göttingen. Als alter liberaler und begeisterter Englandfreund litt er sehr unter dem Krieg mit England. Die fürchterliche Grußformel „Gott strafe England!", die damals in gewissen Kreisen aufgekommen war, regte ihn immer von neuem auf.[363] *Er stand aber in seiner Fakultät fast allein mit seiner Überzeugung und war bei den Kollegen „unten durch". Über all das sprach er ganz offen mit mir. Sein ganzer Trost sei sein Seminar. Ohne diese schönen Montagabendstunden wäre es kaum auszuhalten. Er äußerte sich auch sehr kritisch über die Haltung der deutschen Regierung. Als ich mich verabschiedete, sagte er: „Am Freitag werden wir uns nicht über diese Dinge unterhalten." „O, das wäre mir aber viel sympathischer als das andere", antwortete ich lächelnd."*

Am Freitag, das war der Tag des Staatsexamens, stellte Lehmann dann überraschenderweise doch eine politische Frage:

„Wie steht es mit dem Vorwurf des preußischen Militarismus?" Ich dachte: „Wie nett! Jetzt denkt er daran, daß ich neulich bei meinem Besuch gesagt habe, es wäre mir lieber, ein politisches Gespräch zu führen als mich prüfen zu lassen." Die Frage selbst aber war brenzlig. Sie klang wie eine Aufforderung zur Kritik an den bestehenden Zuständen, und das mochte ich nicht. Ich antwortete also zunächst diplomatisch: „Das kommt darauf an, was man unter ‚Militarismus' versteht." Weißenfels lachte laut auf. Lehmann aber sagte mir geduldig seine Definition: Von Militarismus spreche man, wo ein stehendes Heer in Friedenszeiten gehalten werde. Unter dieser Voraussetzung konnte ich nun unbedenklich zugeben, daß es berechtigt sei, von preußischem Militarismus zu reden. Danach mußte ich die Gründe angeben, aus denen man sich in England bisher so sehr gegen den Militarismus gewehrt habe. Jetzt waren wir in glattem Fahrwasser, und es ging Schlag auf Schlag weiter, bis es sechs Uhr war.[364]

Gerechterweise sei in diesem Zusammenhang angemerkt, dass sich auch Husserl an dem allgemeinen Ausländerbashing, wie man es heute nennen würde, das vor allem am Beginn des Krieges in Göttingen grassierte,[365] nicht beteiligte und einem

---

[363] Zur antienglischen Propaganda im Ersten Weltkrieg siehe zusammenfassend Cordula Tollmien, „Unsere Kinder werden im Haß gegen England erzogen" – Zwei Dresdner Lehrerinnen gegen die verordnete Feindpropaganda, in: Dresdner Hefte 119 (2014), S. 46-58, dort auch weiterführende Literatur.

[364] ESGA Band 1, pdf-Version, S. 194 und S. 196.

[365] Siehe dazu beispielsweise Busse 2008, S. 62-71.

wegen unvorsichtiger politischer Äußerungen arretierten Kanadier noch die Möglichkeit zur Ablegung seiner Doktorprüfung gab. Die Folge war, dass Edith Stein, die unmittelbar nach Ausbruch des Krieges zunächst nach Breslau zurückgekehrt war, wenig später in der *Schlesischen Zeitung* eine „eine abfällige Notiz über die ‚vaterlandslose Gesinnung' einiger Göttinger Professoren" zu lesen bekam:

> *Sie hätten sich,* so stand dort, *zu einem Engländer, der wegen deutschfeindlicher Äußerungen in Schutzhaft war, begeben, um ihm die mündliche Doktorprüfung abzunehmen. Der „deutschfeindliche Engländer" war unser Freund Bell,*[366] *die „vaterlandslosen Professoren" unser alter Meister Husserl und die beiden Kollegen, die Bell in den Nebenfächern zu prüfen hatten. Ihre Namen waren alle angeführt. Ich war sofort überzeugt, daß es sich um eine Entstellung der Tatsachen handle, und wollte mir Aufklärung verschaffen. Ich schrieb an Bell, welche „Schauermär" wir gelesen hätten, und bat ihn um Mitteilung des wahren Sachverhalts. Die Antwort trug den Stempel der Polizeidirektion Göttingen und kam aus dem Gefängnis. Bell war als Kanadier zunächst in Freiheit geblieben. (Die Kolonialengländer wurden erst Anfang 1915 interniert.) Eines Tages kam ein Bekannter (ein Deutscher) an seiner Wohnung vorbei und fragte ihn zum Fenster hinauf – das war echt Göttinger Stil, aber bei der Gemütsverfassung des Volkes in den ersten Kriegsmonaten höchst unvorsichtig –: „Was sagen Sie zur japanischen Kriegserklärung?" Bell antwortete ebenso unüberlegt zum Fenster hinaus: „Für uns ist sie natürlich sehr vorteilhaft." Eine vorübergehende Dame hörte das, geriet in die größte Erregung, erstattete sofort Anzeige. Dabei wurde die Äußerung erheblich entstellt, so daß sie als deutschfeindliche Kundgebung erschien. Bell wurde in Schutzhaft genommen, durfte aber in seiner Wohnung bleiben. Da er sie nicht verlassen durfte, konnte er sich auch nicht an dem festgesetzten Prüfungstage in die Universität begeben, und seine wohlwollenden und teilnahmsvollen Lehrer beschlossen, die Prüfung in seiner Wohnung vorzunehmen. Damit erregten sie heftigen Anstoß bei ihren nationalistischen Kollegen; es wurde eine Fakultätssitzung einberufen, die Prüfung wurde für ungültig erklärt und sogar auch die Annahme der Arbeit, die schon vor Kriegsausbruch abgeliefert war.*

---

[366] Winthrop Bell (1885-1965) hatte zuvor unter anderem in Harvard, Cambridge und Leipzig studiert und war seit April 1911 Schüler von Husserl in Göttingen. Seine Doktorarbeit hatte er Anfang August magna cum laude abgeschlossen. Siehe dazu und zu seinem weiteren Lebensweg die Online-Biografie der Mount Allison University, Sackville Canada, an der Bell seine Studien begonnen, 1904 in Mathematik seinen Bachelor of Arts und 1907 seinen Master in Philosophie, Geschichte und Germanistik gemacht hatte, https://www.mta.ca/wpbell/bio.htm (Abruf 2.12.2020).

Als ich nach Göttingen kam, erzählte mir Husserl, daß Bell jetzt im „Carcer" in Haft gehalten werde. Er habe ihn schon dort besucht und ich könne es wohl auch tun, man müsse sich aber dazu die Erlaubnis der Polizeidirektors holen.[367]

Dies tat Edith Stein und erfuhr, dass man Bell zunächst in das Göttinger Polizeigefängnis gebracht habe, das aber nicht für einen längeren Aufenthalt ausgelegt war, so dass er doch nach Hannover überführt werden sollte. Dies konnte nur durch das Eingreifen Carl Runges verhindert werden, der als Rektor den Karzer der Universität als Haftetablissement zur Verfügung stellte, in dem es sich verglichen mit einem Gefängnis relativ angenehm lebte.

Auch Winthrop Bell verewigte sich wie viele vor und nach ihm in der Tür des Göttinger Universitätskarzers, der sich im dritten Stock der Universitätsaula befindet.[368]

Aber auf Einspruch seiner ‚Freunde', der Philologen, wie Edith Stein sich erinnerte,[369] die der Meinung waren, dass er keinen Anspruch auf einen Aufenthalt im Karzer habe, da er ja von der Universität verwiesen worden sei, wurde Bell dann doch in das Gefängnis nach Hannover gebracht. Runge, der sich Bell, der ein enger Freund seines kürzlich in Flandern gefallenen Sohnes gewesen war, besonders verbunden fühlte, bürgte für ihn und erreichte, dass Bell zurück nach Göttingen gebracht wurde und er ihn in seinem Haus aufnehmen durfte. Doch, so Edith Stein in ihren Erinnerungen, „auch diese glückliche Lösung dauerte nicht lange. Einige Wo-

367 ESGA Band 1, pdf-Version, S. 186 f. Siehe dazu auch Busse 2008, S. 47 f.; insb. Anm. 101: Bell wurde vom Rechtspflegeausschuss der Universität am 27. August 1914 von der Universität verwiesen und seine schon erbrachten Promotionsleistungen für ungültig erklärt.

368 Das Bild ist ursprünglich farbig. Bildquelle: https://commons.wikimedia.org/wiki/File:Karzer_Universit%C3%A4tsaula_2.JPG (Abruf 18.2.2021).

369 ESGA Band 1, pdf-Version, S. 188. Vielleicht ging dieser Einspruch auf die Mitglieder des Rechtspflegeausschusses zurück, die Bell von der Universität verwiesen hatten.

chen später wurde die Internierung aller Kolonialengländer verfügt. Bell kam in das große Konzentrationslager[370] nach Ruhleben und mußte bis zum Ende des Krieges dort bleiben."[371] In Ruhleben, das in der Nähe von Berlin liegt, befand sich während des Ersten Weltkrieges ein großes Internierungslager für britische Staatsbürger, in dem Bell tatsächlich bis Ende des Krieges ausharren musste. Auf Initiative seiner Göttinger Freunde wurde ihm dann im Mai 1922, acht Jahre nachdem er seine Doktorarbeit abgeschlossen und sein Rigorosum abgelegt hatte, der Göttinger Doktortitel wieder zuerkannt.[372]

Verglichen mit dem, was Runge für Winthrop Bell tat, ist Husserls Einsatz für seinen Schüler nur marginal zu nennen, zumal nicht bekannt ist, ob er sich nach dessen Inhaftierung – abgesehen von dem Besuch im Karzer - noch für ihn eingesetzt hat oder ob er über die von Edith Stein in der Schlesischen Zeitung gelesene Beschimpfung als „vaterlandsloser Professor" hinaus direkt oder indirekt Nachteile durch diese Affäre hatte. Doch wird an dieser Episode deutlich, dass Husserl für einen männlichen Schüler durchaus bereit war, auch persönliche Unannehmlichkeiten auf sich zu nehmen und sogar Risiken einzugehen, die ihm allerdings während des Geschehens nicht völlig bewusst gewesen sein müssen, während er – wie wir unten sehen werden – Edith Stein jedes Entgegenkommen verweigerte und sich wie schon in ihrem Staatsexamen nicht an zuvor getroffene Vereinbarungen hielt.

Kurz nach ihrem Staatsexamen wurde Edith Stein, die in Breslau einen Krankenpflegekurs für Studentinnen absolviert hatte, zu einem Einsatz als Rot-Kreuz-Helferin an ein Kriegslazarett in Mährisch-Weißkirch in Österreich gerufen, wo sie von April bis August 1915 tätig war.[373] Danach legte sie im Oktober 1915 die schon lange geplante Ergänzungsprüfung im Altgriechischen ab, da in Göttingen der Abschluss eines Realgymnasiums für die Zulassung zur Promotion in der Historisch-Philologischen Abteilung der Philosophischen Fakultät nicht ausreichte, sondern

[370] Für uns, die wir bei Konzentrationslagern heute (fast) ausschließlich an die NS-Arbeits- und Vernichtungslager denken, erscheint Edith Steins Wortwahl hier merkwürdig. Doch bezeichnete man während des Ersten Weltkriegs die Internierungslager für die jeweils feindlichen Staatsbürger in allen am Ersten Weltkrieg beteiligten Ländern tatsächlich als Konzentrationslager. Edith Stein benutzte hier also eine damals durchaus gängige Terminologie.

[371] ESGA Band 1, pdf-Version, S. 188.

[372] Siehe dazu die Unterkapitel „Doctoral Work with Edmund Husserl" und „Ruhleben Internment Camp" in der Biografie Winthrop Pickard Bells der Mount Allison University, ohne Verfasser, nur online: https://www.mta.ca/wpbell/bio.htm (Abruf 2.12.2020).

[373] ESGA Band 1, pdf-Version, S. 184 f. und S. 198-230.

das Abitur eines humanistischen Gymnasiums, also das große Latinum und das Graecum, verlangt wurden.[374] Es sollte ihr nicht so ergehen, wie Hedwig Conrad-Martius (1888-1966), die – obwohl eine der begabtesten Husserlschüler (hier nicht in der weiblichen Form, weil die männlichen Schüler in den Vergleich mit einbezogen sind)[375] – wegen des fehlenden humanistischen Abiturs in Göttingen nicht promoviert werden konnte und deshalb nach München hatte ausweichen müssen,[376] so dass Husserl erst durch Edith Stein in die Verlegenheit geriet, erstmals in seinem Leben eine Frau zu promovieren.

So war ich jetzt frei, schrieb Edith Stein später in ihren Lebenserinnerungen, *und nachdem ich „zu meiner Erholung von der Krankenpflege" das Graecum gemacht hatte (so wurde ich von Husserl geneckt), ging ich unverzüglich an die Doktorarbeit. Ich blieb dazu in Breslau, um jederzeit für eine Abberufung verfügungsbereit zu sein. Es war mir aber auch angenehm, ganz allein und unbeeinflußt zu arbeiten, ohne jede Unterbrechung durch unerwünschte Rechenschaftsberichte an den Meister.*[377]

Die hier von Edith Stein gewählte Distanz zu ihrem „Herrn und Meister" war vielleicht auch ein unbewusster Reflex darauf, dass sie sich von Husserl in ihrem Dissertationsvorhaben nicht vorbehaltlos unterstützt fühlte. So hatte Husserl nach ihrem Staatsexamen, als sie gewagt hatte, ihm erst fünf Tage nach dem Examen ihre Aufwartung zu machen, ihre Promotion in Philosophie noch einmal grundsätzlich in Frage gestellt, indem er sie in ein anderes Fach abzuschieben versuchte:

Der sonst so freundliche Meister war merklich verstimmt. Ich hatte einen fauxpas begangen, indem ich nicht sofort nach der Prüfung zu ihm ging. Nun erklärte er

374 ESGA Band 1, pdf-Version, S. 198, S. 228 ff. Vgl. dazu auch Steins Dissertationslebenslauf in: ebenda, S. 270 f.; dort gibt sie allerdings Ostern 1915 als Datum für ihre Griechischprüfung an.

375 Hedwig Martius, die 1912 einen Wettbewerb der Göttinger Philosophischen Fakultät mit einer Arbeit über „Die erkenntnistheoretischen Grundlagen des Positivismus" gewonnen hatte, von der Edith Stein durch eine Illustrierte erfahren hatte (was ihren Entschluss nach Göttingen zu gehen, maßgeblich beeinflusst hatte), hatte nach ihrer Promotion 1912 in München ihren Studienkollegen Theodor Conrad geheiratet und war mit ihm in dessen Heimatort Bergzabern gezogen. Sie war also, als Edith Stein im April 1913 nach Göttingen kam, schon nicht mehr dort. Dennoch verband die beiden Frauen eine lebenslange Fvreundschaft. Siehe dazu ESGA Band 1, pdf-Version, S. 132, S. 155 und S. 170; vgl. zur Person Hedwig Conrad-Martius und deren Philosophie Alexandra Elisabeth Pfeiffer, Hedwig Conrad-Martius. Eine phänomenologische Sicht auf Natur und Welt, Verlag Königshausen und Neumann Würzburg 2005.

376 ESGA Band 1, pdf-Version, S. 169 f.

377 Ebenda, S. 230.

mir, er hätte mir viel zu meiner Arbeit sagen wollen, aber nun habe er es vergessen. Zur Doktorarbeit reiche sie noch nicht aus (das war mir ja auch nie in den Sinn gekommen). Und da ich in Geschichte und Literatur so ausgezeichnet bestanden habe, könne ich mir ja noch überlegen, ob ich den Doktor nicht lieber in einem dieser Fächer machen wolle. Schwerer hätte er mich nicht kränken können. „Herr Professor", sagte ich ganz empört, „es kommt mir nicht darauf an, mir mit irgendeiner Doktorarbeit den Titel zu erwerben. Ich will die Probe machen, ob ich in Philosophie etwas Selbständiges leisten kann." Das schien ihn zur Besinnung zu bringen.[378]

Doch das sollte nicht der einzige Stein sein, den Husserl Edith Steins Promotion in den Weg legte. Zunächst ließ sich alles sehr gut an. Edith Stein kam mit ihrer Arbeit in Breslau gut voran und arbeitete sich in einen fast rauschartigen kreativen Prozess hinein.[379] Über Weihnachten 1915 fuhr sie für einen kurzen Besuch nach Göttingen und legte Husserl ihre Arbeit vor, der unerwarteterweise und für ihn untypisch kaum etwas auszusetzen fand: „Der Meister ließ sich große Stücke vorlesen, war recht befriedigt und gab mir Anregungen zu mancherlei kleinen Ergänzungen" erinnerte sich Edith Stein.[380]

Aber sie [die Arbeit] war noch nicht abgeschlossen, als die überraschende Nachricht kam, Husserl habe einen Ruf als Nachfolger Heinrich Rickerts [1863-1936] nach Freiburg i.Br. bekommen und angenommen. Rickert kam an Stelle des verstorbenen Wilhelm Windelband [1848-1915] nach Heidelberg. Diese beiden Häupter der „badischen Schule" [des Neukantianismus] hatten ja eine gemeinsame und darum sehr wirkungsvolle Tätigkeit ausgeübt. Es war keine ganz leichte Aufgabe, nun hier für die Phänomenologie Boden zu gewinnen. Aber Husserl zögerte keinen Augenblick, dem Ruf zu folgen. Er wurde damit aus der peinlichen Lage befreit, in der er in der Göttinger Philosophischen Fakultät so viele Jahre gewesen war,[381] *und kam auf einen der angesehensten philosophischen Lehrstühle in Deutschland.*[382]

Das war ein harter Schlag für Edith Stein:

---

378 ESGA Band 1, pdf-Version, S. 197.
379 Ebenda, S. 236.
380 Ebenda, S. 240.
381 Siehe dazu Tollmien 1/2021, S. 97 f.
382 ESGA Band 1, pdf-Version, S. 241.

Mir machte der rasche Übergang nach Freiburg einen Strich durch die Rechnung. Ich hatte sicher darauf gezählt, daß ich in der mündlichen Prüfung von denselben Herren geprüft würde wie im Staatsexamen und nur noch einer kleinen Wiederholung bedürfe, da für die Nebenfächer im Rigorosum viel weniger verlangt wird als für die facultas docendi. Nun mußte ich mich darauf gefaßt machen, zu ganz unbekannten Professoren zu kommen. Auf die erste Nachricht von Husserls Berufung hatte ich ihm sofort geschrieben, ob ich nicht meine Arbeit schleunigst zum Abschluß bringen und zur Promotion nach Göttingen kommen sollte. Aber er antwortete, das sei nicht mehr möglich. Ich sollte nur in aller Ruhe das „opus eximium" zu Ende führen und dann nach Freiburg kommen. Er würde dort mit der größten Freude erwartet und die neuen Kollegen würden zweifellos auch seinen Doktoranden in jeder Weise entgegenkommen.[383]

Die Frage ist, ob Husserl Steins Wunsch, sie noch in Göttingen zu promovieren, nicht doch hätte erfüllen können. Seine Berufung nach Freiburg war schon Mitte Januar 1916 erfolgt[384] und erst Anfang April, zu Beginn des Semesters, zog er nach Freiburg um. Er war also weiter Mitglied der Göttinger Philosophischen Fakultät, und daher können formale Gründe kaum ausschlaggebend für seine Absage gewesen sein. Doch offenbar wollte Husserl, der sich seit seiner von Althoff erzwungenen Berufung vor 14 Jahren unter seinen Göttinger Kollegen nie wirklich wohl gefühlt hatte, dies alles so schnell wie möglich hinter sich lassen und Rücksicht auf seine Doktorandin spielte für ihn – wie auch sein weiteres Verhalten zeigen wird – keinerlei Rolle.

Die zweite Frage ist, ob Edith Stein ihre Doktorarbeit bis April 1916 hätte fertigstellen können, und diese ist meiner Meinung nach klar zu bejahen. Denn obwohl Stein im Februar 1916 – auf Bitten des amtierenden Direktors ihrer alten Breslauer Schule – eine Vertretungsstelle als Lehrerin an dieser übernommen hatte, die sie viel Zeit und Kraft kostete,[385] konnte sie ihre fertiggestellte Dissertation schon in den Osterferien diktieren.[386] Wenn man nun davon ausgeht, dass sie mit der Aus-

---

383 ESGA Band 1, pdf-Version, S. 242.

384 Siehe dazu die Meldung in der Vossischen Zeitung vom 14.1.1916: „Professor Edmund Husserl nach Freiburg berufen". Online einsehbar auf der Facebook-Seite der Husserl Archives Leuven: https://www.facebook.com/288394474612716/posts/als-husserl-anfang-1916-einen-ruf-nach-freiburg-bekam-galt-er-allgemein-als-scho/1526629627455855/ (Abruf 5.12.2020).

385 ESGA Band 1, pdf-Version, S. 242-248.

386 Ebenda, S. 248.

Edmund Husserl, undatiert,
noch aus seiner Göttinger Zeit
(NStuUB Gö Sammlung Voit 5)

sicht auf eine Promotion noch in Göttingen die Stelle an der Schule wahrscheinlich nicht angenommen hätte, so wäre ihre Arbeit sicher noch früher fertig geworden. Das Problem wäre nur gewesen, dass Husserl die Arbeit rechtzeitig hätte lesen und beurteilen müssen. Und dieses Problem begegnete ihr auch in Freiburg wieder.

Denn als sie im Juli 1916, das Prüfungskleid im Gepäck, frohgemut nach Freiburg reiste, empfing sie Husserl mit der schockierenden Nachricht, dass er in ihre Arbeit, die seit mehr als zwei Monaten auf seinem Schreibtisch lag, noch nicht einmal hineingeschaut habe. Das erste Semester an der neuen Universität und das neu auszuarbeitende Kolleg habe alle seine Zeit beansprucht. Statt zu promovieren, könne sie sich stattdessen sein Kolleg über die „Philosophie der Neuzeit“ anhören, das sie sicher interessieren würde.[387]

> *Frau Husserl war ganz außer sich. „Fräulein Stein hat eigens die weite Reise von Breslau nach Freiburg gemacht, und nun soll es umsonst sein!“ Der Meister ließ sich nicht aus der Fassung bringen. „Fräulein Stein freut sich, Freiburg kennenzulernen und zu sehen, wie ich mich hier einrichte. Sie wird auch viel von meinem Kolleg haben. Den Doktor kann sie das nächstemal machen.“*[388]

Husserls Reaktion zeugt von einer fassungslos machenden Ichbezogenheit und vor allem von einem völlig fehlenden Bewusstsein für seine Fürsorgepflichten gegenüber seiner Doktorandin. Es ist daher auch nur Husserls Ehefrau zu verdanken, dass Edith Stein doch noch im Sommer 1916 promoviert werden konnte. Denn eines Tages eröffnete ihr Husserl, dass ihm seine Frau keine Ruhe gelassen habe und er nun doch bereit sei, ihre Arbeit zu lesen. Aber dafür brauche er Zeit. Er werde daher, was er noch nie zuvor getan habe, die Arbeit annehmen, ohne sie vorher zu lesen, und Edith Stein solle beim Dekan um einen möglichst späten Termin für das Rigorosum bitten, damit er sich bis dahin durch die Arbeit „hindurcharbeiten“ könne.

Einen solchen Termin zu finden, war nicht so einfach, da Edith Stein zum Schulbeginn am 6. August 1916 wieder in Breslau sein musste und die Professoren nach Semesterschluss Mitte Juli in die Sommerfrische zu reisen pflegten. Dennoch gelang es Edith Stein einen Prüfungstermin am 3. August 1916 zu erhalten,[389] und Husserl war so viel an einer guten ersten Doktorprüfung in Freiburg gelegen, dass er nicht nur bei seinen Freiburger Kollegen Edith Steins Verdienste (einschließlich ihres Einsatzes als Lazarettschwester) hervorhob, sondern vorab sogar einmal durchscheinen ließ, dass er in Sorge um den Ausgang der Prüfung war:

> *Er hatte schon bei mehreren Prüfungen [in Freiburg] mitgewirkt,* so Edith Stein in ihren Erinnerungen, *da Philosophie öfters als Nebenfach gewählt wurde. Als wir [Edith Stein war in Begleitung einer Göttinger Freundin] einmal abends bei ihm eingeladen waren, erzählte er von seinen Erfahrungen. Die Anforderungen*

---

[387] ESGA Band 1, pdf-Version, S. 248 f. und S. 252.
[388] Ebenda S. 252. Husserl hatte 1887 Malvine Steinschneider (1860-1950) geheiratet.
[389] Ebenda, S. 253.

seien sehr hoch. „Cum laude" sei schon ein sehr gutes Prädikat; „magna cum laude" werde selten gegeben, „summa cum laude" nur für Habilitationskandidaten. „Dann will ich mich mal auf ‚cum laude' einstellen", sagte ich scherzend. „Seien Sie froh, wenn Sie überhaupt durchkommen", war die Antwort. Das war ein kleiner Dämpfer für meinen Übermut.[390]

Husserls Aussage empfinden wir heute als in hohem Maße demotivierend. Doch war dieser raue Umgangston zwischen Professoren und Studenten damals relativ normal, der aufbauende, unterstützende, aufmunternde Hochschullehrer war noch nicht geboren. Schwerwiegender als diese herabsetzende Bemerkung aber wiegt in meinen Augen, dass Husserl sich, als Edith Stein am 3. August 1916 ihre Doktorprüfung tatsächlich mit summa cum laude bestand,[391] nicht an seine zumindest indirekt gegebene Zusage gebunden fühlte und ihr im Folgenden die Unterstützung für ihre Habilitation verweigerte.

Direkt nach der Promotion schien Edith Stein zunächst am Beginn einer wissenschaftlichen Karriere zu stehen. Denn noch vor ihrem Rigorosum hatten Husserl und sie verabredet, dass sie den Schuldienst quittieren und zu ihm als Privatassistentin nach Freiburg kommen sollte.[392] Doch die Zusammenarbeit, die auf beiden Seiten so hoffnungsvoll begonnen hatte („Ich weiß nicht, wer von uns beiden glücklicher war. Wir waren wie ein junges Paar im Augenblick der Verlobung."[393]), endete für Edith Stein menschlich wie wissenschaftlich in einer Katastrophe, was wohl hauptsächlich Husserls Unfähigkeit zu einer angemessenen Kommunikation mit seiner Assistentin geschuldet war. Streckenweise fehlte diese Kommunikation ganz und Husserls Verhalten trug – wie wir heute sagen würden – deutlich autistische Züge. So schrieb Edith Stein, deren Hauptaufgabe darin bestand, Husserls un-

---

[390] ESGA Band 1, pdf-Version, S. 255.

[391] Ebenda, S. 257 ff., das Gutachten Husserls zu Edith Steins Doktorarbeit ESGA, Band 2, pdf-Version, S. 3.

[392] Dies war allerdings keine offizielle, von der Universität finanzierte Assistentenstelle, sondern insofern tatsächlich ausschließlich privat, als Husserl Edith Steins Gehalt selbst zahlte. Dieses betrug aber nur 100 Mark im Monat, so dass Edith Stein ihre Mutter um die Vorauszahlung eines Teils ihres Erbes bitten musste, um finanziell über die Runden zu kommen. Siehe dazu ESGA Band 1, pdf-Version, S. 257; Theresa Wobbe, „Sollte die akademische Laufbahn für Damen geöffnet werden..." Edmund Husserl und Edith Stein, in: Edith Stein Jahrbuch Band 2: Das Weibliche, Echter Verlag Würzburg 1996, S. 361-374, hier S. 364 Anm. 9; Tonke Dennebaum. Freiheit, Glaube, Gemeinschaft. Theologische Leitlinien der Christlichen Philosophie Edith Steins, Herder Freiburg im Breisgau 2018, S. 25. Anm. 60.

[393] ESGA Band 1, pdf-Version, S. 257.

veröffentlichte Manuskripte zu sichten und für eine spätere Drucklegung vorzubereiten,[394] am 28. Januar 1917 schon merklich verzweifelt an ihren Freund, den polnischen Philosophen Roman Ingarden (1893-1970), der wie sie in Göttingen bei Husserl studiert hatte:

> Husserl *beschäftigt sich jetzt mit Konstitution der Natur (natürlich ohne Berücksichtigung der Ausarbeitung*[395]*), ich bin indessen mit der Fortführung der Ausarbeitung, zu der ich mich selbst autorisiert habe, ohne auf Widerspruch zu stoßen, bis zur Person*[396] *vorgedrungen. Natürliche Folge ist, daß man kaum noch miteinander redet. Für mich ist das sehr schmerzlich, denn die Sachen sind sehr kompliziert und das Material, das mir vorliegt, ist höchst unvollständig. Ich arbeite also jetzt ziemlich selbständig, und das ist ja recht erfreulich, aber etwas Gedankenaustausch wäre dabei sehr ersprießlich.*

Und noch drängender am 20. März 1917:

> *Ich wünsche mir brennend, mit dem Meister meine bisherige Ausarbeitung durchzusprechen, ehe ich etwas anderes vornehme. Denn ich habe gar keine Lust, neue Stöße von Papier aufzuhäufen, die er nicht anguckt. Außerdem wäre ich dann auch freier, wieder mal auf eigene Faust etwas anzufangen.*[397]

Im Februar 1918, nur anderthalb Jahre nach Beginn ihre Tätigkeit, beendete Edith Stein resigniert ihre Arbeit bei Husserl:

---

[394] Siehe dazu Dennebaum 2018, S. 26 f.

[395] Gemeint ist die von Edith Stein aus den Manuskripten angefertigte Ausarbeitung des 1. Abschnittes zu Husserls geplanten zweiten Band der „Ideen zu einer reinen Phänomenologie und phänomenologischen Philosophie" mit dem Titel „Die Konstitution der materiellen Natur". Mit dem ersten und einzigen zu seinen Lebzeiten fertiggestellten Band der „Ideen" hatte Husserl 1913 sein *Jahrbuch für Philosophie und phänomenologische Forschung* eröffnet: Jahrbuch 1,1 (1913), S. 1-323.

[396] Gemeint ist der Abschnitt 3 im zweiten Band von „Husserls Ideen zu einer reinen Phänomenologie": „Die Konstitution der geistigen Welt" mit Unterabschnitten wie „Die personalistische Einstellung als Gegensatz zur naturalistischen", „Die Person als Mittelpunkt einer Umwelt", „Die Person im Personenverband". Deshalb spracht Stein in ihrem Brief einfach von „Person". Edmund Husserl, Ideen zu einer reinen Phänomenologie und phänomenologischen Untersuchung, Zweites Buch, Phänomenologische Untersuchungen zur Konstitution, (aus dem Nachlass) hg. von Marly Biemel, Martinus Nijhoff Haag 1952.

[397] Edith Stein an Roman Ingarden 28.1.1917, Edith Stein Gesamtausgabe (= ESGA), Band 4, Selbstbildnis in Briefen III, Briefe an Roman Ingarden, Druckausgabe eingeleitet von Hanna-Barbara Gerl-Falkovitz, Bearbeitung und Anmerkungen von Maria Amata Neyer, Herder Freiburg 2005; hier wurde ausschließlich die online zugängliche pdf-Version genutzt: http://www.edith-stein-gesellschaft.org/wp-content/uploads/2019/01/ESGA-04-Text.pdf (Abruf 17.11.2020), künftig kurz: „ESGA, Band 4, pdf-Version", Brief 3 und Brief 11.

Was meine Assistententätigkeit angeht, schrieb sie ihrem alten Freund aus Göttinger Tagen Fritz Kaufmann (1891-1958) am 9. März 1918, *so muß ich Ihnen erzählen, daß ich Husserl gebeten habe, mich für die nächste Zeit davon zu befreien. Das Ordnen von Manuskripten, auf das sie sich seit Monaten beschränkte, war mir allmählich nahezu unerträglich geworden, und es scheint mir auch nicht so notwendig, daß ich darum auf eigene Tätigkeit verzichten müßte.*[398]

Roman Ingarden, Mai 1916
(Archiwum rodzinne Krzystofa Ingardena)

Fritz Kaufmann, Altersbildnis
(Zeitschrift für philosophische Forschung 12, 1958)

Abgesehen davon, dass Husserl Edith Stein faktisch zu seiner Privatsekretärin (statt -assistentin) degradiert hatte (deren Arbeit er dann auch noch ignorierte) und dass er ihr keinen Raum für eigenständige Arbeit ließ, hatte Edith Stein in dieser Zeit noch eine weitere Kränkung durch Husserl hinzunehmen. Denn dieser weigerte sich, was er gleichzeitig Roman Ingarden selbstverständlich zugestand, ihre Dissertation in seinem *Jahrbuch für Philosophie und phänomenologische Forschung* zu

[398] Edith Stein an Kaufmann 9.3.1918, ESGA Band 2, Brief 6. Zur Person Kaufmanns siehe Ludwig Landgrebe, Fritz Kaufmann in Memoriam, in: Zeitschrift für philosophische Forschung 12 (1958), S. 612 f.

veröffentlichen. Nun war Edith Steins Promotionsarbeit tatsächlich sehr umfangreich – sie hatte diese in drei einzelne Hefte binden lassen, um Husserl nicht das Lesen eines unhandlichen Folianten zuzumuten[399] –, doch scheint dies nicht der Grund oder zumindest nicht der Hauptgrund für die Nichtaufnahme in Husserls Jahrbuch gewesen zu sein. Auf einen anderen möglichen Grund weist eine bemerkenswerte Stelle in Steins Erinnerungen, die sich auf die Zeit vor ihrem Rigorosum bezieht:

> *„Ihre Arbeit gefällt mir immer besser“,* habe Husserl eines Tages gescherzt, erinnerte sich Stein. *„Ich muß mich in acht nehmen, daß es nicht gar zu hoch hinaufgeht.“ Jetzt ging es zunächst im selben Ton fort: „Ich bin nun schon ziemlich weit in Ihrer Arbeit. Sie sind ja ein sehr begabtes kleines Mädchen.“ Dann wurde er etwas ernsthafter. „Ich habe nur Bedenken, ob diese Arbeit neben den ‚Ideen‘ im Jahrbuch möglich sein wird. Ich habe den Eindruck, daß Sie manches aus dem II. Teil der Ideen vorweggenommen haben.“*[400]

Ist es vielleicht denkbar, dass Husserl Steins Arbeit nicht in seinem Jahrbuch veröffentlichte, weil sie sich inhaltlich zu nah an seinen eigenen Arbeiten bewegte und sie diese Ideen unabhängig von ihm eigenständig (weiter-)entwickelt hatte? Fürchtete er also die Konkurrenz, zumal sein zweiter Band der „Ideen zu einer reinen Phänomenologie und phänomenologischen Philosophie“, an dem er seit 1912 arbeitete, noch nicht erschienen war (und zu seinen Lebzeiten auch nicht mehr erscheinen sollte)?[401] Und konnte er eine solche Konkurrenz vor allem deshalb nicht ertragen, weil Husserl Frauen in der Wissenschaft weder dulden noch ernstnehmen konnte, was hier Ausdruck in seinem herablassenden Spruch von dem „sehr begabten kleinen Mädchen“ fand?

Von der untergeordneten, ja dienenden Rolle, in der Husserl Frauen in der Wissenschaft nur zu sehen vermochte, zeugt auch ein Brief Husserls an Roman Ingarden, in dem Husserl – von uns heute als Zumutung empfunden – selbstverständlich davon ausging, dass Edith Stein die Dissertation Ingardens, dessen Muttersprache Polnisch und nicht Deutsch war, sprachlich überarbeitete: „Daß Frl. Stein Ihnen sprachlich zur Seite stehen wird“, schrieb Husserl am 20. Juni 1917 an Ingarden, „daran ist ja nicht zu zweifeln.“ Dass er Ingarden im Gegensatz zu Stein als seinen

[399] ESGA Band 1, pdf-version, S. 249.
[400] Ebenda, S. 257.
[401] Vgl. dazu Anm. 397.

Schüler ansah, der jede Förderung verdiente und mit dessen Erfolgen er sich als Mentor und Lehrer schmücken konnte und wollte, bekräftigte Husserl noch einmal in einem Brief am 5. April 1918, in dem er betonte, dass ihm sehr viel daran liege, dass sich Ingarden im *Jahrbuch* und in der phänomenologisch interessierten Welt gut einführe.[402] Und im Unterschied zu Stein, die den Druck ihrer Dissertation selbst bezahlen musste,[403] handelte Husserl für Ingarden sogar ein recht stattliches Seitenhonorar für die Veröffentlichung von dessen Promotionsarbeit im *Jahrbuch* aus.[404]

Das „sehr begabte kleine Mädchen" Edith Stein – als Frau daran gewöhnt –, scheint diese Zurücksetzung noch nicht einmal in der Rückschau ihrer Erinnerungen als solche empfunden zu haben. Denn sie beschreibt diese ohne jede weitere Wertung. Und selbstverständlich überarbeitete sie die Arbeit Ingardens, und zwar nicht nur sprachlich, sondern auch inhaltlich,[405] was eindrücklich deutlich macht, dass Ingarden Stein nicht etwa wissenschaftlich-philosophisch überlegen war, sondern (zumindest in Husserls Augen) nur, weil er ein Mann war.

Wie sehr Edith Stein die Herabsetzungen als Frau gewöhnt war, macht auch deutlich, dass sie nach dem Gespräch, in dem Husserl von ihr als dem „sehr begabten kleinen Mädchen" gesprochen hatte, nicht etwa die Flucht ergriff, sondern die Gelegenheit Husserl, der über seine hohe Arbeitsbelastung geklagt hatte,[406] zu fragen, ob sie seine Assistentin werden könne, was in dem oben beschriebenen Desaster endete.

---

402 Beide Briefe zitiert nach Wobbe 1996, S. 367.

403 „Meine Arbeit18 ist im Druck: 9 Bogen, 546 M", schrieb sie am 28.1.1917 an Ingarden. ESGA Band 4, pdf-Ausgabe, Nachsatz zu Brief 3. Um die Kosten zu reduzieren, hatte sie bei der Universität Freiburg darum nachgesucht, „nur einen Teil im Druck erschienen lassen zu dürfen, da die ganze Arbeit sehr umfangreich und die Druckkosten gegenwärtig sehr hoch sind" (ESGA Band 1, S. 270 Vorspann zu ihrem Dissertationslebenslauf). So wurden von Steins Dissertation nur die Teile II bis IV gedruckt, der übrige Text gilt heute als verschollen: Edith Stein Gesamtausgabe, Band 5: Zum Problem der Einfühlung (Teil II - IV der unter dem Titel „Das Einfühlungsproblem in seiner historischen Entwicklung und in phänomenologischer Betrachtung" vorgelegten Dissertation), erste Veröffentlichung Halle Buchdruckerei des Waisenhauses 1917.

404 Wobbe 1996, S. 367. Ingardens Arbeit wurde 1918 fertiggestellt und erschien 1922: Roman Ingarden, Intuition und Intellekt bei Henri Bergson. Darstellung und Versuch einer Kritik, in: Jahrbuch für Philosophie und phänomenologische Forschung 5 (1922), S. 285-462.

405 Siehe dazu beispielsweise den Brief Steins an Ingarden vom 5.1.1917, der zahlreiche, auch inhaltliche Anmerkungen zu seiner Arbeit enthält, ESGA Band 4, pdf-Version, Brief 1.

406 Siehe dazu ESGA Band 1, pdf-Version, S. 256 f.

„Gestatten Sie mir nur soviel zu sagen, daß es sich dabei um eine wertvolle Persönlichkeit handelt, die ein gütiges Entgegenkommen verdient" – Husserl über Edith Stein

Die Frage der Habilitation, die spätestens seit der Summa-Bewertung in ihrer Doktorprüfung im Raum stand, war noch während Edith Steins Assistententätigkeit bei Husserl zumindest gelegentlich zur Sprache gekommen, und Edith Stein, die in dieser Frage wieder nur die Unterstützung der Frauen in der Familie Husserl hatte – diesmal von Husserls mit Edith Stein fast gleichaltriger Tochter Elisabeth (1892-1982), die Elli genannt wurde –, war schon lange, bevor dies sozusagen amtlich wurde, klar, dass Husserl sie nicht habilitieren würde:

> *Man legt jetzt sehr großen Wert auf meine „Lehrtätigkeit"*, schrieb Edith Stein am 20. Februar 1917 an Roman Ingarden, *und denkt daran, mich im nächsten Semester offiziell mit Anfängerübungen zu beauftragen und mir das Seminar dafür zur Verfügung zu stellen. Ich soll – so hat man sich in rührender Naivität ausgedrückt – hier werden, was Reinach in Göttingen war. Nur habilitieren darf ich mich nicht (wofür Elli plädierte), weil man doch „aus Prinzip" dagegen ist.*[407]

Es sei dahingestellt, ob Edith Stein wirklich im nächsten Jahr offiziell Anfängerübungen abhielt,[408] faktisch tat sie es jedoch, was Gerda Walther (1897-1977), eine der wenigen Frauen, die – abgesehen von Stein und Hedwig Conrad-Martius – in Husserls Vorlesungen vordrangen und die eine der Teilnehmerinnen an diesen bezeichnenderweise als „Philosophischer Kindergarten" firmierenden Übungen war, durch ihre Erinnerungen bestätigte.[409] Damit ist erwiesen, dass Edith Stein Husserl, der ihr nach ihrer Assistentenzeit über die von ihr abgehaltenen philosophischen Übungen ein gutes Zeugnis ausstellte, auch in der Lehre unterstützte,[410] was sie noch stärker als ihre Summa-Promotion zu einer Habilitationskandidatin machte.

---

[407] ESGA Band 4, pdf-Version, Brief 9. Adolf Reinach (1893-1917), der 1909 von Husserl in Göttingen habilitiert worden war und offensichtlich ein begnadeter Lehrer war, spielte eine große Rolle in Edith Steins Selbstfindung als Wissenschaftlerin. Er wurde sofort bei Kriegsbeginn einberufen und fiel am 16.11.1917 in Belgien. Siehe dazu ESGA Band 1, pdf-Version, S. 151-197.

[408] In den Freiburger Vorlesungsverzeichnissen der Jahre 1917/18 war sie jedenfalls nicht aufgeführt.

[409] Gerda Walther, Zum anderen Ufer. Vom Marxismus und Atheismus zum Christentum, Der Leuchter Otto Reichl Verlag Remagen 1960, S. 204. Walther irrt allerdings wahrscheinlich, wenn sie behauptet, dass Edith Stein auch schon in Göttingen Philosophische Übungen eigenständig abgehalten habe. Denn das hätte Edith Stein sicher in ihren Erinnerungen erwähnt.

[410] Schreiben Husserls für Edith Stein, ohne Adressat, 6.2.1919, abgedruckt in: ESGA Band 2, pdf-Version, Nr. 16, S. 23.

Zehn Jahres später: Husserl
mit seiner Tochter Elisabeth
und deren ältester Tochter, Ausschnitt
aus einem größeren Familienfoto von 1929
(Johann Morgenstern, Die Husserl-Familie)

Doch Husserl hatte sich im Prinzip schon 1907 festgelegt, als er in der damaligen Umfrage des Preußischen Kultusministeriums festgestellt hatte:

> *Junge Damen bringen es wohl zu ansprechenden Dissertationen; daß sich aber die soweit Gekommenen – normaler Weise – stetig weiter entwickeln, zu regelmäßig fortarbeitenden und berufsmäßig leistenden Forscherinnen, dafür fehlen allgemeine Erfahrungen. Eine gleich tüchtige wissenschaftliche Arbeit (als „Habilitationsschrift" gedacht) begründet demnach bei einem jungen Mann und einer jungen Dame nicht dieselben Hoffnungen: in einem Falle die positive Zuversicht auf die Emporentwicklung zu einer berufstüchtigen Forscher- und Lehrerpersönlichkeit, im anderen Falle nicht.*[411]

„Im anderen Falle nicht“ – genau mit dieser Überzeugung agierte Husserl durchgehend auch in der Habilitationsangelegenheit Edith Stein. Daran ändert auch die Tatsache nichts, dass Edith Stein in ihrem oben zitierten Brief an Roman Ingarden vom

[411] Stellungnahme Husserls zum Separatvotum von vier Kollegen der Philosophischen Fakultät Göttingen, die sich für die Habilitation von Frauen aussprachen, o. D., fortlaufend auf zusammenhängenden Blättern im Nachsatz zum Schreiben des Dekans an den Minister vom 10.2.1907, UniA GÖ Phil. Fak. 411, o. P. (Unterstreichung im Original). Der vollständige Text von Husserls damaliger Stellungnahme ist abgedruckt in Tollmien 1/2021, S. 96 f. und S. 98.

29. Februar 1917 nur allgemein von „man" („weil man doch ‚aus Prinzip' dagegen ist") und nicht explizit von Husserl sprach, worauf der ungarische Philosoph und Husserlapologet Andras Varga hinweisen zu müssen glaubt.[412] Denn wer sollte sonst mit „man" gemeint sein, wenn – was auch schon der familiäre Kontext in dem Briefzitat nahelegt – nicht Husserl persönlich? Zu diesem Zeitpunkt gab es in der Freiburger Philosophischen Fakultät noch gar keine gemeinsame Haltung zu Frauenhabilitationen,[413] und Husserl wird ganz sicher nicht schon im Februar 1917 (ein halbes Jahr nach Edith Steins Promotion) wegen einer möglichen Habilitation Edith Steins in der Fakultät vorgefühlt haben.

1907 hatte Husserl an seine oben zitierten Ausführungen noch den Zusatz angefügt: „Mag sein daß umfassende künftige Erfahrungen uns auch bei Damen die noch vermißte positive Zuversicht verschaffen." Doch zumindest im Fall Edith Steins war Husserl nicht bereit, die Probe aufs Exempel zu machen, und zwar aus Prinzip nicht, wie insbesondere Edith Stein von Anfang an bewusst war, die am 16. September 1919, einen Monat, bevor sie ihre Habilitationsschrift in Göttingen einreichen wollte, rückblickend an Ingarden schrieb, dass Husserl es „a limine" abgelehnt habe, ihre Habilitation in Freiburg „durchzusetzen bzw. durchsetzen zu können".[414] „A limine" aber bedeutet „von vornherein", was mehr als deutlich ist.

Auch das von Husserl im Februar 1919 verfasste sogenannte Empfehlungsschreiben[415] für Edith Steins Habilitation, kann nicht als Revision seines damaligen Ur-

---

412 Peter Andras Varga, Edith Stein als Assistentin von Edmund Husserl: Versuch einer Bilanz im Spiegel von Husserls Verhältnis zu seinen Assistenten. Mit einem unveröffentlichten Brief Edmund Husserls über Edith Stein im Anhang, in: Andreas Speer und Stephan Regh (Hg.), „Alles Wesentliche lässt sich nicht schreiben". Leben und Denken Edith Steins im Spiegel ihres Gesamtwerkes, Herder Freiburg im Breisgau 2016, S. 111-133, hier S. 121: „man [nicht Husserl]" (eckige Klammern von Varga hinzugefügt). Varga hat es sich zur Aufgabe gemacht nachzuweisen, dass es keinen Grund gebe, „Husserls Rolle in Edith Steins gescheitertem Göttinger Habilitationsversuch – und sein Engagement für ihre Habilitation im Allgemeinen – kritisch zu beurteilen" (ebenda, S. 127), was, wie die vorausgegangenen und vor allem die folgenden Ausführungen zeigen werden, in keiner Weise haltbar ist.

413 Vgl. dazu die Antwort der Freiburger Philosophischen Fakultät auf die Umfrage der Gießener Philosophischen Fakultät wegen der Habilitation Margarete Biebers vom 11.3.1919, auf die Freiburg geantwortet hatte, dass man dort zur Frage der Frauenhabilitation noch keine Stellung genommen habe. Wiedergegeben nach Recke 2007, S. 218 f., und Recke 2000, S. 69 ff.

414 Stein an Ingarden, 16.9.1919, in ESGA Band 4, pdf-Version, Brief 65. Die dort auf S. 87 in Anm. 11 vorgenommene Interpretation, dass diese Äußerung Edith Steins im Gegensatz zu dem Empfehlungsschreiben Husserls vom Februar 1919 steht, lässt sich, wie unten im Folgenden ausgeführt wird, leicht widerlegen.

415 Tituliert als „Empfehlungsschreiben" in ESGA Band 2, pdf-Version, Nr. 16, S. 23, und als „Empfehlungsschreiben für eine Habilitation Edith Steins" in: Edith Stein. Ein neues Selbstbildnis in

teils gelesen werden.[416] Dieses Schreiben, das an keinen speziellen Adressaten gerichtet war und schon allein deshalb nicht als Empfehlung gewertet werden kann, weil eine solche, wenn sie wirksam werden soll, sich an eine bestimmte Person wenden muss, die dann als Fürsprecher auftreten kann,[417] klingt denn auch zunächst eher wie ein um Gerechtigkeit bemühtes Zeugnis für eine entlassene Mitarbeiterin, und das war es in gewisser Weise ja auch:

> *Fräulein Dr. phil. Edith Stein, meine langjährige Schülerin an den Universitäten zu Göttingen und Freiburg, hat im Sommersemester des Jahres 1916 in Freiburg summa cum laude das Doktorat der Philosophie gemacht, und zwar mit einer ausgezeichneten wissenschaftlichen Abhandlung über „Einfühlung", die sogleich nach ihrem Erscheinen das Interesse der Fachmänner erweckt hat. Sie wirkte nachher über 1 ½ Jahre als meine Assistentin und leistete mir nicht nur wertvolle Dienste bei der Ordnung und Verarbeitung meiner Manuscripte für umfassende wissenschaftliche Publikationen, sondern nicht minder bei meiner akademischen Lehrthätigkeit. Sie hielt zu diesem Zwecke regelmäßig philosophische Übungen für meine, nach tieferer wissenschaftlicher Ausbildung strebenden Hörer, an welchen nicht nur philosophische Anfänger, sondern auch Fortgeschrittene theilnahmen. Von dem ausgezeichneten Erfolge dieser Mitwirkung konnte ich mich im Fortgange meiner eigenen seminaristischen Übungen und durch persönliche Fühlungnahme mit meinen Hörern überzeugen. Fräulein Dr. Stein hat in der Philosophie eine weite und tiefe Bildung gewonnen, und ihre Fähigkeiten für selbständige wissenschaftliche Forschung und Lehre sind außer Frage.*

Doch dann folgt noch ein Schlusssatz, der auf den ersten Blick den Eindruck erwecken könnte, als hätte Husserl seine Meinung zur Habilitation von Frauen tatsächlich geändert:

Zeugnissen und Selbstzeugnissen, hg. und eingeleitet von Waltraud Herbstrith, Herder Freiburg im Breisgau 1983, S. 77.

416 Auch diesbezüglich widerspreche ich Varga, S. 123 f., der eine positive Umdeutung von Husserls Stellungnahme von 1907 vorzunehmen versucht.

417 Wie wichtig persönliche Beziehungen und eine persönliche Ansprache in einem solchen außergewöhnlichen Fall sind, macht eindrücklich die Promotion Sofja Kowalewskajas 1874 in Göttingen deutlich, die ohne den Einsatz Karl Weierstraß', dem es gelang, seinen Göttinger Kollegen Lazarus Fuchs (1833-1902), der damals Dekan war, mit in die Verantwortung für seinen begabten Schützling zu nehmen, nicht denkbar gewesen wäre. Auch für Kowalewskajas Freundin Julia Lermontowa setzte sich Weierstraß ein, hatte jedoch keinen direkten Einfluss auf die Göttinger Chemiker, was schließlich zur Folge hatte, dass Lermontowa im Unterschied zu Kowalewskaja die mündliche Prüfung nicht erlassen wurde. Siehe dazu Tollmien 1997, S. 98-107, und oben S. 110 f.

Sollte die akademische Laufbahn für Damen eröffnet werden, schrieb Husserl da, *so könnte ich sie [Edith Stein] an allererster Stelle u[nd] aufs wärmste für die Zulassung zur Habilitation empfehlen*.[418]

Doch gegen eine solche Deutung spricht zweierlei: Einmal empfahl Husserl Edith Stein hier nur für den Fall zur Habilitation, dass die „akademische Laufbahn für Damen eröffnet werden“ sollte, ohne auch nur anzudeuten, dass er dies für wünschenswert halte, und zum anderen ist dieses „Empfehlungsschreiben“ gerade ein Beleg dafür, dass Husserl sich weigerte, Edith Stein in Freiburg zu habilitieren. Denn warum hätte er ein solches Schreiben verfassen sollen, wenn er bereit gewesen wäre, sie selbst zu habilitieren? Und daran schließt sich die alles entscheidende Frage an: Warum hätte eine andere Universität Edith Stein habilitieren sollen, wenn der angesehene Phänomenologe, dessen Schülerin sie war, nicht bereit war, seine begabte ehemalige Assistentin selbst zu habilitieren? Dieses Schreiben dokumentiert also einmal mehr Husserls Ambivalenz gegenüber Frauen in der Wissenschaft allgemein und speziell gegenüber Edith Stein und stellte eben gerade keine Unterstützung für sie dar, sondern entblößte sie seines persönlichen Schutzes, den im Gegensatz zu Husserl Hilbert und Klein Emmy Noether an keiner Stelle ihres Habilitationsverfahrens versagten.

Edith Stein, die ihre Hoffnung, die Philosophie zu ihrem Beruf machen zu können, trotz der negativen Erfahrungen bei und mit Husserl noch immer nicht aufgegeben und seit dem Frühjahr 1918 kontinuierlich weiter wissenschaftlich gearbeitet hatte,[419] versuchte dennoch, in dieser ihr insgesamt feindlich gegenübertretenden universitären Welt zu bestehen, und verfolgte, wenn auch mit wenig Hoffnung auf Gelingen, ihr Habilitationsprojekt weiter. So bat sie Husserl um das zitierte „Empfehlungsschreiben“ vom Februar 1919 und führte während des Sommersemesters erste vorbereitende Verhandlungen an ihrer alten Universität Göttingen,[420] an der – wenn überhaupt vorhanden – noch die besten Aussichten auf eine Habilitation bestanden, zumal Emmy Noethers Habilitation zwar erst am 4. Juni offiziell abgeschlossen, aber doch schon im März, wie oben berichtet, eine Zeitungsmeldung

---

[418] Schreiben Husserls für Edith Stein, ohne Adressaten, 6.2.1919, abgedruckt in: ESGA Band 2, pdf-Version, Nr. 16 (dort mit einem Transkriptionsfehler 1 Jahre statt 1 ½ Jahre) und in Edith Stein. Ein neues Selbstbildnis 1983, S. 77.

[419] Siehe dazu Dennebaum 2018, S. 30, und beispielsweise den Brief Edith Steins an Fritz Kaufmann vom 9.3.1918, ESGA Band 2, Brief 6.

[420] Edith Stein an Ingarden 16.9.1919, ESGA Band 4, pdf-Version, Brief 65.

wert gewesen war.[421] In diese Verhandlungen schaltete sich nun auch noch einmal Husserl ein und zwar diesmal tatsächlich mit einem persönlichen Empfehlungsschreiben, gerichtet an seinen Göttinger Nachfolger Georg Misch, der 1917 – wie oben schon erwähnt gegen den Willen der Mathematiker und Naturwissenschaftler unter der Führung Hilberts, die Nelson präferierten[422] – Nachfolger Husserls auf dessen Extraordinariat geworden war. Husserl schrieb am 29. Mai 1919 an Misch, der zum Sommersemester 1919 gerade erreicht hatte, was man Husserl in Göttingen immer verwehrt hatte, nämlich die Ernennung zum Ordinarius:[423]

> *Sehr geehrter Herr Kollege!*
>
> *Fräulein Dr. Stein, welche nach ihrem Doktorat fast 2 Jahre lang [als] meine wissenschaftliche Assistentin thätig war, wünscht sich Ihnen vorzustellen und in Betreff der Möglichkeiten einer Habilitation in Göttingen Ihren Rat zu erbitten. Gestatten Sie mir nur soviel zu sagen, daß es sich dabei um eine wertvolle Persönlichkeit handelt, die ein gütiges Entgegenkommen verdient. Daß ich ihr [nicht] eine Meldung zur Habilitation in Freiburg anraten konnte hat, im Vertrauen gesagt, darin seinen Grund, daß in unserer philos[ophischen] Fakultät (die der Göttinger philologisch-historische[n] „Abteilung[“] entspricht)[424] bereits 3 Dozenten jüdischer Abstammung sind, und ich nicht erwarten kann, daß sie die Habilitation eines w[ei]t[er]en genehmigen würde. An sich hätte ich mir zur Unterstützung meiner Lehrthätigkeit eine so wertvolle phänomenologische H i l f s k r a f t sehr gewünscht. Frl. Stein hat sich auch als Leiterin eigener philosophischer Übungen sehr bewährt.*[425]

Noch deutlicher als das sogenannte Empfehlungsschreiben vom Februar 1919 zeigt dieser Brief Husserls Bemühen, Edith Stein aus Freiburg wegzuloben. Darüber hinaus zeigt er aber auch und vor allem, dass Edith Stein für Husserl immer noch „das

---

[421] Meldung in der Göttinger Zeitung vom 25.3.1919, siehe oben S. 169.

[422] Peckhaus 1990, S. 209-212.

[423] Siehe zur Vorgeschichte dieser Ernennung und zur Einrichtung eines besonderen Extraordinariats für Nelson ebenda, S. 213-219.

[424] In Freiburg gab es bereits seit 1910 eine eigenständige Naturwissenschaftlich-Mathematische Fakultät.

[425] Originalbrief in NStuUB Gö Cod. Ms. Misch 74, hier bis auf zwei kleinere grammatikalische Korrekturen zitiert nach Varga 2016, S. 132 f. (Hervorhebung C. T.) Varga unterschlägt übrigens in seiner Interpretation dieses Schreibens, dass Husserl an dieser Stelle mit Blick auf Stein nur von einer Hilfskraft sprach, und betont stattdessen lediglich, dass Husserl Stein für eine wertvolle Unterstützung seiner Lehrtätigkeit gehalten habe. Ebenda, S. 126.

Georg Misch, undatiert
(NStuUB Gö Sammlung Voit 1)

sehr begabte kleine Mädchen“[426] aus der Zeit ihrer Promotion war, die er sich nur als Hilfskraft vorstellen konnte, aber nicht als eigenständige Wissenschaftlerin. Wie schon an seinem Verhalten nach ihrer Promotion und der verweigerten Aufnahme ihrer Doktorarbeit in seinem *Philosophischen Jahrbuch* deutlich geworden, war Husserl nicht bereit oder in der Lage, Edith Stein als seine zu fördernde Schülerin und damit als potentielle Kollegin auf einem Lehrstuhl zu sehen. Auch die für diesen Abschnitt titelgebende Zeile „Gestatten Sie mir nur soviel zu sagen, daß es sich dabei um eine wertvolle Persönlichkeit handelt, die ein gütiges Entgegenkommen verdient“, zeugt weniger von einer echten Empfehlung als vielmehr von herablassendem Wohlwollen und erweckt den Eindruck, als bäte Husserl hier für Edith Stein um Nachsicht oder eben um ein Entgegenkommen für eine Person, die dessen besonders bedürfe. Von ihren wissenschaftlichen Verdiensten ist jedenfalls in diesem Schreiben keine Rede.

[426] ESGA Band 1, pdf-version, S. 257.

Husserls Brief spiegelt altbekannte Verhaltensweisen beziehungsweise Vorurteile einer Hochschullehrergeneration, für die es eine „kulturelle Selbstverständlichkeit“[427] war, dass nur ein Mann ein Gelehrter sein konnte. Später hat Husserl gegenüber Gerda Walther, die nach ihrer Promotion in München bei ihm ebenfalls (und natürlich ebenfalls vergeblich) wegen einer Habilitation angefragt hatte, diese seine Vorurteile offen, wenn auch „etwas verlegen“ zugegeben:

> *er sei nun einmal der Meinung, daß die Aufgabe der Frau im Grunde doch das Heim, die Ehe sei, er habe deshalb auch Edith Stein nicht zur Habilitation bei sich veranlaßt. (Was zweifellos möglich gewesen wäre). Andere Professoren könnten immerhin Frauen bei sich habilitieren, er würde sogar unter Umständen diesen seine Schülerinnen empfehlen, aber er selbst hätte sich doch dazu noch nicht entschließen können.*[428]

Husserl hat daher, wenn sich Gerda Walther hier richtig erinnert (und daran zu zweifeln gibt es aufgrund der Genauigkeit ihrer Schilderung keinen Anlass[429]) nicht nur offen zugegeben, dass er Edith Stein nicht habe habilitieren wollen, sondern indirekt auch, dass er sie, weil sie eine Frau war, aus Freiburg wegempfohlen habe.

In seinem Schreiben an Misch war jedoch nicht davon die Rede, dass Edith Steins Frausein ein Hindernis für ihre Habilitation sein könnte. Stattdessen führte Husserl – und das ist tatsächlich ein bisher von ihm nicht vorgebrachtes, neues Argument – antisemitische Vorbehalte seiner Freiburger Kollegen als Hindernis für eine Habilitation Edith Steins an. Nun waren diesbezügliche Befürchtungen sicher nicht aus der Luft gegriffen,[430] und wir haben oben in der Reaktion von Ludwig Curtius auf die Habilitationsanfrage durch eine Bekannte Margarete Biebers schon ein Beispiel für den in Freiburg herrschenden Antisemitismus gesehen, dem auch Husserl persönlich ausgesetzt war.[431] Und als Edith Stein nach ihrem gescheiterten Habilitati-

---

[427] Wobbe 1996, S. 362.

[428] Walther 1960, S. 216.

[429] Der Zusatz „(Was zweifellos möglich gewesen wäre).“ stammt meiner Meinung nach allerdings von Walther und gibt nicht eine Äußerung Husserls wieder, was nicht bedeutet, dass er nicht zutreffend ist.

[430] Doch lässt sich aus der Tatsache, dass solche antisemitischen Vorbehalte existierten, nicht, wie Varga dies tut, automatisch schließen, dass Husserls Verweigerung der Habilitation Edith Steins damit auch gerechtfertigt ist. Varga 2016, S. 125 ff.

[431] Varga 2016, S. 214, berichtet, dass Husserl, als er sich kurz nach dem Krieg bei einer Fakultätssitzung für die Säkularisierung des weltanschaulich gebundenen zweiten Philosophielehrstuhls aussprach, mit der Bemerkung konfrontiert war: „So etwas müssen wir hören von einem österreichischen Juden.“ Zu Curtius siehe oben S. 157 ff.

onsversuch in Göttingen darüber nachdachte, sich an ihren alten Breslauer Professor William Stern zu wenden, der seit 1916 am Institut für Jugendkunde des Hamburgischen Kolonialinstituts lehrte (aus dem 1919 bei Gründung der Hamburger Universität das Philosophische und das Pädagogische Seminar hervorgingen), wollte auch sie ihn nicht direkt um die Habilitation bitten, „weil die Philosophie in Hamburg bereits durch 2 jüdische Ordinarien vertreten ist."[432]

Doch in der Frage Edith Stein waren Husserls diesbezügliche Bedenken ganz offensichtlich vorgeschoben oder vorsichtiger ausgedrückt, Husserl war in diesem Punkt sich selbst gegenüber nicht ehrlich. Denn als 1926 die Habilitation seines jüdischen Schülers Fritz Kaufmann anstand, hatte Husserl keinerlei Probleme diese in der Fakultät durchzusetzen, obwohl auch 1926 an der Philosophischen Fakultät (mindestens) „3 Dozenten jüdischer Abstammung" waren.[433] Das zeigt einmal mehr, dass sich Antisemitismus und Antifeminismus gut vertrugen und Frauenfeindlichkeit antisemitische Vorbehalte verstärken konnte,[434] auch wenn in Steins Fall Husserl die antisemitischen Vorurteile nur antizipierte. Kurz gesagt: Bei Husserl überwog in Steins Fall die Ablehnung gegen die Frau, über den Antisemitismus seiner Kollegen wusste er sich nötigenfalls hinwegzusetzen.[435]

Nachdem der „geehrte Kollege" Misch zunächst Husserls Bedenken wegen der jüdischen Abstammung Steins auch für Göttingen bestätigt hatte (bezeichnender-

[432] Nämlich durch William Stern selbst und auch durch Ernst Cassirer (1874-1945), der seit 1919 gemeinsam mit Stern am Philosophische Seminar der neugegründeten Hamburger Universität wirkte. Edith Stein an Fritz Kaufmann 8.11.1919, ESGA Band 2, pdf-Version, Brief 24.

[433] 1919 lehrten Philosophie in Freiburg neben Husserl, der zwar wie seine Frau evangelisch getauft war, in Freiburg aber offensichtlich dennoch als Jude galt (Varga 2016, S. 125), der Extraordinarius Jonas Cohn (1869-1947) und der nichtbeamtete außerordentliche Professor Richard Kroner (1884-1974). Kroner ging zwar 1924 nach Dresden, aber in der Philosophischen Fakultät gab es seit 1914 auch noch den Kunsthistoriker Walter Friedländer (1873-1966), der bis zu seiner Entlassung durch die Nationalsozialisten in Freiburg lehrte. Husserl hatte gegenüber Misch ja von der gesamten Fakultät gesprochen und nicht nur von seinem Fach der Philosophie, für das 1926 übrigens auch der ebenfalls jüdische Rechtswissenschaftler Hermann Kantorowicz (1877-1940) Vorlesungen hielt, und auch Fritz Kaufmann selbst bot im Sommersemester 1926 schon Übungen an. Siehe dazu die Ankündigung der Vorlesungen der Badischen Albert-Ludwigs-Universität Freiburg im Breisgau, Kriegsnotsemester 1919, Universitätsbuchdruckerei Emil Groß Freiburg im Breisgau 1919, und Sommersemester 1926, C. A. Wagner Buchdruckerei Aktiengesellschaft Freiburg im Breisgau 1926.

[434] Siehe dazu Tollmien 1/2021, S. 11 f., S. 174-206, insb. S. 187-190.

[435] Varga hält dagegen, wie ich meine unzulässigerweise, schon das Fehlen eines expliziten Bezugs auf Frauenhabilitationen in Husserls Brief an Misch für einen Beleg dafür, dass Husserl diesbezügliche Vorbehalte nicht mehr hegte. Varga, 2016, S. 122 f. und S. 127.

weise allerdings nur in Parenthese), brachte er dann auch anschließend sofort auf den Punkt, worum es bei Edith Stein wirklich ging:

Gegen Frl. Stein steht – außer dem Bedenken, dass wie in Freiburg auch hier besteht bei dem gegenwärtig noch vorhandenen Überwiegen von Philosophie-Docenten jüdischer Abstammung[436] *– die Schwierigkeit, eine weibliche Habilitation durchzusetzen.*[437]

Das ist klar und eindeutig. Noch aufschlussreicher aber sind Mischs weitere Ausführungen, die nahelegen, dass es sich bei der zu erwartenden (und schließlich auch erfolgten) Ablehnung des Habilitationsgesuchs Edith Steins um einer Art „Racheakt" dafür handelte, dass sich die Historisch-Philologische Abteilung in der Diskussion über die Habilitation Emmy Noethers 1915 – also vier Jahre zuvor – übergangen und überstimmt gefühlt hätte.

Die mit Emmy Noethers damaligem Habilitationsversuch verbundenen Auseinandersetzungen waren auch in den Folgejahren insbesondere bei Personalfragen (etwa der Berufung Mischs) immer wieder aufgebrochen und hatten die unterschiedlichen politischen Überzeugungen der Mathematiker um Hilbert und der Mehrheit der Geisteswissenschaftler deutlich hervortreten lassen. Diese Differenzen waren so groß, dass die Historisch-Philologische Abteilung unter Abteilungsvorsteher Reitzenstein schon 1918 beim Minister einen Antrag auf Aufspaltung der Fakultät gestellt hatte und für den Fall, dass diesem Antrag nicht stattgegeben würde, ein wahres Schreckensszenario entworfen hatte:

Immer neue und meist schwere Konflikte sind zu erwarten, zumal es auch ausserhalb der Berufungsfragen nicht an Konfliktstoffen gefehlt hat und noch fehlt, die in der völligen Verschiedenheit der Grundsätze und Anschauungen beider

---

[436] In Göttingen lehrte außer Misch selbst noch der Psychologe David Katz (1884-1953), so dass von den drei Ordinariaten in den Göttinger Philosophie tatsächlich zwei von Juden bekleidet wurden Der dritte Ordinarius war der oben schon im Zusammenhang mit der Diskussion über Emmy Noethers Habilitationsgesuch 1915 genannte Experimentalpsychologe Georg Elias Müller. Dass sich hier zwei Juden – Husserl und Misch – Sorgen machten über gegebenenfalls zu viele jüdische Dozenten an einer Fakultät ist ein typisches Zeichen der Zeit, eine verständliche Reaktion auf den nach dem Ersten Weltkrieg hochvirulenten Antisemitismus, getragen von der (sich bekanntlich nicht erfüllenden) Hoffnung, dass man der Mehrheitsgesellschaft umso weniger Anlass zu diesbezüglichen Klagen geben werde, je weniger diese mit Juden konfrontiert sei.

[437] Misch an Husserl 18.6.1919, in: Husserliana Dokumente, Band III, Briefwechsel, Teil 6 Philosophenbriefe, hg. von Karl Schumann in Verbindung mit Elisabeth Schumann, Kluwer Academic Publishers Dordrecht Boston London 1994, S. 271 f., hier S. 271.

Teile begründet sind. Wir nennen hier nur die Frage des Ausländerstudiums, der Vorbildung der Studierenden,[438] *die Zulassung der Frauen zur Habilitation, letzteres eine Frage, die bereits im Jahre 1915 von derselben, von Professor Hilbert geführten Gruppe aufgeworfen [...] worden ist.*[439]

Das sind fast wörtlich die Gravamina, die Hilbert in seinem oben zitierten Schreiben als Erwiderung auf die Beschwerde Reitzensteins und Pohlenz‘ aufgeführt hatte, nur diesmal von der anderen Seite vorgebracht, was deutlich macht, wie tief der Graben zwischen beiden Abteilungen war. Auch hier wurde, noch vor dem neuerlichen Habilitationsgesuch Emmy Noethers und vor dem Antrag Edith Steins, die Habilitation von Frauen allgemein und Emmy Noethers im Speziellen als Beispiel für einen besonders großen Dissens angeführt, wobei Hilbert hier namentlich als eine Art Anführer einer Gruppe von Unruhestiftern genannt wird. Durch die inzwischen erfolgte Habilitation Emmy Noethers kann sich das Gefühl der Verbitterung auf Seiten der Historisch-Philologischen Abteilung nur verstärkt haben, was Misch in seinem Antwortschreiben vom 18. Juni 1919 an Husserl unmissverständlich klar machte:

Durch die Habilitation von Frl. Noether ist die Schwierigkeit in unserer Abteilung nicht überwunden, im Gegenteil! Ich weiß nicht, ob Sie hier noch die Auseinandersetzungen miterlebt haben, die vor Jahren durch den Versuch, Frl. N[oehter] zur Habilitation zu bringen, sich ergaben; wo die Argumente der ph[ilosophisch]-hist[orischen] Abteilung es zur Folge hatten, daß das Ministerium die Genehmigung nicht gab.[440] *Jedenfalls betrachtet sich die Abteilung in dieser Frage durch*

[438] Gemeint war hier vor allem die Frage der humanistischen Ausbildung, Latein und Altgriechisch als Voraussetzung für eine Promotion, von der oben ja auch schon im Zusammenhang mit der Promotion Edith Steins die Rede war, die in einem großen Kraftakt das Graecum nachgemacht hatte, um in Göttingen promoviert werden zu können.

[439] Zitiert nach Hans-Joachim Dahms, Die Universität 1918 bis 1989. Vom „Goldenen Zeitalter“ der Zwanziger Jahre bis zur „Verwaltung des Mangels“ in der Gegenwart, in: Göttingen – Die Geschichte einer Universitätsstadt, Band 3: Von der preußischen Mittelstadt zur südniedersächsischen Großstadt 1866 bis 1989, hg. von Rudolf von Thadden und Jürgen Trittel, Vandenhoeck & Ruprecht Göttingen 1999, S. 395-456, hier S. 401. Siehe dazu auch Peckhaus 1990, S. 216. Verzögert durch die revolutionären Unruhen der Nachkriegszeit erfolgte die Spaltung der Göttinger Philosophischen Fakultät dann allerdings erst 1922. Zu Hilberts gegen seine Kollegen aus der Historisch-Philologischen Abteilung vorgebrachten Vorwürfe siehe oben S. 117.

[440] Das ist zwar sachlich nicht zutreffend, da das Ministerium auf der Grundlage seines Erlasses vom 29. Mai 1908 entschieden hatte, aber es ist gut vorstellbar, dass angesichts der oben geschilderten Auseinandersetzungen insbesondere zwischen Hilbert und einzelnen Vertretern der Historisch-Philologischen Abteilung der Eindruck entstanden war, letztere seien für die Ablehnung des Habilitationsgesuches Emmy Noethers verantwortlich.

die andre Sparte majorisiert und es ist nach allem was ich höre, nicht zu erwarten, daß sie nicht nur den Widerstand jetzt aufgiebt [sic!], sondern selbst die Initiative ergreift, und das gerade bei der Habilitation für die Philosophie, wo ja die Docentur ganz anders umstritten ist als in den Sonderwissenschaften. Vielleicht, daß sich das in einiger Zeit ändert. Aber bei aller Schätzung, die ich für Frl. Stein nach Ihrer Empfehlung und nach Lektüre ihrer beträchtlichen Dissertation habe, kann ich ihr nicht viel Aussichten machen. Anders wäre es, wenn ein bedeutender Schüler von Ihnen herkommen wollte, bei dem diese Bedenken nicht vorlägen. Bei dem Andrang zur Privatdozentur – in der kurzen Zeit, daß ich hier bin (seit November [19]18) bereits 5 Anfragen – wird voraussichtlich im Wintersemester die eine oder die andre Habilitation erfolgen.[441]

Nun spekulierte Misch hier nur über die Motive seiner Kollegen beziehungsweise argumentierte vom Hörensagen, Husserl aber war natürlich dabei gewesen und hatte – ganz sicher – gegen Emmy Noether gestimmt. Dieses Argument musste ihm also einleuchten, ja man kann sogar vermuten, dass nicht nur Misch, der hier offen durchblicken ließ, dass er einen (männlichen) Schüler Husserls bevorzugen würde und dass er bei aller Wertschätzung Edith Stein nicht für einen „bedeutenden Schüler" Husserls hielt, sondern auch Husserl die Ablehnung des Habilitationsgesuches Edith Steins auch in Göttingen von Anfang an erwartet hatte.

Doch Edith Stein, die natürlich von diesen Gerüchten auch gehört hatte und wusste, dass „die Stimmung in der Fakultät sehr gespalten und vor allem kein zuverlässiger Fachmann da ist",[442] ließ sich nicht entmutigen und reichte im Oktober 1919 ihre „Beiträge zur philosophischen Psychologie und der Geisteswissenschaften" als Habilitationsschrift bei der Historisch-Philologischen Abteilung der Göttinger Philosophischen Fakultät ein – mit dem bekannten Ergebnis, dass ihr Antrag, weil sie eine Frau war, ohne inhaltliche Begründung abgelehnt wurde.[443] Darüber berichtete sie Fritz Kaufmann, der nach dem Krieg Husserl nach Freiburg gefolgt war, in einem Brief am 8. November 1919 und beleuchtete dabei auch kritisch die Rolle, die Misch in dieser Angelegenheit gespielt hatte:

---

441 Misch an Husserl 18.6.1919, in: Husserliana Dokumente, Band III, Briefwechsel, Teil 6 Philosophenbriefe 1994, S. 271 f.

442 Edith Stein an Ingarden 16.9.1919, ESGA Band 4, pdf-Version, Brief 65.

443 Absage vom 29.10.1919, als Beilage zum Schreiben Edith Steins an den Preußischen Kultusminister 12.12.1919, GStAPK I. HA Rep. 76 Va, Sekt. 1, Tit. VIII, Nr. 8, Adh. III Bl. 154. Zum Titel von Steins Habilitationsschrift siehe Dennebaum 2018, S. 30.

Lieber Herr Kaufmann, schrieb Edith Stein, *[...] Eigentlich wollte ich Ihnen schon lange schreiben, daß das „Unmögliche" – nach Ihrer Überzeugung – möglich geworden ist. Ich habe schon seit 10 Tagen die Ablehnung schwarz auf weiß in der Tasche oder vielmehr in unserm „Archiv" als abschließendes Dokument. Die Sache ist gar nicht vor die Fakultät gekommen, sondern in aller Stille erledigt worden. Als offiziell erscheinen sollenden Bescheid erhielt ich einen Brief des Abteilungsvorstehers Hermann, daß eine „Vorkommission" beschlossen hätte, die Sache gar nicht zu prüfen, da die Habilitation von Damen noch immer Schwierigkeiten mache. Mündlich sagte er mir tags darauf – offenbar indessen über das Unvorschriftsmäßige dieses Verhaltens aufgeklärt*[444]*–, es hätte Gefahr bestanden, daß die Arbeit zurückgewiesen würde, weil Müller festgestellt hätte, daß sie „die Psychologie, wie sie hier betrieben würde, ganz aus dem Sattel heben wollte" (übrigens ein kleiner Irrtum), und das hätte man mir ersparen wollen. Als spiritus rector erscheint mir bei allem doch Misch; er hat sich auf alle Weise der Zwickmühle entziehen wollen, durch sein Urteil entweder Müller oder Husserl vor den Kopf zu stoßen. Dies dürfen Sie Husserl erzählen, und fügen Sie hinzu, daß ich nicht „gebrochen" bin.*[445]

Nun war Georg-Elias Müller tatsächlich ein erbitterter Gegner Husserls und der Phänomenologie, und Edith Stein hat in ihrer Schilderung ihrer Göttinger Studienzeit durchblicken lassen, dass für sie dessen von einer geheimnisvollen Aura umgebene empirisch-experimentelle Arbeitsweise fast etwas Komisches hatte:

Im Psychologischen Institut hörte ich „Psychophysik der Augenempfindungen" bei Georg Elias Müller, einem Veteranen der alten, rein naturwissenschaftlich verfahrenden Methode. [...] Müller war ein rabiater Gegner der Phänomenologie, weil es für ihn etwas anderes als Erfahrungswissenschaft nicht gab. Husserl dagegen empfahl uns, bei ihm zu hören, weil er Wert darauf legte, daß wir die Methoden der positiven Wissenschaften kennenlernten. [...] Der Betrieb im Institut war sehr eigenartig. Müller hatte eine ganze Reihe von Schülern, die bei ihm promovieren wollten, obgleich das keine einfache Sache war. Es dauerte oft Mo-

---

444 Dass Hermann tatsächlich von der Unrechtmäßigkeit dieses Vorgehens überzeugt war oder darüber informiert wurde, halte ich für unzutreffend, da der Erlass vom 29.5.1908 ja bekanntlich noch immer galt, Frausein als Zurückweisungsgrund also noch immer ausreichte. Als unrechtmäßig hat wohl vor allem Edith Stein dieses Vorgehen empfunden und ist ja dann auch – wie oben schon zitiert – entsprechend tätig geworden.

445 Edith Stein an Kaufmann 8.11.1919, ESGA Band 2, pdf-Version, Brief 24.

Georg Elias Müller, undatiert
(Postkarte Ausschnitt, Privatbesitz C. T.)

nate, ehe man nur die Versuchsanordnung und die nötigen Apparate zusammenhatte. Keiner sagte dem andern, was er für eine Arbeit machte. [...] Einige Zeit diente ich einem dänischen Psychologen als Versuchsperson. Ich saß im verdunkelten Zimmer vor einem Tachystoskop, bekam nacheinander eine Reihe von verschiedenen grünen, leuchtenden Figuren jeweils einen Augenblick gezeigt und mußte nachher angeben, was ich gesehen hatte. Daran merkte ich, daß es sich um das Wiedererkennen von Figuren handelte, aber näheren Aufschluß erhielt ich nicht. Wir Phänomenologen lachten über diese Geheimniskrämerei und freuten uns unseres freien Gedankenaustausches: Wir hatten keine Furcht, daß einer dem andern seine Ergebnisse wegschnappen könnte.[446]

Die unterschiedliche Arbeits- und Denkweise Husserls und Müllers war, wie Edith Stein hier anschaulich beschrieb, auf keine Weise miteinander kompatibel und so war es schlechterdings undenkbar, dass Müller eine Schülerin Husserls akzeptieren

[446] ESGA Band 1, pdf-Version, S. 162 f.

würde, schon gar nicht als künftige Privatdozentin. Und statt Edith Stein zu unterstützen, versuchte Misch, das hat Stein sicherlich richtig erkannt, in erster Linie möglichst heil aus der Kampflinie Husserl-Müller herauszukommen.

Dabei erhielt das Ganze auch deshalb noch eine besondere Note, weil Müller gar nicht Mitglied der Historisch-Philologischen Abteilung war, sondern als Experimentalpsychologe zur Mathematisch-Naturwissenschaftlichen Abteilung gehörte, wo wir ihn ja auch oben schon als einen derjenigen kennengelernt hatten, der gegen Emmy Noethers Habilitationsgesuch von 1915 gestimmt hatte. Vielleicht war es tatsächlich ein Fehler, dass Edith Stein ihren Habilitationsantrag in Göttingen bei der Historisch-Philologischen Abteilung gestellte hatte. Vielleicht hätte sie bei einem Antrag in der Mathematisch-Naturwissenschaftlichen Abteilung trotz der Gegnerschaft Müllers mit der Unterstützung Hilberts, der noch immer große Stücke auf Husserl hielt und entsetzt gewesen war, als man diesen 1916 hatte nach Freiburg gehen lassen,[447] und vor der Folie von Emmy Noethers gerade erfolgter Habilitation größere Aussicht auf die Annahme ihres Habilitationsgesuches gehabt. Doch wäre das Ganze wohl daran gescheitert, dass es bei den Mathematikern und Naturwissenschaftlern außer Müller keinen Philosophieordinarius gab, der ihre Arbeit hätte beurteilen können. So blieb nur Misch und der gehörte wie zuvor auch Husserl zur Historisch-Philologischen Abteilung, weshalb Edith Stein die Mathematisch-Naturwissenschaftliche Abteilung wahrscheinlich gar nicht in den Sinn gekommen ist.

„Dies dürfen Sie Husserl erzählen, und fügen Sie hinzu, daß ich nicht ‚gebrochen' bin“ – da schwingt zum ersten Mal ein wenig vorwurfsvoller Trotz gegenüber Husserl mit, aber gebrochen war sie tatsächlich nicht, sondern dachte stattdessen – wie übrigens auch schon vor der dann Ende Oktober tatsächlich erfolgten Ablehnung in Göttingen – über mögliche Alternativen nach:

> *Zuwider ist mir nur,* schrieb sie an Kaufmann, *daß ich nun nachdenken muß, was ich weiter tun soll. Eine leise Aussicht ist in Kiel. Dort ist seit diesem Semester Heinrich Scholz,*[448] *den ich persönlich kenne [...]. Er schrieb mir heute, es sei*

---

[447] Peckhaus 1990, S. 210.

[448] Heinrich Scholz (1884-1956) war Religionsphilosoph. 1919 war er von Breslau (aus seiner Breslauer Zeit kannte ihn Edith Stein) nach Kiel berufen worden, seit 1928 lehrte er dann in Münster. In Kiel war 1899 als erste Frau in Preußen überhaupt die Archäologin Johanna Mestorf (1828-1909) mit dem Professorentitel ausgezeichnet worden, womit die Kieler Universität eine echte Vorreiterrolle gespielt hatte (siehe dazu Tollmien 1/2021, S. 45). Doch das war zwanzig Jahr her und sollte Edith Stein nichts nützten. Sie wurde auch von der Universität Kiel nicht habilitiert oder

vorläufig freilich auch dort nichts zu machen, denn es gibt bereits 3 Privat-Docenten, und 3 weitere Habilitationen sind angemeldet. Aber diesen Bewerbern gegenüber wollte er sich sehr kritisch verhalten, weil er lieber mich hinhaben möchte. Natürlich kann er sie aber nur abweisen, wenn die Arbeiten nichts taugen, und das muß er ja erst untersuchen. Also muß ich noch bis zum Frühjahr auf den endgültigen Bescheid warten.[449]

Außerdem wolle sie, wie oben schon erwähnt, nach Hamburg zu William Stern fahren und sich mit diesem beraten. Vielleicht hätte Stein in Hamburg, wo ja wenige Tage zuvor, am 4. November 1919 gerade Agathe Lasch habilitiert worden war, nach Göttingen noch die größten Chancen gehabt. Doch „bei dem ungeheurlichen Antisemitismus, der jetzt allgemein herrscht," wollte sie Stern nicht darum bitten, sie für die Habilitation vorzuschlagen.[450] Und Stern selbst, der wie Müller Experimentalpsychologe war, ist offensichtlich nicht auf den Gedanken gekommen, zumal sie seinerzeit in Breslau das von ihm angebotene Dissertationsthema abgelehnt und stattdessen nach Göttingen gegangen war.[451]

Weitere Schritte tue ich nicht mehr, schrieb Stein abschließend an Kaufmann. *Überall, wo ich nicht auf persönliches Wohlwollen rechnen kann, werde ich ja, wie in Breslau und hier,*[452] *den guten Rat bekommen: Gehen Sie doch nach Freiburg! Auch das dürfen Sie meinetwegen Husserl sagen – aber ich warne Sie entschieden vor der Debatte, die das auslösen würde.*[453]

Kiel, Hamburg, Breslau – „damit ist aber auch alles erschöpft, was ich an 'Beziehungen' aufbringen kann", schrieb sie ein paar Tage später an Ingarden:

Und das [gemeint sind Beziehungen] ist ja das einzig Maßgebende, sachliche Gesichtspunkte sind völlig Nebensache. Daß ich lieber auf die Habilitation verzichte, als Husserl noch einmal darum angehe, können Sie sich wohl denken.[454]

---

genauer sie nahm sich nach Scholz' faktischer Absage so weit zurück, dass sie auch dort keinen Habilitationsantrag stellte.

449 Stein an Kaufmann 8.11.1919, ESGA Band 2, pdf-Version, Brief 24. Auch in ihrem Brief an Ingarden vom 16.9.1919 dachte Edith Stein schon über eine Habilitation in Kiel nach, ebenda, Brief 65.

450 Stein an Ingarden 11.11.1919, ESGA Band 4, pdf-Version, Brief 66.

451 ESGA Band 1, pdf-Version, S. 134 f.

452 Stein schrieb den Brief aus Göttingen.

453 Stein an Kaufmann 8.11.1919, ESGA Band 2, pdf-Version, Brief 24.

454 Stein an Ingarden 11.11.1919, ESGA Band 4, pdf-Version, Brief 66.

Da ist viel Bitterkeit zu spüren, die sich nur wenig später in einem Brief an ihren Freund und Vertrauten Fritz Kaufmann Bahn brach, in dem sie zum ersten und einzigen Mal in ihrer gesamten schriftlichen Hinterlassenschaft in bemerkenswerter Klarheit von Husserls fehlender Menschlichkeit sprach (wir würden, wie oben schon gesagt, heute eher von fehlender Empathie oder einem verkümmerten Sozialverhalten sprechen), wenn sie auch – typisch weiblich – nicht die Leidtragenden seines Verhaltens, sondern vor allem ihn selbst deswegen bedauerte:

Lieber Herr Kaufmann, schrieb Edith Stein am 22. November 1919, *daß es da manchmal nicht leicht ist, die richtige Einstellung zu wahren, das habe ich in 2 Jahren nahen persönlichen Verkehrs gründlichst erfahren. Aber man muß sich doch immer wieder sagen, daß er selbst am meisten darunter zu leiden hat, daß er seine Menschlichkeit seiner Wissenschaft geopfert hat.*

Doch schon im nächsten Satz auch diese vorsichtige Kritik wieder zurücknehmend weigerte sie sich auch da noch dieser Einsicht ihre Husserlverehrung zu opfern:

Das ist doch so überwältigend, und was man ihm zu danken hat, so unschätzbar, daß irgendwelche persönliche Kränkung dagegen gar nicht aufkommen kann. Für mich bleibt er immer der Meister, dessen Bild mir keine menschliche Schwäche trüben kann.[455]

Als Höhepunkt der Selbstverleugnung will uns heute erscheinen, dass Edith Stein ihre ursprünglich als Habilitationsarbeit gedachten „Beiträge zur philosophischen Psychologie und der Geisteswissenschaften" Husserl zu dessen 60. Geburtstag widmete, wobei ebenso merkwürdig anmutet, dass Husserl ausgerechnet dieser Arbeit gewährte, was er Steins Dissertation verweigert hatte, nämlich sie in seinem *Jahrbuch für Philosophie und phänomenologische Forschung* zu veröffentlichen.[456]

Aber inzwischen, am 1. Januar 1922, war Edith Stein zum katholischen Glauben konvertiert – eine Entscheidung, der eine tiefe, auch durch die verweigerte Habilitation hervorgerufene persönliche Krise vorausgegangen war.[457] Doch diese Lebenswende, die ihr vieles in einem anderen Licht erscheinen ließ, ist nicht mehr Gegenstand der hier vorgelegten Betrachtungen.

---

455 Stein an Kaufmann 22.11.1919, ESGA Band 2, pdf-Version, Brief 25.
456 Edith Stein, Beiträge zur philosophischen Psychologie und der Geisteswissenschaften, in: Jahrbuch für Philosophie und phänomenologische Forschung 5 (1922), S. 1-283, heute ESGA Band 6.
457 Siehe dazu ESGA Band 1, pdf-Version, S. 143 ff., und ESGA Band 2, pdf-Version, S. 44 Anm.2.

Der Erlass vom 21. Februar 1920

Edith Stein war nicht nur eine treue Husserlverehrerin, sondern auch eine eminent politisch denkende und handelnde Frau, die sich schon in Schülerinnenzeiten so für die Gleichberechtigung der Frau eingesetzt hatte, dass ihr dies in der Abiturzeitung den Eintrag

Gleichheit der Frau und dem Manne / so rufet die Suffragette,
Sicherlich sehen dereinst / im Ministerium wir sie

einbrachte (übrigens ein fast perfekter dreihebiger Daktylus).[458] Nun, in einem Ministerium fand Edith Stein bekanntlich nicht ihr berufliches Betätigungsfeld, aber sie wandte sich, wie oben bereits zitiert, wegen der „unvorschriftsmäßigen" Göttinger Ablehnung ihres Habilitationsgesuchs,[459] die sie als Verstoß gegen die Reichsverfassung interpretierte, mit einem so vehementen Protest an das Preußische Kultusministerium, dass sie – wenn auch nicht für sich selbst – so doch für eine Vielzahl anderer Frauen die Tür zur Habilitation und damit zu einer, wie auch immer begrenzten, akademischen Karriere aufstieß.[460]

Schon während ihres Studiums in Breslau war Edith Stein – „empört über die Gleichgültigkeit, mit der die Mehrzahl der Kommilitonen den allgemeinen Fragen gegenüberstand" – dem Preußischen Verein für Frauenstimmrecht beigetreten, „weil er die volle politische Gleichberechtigung für die Frauen anstrebte", und dies, obwohl dem Verein überwiegend Sozialistinnen (sprich Mitglieder der Sozialdemokratie) angehörten, während Edith Stein sich zu einer zwar dezidiert antichauvinistischen und antinationalistischen, aber dennoch zu einer konservativen Staatsauffassung bekannte.[461] Doch die Frauenfrage stand für sie immer an erster Stelle, und so engagierte sie sich unmittelbar nach dem Zusammenbruch des Kaiserreichs in der neugegründeten Deutschen Demokratischen Partei (DDP), deren Gründungsaufruf in Göttingen auch David Hilbert unterschrieben hatte.

---

458 ESGA Band 1, pdf-Version, S. 106.

459 Stein an Ingarden 11.11.1919 ESGA Band 4, pdf-Version, Brief 66: „Indessen ist meine Arbeit in Göttingen vorschriftsmäßig eingereicht und sehr unvorschriftsmäßig ohne Prüfung abgewiesen worden."

460 Varga 2016, S. 120, bezeichnet Steins Beschwerde beim Ministerium als einen von ihr entfachten „kleinen Privatkrieg", was nicht weit entfernt ist von Husserls Formulierung des „begabten kleinen Mädchens" und von einer ähnlich herablassenden Haltung gegenüber Edith Stein zeugt, wie sie Hus serl zu eigen war.

461 ESGA Band 1, pdf-Version, S. 112 f., Zitate S. 113.

Männer und Frauen Göttingens, Stadt und Land!

Der Weltkrieg und die große Revolution haben ein neues Deutschland geschaffen. Die Zeit der Monarchie ist endgültig dahin. Die Stunde ist da, wo das freie Volk einig und stark auf den Plan treten muß, seine Rechte zu sichern.

Auch die alten Parteiformen sind zusammengebrochen; sie dürfen nicht in **schwächlichen Kompromißbildungen** ihre Auferstehung feiern. Das gesamte politische Leben Deutschlands bedarf der Neuorganisation; **Klarheit und Entschiedenheit tut dabei vor allem Not.** Wir fordern alle wahrhaft freiheitlichen demokratischen **Kreise — Männer** und Frauen — auf, sich uns anzuschließen und mit uns eine [7914

große demokratische Partei für das einige Reich

zu gründen. **Erster Grundsatz** unserer Partei soll sein, daß wir uns entschlossen auf den Boden der **republikanischen Staatsform** stellen, sie bei den Wahlen vertreten und den neuen Staat gegen jede Reaktion verteidigen wollen, daß aber eine unter allen nötigen Garantien gewählte **Nationalversammlung** die Entscheidung über die Verfassung treffen muß. **Zweiter Grundsatz** ist, daß wir die Freiheit nicht von der Ordnung, der Gesetzmäßigkeit und der politischen Gleichberechtigung aller Staatsangehörigen — Männer und Frauen — zu trennen vermögen, und, daß wir jeden bolschewistischen, reaktionären oder sonstigen Terror bekämpfen, dessen Sieg nichts anderes bedeuten würde, als grauenvollstes Elend und die Feindschaft der ganzen zivilisierten Welt.

Ein vollständiges **Programm** aufzustellen, ist heute noch nicht die Zeit; das aber ist uns schon heute klar, daß nur kühne Mittel helfen können, und daß von allen Besitzenden große Opfer zu fordern sein werden, wenn aus dem wüsten Trümmerfelde sich eine glücklichere Zukunft erheben soll. Die Zeit erfordert eine neue soziale und wirtschaftliche Politik. Sie erfordert monopolistisch entwickelte Wirtschaftsgebiete zu sozialisieren, die Staatsdomänen aufzuteilen und zur Einschränkung des Großgrundbesitzes zu schreiten, damit das Bauerntum gestärkt und vermehrt werden kann. Notwendig sind stärkste Erfassung des Kriegsgewinnes, einmalige progressive Vermögensabgabe, gesetzliche Garantierung der Arbeiter-, Angestellten- und Beamten-Rechte, Sicherung der Ansprüche der Kriegsteilnehmer, ihrer Witwen und Waisen, Stützung der selbständigen Mittelschicht, Freiheit und energische Sorge für den Aufstieg der Tüchtigen, internationale Durchführung eines sozialpolitischen Mindestprogramms.

Zur Vorbereitung für die verfassunggebende Nationalversammlung, die allein uns Frieden und Brot schaffen kann, und deren schleunigen Zusammentritt wir fordern, rufen wir alle diejenigen Männer und Frauen auf, die durch die Gleichheit der politischen Grundsätze uns nahe stehen: zur Mitarbeit an den großen Aufgaben der Zukunft, zur Sicherung der neuen Freiheit und zur Abwehr jeder Reaktion und jeder terroristischen Vergewaltigung!

Schließt Euch an!

Frau Geheimrat **v. Bar.** Prokurist **Gerhard Behrens.** Professor Dr. **Bernstein.** **C. Bosser** (in Firma: G. Köthe). Sanitätsrat Dr. **Cario.** Professor Dr. **Darmstädter.** Frau **Luise Dressel.** Justizrat Rechtsanwalt **Fuldner.** Professor Dr. **Hatschek.** Professor Dr. **Hecke.** Kaufmann **Julius Herzberg.** Geheimrat Professor Dr. **Hilbert.** Mechaniker **Carl Hoffmann** (Bezirksvertrauensmann der deutschen Gewerkvereine H.-D.). Frau **Lotte Hoffmann.** Kaufmann **Hermann Jacob.** Geheimrat Professor Dr. **Jensen.** Professor Dr. **Igersheimer.** Professor Dr. **Mannich.** Spediteur **Menze.** Geheimrat Professor Dr. **Friedrich Merkel.** Oberlehrer **vor Mohr.** Frau Oberlehrerin **vor Mohr.** Steuersekretär **Theodor Richter.** Frau **Anna Richter.** Prof. Dr. **Rieche.** Fräulein **Emma Rödiger.** Damenschneidermeisterin. Geheimrat Professor Dr. **Runge.** Kaufmann **Ernst Schulschenk.** Professor Dr. **Fritz Schulz.** Justizrat Rechtsanwalt **Steinberg.** Vorsitzender des Vereins der Fortschrittlichen Volkspartei. Frau **Hedwig Steinberg.** Fräulein Dr. **Gerta Stücklen.** Oberlehrerin **Lina Tieper.** Professor Dr. **Windaus.**

Mündliche oder schriftliche Anmeldungen bitten wir an Herrn Justizrat **Steinberg,** Markt 13, zu richten.

Gründungsaufruf in der Göttinger Zeitung vom 28. November 1918, unterschrieben von den Göttinger Mathematikern Felix Bernstein, Erich Hecke, David Hilbert und Carl Runge

Wie ich Ihnen schon schrieb, berichtete Edith Stein Ingarden aus Breslau am 30. November 1918, *bin ich sehr durch politische Dinge in Anspruch genommen. Ich habe mich der neugebildeten Deutschen demokratischen Partei angeschlossen, es ist sogar möglich, daß ich demnächst hier in den Parteivorstand gewählt werde.*[462] *An den „Errungenschaften der Revolution" kann ich freilich vorläufig noch keine Freude haben, ich gehöre nicht zu denen, die leichten Herzens einen Strich durch ihre ganze Vergangenheit machen. Aber der Zusammenbruch des alten Systems hat mich davon überzeugt, daß es überlebt war, und wer sein Volk lieb hat, der will natürlich mithelfen, ihm eine neue Lebensform zu schaffen, und wird sich nicht einer notwendigen Entwicklung entgegenstemmen. Außer der Parteigründung beschäftigt mich die Aufklärungsarbeit, die notwendig ist, um die Frauen zu den Wahlen heranzukriegen. Beides dient zunächst zur Vorbereitung der Nationalversammlung, die ja für uns jetzt die Lebensfrage ist. Die Vielgeschäftigkeit schützt vor trüben Gedanken. Denn wenn ich mal zur Ruhe komme, dann wollen mir immer Zweifel aufsteigen, ob es denn für uns – so ausgeblutet, wie wir jetzt sind – überhaupt noch eine Zukunft geben kann. Übrigens versuche ich, mir täglich wenigstens einige Stunden für philosophische Arbeit zu retten, weil ich so ein Leben der absoluten Dekonzentration auf die Dauer einfach nicht aushalten würde.*[463]

Nur wenige Wochen später hatte Edith Stein allerdings die Politik schon wieder „satt bis zum Ekel":

Es fehlt mir das übliche Handwerkszeug dazu völlig, schrieb sie am 27. Dezember 1918 an Ingarden, *ein robustes Gewissen und ein dickes Fell. Immerhin werde ich bis zu den Wahlen aushalten müssen, weil es zu viel notwendige Arbeit gibt. Aber ich fühle mich gänzlich entwurzelt und heimatlos unter den Menschen, mit denen ich zu tun habe. Wenn ich mich von all dem Wust freimachen kann, dann will ich versuchen, eine Habilitationsschrift zu machen. In dem „neuen Deutschland" – „falls es ist" – wird ja die Habilitation keine prinzipielle Schwierigkeit mehr ma-*

---

462 Anders als Edith Stein und auch anders als manche seiner Mathematikerkollegen engagierte sich Hilbert, obwohl er den oben abgebildeten Gründungsaufruf unterschrieben hatte, nie parteipolitisch und wurde daher auch nicht Mitglied in der DDP. Zum parteipolitischen Engagement von Hochschullehrern in Göttingen in der unmittelbaren Nachkriegszeit siehe Hans-Joachim Dahms, Die Universität Göttingen in der Revolution 1918/19, in: 1918 – Die Revolution in Südhannover. Begleitheft zur Dokumentation des Museumsverbundes Südniedersachsen. Redaktion und Layout Hans-Georg Schmeling, Städtisches Museum Göttingen 1988, S. 59-82.

463 Stein an Ingarden 30.11.1918, ESGA Band 4, pdf-Version, Brief 60 (Sperrung C. T.)

chen. Ich würde es zuerst in Breslau probieren,[464] *voraussichtlich allerdings mit wenig Glück.*[465]

Sie hielt tatsächlich bis zu den Wahlen durch und sorgte auf diese Weise mit dafür, dass die Reichsverfassung Wirklichkeit wurde, auf die sie sich ein Jahr später in ihrer Eingabe an das Preußische Kultusministerium berufen konnte.

Edith Stein 1913 als Studentin und 1926 nach ihrer gescheiterten Habilitation und der Konversion. Leider gibt es kein Bild von Edith Stein aus der unmittelbaren Nachkriegszeit, also müssen wir die Edith Stein des Jahre 1919 irgendwo zwischen diesen beiden Fotos verorten (Edith Stein-Archiv, Karmel „Maria vom Frieden“ Köln)

Obwohl Emmy Noether sich wie Edith Stein ebenfalls in der unmittelbaren Nachkriegszeit politisch engagierte und dies sogar bei den Unabhängigen Sozialisten, also in der USPD, der sie 1919 beitrat, hat sie sich in der Frauenfrage und speziell in der Frage der Frauenhabilitationen niemals so exponiert wie Edith Stein.[466] Allerdings gab es für sie angesichts der Unterstützung von Hilbert & Co auch keinen Grund so kämpferisch in eigener Sache zu sein wie Edith Stein, die sich wahr-

464 Dass Edith Stein zuerst an Breslau und nicht an Freiburg dachte, ist ein weiterer Beleg dafür, dass ihr von Anfang an klar war, dass Husserl sie nicht habilitieren würde.

465 Stein an Ingarden 27.12.1918, ESGA Band 4, pdf-Version, Brief 63.

466 Über das politische Engagement Emmy Noethers nach dem Krieg und in den Zwanziger Jahren ist die Quellenlage allerdings sehr dünn, da sie keine Erinnerungen hinterlassen hat und es auch kaum private Briefe von ihr gibt. Siehe dazu Tollmien, Die Lebens- und Familiengeschichte der Mathematikerin Emmy Noether in Einzelaspekten 12 (Erscheinungsjahr noch unsicher).

scheinlich, wenn man sie in Göttingen habilitiert hätte, auch nicht an das Preußische Kultusministerium gewandt hätte. Das Besondere an Edith Stein aber war, dass sie auch noch handelte, als ihr längst bewusst war, dass es ihr selbst nichts mehr nützen würde, weil sich für sie alle Türen für eine Habilitation an einer preußischen Universität bereits geschlossen hatten.

Steins Schreiben vom 12. Dezember 1919 löste im Ministerium, in dem man sich bis dato offenbar noch keinerlei Gedanken über eine grundsätzliche Regelung der Frage der Habilitation von Frauen gemacht hatte, eine hektische Aktivität aus, und es brauchte mehrere Entwürfe und zwei gutachterliche Stellungnahmen, bis man endlich die bekannte, im Titel dieses Kapitels genannte Formulierung der Antwort an Edith Stein gefunden hatte. Der erste Entwurf dieser Antwort stammt vom 30. Dezember 1919 und lautete zunächst folgendermaßen:

> *In der Reichsverfassung Art[ikel] 109 ist zum Ausdruck gebracht, dass Männer und Frauen grundsätzlich dieselben staatsbürgerlichen Rechte und Pflichten haben.*
>
> *Aus Anlass eines Einzelfalles mache ich die Fakultäten darauf aufmerksam, dass die Ablehnung der Habilitation von Damen nicht mehr damit begründet werden kann, dass die „Zulassung einer Dame zur Habilitation Schwierigkeiten begegne";*[467] *durch die Reichsverfassung sind vielmehr auch etwaige der Habilitation von Damen entgegenstehende Bestimmungen ungültig geworden. Ich ersuche die Fakultäten, künftighin bei Habilitationsgesuchen von Damen ausser dem Lehrbedürfnis allein die sachliche und wissenschaftliche Eignung der Bewerberinnen in Rechnung zu ziehen.*[468]

Dieser Entwurf wurde mehrmals überschrieben, aus „Damen" wurden zumindest stellenweise „Frauen", zu der „sachlichen und wissenschaftlichen Eignung" wurde die „persönliche" hinzugefügt und schließlich der gesamte zweite Absatz rot und schwarz durchgestrichen. Zudem gibt es eine Bleistiftrandnotiz von Ministerialdirektor Becker, in der dieser darauf hinwies, dass er die „Bedürfnisfrage bei Habilitationen von seiten des Ministeriums als bestimmenden Faktor zu statuieren" für „höchst bedenklich" halte. Damit wollte er wohl sowohl der Gefahr gegensteuern,

---

467 Das ist ein Zitat aus dem oben wiedergegebenen Ablehnungsschreiben der Göttinger Historisch-Philologischen Abteilung an Edith Stein vom 29. Oktober 1919.

468 Entwurf vom 30.11.1919, ohne erkennbaren Verfasser, GStAPK I. HA Rep. 76 Va, Sekt. 1, Tit. VIII, Nr. 8, Adh. III, Bl. 156.

dass die Universitäten aufgrund eines konstatierten „Lehrbedürfnisses" Ansprüche an das Ministerium stellen könnten als auch, dass diese aufgrund eines angeblich nicht vorhandenen Lehrbedürfnisses Frauen weiter ablehnten. Als Alternativformulierung schlug Becker vor: „dürfen Habil[itations]gesuche von Frauen künftig nur nach den gleichen Gesichtspunkten geprüft werden wie die von Männern." [469]

Doch auch diese Formulierung, die in einem zweiten Entwurf vom 10. Januar 1920 festgehalten wurde,[470] fand keine Gnade vor den Augen der mit der Antwort befassten Ministerialbeamten. Zu diesen gehörten neben Becker auch Ministerialrat Werner Richter (1887-1960), seines Zeichens Germanist,[471] und die beiden vortragenden Räte, Eduard Prym (1878-?)[472] und der der rechtsnationalen Deutschnationalen Volkspartei angehörende Hans Hugo Helfritz (1877-1958),[473] beide Juristen.

---

[469] Randnotiz auf dem Entwurf vom 30.11.1919, verfasst von Ministerialdirektor Heinrich Becker, GStAPK I. HA Rep. 76 Va, Sekt. 1, Tit. VIII, Nr. 8, Adh. III, Bl. 156.

[470] Entwurf vom 10.1.1920, GStAPK I. HA Rep. 76 Va, Sekt. 1, Tit. VIII, Nr. 8, Adh. III, Bl. 157.

[471] Werner Richter hatte sich 1913 in Greifswald habilitiert, ging 1916 als Professor nach Konstantinopel und kehrte 1919 als außerordentlicher Professor nach Greifswald zurück, wo er im folgenden Jahr einen ordentlichen Lehrstuhl erhielt. 1920 war er gerade frisch an das Preußische Ministerium für Wissenschaft, Kunst und Volksbildung in Berlin berufen worden, wo er bis 1932 tätig sein sollte. Gleichzeitig wirkte er ab 1921 als Honorarprofessor an der Berliner Universität, die ihn 1932 zum ordentlichen Professor ernannte. Einer breiteren Öffentlichkeit wurde Richter bekannt, weil er unter Kultusminister Becker die Hochschulverfassung der Weimarer Republik erarbeitete. Siehe dazu den Eintrag im Munziger Archiv: https://www.munzinger.de/search/portrait/ Werner+Richter/0/ 8023.html (Abruf 12.12.2020).

[472] Eduard Prym, der aus der rheinischen Kurzwarendynastie Prym stammte und dessen Vater der Bonner Orientalist Eugen Prym (1843-1913) war (siehe zu letzterem Tollmien 1/2021, S. 42), hatte 1910 seine Stellung als Amtsrichter in Essen aufgegeben und war zunächst als Hilfsarbeiter in das Preußische Kultusministerium eingetreten. 1915 wurde er zum Regierungs- und 1919 zum Geheimen Regierungsrat befördert. 1920 ging er in den Ruhestand und 1921 fügte er seinem Namen den Mädchennahmen seiner Frau hinzu und firmierte seitdem als Prym-von Becherer. Sein Todesdatum ließ sich nicht ermitteln, lediglich aus entsprechenden Einträgen in den Berliner Adressbüchern schließen, dass er 1935 noch am Leben war. Acta Borussica Neue Folge 1. Reihe: Die Protokolle des Preußischen Staatsministeriums, hg. von der Berlin-Brandenburgischen Akademie der Wissenschaften (vormals Preußische Akademie der Wissenschaften) unter Leitung von Jürgen Kocka und Wolfgang Neugebauer, Band 10 14. Juli 1909 bis 11. November 1918, bearbeitet von Reinhold Zilch, Olms-Weidmann Hildesheim Zürich New York 1999, S. 424.

[473] Hans Hugo Helfritz hatte sich 1914 an der Berliner Universität habilitiert, war im gleichen Jahr als Hilfsarbeiter in das Preußische Kultusministerium eingetreten und 1919 Vortragender Rat im Dezernat „Generalien der Universitäten" geworden. Helfritz war Mitglied der DNVP, die der Weimarer Republik ablehnend gegenüberstand, und übernahm 1922 mit seiner Berufung an die Universität in Breslau sogar den Vorsitz der dortigen DNVP. 1928 wurde er wegen eines monarchistischen Artikels vom preußischen Kultusminister Carl Heinrich Becker getadelt und aus der Prüfungskommission des Oberlandesgerichts Breslau entfernt. Im Frühjahr 1933 wurde Helfritz zum Rektor der Breslauer Universität gewählt. Siehe dazu den Eintrag im Munziger Archiv https://www.munzinger.de/search/portrait/Hans+Helfritz/0/3988.html (Abruf 12.12.2020); Thomas Ditt,

Helfritz verfasste am 16. Januar 1920 ein Gutachten, in dem er seiner politischen Überzeugung entsprechend zumindest versuchte, nicht die Reichsverfassung zur Grundlage der Entscheidung über die Habilitation von Frauen zu machen, sondern den Fakultäten das Recht zu erhalten, Frauen von der Habilitation auszuschließen:

Der Erlaß, so Helfritz in seiner Stellungnahme, *erscheint mir in der vorliegenden Fassung nicht als [sic] verwendbar. Die Reichsverfassung hat allgemeine staatsbürgerliche Rechte u[nd] Pflichten im Auge. Die Habilitierung hat mit diesen nichts zu tun, wie überhaupt kein Recht auf Habilitierung, noch weniger eine Pflicht dazu besteht. Ob die Einzelstaaten Frauen als Privatdozentinnen zulassen wollen, ist vielmehr lediglich eine Verwaltungsfrage. Auch vor der neuen Reichsverfassung war jeder Einzelstaat in der Lage Frauen zuzulassen.*

Das ist in der Tat eine fast zynische Argumentation, hatte doch gerade Preußen (und nur für Preußen sprach Helfritz hier), genau dies durch eine Verwaltungsvorschrift verhindert, nämlich durch den Erlass vom 29. Mai 1908. Aber formal hatte Helfritz Recht: Preußen hätte auch eine Vorschrift gegenteiligen Inhalts erlassen können beziehungsweise sich gar nicht in die Habilitationsfrage, die ja ein verbrieftes Recht der Fakultäten war, einmischen müssen.

Abgesehen davon halte ich es nicht für zweckmäßig, so Helfritz weiter, *den Fakultäten vorzuschreiben, dass sie Frauen wie Männer zu behandeln haben. Zunächst muss es der Fakultät überhaupt überlassen bleiben, wie sie sich in jedem Einzelfalle einer Habilitation gegenüberstellt, sodaß man ihr schwer auch gerechte Vorschriften positiven Inhalts machen kann. Ferner aber würde der Erlass eine Anweisung enthalten, deren Durchführung und Beachtung niemals nachgeprüft werden kann, der infolge also wirkungslos sein würde.*

Doch auch Helfritz kam angesichts der herrschenden neuen politischen Zustände letztlich nicht darum herum zuzugestehen, dass allein die Zugehörigkeit zum weiblichen Geschlecht noch kein Ausschließungsgrund für eine Habilitation darstellen dürfe, versuchte aber durch den Zusatz „von seiten der Unterrichtsverwaltung" den Universitäten dieses Recht sozusagen durch die Hintertür dennoch zu erhalten:

Wenn es überhaupt als notwendig erscheint, den Grundsatz der Zulassung von Frauen zur Habilitierung bekannt zu geben, so dürfte es sich empfehlen, dem Er-

---

„Stoßtruppfakultät Breslau". Rechtswissenschaft im „Grenzland Schlesien" 1933-1945, Beiträge zur Rechtsgeschichte des 20. Jahrhunderts, Mohr Siebeck Tübingen 2011, S. 20 ff.

lass die Form zu geben, daß von seiten der Unterrichtsverwaltung in der Zugehörigkeit zum weiblichen Geschlecht kein Hindernis gegen die Habilitierung erblickt wird.[474]

Doch weder Richter noch Prym und letztlich auch nicht Minsterialdirektor Becker ließen sich auf dieses Spiel von Helfritz ein. Von Richter zu einer Stellungnahme aufgefordert, erstellte Eduard Prym eine Art Gegengutachten, in dem er Helfritz' Volte mit der Verwaltungsvorschrift als unzulässig zurückwies und zwar bemerkenswerterweise durch einen Vergleich mit der 1847, genau sechzig Jahre vor der Diskussion über die Habilitation von Frauen, getroffenen Entscheidung zu der Frage, ob Juden Privatdozenten werden dürften:[475]

Die Frage ist, schrieb Prym am 20. Januar 1920, *ob nach Erlaß der neuen Reichsverfassung ein Einzelstaat in der Lage ist, Frauen grundsätzlich deshalb auszuschließen, weil sie dem weiblichen Geschlechte angehören. Es ist dies gewiß eine Verwaltungsfrage, deren Beantwortung indessen nicht gegen ein Gesetz verstoßen darf. Nach Gleichstellung der Juden war es auch nicht mehr möglich, diese reine Verwaltungsfrage in einem den Juden ausschließenden Sinne zu beantworten. Es ist eben der Ausfluß eines allgemeinen durch die Reichsverfassung statuierten staasbürgerlichen Rechtes, daß die Verwaltung gewisse Gruppen der Staaatsbürger nicht unterschiedlich behandeln darf. Im übrigen halte ich die von Herrn Geheimrat Dr. Helfritz vorgeschlagene Fassung für die entschieden beste, also so*

1) An Edith [Stein] *Der in Ihrer Eingabe vom ... vertretenen Auffassung, daß in der Zugehörigkeit zum weiblichen Geschlecht kein Hindernis gegen die Habilitierung erblickt werden kann (oder darf), trete ich bei. Ich habe aus Anlaß des von Ihnen vorgetragenen Einzelfalles sämtliche beteiligten Stellen hiervon in Kenntnis gesetzt. [...]*

---

474 Gutachten Helfritz' vom 16.1.1920, GStAPK I. HA Rep. 76 Va, Sekt. 1, Tit. VIII, Nr. 8, Adh. III, Bl. 158 (Unterstreichungen im Original).

475 Siehe dazu Tollmien 1/2021 den Abschnitt „Dürfen Juden Privatdozenten werden? – die Umfrage des Preußischen Kultusministeriums im Jahr 1847 – ein Vergleich", S. 174-206, hier insbesondere S. 197 f., in dem die am 6. April 1848 erlassene „Verordnung über einige Grundlagen der künftigen Preußischen Verfassung" zitiert wird, in deren Paragraph 5 schlicht und einfach festgestellt wurde: „Die Ausübung staatsbürgerlicher Rechte ist fortan von dem religiösen Glaubensbekenntnisse unabhängig", was schließlich auch in die Verfassung von 1850 übernommen wurde.

2) An Kuratoren. Abschrift zur Kenntnisnahme.[476]

Ohne dies zu thematisieren, hatte Prym also stillschweigend den Einschub „von seiten der Unterrichtsverwaltung“ beseitigt. Becker übernahm die Formulierung von Prym, entschied sich für „darf“ statt „kann“, was ohne Frage die schärfere Aussage ist, und so erging nur einen Tag nach Pryms Stellungnahme, am 21. Februar 1920, der von Minister Haenisch unterzeichnete Erlass in seiner prägnanten, vielfach zitierten Formulierung: „Der in Ihrer Eingabe vom 12. Dezember 1919 vertretenen Auffassung, daß in der Zugehörigkeit zum weiblichen Geschlecht kein Hindernis gegen die Habilitierung erblickt werden darf, trete ich bei“.[477]

Der sozialdemokratische preußische Kultusminister Konrad Haenisch auf dem Weg zu den Wahlen zur Nationalversammlung am 19. Januar 1919 (Bundesarchiv Bilddatenbank Bild 1-335-340-67)

Doch diese wichtige ministerielle Entscheidung nützte ausgerechnet der Frau nichts, die diese angestoßen hatte. Weder in Kiel, noch in Hamburg oder in Breslau

[476] Gutachten Pryms 20.2.1920 (Abschrift, ursprünglich handschriftlich mit Bleistift in die Zeilen des Gutachtens Helfritz‘ geschrieben), GStAPK I. HA Rep. 76 Va, Sekt. 1, Tit. VIII, Nr. 8, Adh. III, Bl. 159.

[477] Abgedruckt beispielsweise in Störgröße „F“ 2020, S. 158 f. Auch zeitnah wurde der Erlass vielfach publiziert, so z. B. auch im *Nachrichtenblatt der Deutschen Studentenschaft*, siehe ebenda, S. 159 Anm. 51.

trugen Edith Steins Beziehungen, von denen sie oben gesprochen hatte, weit genug, um ihr die Habilitation wenigstens so weit zu ermöglichen, dass sie ein entsprechendes Gesuch stellen konnte.

Die Habilitationsversuche, schrieb sie am 30. April 1920 an Ingarden, *habe ich nun gründlich satt. Es gehen dabei so viel Zeit und Kräfte drauf, die man besser anwenden kann.*[478]

Und das tat sie in der Tat: ihre Zeit und Kräfte besser verwenden. Ebenfalls am 30. April schrieb sie Fritz Kaufmann:

Von mir habe ich Ihnen zu berichten, daß ich mir faute de mieux [mangels Besserem] selbst die venia legendi erteilt habe und in meiner Wohnung [in Breslau] Vorlesungen mit Übungen halte (Einleitung in die Philosophie auf phänomenologischer Grundlage), an denen über 30 Leute teilnehmen. Außerdem beginne ich demnächst mit einem Kursus an der Volkshochschule über Ethische Grundfragen.[479]

Diese Zeilen zeigen, dass sie nicht nur ihre Tatkraft, sondern auch ihren Humor zumindest noch nicht ganz verloren hatte. Denn natürlich war ihr bewusst, dass ihre privaten Kurse kein Ersatz für eine echte „venia legendi" sein konnten. Dennoch:

An einen neuen Habilitationsversuch denke ich nicht, schrieb sie an Kaufmann einen Monat später. *Der Runderlaß an die Universitäten wegen weiblicher Habilitation geht zwar auf meinen Antrag zurück, ich verspreche mir aber praktisch nichts davon. Das war nur ein Nasenstüber für die Göttinger Herrn.*[480]

„Nur ein Nasenstüber für die Göttinger Herrn" – das ist wohl wahr, denn in Göttingen ließ man sich nach der Habilitation Emmy Noethers mehr als sechs Jahre Zeit, bis 1925 eine weitere Habilitation einer Frau erfolgte und zwar wieder nur in der Mathematisch-Naturwissenschaftlichen Fakultät, die seit 1922 von der Philosophischen Fakultät getrennt war:

Am 23. Oktober 1925 wurde die Assistentin und Mitarbeiterin von James Franck (1882-1964) Hertha Sponer (1895-1968) Privatdozentin für Physik in Göttingen, wobei der Physiker Robert Pohl (1884-1976), der seit 1919 Ordinarius in Göttingen

478 Stein an Ingarden 30.4.1920, ESGA Band 4, pdf-Version, Brief 68.
479 Stein an Kaufmann 30.4.1920, ESGA Band 2, pdf-Version, Brief 31.
480 Stein an Kaufmann 31.5.1920, ebenda, Brief 32.

war, Sponers Habilitation nur unter der Bedingung zugestimmt hatte, dass – gesetzt den Fall Franck würde Göttingen verlassen – Sponer mit ihm gehen müsse.[481] In den Geisteswissenschaften wurde während der Weimarer Republik in Göttingen keine einzige Frau habilitiert.

„Gänzlich ungeeignet ein ordentliches Lehramt zu vertreten"[482] – Karrierehemmnisse für Frauen während der Weimarer Republik

Insgesamt verlief die Öffnung der akademischen Karrieren für Frauen, die durch den von Edith Stein erstrittenen Erlass möglich geworden war, nur sehr zögerlich, da viele Universitäten die Habilitation einer Frau noch immer als Ausnahme behandelten, auch wenn sie es formal nun nicht mehr war.

Nur die Universität Berlin bildete diesbezüglich insofern eine Ausnahme, als die Anfang November 1919 erfolgte Habilitation Paula Hertwigs, für die, wie oben geschildert, noch eine Ausnahmegenehmigung nötig gewesen war, [483] den Auftakt für drei Habilitationen in drei aufeinanderfolgenden Jahren bildete: den Anfang machte im Juli 1920 Rhoda Erdmann (1870-1935) mit einer Habilitation in Biologie, dann folgte im Dezember 1921 mit der Ernennung Charlotte Leubuschers (1888-1961) zur Privatdozentin im Fach Staatswissenschaften die erste nicht-naturwissenschaftliche Habilitation in Berlin, und schließlich erhielt im Oktober 1922 Lise Meitner (1878-1968) die Venia legendi für Physik.[484]

---

[481] Probevorlesung: „Probleme und Methoden der Vacuumspectroskopie", Habilitationsschrift: Anregungspotentiale der Bandenspektren des Stickstoffs, in: Zeitschrift für Physik 34 (1925), S. 622-633. Marie-Ann Maushart, „Um mich nicht zu vergessen", Hertha Sponer – Ein Frauenleben für die Physik im 20. Jahrhundert, Verlag für Geschichte der Naturwissenschaften und der Technik Bassum 1997, hier insb. S. 39 f.; Renate Tobies, Physikerinnen und spektroskopische Forschungen: Hertha Sponer (1895-1968), in: Christoph Meinel und Monika Renneberg (Hg.), Geschlechterverhältnisse in Medizin, Naturwissenschaft und Technik, Verlag für Geschichte der Naturwissenschaften und der Technik Bassum und Stuttgart 1996, S. 89-97, hier insb. S. 92 f.

[482] Obgleich sich dieses Zitat, wie wir weiter unten sehen werden, strenggenommen nur auf Emmy Noether bezieht, soll es hier allgemein für die Vorurteile stehen, die während der Weimarer Republik noch immer virulent waren und verhinderten, dass Frauen ihren Fähigkeiten und wissenschaftlichen Verdiensten entsprechende universitäre Karrieren machen konnten.

[483] Siehe oben S. 172.

[484] Marggraf 2001/2002, S. 35 f.; siehe dazu auch die Habilitationsdokumente für Erdmann und Leubuscher in Störgröße „F" 2010, S. 161-165. Die Erteilung eines Lehrauftrags für Erdmann wurde, weil diese zu diesem Zeitpunkt noch nicht habilitiert war, noch im Januar 1920 abgelehnt. Siehe ebenda, S. 151 und S. 161 ff.

Betrachtet man die Gesamtzahl der habilitierten Frauen zwischen 1918 und 1933,[485] so lag die Universität Berlin mit insgesamt 14 Habilitationen (das sind fast ein Viertel der bisher bekannten Habilitationen von Frauen) mit großem Abstand vor der Universität Hamburg, die sechs Frauen habilitierte, und München, wo immerhin noch vier Frauen Privatdozentinnen wurden.[486] An den meisten anderen Universitäten wurden höchstens drei, meistens aber nur zwei oder auch nur eine Frau habilitiert.

Es gab jedoch auch Universitäten, an denen im genannten Zeitraum keine einzige Frau habilitiert wurde: So etwa an der Universität Bonn, die einmal eine allerdings vom Ministerium gestoppte Vorreiterrolle bei der Habilitation von Frauen gespielt hatte,[487] an Emmy Noethers Heimatuniversität Erlangen,[488] und an der Universität Tübingen, an der Maria von Linden ihre akademische Karriere als Studentin begon-

[485] Noch immer liegt keine gesicherte Gesamtzahl der während der Weimarer Republik habilitierten Frauen vor. Grundlage bildet nach wie vor Boedecker, Meyer-Plath 1974, doch müssen deren Angaben durch inzwischen erfolgte Einzelstudien über verschiedene Universitäten ergänzt und korrigiert werden. So kommt Stefanie Marggraf, Sonderkonditionen. Habilitationen von Frauen in der Weimarer Republik und im Nationalsozialismus an den Universitäten Berlin und Jena, in: Feministische Studien 20 (2002) 1, S. 40-56, S. 43 auf (geschätzt) 58 Frauenhabilitationen in Deutschland während der Weimarer Republik, wobei sie nur die Wissenschaftlerinnen einbezogen hat, die sich tatsächlich an einer Fakultät im Deutschen Reich habilitiert hatten, nicht jedoch diejenigen, die nur eine Titularprofessur erhielten oder im Ausland habilitiert worden waren. Annette Vogt, Vom Hintereingang zum Hauptportal. Lise Meitner und ihre Kolleginnen an der Berliner Universität und in der Kaiser-Wilhelm-Gesellschaft, Franz Steiner Stuttgart 2007, S. 169 f., nennt dagegen gestützt auf Boedecker nur 48 habilitierte Frauen. Da aber beispielsweise für Kiel inzwischen zwei habilitierte Frauen bekannt sind statt nur – wie von Vogt angegeben – eine (Gabriele Lingelbach, Akkumulierte Innovationsträgheit der CAU: Die Situation von Studentinnen, Wissenschaftlerinnen und Dozentinnen in Vergangenheit und Gegenwart, in: Christian-Albrechts-Universität zu Kiel. 350 Jahre Wirken in Stadt, Land, Welt, hg. von Oliver Auge, Wachholz Verlag Hamburg 2015, S. 528-560, hier S. 544), scheint mir die von Marggraf vorgenommene Schätzung realistischer, auch wenn die tatsächliche Zahl der habilitierten Frauen wahrscheinlich noch höher lag.

[486] Vgl. speziell zur Berliner Universität als der Universität mit den meisten Frauenhabilitationen auch Christine Altenstraßer, Umstrittene Anerkennung: Habilitation und Geschlecht. Das Beispiel der Berliner Staatswissenschaften 1920-1933, in: Ulrike Auga, Claudia Bruns, Gabriele Jähnert (Hg.). Das Geschlecht der Wissenschaften. Zur Geschichte von Akademikerinnen im 19. und 20. Jahrhundert, Campus Frankfurt New York 2010, S. 237-257, hier S. 240 ff.

[487] In Bonn wurde erst 1943 erstmals eine Frau habilitiert; siehe Angelika Koslowski, Wilhelmine Hagen – die erste Habilitation einer Frau in Bonn, in: 100 Jahre Frauenstudium. Frauen der Rheinischen Friedrich-Wilhelms-Universität Bonn, edition ebersbach Bonn 1996, S. 244 f. Zur Vorreiterrolle Bonns 1906/07 siehe Tollmien 1/2021, passim, insb. S. 31-63.

[488] Erst 1949/50 wurde in Erlangen erstmals eine Frau habilitiert. Siehe Gertraud Lehmann, 90 Jahre Frauenstudium in Erlangen, in: Die Friedrich-Alexander-Universität Erlangen-Nürnberg 1743-1993. Geschichte einer deutschen Hochschule. Ausstellung im Stadtmuseum Erlangen 24.10.1993-27.2.1994, Veröffentlichungen des Stadtmuseums Erlangen Nr. 43 1993, S. 487-497, hier S. 493.

nen hatte.[489] An den meisten Universitäten bildeten die Privatdozentinnen, so es sie überhaupt gab, also die absolute Ausnahme, nur in Berlin hatten zumindest die Biologinnen (neun der insgesamt 14 Berliner Habilitandinnen waren im Fach Biologie habilitiert worden) eine Reihe von Kolleginnen.[490] Allen anderen ging es wie Emmy Noether und Hertha Sponer in Göttingen: sie waren „allein unter Männern".

Eine weitere Gemeinsamkeit der nun endlich habilitierten Frauen war, dass ihnen auch nach der Habilitation eine den Männern vergleichbare Karriere grundsätzlich versagt blieb. Die meisten von ihnen mussten sich wie Emmy Noether, die 1922 zur nicht beamteten (was bedeutete nicht besoldeten) außerordentlichen Professorin ernannt wurde, mit einem Professorentitel zufrieden geben, der sich nur insofern von der für Emmy Noether in dem von Klein und seinen Kollegen in ihrem Gesuch vom 31. Januar 1919 auf eine Ausnahmehabilitation von Emmy Noether als Alternative angedachten Honorarprofessur unterschied, dass sie nicht nebenberuflich arbeiten musste, sondern wenigstens einen schlecht, aber immerhin überhaupt bezahlten Lehrauftrag erhielt.[491] Allgemein gesagt: Außerplanmäßige außerordentliche Professoren waren im Wesentlichen jahrelang lehrende Privatdozenten, die – manchmal, nicht immer – einen Lehrauftrag erhielten. Sie blieben also, um Viktor Turners Terminologie zu gebrauchen, zeit ihres Lebens sogenannte „Schwellenwesen", die in einem sozialen Zwischenstadium verblieben, in denen sie keine Rechte besaßen, aber auch keinen strukturellen Verpflichtungen unterlagen,[492] was, wenn man Emmy Noethers Biografin Auguste Dick glauben will, zumindest für Emmy Noether durchaus eine gewisse Attraktivität besaß, da sie auf diese Weise zwar an der Armutsgrenze lebte, sich aber dafür frei von den vielfältigen einem Ordinarius obliegenden akademisch-korperativen Aufgaben weitgehend ungestört ihren Forschungen widmen konnte.[493] Ob dies nun auf Emmy Noether wirklich zutraf oder nicht, sicherlich werden sich nicht alle Frauen mit ihrer akademischen Randexistenz so klaglos abgefunden haben wie sie.

---

489 Erst 1944 habilitierte Tübingen erstmals eine Frau. Michael Seifert, 100 Jahre Frauenstudium an der Universität Tübingen, Pressemitteilung vom 14.4.2004, online. https://idw-online.de/de/news 78493 (Abruf 16.12.2020). Zu Maria von Linden siehe Tollmien 1/2021, S. 20-30.

490 Vogt 2007, S. 171.

491 Siehe dazu Tollmien 1990, S. 185 ff.

492 Viktor Turner, Das Ritual. Struktur und Anti-Struktur, Campus Frankfurt am Main 1989, insb. S. 39, Vgl. dazu auch Tollmien 1/2021, S. 159 f.

493 Siehe dazu Dick 1970, S. 30; Tollmien 1990, S. 187-190, und Dies., Die Lebens- und Familiengeschichte der Mathematikerin Emmy Noether in Einzelaspekten 10 (Erscheinungsjahr unsicher).

Auch Adele Hartmann, Paula Hertwig, Agathe Lasch, Charlotte Leubuscher, die 1923 kurzzeitig einen Lehrauftrag für ausländische Sozialpolitik in Göttingen wahrnahm, Lise Meitner und Hertha Sponer wurden an ihren jeweiligen Universitäten nie mehr als außerordentliche Professorinnen.[494] Nur einigen wenigen gelang es, eine Planstelle zu bekommen. So erhielt Margarete Bieber, die 1923 in Gießen zur außerplanmäßigen außerordentlichen Professorin ernannt worden war, 1932 ein planmäßiges Extraordinariat,[495] und auch Rhoda Erdmann, die sich 1923 an die Medizinische Fakultät umhabilitiert hatte, wurde 1929 beamtete außerordentliche Professorin an der Berliner Universität.[496]

Keine dieser ersten habilitierten Frauen erhielt einen Ruf an eine deutsche Universität. Zwar gab es mit Margarete von Wrangell (1877-1932) und Mathilde Vaerting (1884-1977) zwei Frauen, die in den 1920er Jahren einen Lehrstuhl bekleideten. Doch lehrte Wrangell nicht an einer Universität, sondern an der Landwirtschaftlichen Hochschule Hohenheim, von der sie auch 1920 schon habilitiert worden war und wurde von dieser 1923 – auch dies nur gegen den Widerstand einiger Hohenheimer Professoren – zur ordentlichen Professorin für Pflanzenernährungslehre ernannt.[497]

---

494 Zu Adele Hartmann siehe Ebert 2003, S. 112; zu Paula Hertwig (Ernennung 1927) siehe den Eintrag zu Wissenschaftlerinnen der Humboldt-Universität zu Berlin in: https://www.hu-berlin.de/de/ueberblick/geschichte/wissenschaftlerinnen/hertwig (Abruf 16.12.2020); zu Agathe Lasch (Professorentitel 1923, außerplanmäßiges Extraordinariat 1926) Christine M. Kaiser, Agathe Lasch – die erste Germanistikprofessorin Deutschlands, www.agathe-lasch.de (Abruf 3.11.2020); zu Charlotte Leubuscher (Ernennung 1929) den Eintrag im University Women's International Networks Database http://uwind.mpiwg-berlin.mpg.de/de/fm13-dab-detail/23 (Abruf 16.12.2020); zu Lise Meitner (Ernennung 1926) siehe den Eintrag zu Wissenschaftlerinnen der Berliner Humboldt-Universität in: https://www.hu-berlin.de/de/ueberblick/geschichte/wissenschaftlerinnen/meitner (Abruf 16.12.2020), und die Ernennungsurkunde in Störgröße „F" 2020, S. 190 ff.; allgemein zu den Berufsaussichten von Frauen an preußischen Universitäten Störgröße „F" 2010, S. 177 ff.

495 Recke 2007, S. 220, oder Bonfante und Recke 2003, S. 10.

496 Annette Vogt, Rhoda Erdmann – eine Begründerin der modernen Zellbiologie, in: BIOspektrum 25 (Mai 2018), S. 561 f. hier S. 562.

497 Kurzbiografie bei Sonja M. Schwarzl und Wiebke Wunderlich, Zum Beispiel: Margarete von Wrangell, in: Nachrichten aus der Chemie, 49 (2001), S. 824 f.; mit Blick auf die zu bestehenden Kämpfe als erste und einzige Frau an der Hochschule Theresa Wobbe, Ein Streit um die akademische Gelehrsamkeit: Die Berufung Mathilde Vaertings im politischen Konfliktfeld der Weimarer Republik, hg. von der Zentraleinrichtung zur Förderung von Frauenstudien und Frauenforschung an der Freien Universität Berlin, Universitätsdruckerei Berlin 1991, S. 5 f. (über Wrangell); ausführlich und persönlich gefärbt Margarete von Wrangell. Das Leben einer Frau 1876-1932. Aus Tagebüchern, Briefen und Erinnerungen dargestellt von Fürst Wladimir Andronikow. Albert Langen und Georg Müller München 1936, S. 241-297.

Die Pädagogin Mathilde Vaerting, die schon vor dem Ersten Weltkrieg durch eine provokative pädagogische Arbeit über „Die Vernichtung der Intelligenz durch Gedächtnisarbeit" Aufsehen erregt hatte,[498] war 1919 mit ihrer Habilitation an der Berliner Universität gescheitert, wurde aber dennoch 1923 durch den sozialdemokratischen Thüringer Volksbildungsminister Max Greil (1877-1939)[499] zum „ordentlichen Professor der Pädagogik" in Jena ernannt.

Margarete von Wrangell 1930
(Frontispiz in: Wrangell 1936)

Mathilde Vaerting
(Universitätsarchiv Bielefeld)

Nicht habilitiert und eine Frau – das war ein doppelter Tabubruch, der zur Folge hatte, dass die große Mehrheit der Jenaer Hochschullehrer, die wie auch ihre Studenten mehrheitlich dem antidemokratischen rechten politischen Lager zuzurech-

---

498 Mathilde Vaerting, Die Vernichtung der Intelligenz durch Gedächtnisarbeit, Verlag Reinhardt München 1913.

499 Max Greil war wie Emmy Noether 1919 in die 1916 als Abspaltung von der SPD gegründete USPD eingetreten und – wie auch Emmy Noether – nach dem sogenannten Vereinigungsparteitag 1922 wieder Mitglied der SPD geworden. Als Volksbildungsminister tat sich Greil insbesondere mit einer radikalen Reform des Thüringer Schulwesens hervor, in deren Zusammenhang auch die Berufung Vaertings zu sehen ist. Siehe dazu Wobbe 1991, S. 12 ff., und Edda Herchenroeder, Mathilde Vaerting (1884-1977), in: 100 Jahre Frauenstudium. Frauen der Rheinischen Friedrich-Wilhelms-Universität Bonn, edition ebersbach Bonn 1996, S. 160-165, hier S. 161 f.; zu Emmy Noethers (partei-)politischem Werdegang siehe Tollmien, Die Lebens- und Familiengeschichte der Mathematikerin Emmy Noether in Einzelaspekten 12 (Erscheinungsjahr unsicher).

nen waren, Vaerting über die gesamte Zeit ihrer Lehrtätigkeit in Jena als „sozialistische Zwangsprofessorin" betrachteten und mit allen Mitteln bekämpften.[500]

Dabei richtete sich die allgemeine Diskreditierung von Vaertings Arbeiten insbesondere gegen ihre am 16. September 1919 bei der Berliner Philosophischen Fakultät eingereichte Habilitationsschrift „Neubegründung der vergleichenden Psychologie der Geschlechter" mit dem Untertitel „Ein Beitrag zur Methodik der differentiellen Psychologie", die sie überarbeitet und erweitert 1921 und 1923 in zwei Bänden veröffentlichte.[501] Angesichts der Tatsache, dass Vaerting in dieser Arbeit sowohl den Androzentrismus als auch die Objektivität experimenteller Forschung prinzipiell in Frage stellte („Ein objektives Urteil nennt der Kritiker zumeist das, was seinen Anschauungen zustimmt."[502]), und dass sie sich in dieser Arbeit darüber hinaus auch noch mit jahrhundertelang geleugneten Matriachatsformen beschäftigte und geschlechtsspezifische Eigenschaften grundsätzlich negierte,[503] verwundert die einhellige Ablehnung ihrer Arbeit durch die achtköpfige Habilitationskommission nicht.[504]

Ob die für eine Habilitation zu fordernden Leistungen, wie der Erstgutachter Carl Stumpf (1848-1936) ausführte, aus heutiger Sicht tatsächlich nicht vorhanden wa-

---

[500] Siehe dazu Marggraf 2002, S. 45; Gabriele Jähnert, Elke Lehnert, Hannah Lund, Heide Reinsch, Der Frauengeschichte an der HU auf der Spur mit der Datenbank ADA des Zentrums für interdisziplinäre Frauenforschung, in: Bulletin Texte 23, hg. vom Zentrum für transdiziplinäre Geschlechterstudien der HU Berlin WS 2001/02, S. 87-92, hier S. 89 ff., und ausführlicher, doch jeweils ohne auf Vaertings gescheiterten Habilitationsversuch einzugehen, Wobbe 1991, S. 9-24; Theresa Wobbe, Mathilde Vaerting (1884-1977): „Es kommt alles auf den Unterschied an (…) der Unterschied ist das Grundelement der Macht", in: Barbara Hahn (Hg.), Frauen in den Kulturwissenschaften. Von Lou Andreas-Salomé bis Hannah Arendt, Beck München 1994, S. 123-135, hier insb. S. 128 f.; Herchenroeder 1996, hier insb. S. 162 f.; Margret Kraul, Geschlechtscharakter und Pädagogik: Mathilde Vaerting (1884-1977), in: Zeitschrift für Pädagogik 33 (1987), S. 476-489, hier insb. 476 ff. Zu den Protesten gegen Vaertings Berufung und zu einem gegen sie angestrengten Disziplinarverfahren 1930/31 siehe Tom Bräuer und Christian Faludi (Bearb.), Die Universität Jena in der Weimarer Republik 1918-1933. Eine Quellenedition. Steiner Stuttgart 2013, S. 234 f. und S. 375-383.

[501] Mathilde Vaerting, Neubegründung der Psychologie von Mann und Weib, Band 1: Die weibliche Eigenart im Männerstaat und die männliche Eigenart im Frauenstaat, Band 2: Wahrheit und Irrtum in der Geschlechterpsychologie, G. Braunsche Hofdruckerei und Verlag Karlsruhe i. B. 1921 und 1923.

[502] Vaerting 1923, S. 112.

[503] Siehe dazu Jähnert u. a. 2001/2002, S. 90; Herchenroeder 1996, S. 160.

[504] Immerhin wurde die Ablehnung von Vaertings Habilitationsgesuch, das sie ja vor dem Erlass vom 21.2.1920 stellte, inhaltlich und nicht mit Verweis darauf, dass sie als Frau nicht habilitiert werden könne, begründet. Die Gutachten zu Vaertings abgelehnter Habilitation sind abgedruckt (teilweise auch als Faksimile), in: Störgröße „F" 2010, S. 170-176.

ren, ist schwer zu entscheiden. Denn zweifellos ließ sich Vaerting zu Übertreibungen und auch Fehlschlüssen, vor allem aber zu Verallgemeinerungen hinreißen, die ganz sicher genauerer (auch empirischer) Überprüfung bedurft hätten, als sie diese in dieser ersten, nur aus der Literatur gearbeiteten Arbeit zum Thema zu leisten imstande gewesen war. Doch finden sich darin durchaus Aussagen, denen man auch heute noch zustimmen kann, wie beispielsweise:

> *Auf diese Weise kommen die Anlagen im Leben nicht entsprechend der Stärke der angeborenen Kraft zum Ausdruck, sondern erfahren eine Umbildung unter dem Druck der Anpassung an die von der eingeschlechtlichen [zur Zeit männlichen] Vorherrschaft vorgeschriebene weibliche und männliche Form.*[505]

Oder, was man eindrücklich an der Diskussion über die Habilitation von Frauen während der Umfrage des Jahres 1907 an den preußischen Universitäten studieren konnte[506]:

> *Deshalb wird die eingeschlechtliche Vorherrschaft auf der Höhe ihrer Macht stets mit der Tradition verbunden sein, daß diese Macht ewig und unveränderlich ist.*[507]

Auch ihre Schlussfolgerung für die Karrieremöglichkeiten von Frauen in der damaligen Zeit ist nach wie vor gültig:

> *Der Mann hält alle Zugänge zu den Erfolgen der Produktion in Kunst und Wissenschaft in seiner Hand. [...] Es ist ein vollkommen männliches System, an welches sich die Frau mit ihrer Leistung auf jedem Gebiet wenden muß, wenn sie Erfolg haben will [...]. Nur durch einen Mann kann Frauenleistung das Licht der Welt erblicken. Dadurch wird das Vorwärtskommen der Frau auch deshalb erschwert, weil auf diese Weise die Gefahr besteht, daß rein künstlerische, wissenschaftliche, geschäftliche Angelegenheiten der Frau stets mit Sexualität vermengt werden.*[508]

Dennoch ist auch Kritik angebracht:

> *Herrschaft,* so Margret Kraul in ihrer profunden Analyse von Vaertings „Neubegründung der vergleichenden Psychologie der Geschlechter", *ist [...] Vaertings*

---

[505] Vaerting 1921, S. 136.
[506] Siehe dazu Tollmien 1/2021, passim, insb. S. 34, S. 54, S. 134, S. 168 f., S. 178 und S. 208.
[507] Vaerting 1921, S. 146.
[508] Vaerting 1923, S. 231, wiedergegeben nach Kraul 1987, S. 483.

leitende Analysekategorie, Entwicklungen aber innerhalb einer Herrschaftsperiode, unterschiedliche ökonomische und gesellschaftliche Bedingungen in verschiedenen Phasen der jeweiligen Herrschaft gehen nicht in die Analyse ein; das Machtprinzip absorbiert jegliche Differenzierung. Vaertings Annahmen führen sie zu dem simplifizierenden Schluß, daß die Auswirkungen der Vorherrschaft auf die Geschlechter zu verschiedenen Zeiten und in verschiedenen Phasen der Kulturentwicklung „ewig und unveränderlich dieselben sind, ob die Vorherrschaft in einem Naturvolk, ob sie zur Zeit höchster Kultur stattfand." ([Zitat aus:] Vaerting 1921, S. 3).[509]

Doch Bestand haben, so Kraul, die Folgerungen für das pädagogisches Handeln und die erziehungswissenschaftliche Forschung, die Mathilde Vaerting in Band 2 ihrer „Neubegründung der Geschlechterpsychologie" zog. So analysierte sie die herrschende Vorstellung vom Geschlechtscharakter der Frau (Mütterlichkeit und Emotionalität) und erklärte die bestehenden Unterschiede durch die unterschiedliche Sozialisation von Mann und Frau und die damit verbundenen Erwartungshaltungen. Sie kritisierte darüber hinaus, dass „schlechtere Leistungen des weiblichen Geschlechts zwar als Beweis der Minderbegabung" gewertet, „bessere Leistungen aber nicht entsprechend als Zeichen geistiger Überlegenheit" anerkannt werden.[510] So werden (bis heute) bessere schulische Leistungen von Mädchen häufig mit Fleiß erklärt, statt mit einer höheren Begabung. Tradierte Annahmen vom Geschlechtscharakter, so lässt sich Vaertings methodische Kritik zusammenfassen, verstellen objektive Wahrnehmung und adäquate Interpretation der Ergebnisse, und dies verlange daher eine umfassende Revision des bisherigen Wissens.[511] Die Frau werde nach wie vor zu einem weiblichen Ideal „einseitig generativer Art" erzogen, „für die geistige Produktion bleibt im Ideal der Weiblichkeit im Männerstaat kein Raum mehr"; „Vorbilder ihres Geschlechts" werden ihr „systematisch entzogen", ja man verschweige ihr „sogar noch die wenigen weiblichen Vorbilder, deren Taten die Geschichte aufbewahrt". Der Frau werde so „ein Ansporn zum Schaffen genommen, der bei den männlichen Leistungen eine große Rolle spielt". Sollte sich jedoch eine Frau im Männerstaat über alle Normen und Hindernisse hinwegsetzen, „so hebt man sie aus ihrem Geschlecht heraus und nennt sie einfach männlich".[512]

---

509 Kraul 1987, S. 479.
510 Vaerting 1923, S. 10, zitiert nach ebenda, S. 481.
511 Ebenda, S. 480 ff.
512 Vaerting 1923, S. 234 und S. 235, wiedergegeben nach ebenda, S. 483.

Das ist unter anderem und zwar wörtlich auch Emmy Noether geschehen, die bekanntlich in Göttingen als „der Noether" bezeichnet wurde, was Weyl, wie oben schon zitiert,[513] in seinem Nachruf als respektvolle Anerkennung ihrer kreativen denkerischen Kraft verstanden wissen wollte, die trotz der Erfahrung von Emmy Noethers offenkundig weiblichem mathematischen Genie nur männlich denkbar war.[514] Maria von Linden dagegen, die als Kind davon geträumt hatte, eines Tages „ein Bub" zu werden, sah sich selbst als Verkörperung des „dritten Geschlechts" und machte sich äußerlich gleich selbst zum Mann: „Ich trug Jackenkleider mit steifem Kragen, Männerhüte, Schuhe, die in ihrer Massivität, Form und Größe ebenfalls an das Männliche grenzten".[515]

Dem Erstgutachter Stumpf aber waren Vaertings oben genannte durchaus richtige Beobachtungen und methodische Forderungen nur ein paar sarkastische Bemerkungen wert, die Vaerting ungewollt bestätigten:

Obgleich V[erfasserin] bestrebt ist, so Stumpf in seinem Gutachten vom 17. Oktober 1919, *alle gewöhnlich behaupteten Unterschiede auf die sexuellen Komponenten der Beobachter herzuleiten [...], gibt sie doch schliesslich zu, dass Unterschiede bestehen, die nicht aus Beobachtungsfehlern erklärbar seien. Diese führt sie auf verschiedene Erziehung und auf die Männerherrschaft zurück. In Zeiten der Frauenherrschaft kehre sich alles um. Auf die Entdeckung dieser Tatsache tut sie sich viel zu Gute [...].*

Sie macht dann Vorschläge zur Besserung der Methodik. Unter sonst gleichen Bedingungen müssten Frauen von Frauen, Männer von Männern untersucht werden. Beobachtungen am anderen Geschlecht dürften nur eine sekundäre Rolle spielen. Da nun bisher Untersuchungen nach ihrer „neutralen" Methode nur ganz fragmentarisch oder gar nicht vorliegen, hätte sie sich konsequent jeder Aussage über den faktischen Unterschied der Geschlechter, sowohl im positiven wie negativen Sinn, enthalten müssen. [...]

Nach allem dem kann ein Zweifel nicht bestehen, dass das Gesuch des Frl. Dr. Vaerting abgelehnt werden muss. Dass sie das Urteil einer nur aus Männern bestehenden Fakultät anerkennen werde, dürfen [wir] freilich nicht hoffen. Es wird

---

513 Siehe oben S. 105.
514 Weyl 1935/1970, S. 71; vgl. dazu auch Tollmien 1990, S. 188 f. Anm. 116.
515 Maria Gräfin von Linden, Erinnerungen der ersten Tübinger Studentin, hg. von Gabriele Junginger, Attempto Verlag Tübingen 1929/1991, S. 125; siehe dazu auch Tollmien 1/2021, S. 28 f.

sich empfehlen, die zwischen ihr, dem Dekan, und mir geführte Korrespondenz bei den Akten liegen zu lassen.[516]

Wie Sarkasmus ist auch Lächerlich-Machen eine bewährte Methode, die Leistungen speziell von Frauen zu diskreditieren. „Der sexuelle Fanatismus der Bewerberin hat fast etwas Belustigendes", schrieb der Germanist Gustav Roethe (1859-1926) zustimmend unter das Gutachten von Stumpf und drückte damit explizit aus, was seine die Ablehnung Stumpfs einstimmig unterstützenden Kollegen wahrscheinlich mehr oder weniger alle dachten. Roethe selbst gehörte übrigens zu den Professoren, die Frauen auch nach 1908 noch den Zugang zu seinen Seminaren verweigerten.[517]

Vaertings zugegeben streckenweise aggressiver Feminismus überstieg auch die Toleranzbereitschaft eines Benno Erdmann (1851-1921), der 1909 von Bonn an die Universität in Berlin gewechselt war und den wir aus seinen Bonner Tagen in der Habilitationssache Maria von Lindens als einen der wärmsten Befürworter von Frauenhabilitationen kennengelernt haben.[518] Erdmann, der in der Sache Vaerting Zweitgutachter war und der sich mit der auf Zusammenarbeit in einem Männerteam ohne Anspruch auf Vorherrschaft gerichteten Attitude einer Maria von Linden leicht hatte anfreunden können, brachte gegen Vaerting einen Gesichtspunkt ins Spiel, der für jedes Habilitationsgesuch heute wie damals das Aus bedeutet. Er behauptete nämlich, dass man(n) mit Vaerting nicht zusammenarbeiten könne:

Es kommt zu den fachlichen Gründen dazu, schrieb Erdmann, *dass die Briefe der Verf[asserin] an Herrn Stumpf auf mich u[nd] die Fakultät über die Art ihres Selbstbewusstseins einen höchst ungünstigen Eindruck machen. Sie ist offensichtlich affektiv gegen die Männer in einer Weise befangen, die j e d e s Z u s a m m e n a r b e i t e n m i t i h r, selbst wenn die erforderlichen Leistungen vorlägen, s e h r u n e r f r e u l i c h m a c h e n würden.*[519]

Von „unserem Lehrkörper, auf dessen harmonisches Zusammenarbeiten doch alles ankommt", hatte Landau in seinem Gutachten für Emmy Noether gesprochen und

[516] Zitiert nach Störgröße „F" 2010, S. 171 f. (Unterstreichung im Original).
[517] Jähnert u. a. 2001/2002, S. 90; zu den im preußischen Erlass vom 18.8.1908 über die Zulassung von Frauen als reguläre Studentinnen vorgesehenen Vetorecht für Professoren siehe Tollmien 1/2021, S. 114.
[518] Ebenda, S. 38-43.
[519] Zitiert nach Störgröße „F" 2010, S. 172 (Sperrung C. T.).

zugleich deutlich gemacht, dass keineswegs jeder, selbst bei guten Leistungen, zum Eintritt in diesen Lehrkörper geeignet sei.[520]

Erdmanns und Landaus Aussagen offenbaren eine jeder Habilitation inhärente, unauflösliche Ambivalenz, ein sich widersprechendes, eigentlich unerfüllbares Sowohl-als-auch, an der auch schon andere Habilitationsanwärter gescheitert waren[521]: Denn die Habilitation verlangt von dem Bewerber/der Bewerberin zugleich neue, wenn möglich umwälzende wissenschaftliche Erkenntnisse (und umwälzend war das, was Vaerting darlegte, ganz ohne Zweifel) wie auch den Nachweis, dass er/sie die tradierten wissenschaftlichen Methoden nicht nur beherrscht, sondern sich als WissenschaftlerIn und Person in das akademische System der jeweiligen Hochschule einzupassen vermag, und das war ganz offensichtlich bei Vaerting nicht gegeben.

Wenn aber die Habilitation immer zugleich Selektion (der vermeintlich Besten) und Kooptation (der Angepasstesten) ist, so gilt dies in noch stärkerem Maße für die Berufung.

Wer also, weil er zu revolutionär oder genialisch war, oder aber, weil sie das falsche Geschlecht hatte, nicht in den männlich geprägten und vor allem männlich gedachten Lehrkörper passte, der wurde auch nicht berufen. So erging es auch Emmy Noether, für die beide Ausschlusskriterien zutrafen und über die 1928 anlässlich ihrer potentiellen Berufung auf einen Lehrstuhl in Kiel ihr Kollege und Freund Helmut Hasse (1898-1979) in staunenswerter Offenheit feststellte:

> *Bei aller wissenschaftlichen Hochschätzung halte ich sie für gänzlich ungeeignet ein ordentliches Lehramt zu vertreten, wo doch nur einer neben ihr ist,*[522] *der besser machen kann, was sie verdirbt.*

Und seine generellen Vorurteile gegen Frauen im akademischen Lehramt nicht mehr durch vorgeschobene Gründe, wie den, dass Emmy Noether für Anfängervorlesungen nicht geeignet sei, verbrämend:

---

[520] Gutachten Landaus vom 1.8.1915, auf fortlaufenden Blättern im Anschluss an das Rundschreiben Landaus vom 20.7.1915, UniA GÖ Math.-Nat. Pers., in 17: Personalakte Prof. Noether, o. P.; das Gutachten ist vollständig zitiert oben S. 88-101, Zitat S. 99.

[521] Verwiesen sei hier beispielsweise auf Leonard Nelson, siehe dazu oben S. 124 ff. und Tollmien 1/2021, S. 248 f.

[522] Das bezieht sich darauf, dass es in Kiel nur zwei Lehrstühle für Mathematik gab.

Auch finde ich, daß man das E x p e r i m e n t, *eine Frau zum Ordinarius zu machen, nicht ausgerechnet an einem solch' soliden Orte wie Kiel anstellen sollte.*[523]

„Daß es sich vorerst um eine Ausnahme handelt und daß der Ausfall des Versuchs für die Entscheidung der generellen Frage wichtig sein würde,"[524] hatte Woldemar Voigt 1915 in seinem Gutachten zu Emmy Noethers Habilitationsantrag geschrieben. Trotz der formalen, wenn auch nur staatsbürgerlichen Gleichstellung der Frau in der Verfassung war ihre gesellschaftliche Stellung auch zehn Jahre nach Ausrufung der Weimarer Republik noch so fragil, dass eine männliche Karriere an einer Universität auch bei Emmy Noether wohlgesonnenen Freunden noch immer nur als „Experiment" denkbar war, von dem dann auch noch dringend abgeraten wurde.

Mathilde Vaerting hat als Erwiderung auf ein Protestschreiben der Jenaer Philosophischen Fakultät vom Februar 1924, in dem sich ihre Kollegen nicht nur gegen das Verfahren ihrer Berufung aussprachen, sondern auch ihre wissenschaftliche Kompetenz in Frage stellten, dazu folgendes gesagt:

Sehr bezeichnend ist, daß mir [...] vorgeworfen wird, daß meine Schriften dem Nachweis dienen, daß die Frau in jeder Hinsicht die gleiche Stellung wie der Mann zu beanspruchen habe. Obgleich die Gleichberechtigung der Frau schon in der Verfassung festgelegt worden ist, glaubt man mir mein Eintreten für diese Selbstverständlichkeit als Fehler anrechnen zu müssen. Gerade durch diese Wendung wird mir mit aller Schärfe deutlich, daß das Vorgehen der Fakultät und anderer sich gegen mich als Frau richtet.[525]

---

[523] Hasse an seinen Kieler Kollegen Abraham Fraenkel (1891-1965) 10.10.1928, zitiert nach: Reinhard Siegmund-Schultze, Emmy Noether – „das Experiment eine Frau zum Ordinarius zu machen", in: Mitteilungen der DMV 25 (2017), S. 157-163, hier S. 160 (Hervorhebung C. T.).

[524] Gutachten Voigts vom 8.8.1915, auf fortlaufenden Blättern im Anschluss an das Rundschreiben Landaus vom 20.7.1915, UniA GÖ Math.-Nat. Pers., in 17: Personal-akte Prof. Noether, o. P. (Unterstreichungen im Original)

[525] Vaerting an das Thüringer Ministerium für Volkbildung 4.4.1924, zitiert nach: Theresa Wobbe, Aufbrüche, Umbrüche, Einschnitte. Die Hürde der Habilitation und die Hochschullehrerinnenlaufbahn, in: Elke Kleinau und Claudia Optiz, Geschichte der Mädchen- und Frauenbildung, Band 2: Vom Vormärz bis zur Gegenwart, Campus Frankfurt New York 1996, S. 342-353, hier S. 350; zum Protestschreiben der Fakultät siehe Wobbe 1991, S. 15 f.

Anhang

Anhang 1: Veröffentlichungen Emmy Noethers bis 1919

Ein Faksimiledruck der Originalarbeiten findet sich in: Emmy Noether, Gesammelte Abhandlungen – Collected Papers, hg. von N. Jacobson, Springer Berlin Heidelberg New York Tokyo 1983. Im Folgenden ist hier immer nur der Originalpublikationsort angegeben, doch die Nummerierung folgt der leichteren Auffindbarkeit halber den Vorgaben in den Gesammelten Abhandlungen 1983. Ergänzungen insbesondere von andernorts erschienenen Abstracts wurden aus der von Uta Merzbach erstellten Bibliografie in: Emmy Noether in Bryn Mawr, hg. Bhama Srinivasan und Judith Sally, Springer New York Berlin Heidelberg Tokoyo 1983, S. 173-178, übernommen.

1. Über die Bildung des Formensystems der ternären biquadratischen Form, in: Sitzungsberichte der Physikalisch-medizinischen Sozietät in Erlangen 39 (1907), S. 176-179 (Vorabbericht über ihre Dissertation, veröffentlicht als 2.).
2. Über die Bildung des Formensystems der ternären biquadratischen Form, Dissertation 1907, Druck Reimer Berlin 1908, und in: Journal für die reine und angewandte Mathematik 134 (1908), S. 23-90 mit zwei Tafeln.
3. Zur Invariantentheorie der Formen von n Variabeln, in: Jahresbericht der Deutschen Mathematiker-Vereinigung 19 (1910), S. 101-104 (Vortrag auf der Jahresversammlung der Gesellschaft Deutscher Naturforscher und Ärzte / der Deutschen Mathematiker-Vereinigung 1909 in Salzburg, ausgearbeitet in 4.).
4. Zur Invariantentheorie der Formen von n Variabeln, in: Journal für die reine und angewandte Mathematik 139 (1911), S. 118-154.
5. Rationale Funktionenkörper, in: Jahresbericht der Deutschen Mathematiker-Vereinigung 22 (1913), S. 316-319 (Vortrag auf der Jahresversammlung der Gesellschaft Deutscher Naturforscher und Ärzte / der Deutschen Mathematiker-Vereinigung 1913 in Wien, fortgeführt in 6.).
6. Körper und Systeme rationaler Funktionen, in: Mathematische Annalen 76 (1915), S. 161-191 (abgeschlossen Mai 1914). Abstract in: Jahrbuch über die Fortschritte der Mathematik 46 (1923), S. 1442 f. Diese Arbeit reichte Emmy Noether 1915 als Habilitationsarbeit ein.

7. Der Endlichkeitssatz der Invarianten endlicher Gruppen, in: Mathematische Annalen 77 (1916), S. 89-92 (Anwendung zu 6., abgeschlossen Mai 1915).

8. Über ganze rationale Darstellung der Invarianten eines Systems von beliebig vielen Grundformen, in: Mathematische Annalen 77 (1916), S. 93-102 (abgeschlossen 5. Januar 1915).

9. Die allgemeinsten Bereiche aus ganzen transzendenten Zahlen, in: Mathematische Annalen 77 (1916), S. 103-128 (abgeschlossen 30. März 1915). Berichtigung in: Mathematische Annalen 81 (1920), S. 30, angehängt an Publikation 16.

10. Die Funktionalgleichungen der isomorphen Abbildung, in: Mathematische Annalen 77 (1916), S. 536-545 (abschlossen 30. Oktober 1915). Abstract in: Jahrbuch über die Fortschritte der Mathematik 46 (1923), S. 170 f.

11. Gleichungen mit vorgeschriebener Gruppe, in: Mathematische Annalen 78 (1917) [fälschlicherweise in den Gesammelten Werken, 1983, auf 1918 datiert], S. 221-229 (abgeschlossen Juli 1916). Berichtigung in: Mathematische Annalen 81 (1920), S. 30, angehängt an Publikation 16. Abstract in: Jahrbuch über die Fortschritte der Mathematik 46 (1923), S. 135.

12. Invarianten beliebiger Differentialausdrücke, in: Nachrichten der Königlichen Gesellschaft der Wissenschaften zu Göttingen, Mathematisch-physikalische Klasse (1918), S. 37-44 (vorgelegt in der Sitzung vom 25. Januar durch Felix Klein). Abstract in: Jahrbuch über die Fortschritte der Mathematik 46 (1923), S. 675.

13. Invariante Variationsprobleme (vorgelegt von Felix Klein am 26. Juli 1918, endgütige Fassung des Manuskripts Ende September 1918), in: Nachrichten der Königlichen Gesellschaft der Wissenschaften zu Göttingen, Mathematisch-physikalische Klasse (1918), S. 235-257. Abstract in: Jahrbuch über die Fortschritte der Mathematik 46 (1923), S. 770. Diese Arbeit enthält die beiden Noether-Theoreme und wurde 1919 als Habilitationsarbeit anerkannt.

14. Die arithmetische Theorie der algebraischen Funktionen einer Veränderlichen in ihrer Beziehung zu den übrigen Theorien und zu der Zahlkörpertheorie, in: Jahresbericht der Deutschen Mathematiker-Vereinigung 28 (1919), S. 182-203. Diese Arbeit ist die Fortschreibung des 1894 von ihrem Vater Max Noether gemeinsam mit Alexander Brill für die Deutsche Mathematiker-Vereinigung ver-

fassten Berichts über „Die Entwicklung der Theorie der algebraischen Funktionen in älterer und neuerer Zeit", erschienen in: Jahresbericht der deutschen Mathematiker-Vereinigung 3 (1894), S. 107-566.

15. Die Endlichkeit des Systems der ganzzahligen Invarianten binärer Formen (vorgelegt von Felix Klein am 27. März 1919; Fortführung von Nr. 7: Mertenscher-Hilbertscher Endlichkeitssatz), in: Nachrichten der Königlichen Gesellschaft der Wissenschaften zu Göttingen, Mathematisch-physikalische Klasse (1919), S. 138-156; Zusammenfassung ihres Vortrags zum gleichen Thema am 5. November 1918 vor der Göttinger Mathematischen Gesellschaft, in: Jahresbericht der Deutschen Mathematiker-Vereinigung 28 (1919), Zweite Abteilung, S. 29.

16. Zur Reihenentwicklung in der Formentheorie, in: Mathematische Annalen 81 (1920), S. 25-30 (angenommen September 1919).

17. Gemeinsam mit W[erner] Schmeidler: Moduln in nichtkommutativen Bereichen, insbesondere aus Differential- und Differenzenausdrücken, in: Mathematische Zeitschrift 8 (1920), S. 1-35 (eingegangen am 4.8.1919, angeregt durch eine Frage von Edmund Landau nach der Verallgemeinerung des Produktsatzes).

17a. Über ganzzahlige Polynome und Potenzreihen, Vortrag vor der Göttinger Mathematischen Gesellschaft am 26. November 1918, Zusammenfassung in: Jahresbericht der Deutschen Mathematiker-Vereinigung 28 (1919), Zweite Abteilung, S. 29 f. (nicht in den Collected Works enthalten).

Gemeinsam mit ihrem Vater und Felix Klein: Max Noether mit Unterstützung von Felix Klein und Emmy Noether, (Nachruf auf) Paul Gordan, in: Mathematische Annalen 75 (1914), S. 1-41.

Anhang 2: Emmy Noethers Habilitationslebenslauf 1919

Der Habilitationslebenslauf Emmy Noethers existiert nur als Abschrift von fremder Hand, undatiert, jedoch mit dem Eingangsvermerk 4.6.1919 (UniA GÖ Kur., 12099 Personalakte Prof. Dr. Emmy Noether, o. P.; auch vorhanden in ebenda, Math.-Nat. Pers., in 17: Personalakte Prof. Noether, o. P.) Diese Abschrift enthält Fehler oder Verschreiber, von denen nicht klar ist, ob sie auf Emmy Noether zurückgehen oder auf den Abschreiber. Vermerkt sind diese jeweils durch [sic!]. In eckigen Klammern wurden zudem die Nummern aus der Publikationsliste in Anhang 1 hinzugefügt, auf die sich Emmy Noether in ihrem Lebenslauf bezieht.

Ich, Amalie Emmy Noether, bin am 23. März 1882 zu Erlangen geboren, als Tochter des Universitätsprofessors Dr. Max Noether und seiner Ehefrau Ida, geb. Kaufmann. 1903 erwarb ich als Privatstudierende das Absolutorium des Realgymnasiums Nürnberg, vorher, 1900-1902, war ich als Hörerin an der Universität Erlangen zum Studium der Mathematik zugelassen. Das Wintersemester 1903/04 verbrachte ich in Göttingen, Herbst 1904 bis Frühjahr 1908 war ich in Erlangen als Studierende der Mathematik immatrikuliert.

Während meiner Studienzeit waren meine mathematischen Lehrer die Herren Gordan und Noether in Erlangen, Hilbert, Minkowski und Blumenthal in Göttingen. Dezember 1907 promovierte ich mit einer Arbeit „Über die Bildung des Formensystems der ternären biquadratischen Form“ in der philosophischen Fakultät der Universität Erlangen summa cum laude.

Nach der Promotion arbeitete ich wissenschaftlich mathematisch weiter und wurde von den Leiter[n] des Erlanger mathematischen Seminars; [sic!] den Herren M[ax] Noether, E[rhard] Schmidt, E[rnst] Fischer privatim zur Unterstützung bei den seminaristischen Vorträgen und Übungen beigezogen. Im Sommersemester 1915 kam ich, aufgefordert von den hiesigen Mathematikern, nach Göttingen. Mit dem Wintersemester 1916 habe ich zur Unterstützung von Herrn Hilbert regelmäßig im hiesigen mathematischen Seminar vorgetragen und zwar über algebraische Fragen, insbesondere Invariantentheorie, Differentialinvarianten, abstrakte Mengentheorie, Differential- und Integralgleichungen. An der mathematischen Gesellschaft beteiligte ich mich durch eine Reihe von Vorträgen.

Wissenschaftliche Anregung verdanke ich wesentlich dem persönlichen mathematischen Verkehr in Erlangen und in Göttingen. Vor allem bin ich Herrn E[rnst]

Fischer zu Dank verpflichtet, der mir den entscheidenden Anstoß zu der Beschäftigung mit abstrakter Algebra in arithmetischer Auffassung gab, was für all meine späteren Arbeiten bestimmend blieb und [auch] für solche nicht rein algebraischer Natur.

Meine Dissertation und eine weitere Arbeit „Zur Invariantentheorie der Formen von Variabeln" gehören noch dem Gebiet der formalen Invariantentheorie an, die mir als Schülerin Gordans nahe lag [Nr. 1 bis 4]. Die große Arbeit „Körper und Systeme rationaler Funktionen" beschäftigt sich mit allgemeinen Basisfragen, erledigt vollständig das Problem der rationallen [sic!] Darstellbarkeit und gibt Beiträge zu den übrigen Endlichkeitsfragen [Nr. 5 und 6]. Eine Anwendung dieser Resultate ist enthalten in der Arbeit „Invarianten endlicher Gruppen", die einen ganz elementaren Endlichkeitsbeweis dieser Invarianten bringt mit wirklicher Angabe der Basis [Nr. 7]. In diese Gedankenreihe gehört weiter die Arbeit „Algebraische Gleichungen mit vorgeschriebener Gruppe" die einen Beitrag zu der Konstruktion solcher Gleichungen bei beliebigem Rationalitätsbereich liefert [Nr. 11]. Für Gleichungen dritten und vierten Grades ist diese Parameterkonstruktion als Erlanger Dissertation im einzelnen durchgeführt worden von F[ritz] Seidelmann.[526]

Die Arbeit über „Ganze rationale Darstellung von Invarianten" weißt [sic!] eine von D[avid] Hilbert ausgesprochene Vermutung als zutreffend nach und gibt zugleich einen rein begrifflichen Beweis für die Reihenentwicklungen der Invariantentheorie, der auf der Aequivalenz linearer Formenscharen beruht und teilweise Gedankengängen von E[rnst] Fischer nachgebildet ist [Nr. 8]. Diese Arbeit gab dann ihrerseits wieder E[rnst] Fischer den Anstoß zu einer größeren Arbeit über „Differentiationsprozesse der Algebra" (Crelle 148).[527]

Zu diesen rein algebraischen Arbeiten gehören auch zwei noch unveröffentlichte: ein Endlichkeitsbeweis für die ganzzahligen binären Invarianten [Nr. 15], über den ich in der mathematischen Gesellschaft berichtet habe,[528] *und eine gemeinsam mit W[erner] Schmeidler [1890-1969] verfaßte Untersuchung über nicht-*

---

[526] Siehe dazu Tollmien 4/2023.

[527] Ernst Fischer, Differentiationsprozesse der Algebra, in: Journal für die reine und angewandte Mathematik 148 (1918), S. 1-78.

[528] Vortrag Emmy Noethers am 5.11.1918 vor der Göttinger Mathematischen Gesellschaft über „Die Endlichkeit der ganzzahligen Invarianten binärer Formen", Zusammenfassung in: Jahresbericht der Deutschen Mathematiker-Vereinigung 28 (1919) Zweite Abteilung, S. 29.

kommunative, einseitige Moduln, die durch eine gelegentliche Frage von E[dmund] Landau angeregt wurde [Nr. 17]. Hierher gehört auch die Beschäftigung mit Fragen der Algebra und Modultheorie modp [= modulo p; p steht für Primzahl] und mit der Frage nach der „Alternative bei nicht linearen Gleichungssystemen", über deren Resultate ich gleichfalls der mathematischen Gesellschaft berichtet habe.[529]

Die größere Arbeit „Die allgemeinsten Bereiche aus ganzen transzendenten Zahlen" benutzt neben den algebraisch-arithmetischen Prinzipien auch solche der abstrakten Mengentheorie [Nr. 9]. Nachdem es Zermelo gelungen war, überhaupt einen Bereich von ganzen transzendenten Zahlen zu konstruieren,[530] *wird hier ein Überblick über die Gesamtheit der möglichen Bereiche gegeben; und zugleich die Konstruktion der ganzen Größen auf beliebige abstrakt definierte Körper ausgedehnt. Derselben Richtung gehört die Arbeit „Funktionalgleichungen der isomorphen Abbildung" an, die die allgemeinste isomorphe Abbildung eines beliebig abstrakt definierten Körpers angibt [Nr. 10].*

Schließlich sind noch zwei Arbeiten über Differentialinvarianten und Variationsprobleme zu nennen, die dadurch mitveranlaßt sind, daß ich die Herren Klein und Hilbert bei ihrer Beschäftigung mit der Einsteinschen allgemeinen Relativitätstheorie unterstützte. Die vorläufige Note „Invarianten beliebiger Differentialausdrücke" gibt für diese Differentialausdrücke die Zurückführung der Fragen nach den allgemeinsten Invarianten gegenüber der Gruppe aller analytischen Transformationen auf eine Frage der linearen Invariantentheorie [Nr. 12]. Die zweite Arbeit „Invariante Variationsprobleme", die ich als Habilitationsschrift bezeichnet habe, beschäftigt sich mit beliebigen endlichen oder unendlichen kontinuierlichen Gruppen im Lie'schen Sinne[531] *und zieht die Folgerungen aus der Invarianz eines Variationsproblems gegenüber einer solchen Gruppe. In dem allgemei-*

529 Emmy Noether, Über ganzzahlige Polynome und Potenzreihen, Vortrag am 26. November 1918 vor der Göttinger Mathematischen Gesellschaft, Zusammenfassung in: Jahresbericht der Deutschen Mathematiker-Vereinigung 28 (1919) Zweite Abteilung, S. 29 f.

530 Ernst Zermelo, Über ganze transzendente Zahlen, in: Mathematische Annalen 75 (1914), S. 434-442.

531 Eine Lie-Gruppe (auch Liesche Gruppe), benannt nach dem norwegischen Mathematiker Sophus Lie (1842-1899), der von 1886 bis 1898 in Leipzig gelehrt hatte, ist eine mathematische Struktur, die zur Beschreibung von kontinuierlichen Symmetrien verwendet wird. Lie-Gruppen spielen auch heute noch sowohl in der Mathematik als auch in der theoretischen Physik, vor allem in der Teilchenphysik, eine wichtige Rolle.

nen Resultate sind als Spezialfälle die in der Mechanik bekannten Sätze über erste Integrale, die Erhaltungssätze und die in der Relativitätstheorie aufgetretenden [sic!] Abhängigkeiten zwischen den Feldgleichungen enthalten, während andererseits auch die Umkehrung dieser Sätze gegeben wird [Nr. 13][532].

Ferner möchte ich noch erwähnen, daß außer der oben genannten noch eine weitere Erlanger Dissertation von mir angeregt worden ist: „Über Verzweigung der Lösungen nichtlinearer Differentialgleichungen" von H[ans] Falckenberg.[533] *Es handelt sich dort um Dualitätsuntersuchungen im Anschluß an die Schmidtische [sic] Arbeit über nichtlineare Integralgleichungen.*[534]

gez. Dr. Noether

---

[532] Diese Arbeit enthält die beiden Noether-Theoreme. Siehe dazu Tollmien 3/2022.

[533] Siehe dazu Tollmien 4/2023.

[534] Erhard Schmid, Zur Theorie der linearen und nichtlinearen Integralgleichungen, in: Mathematische Annalen 63 (1907), S. 433-476 (Teil 1), 64 (1907), S. 161-174 (Teil 2), 65 (1908), S. 370-399 (Teil 3).

Anhang 3: Emmy Noethers Lehrveranstaltungen vom Wintersemester 1916/17 bis zum Herbstzwischensemester 1919[535]

WS 1916/17 Göttingen Mathematisch-Physikalisches Seminar

> **Invariantentheorie: Prof.** ***Hilbert*** **mit Unterstützung von Frl. Dr.** ***E. Nöther,*** **Montag 4—6 Uhr, gratis.** [*190*]

SS 1917 Göttingen Mathematisch-Physikalisches Seminar

Vorträge über Algebra: Prof. Hilbert mit Unterstützung von Frl. Dr. E. Nöther, Montag 4-6 Uhr, gratis

WS 1917/18 Göttingen Mathematisch-Physikalisches Seminar

Vorträge über mathematische Prinzipien (im Lebenslauf, Anhang 2, S. 238, als „abstrakte Mengentheorie" konkretisiert): Prof. Hilbert mit Unterstützung von Frl. Dr. Noether, Montag 4-6 Uhr, privatissime und gratis

SS 1918 Göttingen Mathematisch-Physikalisches Seminar

Übungen über Differentialgleichungen: Prof. Hilbert mit Unterstützung von Frl. Dr. E. Noether, Montag 4-6 Uhr, gratis

WS 1918/19 Göttingen Mathematisch-physikalisches Seminar

Übungen zu Differentialgleichungen: Prof. Hilbert mit Unterstützung von Frl. Dr. Noether, Montag 4-6 Uhr, gratis

SS 1919 Göttingen Mathematisch-physikalisches Seminar

Integralgleichungen: Prof. Hilbert mit Unterstützung von Frl. Dr. E. Noether, Montag und Donnerstag 4-6 Uhr, gratis

[535] Verzeichnis der Vorlesungen der Georg-August-Universität Göttingen 1916-1919.

Herbstzwischensemester 1919: Göttingen Mathematikvorlesungen

Erstmals konnte Emmy Noether eine Vorlesung unter ihrem eigenen Namen ankündigen:

Analytische Geometrie: Dr. *Emmy Noether*, Mittwoch und Sonnabend 11—1 Uhr, privatim. [*161*]

Abkürzungsverzeichnis

DDP	Deutsche Demokratische Partei
DNVP	Deutschnationale Volkspartei
DMV	Deutsche Mathematiker-Vereinigung
ESGA	Edith Stein Gesamtausgabe
Frl.	Fräulein
GStAPK	Geheimes Staatsarchiv Preußischer Kulturbesitz Berlin
hg.	herausgegeben
Hg.	Herausgeber
Math.-Nat. Prüf. Gö	Gemeinsames Prüfungsamt der Mathematisch-Naturwissenschaftlichen Fakultäten Göttingen
MSPD	Mehrheitssozialdemokratische Partei Deutschlands oder auch Mehrheitssozialisten (im Unterschied zur USPD)
o. D.	ohne Datum
o. P.	ohne Paginierung
NStuUB Gö	Niedersächsische Staats- und Universitätsbibliothek Göttingen Handschriftenabteilung
Prof.	Professor
u. a.	und andere(n); unter anderem
UnivA Bonn	Universitätsarchiv Bonn
UnivA Erl	Universitätsarchiv Erlangen
UniA GÖ	Universitätsarchiv Göttingen
USPD	Unabhängige Sozialdemokratische Partei Deutschlands

Literatur- und Quellenverzeichnisse

Verzeichnis der Literatur und gedruckten Quellen

A

Acta Borussica Neue Folge 1. Reihe: Die Protokolle des Preußischen Staatsministeriums, hg. von der Berlin-Brandenburgischen Akademie der Wissenschaften (vormals Preußische Akademie der Wissenschaften) unter Leitung von Jürgen Kocka und Wolfgang Neugebauer, Band 10 14. Juli 1909 bis 11. November 1918, bearbeitet von Reinhold Zilch, Olms-Weidmann Hildesheim Zürich New York 1999.

Pawel Alexandroff, Die Topologie in und um Holland in den Jahren 1920-1930, in: Nieuw Archief voor Wiskunde 17 (1969) 3, S. 109-127.

Pawel Alexandroff (Schreibweise hier Aleksandrov), Pages from an Autobiography, Part Two, in: Russian Math Surveys 35 (1980) 3, S. 315-358.

Christine Altenstraßer, Umstrittene Anerkennung: Habilitation und Geschlecht. Das Beispiel der Berliner Staatswissenschaften 1920-1933, in: Ulrike Auga, Claudia Bruns, Gabriele Jähnert (Hg.). Das Geschlecht der Wissenschaften. Zur Geschichte von Akademikerinnen im 19. und 20. Jahrhundert, Campus Frankfurt New York 2010, S. 237-257.

B

Monika Bankowski-Züllig, Zürich – das russische Mekka, in: Ebenso neu als kühn, 120 Jahre Frauenstudium an der Universität Zürich, hg. vom Verein Feministische Wissenschaft Schweiz, eFeF-Verlag Zürich 1988, S. 127-146.

Heinrich Behnke und Gottfried Köthe, Otto Toeplitz zum Gedächtnis, in: Jahresbericht der Deutschen Mathematiker-Vereinigung 66 (1963), S. 1-16 (Behnkes Beitrag ist im Wesentlichen ein Nachdruck seines Nachrufs, der in den Mathematisch-Physikalischen Semesterberichten 1 (1947) erschienen war; Köthe beschäftigte sich mit dem wissenschaftlichen Werk Toeplitz‘).

Heinrich Behnke, Otto Toeplitz, in: Bonner Gelehrte. Beiträge zur Geschichte der Wissenschaften in Bonn. Mathematik und Naturwissenschaften, H. Bouvier und Co. und Ludwig Röhrscheid Verlag Bonn 1970, S. 49-53.

Wilhelm Behrens, Ein mechanisches Problem aus der Theorie der Laval-Turbine, behandelt mit Methoden der Himmelsmechanik, in: Zeitschrift für Mathematik und Physik 59 (1911), S. 337-390.

Wilhelm Behrens, Über die Lichtfortpflanzung in parallel-geschichteten Medien, in: Mathematische Annalen 76 (1915), S. 380-430.

Wilhelm Behrens und Erich Hecke, Über die geradlinige Bewegung des Bornschen starren Elektrons (vorgelegt von David Hilbert am 22. Juni 1912), in: Nachrichten von der Königlichen Gesellschaft der Wissenschaften zu Göttingen, Mathematisch-physikalische Klasse 1912, S. 849-860.

Margarete Bieber, Die Denkmäler zum Theaterwesen im Altertum, Vereinigung wissenschaftlicher Verleger Berlin 1920.

Margarete Bieber, Griechische Kleidung, Walter de Gruyter & Co Berlin und Leipzig 1928.

Kurt-R. Biermann, Die Mathematik und ihre Dozenten an der Berliner Universität, Stationen auf dem Weg eines mathematischen Zentrums von Weltgeltung, Akademie Verlag Berlin 1988.

Christa Binder, 100 Jahre Mertensche Vermutung, in: Internationale Mathematische Nachrichten, hg. von der Österreichischen Mathematischen Gesellschaft 52 (August 1898) 178, S. 2-6.

Biografie Winthrop Pickard Bells, ohne Verfasser, nur online: https://www.mta.ca/wpbell/bio.htm (Abruf 2.12.2020).

Otto Blumenthal, Karl Schwarzschild, in: Jahresbericht der Deutschen Mathematiker-Vereinigung 26 (1917), S. 56-75.

Otto Blumenthal, Lebensgeschichte [David Hilberts], in: David Hilbert, Gesammelte Abhandlungen, Band III, Springer Berlin Heidelberg New York 1935/1970, S. 388-433.

Elisabeth Boedeker und Maria Meyer-Plath, 50 Jahre Habilitation von Frauen in Deutschland, Verlag Otto Schwartz & Co Göttingen 1974.

Max Born, Die Theorie des starren Elektrons in der Kinematik des Relativitätsprinzips, in: Annalen der Physik 30 (1909), S. 1-56.

Max Born, Mein Leben. Die Erinnerungen des Nobelpreisträgers, Nympenburger Verlagshandlung München 1975.

Larissa Bonfante und Matthias Recke, Margarete Bieber: Two Worlds, 2003, nur online: https://www.brown.edu/Research/Breaking_Ground/bios/Bieber_Margarete.pdf (Abruf 15.10.2020).

Tom Bräuer und Christian Faludi (Bearb.), Die Universität Jena in der Weimarer Republik 1918-1933. Eine Quellenedition, Steiner Stuttgart 2013.

Karl Brandi, Die Universität im Kriege, in: Göttinger Kriegsgedenkbuch 1914-1918, hg. von Albrecht Saathoff, Vandenhoeck & Ruprecht Göttingen 1935, S. 145-153.

Eva Brinkschulte, Wissenschaftspolitik im Kaiserreich entlang der Trennungslinie Geschlecht: die ministerielle Umfrage zur Habilitation von Frauen aus dem Jahre 1907, in: Elisabeth Dickmann und Eva Schöck-Quinteros unter Mitarbeit von Sigrid Dauks (Hg.), Barrieren und Karrieren: die Anfänge des Frauenstudiums in Deutschland: Dokumentationsband der Konferenz „100 Jahre Frauen in der Wissenschaft" im Februar 1997 an der Universität Bremen, trafo Verlag Berlin 2000, S. 177-192.

Bernhard vom Brocke, Schmidt-Ott, Friedrich, in: Neue Deutsche Biographie 23 (2007), S. 165 ff., online: https://www.deutsche-biographie.de/pnd117511161.html (Abruf 18. Mai 2020).

Arno Buschmann, Rechtswissenschaft ohne Recht. Leonard Nelson und die Kritik an der Rechtswissenschaft seiner Zeit, in: Stefan Chr. Saar, Andreas Roth, Christian Hattenhauer (Hg.), Recht als Erbe und Aufgabe, Heinz Holzhauer zum 21. April 2005, Erich Schmidt Verlag Berlin 2005, S. 275-298.

Detlef Busse, Engagement oder Rückzug? Göttinger Naturwissenschaften im Ersten Weltkrieg, Universitätsverlag Göttingen 2008.

C

Angelos Chaniotis und Ulrich Thaler, Altertumswissenschaften, in: Wolfgang U. Eckart, Volker Sellin, Elke Wolgast (Hg.), Die Universität Heidelberg im Nationalsozialismus, Springer Medizin Verlag Heidelberg 2006, S. 391-434.

John J. O'Connor und Edmund F. Robertson, Richard Courant, in: MacTutor History of Mathematics Archive, Juli 2000, nur online: http://www-history.mcs.st-andrews.ac.uk/Biographies/Courant.html (Abruf 26.4.2019).

John J. O'Connor und Edmund F. Robertson, Hermann Klaus Hugo Weyl, in: MacTutor History of Mathematics Archive, August 2005, nur online: http://www-history.mcs.st-andrews.ac.uk/Bio-graphies/Weyl.html (Abruf 24.4.2019).

John J. O'Connor und Edmund F. Robertson, Alfréd Haar, Biography, in: MacTutor History of Mathematics Archive, August 2006, nur online: http://www-history.mcs.st-andrews.ac.uk/Biographies/ Haar.html (Abruf 23.4.2019).

John J. O'Connor und Edmund F. Robertson, Arthur Schoenflies, in: MacTutor History of Mathematics Archive, November 2010, nur online: https://mathshistory.st-andrews.ac.uk/Biographies/Schonflies/ (Abruf 1.3.2020).

Leo Corry und Norbert Schappacher, Zionist Internationalism through Number Theory: Edmund Landau at the Opening of the Hebrew University in 1925, in: Science in Context 23 (2010) 4, S. 427-471.

Richard Courant und David Hilbert, Methoden der mathematischen Physik, 2 Bände, Berlin Verlag von Julius Springer Berlin 1924 und 1930.

Richard Courant, Über die Anwendung des Dirichletschen Prinzipes auf die Probleme der konformen Abbildung, Dissertation, Kaestner Göttingen 1910.

Richard Courant, Über die Methode des Dirichletschen Prinzips, in: Mathematische Annalen 72 (1912), S. 517-550.

Richard Courant, Beweis des Satzes, daß von allen homogenen Membranen gegebenen Umfangs und gegebener Spannung die kreisförmige den tiefsten Grundton besitzt, in: Die Mathematische Zeitschrift 1 (1918), S. 321-328.

D

Hans-Joachim Dahms, Die Universität Göttingen in der Revolution 1918/19, in. 1918 – Die Revolution in Südhannover. Begleitheft zur Dokumentation des Museumsverbundes Südniedersachsen. Redaktion und Layout Hans-Georg Schmeling, Städtisches Museum Göttingen 1988, S. 59-82.

Hans-Joachim Dahms, Die Universität 1918 bis 1989. Vom „Goldenen Zeitalter" der Zwanziger Jahre bis zur „Verwaltung des Mangels" in der Gegenwart, in: Göttingen – Die Geschichte einer Universitätsstadt, Band 3: Von der preußischen Mittelstadt zur südniedersächsischen Großstadt 1866 bis 1989, hg. von Rudolf von Thadden und Jürgen Trittel, Vandenhoeck & Ruprecht Göttingen 1999, S. 395-456.

Datenbank Ärztinnen im Kaiserreich, https://geschichte.charite.de/aeik/ueber.php (Abruf 30.11.2020).

Tonke Dennebaum. Freiheit, Glaube, Gemeinschaft. Theologische Leitlinien der Christlichen Philosophie Edith Steins, Herder Freiburg im Breisgau 2018.

Deutsche Verlustlisten im 1. Weltkrieg, 1914-1919, Verlust-Liste Nr. 11129 vom 30.8.1916, ursprünglich vorhanden in der Deutsche Dienststelle für die Benachrichtigung der nächsten Angehörigen von Gefallenen der ehemaligen deutschen Wehrmacht, heute Bundesarchiv Berlin (Abteilung PA = Personenbezogene Auskünfte); online einsehbar in der Datenbank www.ancestry.de: Suchbegriff Richard Reitzenstein, Kategorie: Militärisch, Standort: Europa (Abruf 11.12.2020).

Auguste Dick, Emmy Noether 1882-1935, in: Elemente der Mathematik, Beiheft 13, 1970, S. 3-72.

Auguste Dick, Franz Mertens 1840-1927: eine biographische Studie, Berichte der mathematisch-statistischen Sektion im Forschungszentrum Graz, Band 151, 1981.

Silvia Diebner und Christian Jansen, Ludwig Curtius (1874-1954), in: Lebensbilder. Klassische Archäologen und der Nationalsozialismus Band 2, hg. von Gunnar Brands und Martin Maischberger, (Menschen-Kulturen-Traditionen: Forschungsclaster 5: Geschichte des Deutschen Archäologischen Instituts im 20. Jahrhundert), Verlag Marie Leidorf Rahden/Westfalen 2016, S. 7-111.

Thomas Ditt, „Stoßtruppfakultät Breslau". Rechtswissenschaft im „Grenzland Schlesien" 1933-1945, Beiträge zur Rechtsgeschichte des 20. Jahrhunderts, Mohr Siebeck Tübingen 2011.

E

Heinz-Dieter Ebbinghaus, Ernst Zermelo. An Approach to His Life and Work, Springer Berlin Heidelberg New York 2007.

Monika Ebert, Zwischen Anerkennung und Ächtung. Medizinerinnen der Ludwig-Maximilians-Universität in der ersten Hälfte des 20. Jahrhunderts, VDS-Verlagsdruckerei Schmidt Neustadt an der Aisch 2003.

Albert Einstein und Jakob Grommer, Allgemeine Relativitätstheorie und Bewegungsgesetz, in: Sitzungsberichte der Preussischen Akademie der Wissenschaften 33 (1927), Sitzung vom 6.1.1927, S. 2-13.

Albert Einstein - Max Born. Briefwechsel 1916-1955, kommentiert von Max Born mit einem Geleitwort von Bertrand Russel und einem Vorwort von Werner Heisenberg, Ullstein Frankfurt am Main Berlin 1986.

Albert Einstein, The Collected Papers, Volume 8, Part B: The Berlin Years: Correspondence 1918, hg. von Robert Schulmann, A. J. Kox, Michel Janssen und József Illy, Princeton University Press 1998, auch online: https://einsteinpapers.press.princeton.edu/vol8b -doc/ (Abruf 29.20.2020).

Emmy Noether in Bryn Mawr. Proceedings of a Symposium Sponsored by the Association for Women in Mathematics in Honor of Emmy Noethers's 100th Birthday, edited by Bhama Srinivasan und Judith Sally, Springer New York Berlin Heidelberg Tokoyo 1983.

ESGA = Edith Stein Gesamtausgabe, siehe unten unter Edith Stein.

Howard Withley Eves, Mathematical Circles Squared. A Third Collection of Mathematical Stories and Anecdotes, Prindle, Weber & Schmidt Boston 1972.

F

Eva-Marie Felschow, Der lange Weg an die Universität – Zum Beginn des Frauenstudiums in Gießen, in: Recht auf Wissen. 90 Jahre Frauenstudium an der Gießener Universität. Vorlesungen, hg. von Marion Oberschelp, Verlag der Ferber'schen Universitätsbuchhandlung Gießen 1999, S. 35-58.

Christian Feldmann, Edith Stein, Rowohlt Taschenbuch Verlag Reinbek bei Hamburg 2004.

Festschrift für Ernst Meyer (mit einem Portrait), Archiv für Psychiatrie und Nervenkrankheiten 94 (1931) Heft 1 und 2.

F. J. M. S. (nur mit Kürzel gezeichnet), Nachruf auf Johannes Hartmann, in: Monthly Notices of the Royal Astronomical Society 97 (1937), S. 284 f.

Ernst Fischer, Die Isomorphie der Invariantenkörper der endlichen Abelschen Gruppen linearer Transformationen (vorgelegt von David Hilbert am 13. Februar 1915), in: Nachrichten von der Gesellschaft der Wissenschaften zu Göttingen, Mathematisch-Physikalische Klasse 1915, S. 77-80.

Ernst Fischer, Differentationsprozesse der Algebra, in: Journal für die reine und angewandte Mathematik 148 (1918), S. 1-78.

Albrecht Fölsing, Albert Einstein. Eine Biografie, Suhrkamp Frankfurt am Main 1993

Josef Frechen, Reinhard Brauns 1861-1937, in: Bonner Gelehrte. Beiträge zur Geschichte der Wissenschaften in Bonn. Mathematik und Naturwissenschaften, H. Bouvier und Co. und Ludwig Röhrscheid Verlag Bonn 1970, S. 149 ff.

Wolf-Hartmut Friedrich, Nachruf auf Max Pohlenz, in: Jahrbuch der Akademie der Wissenschaften in Göttingen für das Jahr 1962, Vandenhoeck & Ruprecht Göttingen, S. 59-63.

G

Georg-August-Universität Göttingen, Dem Andenken ihrer im Weltkriege Gefallenen 1914-1918 gewidmet zum 1. März 1925, Universitätsbuchdruckerei Dr. C. Wolf & Sohn München 1925.

Maria-Pia Geppert, Approximative Darstellungen analytischer Funktionen, die durch Dirichletsche Reihen gegeben sind, in: Mathematische Zeitschrift 35 (1932), S. 190-211.

Sybille Gerstengarbe, „[…] kenntnisreich, überlegt, kritisch gut veranlagt und von guter Darstellungsgabe" – die Genetikerin Paula Hertwig, in: BIOspektrum 9 (2003) 4, S. 378 ff.

Edith Glaser, Hindernisse, Umwege, Sackgassen. Die Anfänge des Frauenstudiums in Tübingen (1904-1934), Deutscher Studien Verlag Weinheim 1992.

Adolf Grimme, Becker, Carl Heinrich, in: Neue Deutsche Biographie 1 (1953), S. 711, online: https://www.deutsche-biographie.de/gnd118654438.html (Abruf 12.12.2020).

Jakob Grommer, Ganze transzendente Funktionen mit lauter reellen Nullstellen, in: Journal für die reine und angewandte Mathematik 144 (1914) 2, S. 114-166.

Göttinger Zeitung 28. November 1918 und 25. März 1919.

H

Alfréd Haar, Zur Theorie der orthogonalen Funktionensysteme, Erste Mitteilung, in: Mathematische Annalen 69 (1910), S. 311-172 (Dissertation im Juli 1909 vorgelegt), und Zur Theorie der orthogonalen Funktionensysteme, Zweite Mitteilung, in: Mathematische Annalen 71 (1912), S. 38-53 (Habilitationsarbeit im Dezember 1909 vorgelegt).

Hiltrud Häntzschel, Zur Geschichte der Habilitation von Frauen in Deutschland, in: Hiltrud Häntzschel und Hadumod Bußmann (Hg.), Bedrohlich gescheit. Ein Jahrhundert Frauen und Wissenschaft in Bayern, C.H. Beck München 1997, S. 84-104.

Ulf Hashagen, Ein griechischer Mathematiker als bayerischer Professor im Dritten Reich: Constantin Carathéodory (1873-1950) in München, in: „Fremde" Wissenschaftler im Dritten Reich. Die Debye-Affäre im Kontext, hg. von Dieter Hoffmann und Mark Walter, Wallstein Verlag Göttingen 2011, S. 151-181.

Erich Hecke, Über die Zetafunktion beliebiger algebraischer Zahlkörper (vorgelegt von David Hilbert am 23. Dezember 1916), in: Nachrichten von der Gesellschaft der Wissenschaften zu Göttingen, Mathematisch-physikalische Klasse 1917, S. 77-89.

Erich Hecke, Über eine neue Anwendung der Zetafunktionen auf die Arithmetik der Zahlkörper (vorgelegt von David Hilbert am 13. Januar 1917), in: Nachrichten von der Gesellschaft der Wissenschaften zu Göttingen, Mathematisch-physikalische Klasse 1917, S. 90 -95.

Erich Hecke, Über die L-Funktionen und den Dirichletschen Primzahlsatz für einen beliebigen Zahlkörper (vorgelegt von Edmund Landau am 6. Juni1917), in: Nachrichten von der Gesellschaft der Wissenschaften zu Göttingen, Mathematisch-physikalische Klasse 1917, S. 299-318.

Erich Hecke, Über nicht-reguläre Primzahlen und den Fermatschen Satz (vorgelegt von David Hilbert am 23. Juli 1910), in: Nachrichten von der Königlichen Gesellschaft der Wissenschaften zu Göttingen, Mathematisch-physikalische Klasse 1910, S. 420-424.

Erich Hecke, Zur Theorie der Modulfunktionen von zwei Variablen und ihrer Anwendung auf die Zahlentheorie, Göttingen 1910; auch abgedruckt unter dem Titel: Höhere Modulfunktionen und ihre Anwendung auf die Zahlentheorie, in: Mathematische Annalen 71 (1912), S. 1-37.

Erich Hecke, Über die Konstruktion der Klassenkörper reeller quadratischer Körper mit Hilfe von automorphen Funktionen (vorgelegt von David Hilbert am 10. Dezember 1910), in: Nachrichten von der Königlichen Gesellschaft der Wissenschaften zu Göttingen, Mathematisch-physikalische Klasse 1910, S. 619- 623.

Erich Hecke, Über die Konstruktion relativ-Abelscher Zahlkörper durch Modulfunktionen von zwei Variablen, in: Mathematische Annalen 74 (1913), S. 465 -510.

Robert Heidenreich, Curtius, Ludwig in: Neue Deutsche Biographie 3 (1957), S. 449, online: https://www.deutsche-biographie.de/pnd118523066.html (Abruf 15.10.2020)

Grete Henry-Hermann, Erinnerungen an Leonard Nelson, in: Dies., Die Überwindung des Zufalls. Kritische Betrachtungen zu Leonard Nelsons Begründung der Ethik als Wissenschaft, Felix Meiner Verlag Hamburg 1985, S. 179-218.

Edda Herchenroeder, Mathilde Vaerting (1884-1977), in: 100 Jahre Frauenstudium. Frauen der Rheinischen Friedrich-Wilhelms-Universität Bonn, edition ebersbach Bonn 1996, S. 160-165.

David Hilbert, Ueber die Theorie der algebraischen Formen, Mathematische Annalen 36 (1890), S. 473-534.

David Hilbert, Über die vollen Invariantensysteme, Mathematische Annalen 42 (1893), S. 313-373.

David Hilbert, Mathematische Probleme. Vortrag gehalten auf dem internationalen Mathematiker-Kongreß zu Paris 1900, in: Nachrichten von der Königlichen Gesellschaft der Wissenschaften zu Göttingen, Mathematisch-Physikalische Klasse 1900, S. 253-297.

David Hilbert, Über das Dirichletsche Prinzip, in: Mathematische Annalen 59 (1903), S. 161-183.

Edmund Husserl, Logische Untersuchungen, Erster Band: Prolegomena zur reinen Logik, zweite überarbeitete Auflage, Max Niemeyer Halle 1913 (erste Auflage 1900), Zweiter Band: Untersuchungen zur Phänomenologie und Theorie der Erkenntnis, Max Niemeyer Halle 1901.

Edmund Husserl, Ideen zu einer reinen Phänomenologie und phänomenologischen Philosophie, in: Jahrbuch für Philosophie und phänomenologische Forschung 1,1 (1913), S. 1-323.

Edmund Husserl, Ideen zu einer reinen Phänomenologie und phänomenologischen Untersuchung, Zweites Buch, Phänomenologische Untersuchungen zur Konstitution, hg. von Marly Biemel, Martinus Nijhoff Haag 1952.

Husserliana Dokumente, Band III, Briefwechsel, Teil 6 Philosophenbriefe, hg. von Karl Schumann in Verbindung mit Elisabeth Schumann, Kluwer Academic Publishers Dordrecht Boston London 1994.

I

Roman Ingarden, Intuition und Intellekt bei Henri Bergson. Darstellung und Versuch einer Kritik, in: Jahrbuch für Philosophie und phänomenologische Forschung 5 (1922), S. 285-462.

J

Gabriele Jähnert, Elke Lehnert, Hannah Lund und Heide Reinsch, Der Frauengeschichte an der HU auf der Spur mit der Datenbank ADA des Zentrums für interdisziplinäre Frauenforschung, in: Bulletin Texte 23, hg. vom Zentrum für transdiziplinäre Geschlechterstudien der HU Berlin WS 2001/02, S. 87-92.

Jahresbericht der Deutschen Mathematiker-Vereinigung 24 (1915).

Inge und Walter Jens, Katias Mutter. Das außerordentliche Leben der Hedwig Pringsheim, Rowohlt Taschenbuch Verlag Reinbek bei Hamburg 2007.

K

Christine M. Kaiser, Agathe Lasch – die erste Germanistikprofessorin Deutschlands, www.agathe-lasch.de (Abruf 3.11.2020).

Horst Kant, Schwarzschild, Karl, in: Neue Deutsche Biographie 24 (2010), S. 33 f., online: https://www.deutsche-biographie.de/pnd119051524.html (Abruf 12.8.2020)

Eva Kaufholz-Soldat, A Divergence of Lives. Zur Rezeptionsgeschichte Sofja Kowalewskajas (1850-1891) um die Wende vom 19. zum 20. Jahrhundert, Dissertation Universität Mainz 2019.

Eva Kaufholz-Soldat, Remembering Sofya Kovalevskaya by Michèle Audin, London 2011, Book Review by Eva Kaufholz-Soldat, in: Historia Mathematica 40 (2013) 4, S. 458 ff.

Alma Kreuter, Deutschsprachige Neurologen und Psychiater. Ein biographisch-bibliographisches Lexikon von den Vorläufern bis zur Mitte des 20. Jahrhunderts, Band 1, Saur Verlag München 1996.

Dagmar Klein, Margarete Bieber, in: Dies., Pionierinnen im Wissenschaftsbetrieb – Biographien Gießener Akademikerinnen, in: Der lange Weg an die Universität – Zum Beginn des Frauenstudiums in Gießen, in: Recht auf Wissen. 90 Jahre Frauenstudium an der Gießener Universität. Vorlesungen, hg. von Marion Oberschelp, Verlag der Ferber'schen Universitätsbuchhandlung Gießen 1999, S. 59-112, hier S. 72-77

Felix Klein, Vorlesungen über das Ikosaeder und die Auflösung der Gleichungen vom fünften Grade, B. G. Teubner Leipzig 1884.

Felix Klein, Vorlesungen über die Entwicklung der Mathematik im 19. Jahrhundert, Verlag von Julius Springer Berlin 1926.

Marianne Koerner, Auf fremdem Terrain. Studien- und Alltagserfahrungen von Studentinnen 1900 bis 1918, Didot-Verlag Bonn 1997.

Angelika Koslowski, Wilhelmine Hagen – die erste Habilitation einer Frau in Bonn, in: 100 Jahre Frauenstudium. Frauen der Rheinischen Friedrich-Wilhelms-Universität Bonn, edition ebersbach Bonn 1996, S. 244 f.

Konrad Knopp, Edmund Landau (Nachruf), in: Jahresbericht der DMV 54, 1951, S. 55-62.

Mechthild Koreuber, Emmy Noether, die Noether-Schule und die moderne Algebra, Springer Spektrum Berlin Heidelberg 2015.

Korrespondenz Felix Klein – Adolph Mayer. Auswahl aus den Jahren 1871-1907, herausgegeben, eingeleitet und kommentiert von Renate Tobies und David E. Rowe, Teubner-Archiv zur Mathematik Band 14, Leipzig 1990.

Bettina Kratz-Ritter, "Manchmal ein wenig schmutzig" - Zur (Mentalitäts-)Geschichte des Flußbadens in Göttingen, in: Göttinger Jahrbuch 62 (2014), S. 167-187.

Margret Kraul, Geschlechtscharakter und Pädagogik: Mathilde Vaerting (1884-1977), in: Zeitschrift für Pädagogik 33 (1987), S. 476-489.

Wolfgang Krull, Eduard Study, in: Bonner Gelehrte. Beiträge zur Geschichte der Wissenschaften in Bonn. Mathematik und Naturwissenschaften, H. Bouvier und Co. und Ludwig Röhrscheid Verlag Bonn 1970, S. 25-48.

Kulturring Berlin e. V., Frauenpersönlichkeiten in Berlin Mitte: www.kulturring.org/konkret/frauen-persoenlichkeiten/index.php?frauenpersoenlichkeiten=wissenschaft/bildung&id=118 (Abruf 3.11. 2020).

L

Paul Labitzke, Hartmann, Johannes, in: Neue Deutsche Biographie 7 (1966), S. 744 f., online: https://www.deutsche-biographie.de/pnd11649848X.htm (Abruf 10.8.2020).

Ludwig Landgrebe, Fritz Kaufmann in Memoriam, in: Zeitschrift für philosophische Forschung, 12 (1958), S. 612 f.

Edmund Landau, Handbuch der Lehre von der Verteilung der Primzahlen, B. G. Teubner Leipzig und Berlin 1909.

Edmund Landau, Bemerkungen zu der M.-P. Geppertschen Abhandlung „Approximative Darstellungen analytischer Funktionen, die durch Dirichletsche Reihen gegeben sind", in: Mathematische Zeitschrift 37 (1933), S. 314-320.

Gertraud Lehmann, 90 Jahre Frauenstudium in Erlangen, in: Die Friedrich-Alexander-Universität Erlangen-Nürnberg 1743-1993. Geschichte einer deutschen Hochschule. Ausstellung im Stadtmuseums Erlangen 24.10.1993-27.2.1994, Veröffentlichungen des Stadtmuseums Erlangen Nr. 43 1993, S. 487-497.

Charlotte Leffler, Sonja Kovalevsky: was ich mit ihr zusammen erlebt habe und was sie mir über sich selbst mitgeteilt hat. Reclam Leipzig 1894.

Maria Gräfin von Linden, Erinnerungen der ersten Tübinger Studentin, hg. von Gabriele Junginger, Attempto Verlag Tübingen 1929/1991.

Petra Lindner, Rahel Hirsch. 1870-1953, in: Jewish Women's Archive, o. J., nur online: https://jwa.org/encyclopedia/article/hirsch-rahel (Abruf 14.10.2020).

Gabriele Lingelbach, Akkumulierte Innovationsträgheit der CAU: Die Situation von Studentinnen, Wissenschaftlerinnen und Dozentinnen in Vergangenheit und Gegenwart, in: Christian-Albrechts-Universität zu Kiel. 350 Jahre Wirken in Stadt, Land, Welt, hg. von Oliver Auge, Wachholz Verlag Hamburg 2015, S. 528-560.

M

Sabine Mangold, Becker, Carl Heinrich, in: Biographisch-Bibliographisches Kirchenlexikon, Band 25, Bautz Verlag Nordhausen 2005, Sp. 42-46.

Stefanie Marggraf, Eine Ausnahmeuniversität? Habilitationen und Karrierewege von Wissenschaftlerinnen an der Friedrich-Wilhelms-Universität vor 1945, in: Bulletin

Texte 23, hg. vom Zentrum für transdiziplinäre Geschlechterstudien der HU Berlin WS 2001/02, S. 32-47.

Stefanie Marggraf, Sonderkonditionen. Habilitationen von Frauen in der Weimarer Republik und im Nationalsozialismus an den Universitäten Berlin und Jena, in: Feministische Studien 20 (2002) 1, S. 40-56.

Marie-Ann Maushart, „Um mich nicht zu vergessen", Hertha Sponer – Ein Frauenleben für die Physik im 20. Jahrhundert, Verlag für Geschichte der Naturwissenschaften und Technik Bassum 1997.

Trude Maurer, Der Krieg als Chance? Frauen im Streben nach Gleichberechtigung an deutschen Universitäten, in: Jahrbuch für Universitätsgeschichte 6 (2003), S. 107-138.

Trude Maurer, Emanzipierte Untertaninnen: Frauenstudium im Russischen Reich, in: Der Weg an die Universität. Höhere Frauenstudien vom Mittelalter bis zum 20. Jahrhundert, hg. von Trude Maurer, Wallstein Verlag Göttingen 2010, S. 108-146.

Gerhard Meyer, Die Universitätsnervenklinik in Königsberg unter Ernst Meyer, in: Medizin in und aus Ostpreußen. Nachdrucke aus den Rundbriefen der „Ostpreußischen Arztfamilie" 1945-1995, hg. von Joachim Hensel, Druckerei Josef Jägerhuber Starnberg 1996, S. 309 f.

Hermann Minkowski, Raum und Zeit, Vortrag gehalten auf der 80. Naturforscher Versammlung zu Köln am 21. September 1908, B. G. Teubner Leipzig und Berlin 1909.

Paul Julius Möbius, Über den physiologischen Schwachsinn des Weibes, 5. Veränderte Auflage, Verlag von Carl Marhold Halle an der Saale 1903 (1. Auflage 1900).

Paul Julius Möbius, Über die Anlage zur Mathematik, Verlag von Johann Ambrosius Barth Leipzig 1900.

Johann Morgenstern, Die Husserl-Familie, nur online: https://docplayer.org/83146444-Die-husserl-familie-the-husserl-family.html (Abruf 19.2.2021).

Munziger Archiv, Eintrag für Werner Richter: https://www.munzinger.de/search/portrait/Werner+Richter/0/8023.html, und für Hans Helfritz: https://www.munzinger.de/search/portrait/Hans+Helfritz/0/3988.html (Abruf 12.12.2020).

N

Emmy Noether, Einzelveröffentlichungen siehe Anhang 1.

Emmy Noether, Gesammelte Abhandlungen – Collected Papers, hg. von Nathan Jacobson, Springer Berlin Heidelberg New York Tokyo 1983.

Max Noether mit Unterstützung von Felix Klein und Emmy Noether, (Nachruf auf) Paul Gordan, in: Mathematische Annalen 75 (1914), S. 1 -41.

O

Alf Özen, Reitzenstein, Richard, in: Neue Deutsche Biographie 21 (2003), S. 405 f; online: https://www.deutsche-biographie.de/pnd118599615.html (Abruf 7.9.2020).

P

Volker Peckhaus, Hilbertprogramm und Kritische Philosophie. Das Göttinger Modell interdisziplinärer Zusammenarbeit zwischen Mathematik und Philosophie. Vandenhoeck & Ruprecht Göttingen 1990.

Volker Peckhaus, „Mein Glaubensbekenntnis“. Leonard Nelsons Brief an David Hilbert, in: Michael Toepell (Hg.), Mathematik im Wandel. Anregungen zu einem fächerübergreifenden Mathematikunterricht 2, Franzbecker Hildesheim und Berlin 2001, S. 335-346, auch online: https://kw.uni-paderborn.de/fileadmin/fakultaet/Institute/philosophie/Peckhaus/Schriften_zum_Download/glaubensbekenntnis.pdf (Abruf 6.5. 2019).

Alexandra Elisabeth Pfeiffer, Hedwig Conrad-Martius. Eine phänomenologische Sicht auf Natur und Welt, Verlag Königshausen und Neumann Würzburg 2005.

Max Pohlenz, Nachruf auf Richard Reitzenstein, in: Nachrichten von der Gesellschaft der Wissenschaften zu Göttingen, Geschäftliche Mitteilungen aus dem Berichtsjahr 1930/31, S. 66-76.

Hedwig Pringsheim, Meine Manns. Briefe an Maximilian Harden 1900-1922, hg. von Helga und Manfred Neumann, Aufbau Taschenbuch Verlag Berlin 2008.

Hedwig Pringsheim, Tagebücher Band 4 1905-1910, herausgegeben und kommentiert von Christina Herbst, Wallstein Verlag Göttingen 2015.

Hedwig Pringsheim, Tagebücher Band 5 1911-1916, herausgegeben und kommentiert von Christina Herbst, Wallstein Verlag Göttingen 2016.

Friedrich Pukelsheim, Sturm, Rudolf, in: Neue Deutsche Biographie 25 (2013), S. 656 f., online: https://www.deutsche-biographie.de/pnd117364274.html (Abruf 16.11.2019).

R

Helmut Rechenberg, Landau, Edmund, Mathematiker, in: Neue Deutsche Biographie 13 (1982), S. 479 f., online: https://www.deutsche-biographie.de/pnd118726161.html (Abruf 27.4.2019).

Matthias Recke, „...besonders schauerlich war die Anwesenheit von Frl. Bieber“. Die Archäologin Margarete Bieber (1879-1978) – Etablierung einer Frau als Wissenschaftlerin, in: Jana Esther Fries, Ulrike Rambuscheck, Gisela Schulte-Dornberg, Science oder Fiction? Geschlechterrollen in archäologischen Lebensbildern - Bericht der 2. Sitzung der AG Geschlechterforschung während des 5. Deutschen Archäologen-Kongresses in Frankfurt (Oder) 2005, Waxmann Verlag Münster 2007, S. 209- 231.

Matthias Recke, Die Klassische Archäologie in Gießen. 100 Jahre Antikensammlung, Verlag der Ferber'schen Universitäts-Buchhandlung Gießen, edition Gießen 2000.

Constance Reid, Richard Courant (1888-1972). Der Mathematiker als Zeitgenosse, Springer Berlin Heidelberg New York 1979.

Klaus Reinsch und Axel D. Wittmann (Hg.), Karl Schwarzschild (1873-1916). Ein Pionier und Wegbereiter der Astrophysik, Universitätsverlag Göttingen 2017.

Hans Rohrbach, Hecke, Erich, Mathematiker, in: Neue Deutsche Biographie 8 (1969), S. 177, online: https://www.deutsche-biographie.de/pnd119045133.html (Abruf 27.4. 2019).

Reinhold Remmert (Hg)., Hermann Weyl, Die Idee der Riemannschen Fläche, Teubner-Archiv zur Mathematik Supplement 5, Leipzig 1997.

Peter Roquette, David Hilbert in Königsberg. Vortrag gehalten am 30.9.2002 an der Mathematischen Fakultät Kaliningrad, nur online: http://www.rzuser.uni-heidelberg.de/~ci3/vortrag.pdf (Abruf 7.4.2019).

Peter Roquette, Zu Emmy Noethers Geburtstag. Einige neue Noetheriana, in: Mitteilungen der DMV, 15 (2007), S. 15-21

David Rowe, „Jewishs Mathematics" at Göttingen in the Era of Felix Klein, in: ISIS 77 (1986), S. 422-449.

David Rowe, The Göttingen Response to General Relativity and Emmy Noether's Theorems, in: The Symbolic Universe. Geometry and Physics 1890-1930, hg. von J. J. Gray, Oxford University Press Oxford 1999, S. 189-233.

David Rowe und Erhard Scholz, Göttingen, in: Jüdische Mathematiker in der deutschsprachigen akademischen Kultur, hg. von Birgit Bergmann und Moritz Epple, Springer Berlin Heidelberg 2009, S. 58-78.

David Rowe, A Richer Picture of Mathematics. The Göttingen Tradition and Beyond, Springer International Publishing 2018.

David Rowe und Mechthild Koreuber, Proving It Her Way: Emmy Noether, a Life in Mathematics, Springer Nature Switzerland Cham 2020.

David Rowe, Emmy Noether, Mathematician Extraordinaire, Springer Nature Switzerland Cham 2021.

Dorothea Ruprecht, Schröder, Edward, in: Neue Deutsche Biographie 23 (2007), S. 559 f., online: https://www.deutsche-biographie.de/pnd118761838.html (Abruf 7.9.2020).

S

Tilman Sauer und Ulrich Majer (Hg.), David Hilbert's Lectures on the Foundations of Physics 1915-1927. Relatitivity, Quantum Theory and Epistomolgy in collaboration with Arne Schirrmacher and Heinz-Jürgen Schmidt, Springer Berlin Heidelberg 2009.

Marcus du Sautoy, Die Musik der Primzahlen. Auf den Spuren des größten Rätsels der Mathematik, 5. Auflage, Deutscher Taschenbuch Verlag München 2010.

Norbert Schappacher, Das Mathematische Institut der Universität Göttingen 1929-1950, Langfassung 1983, Manuskript, online seit April 2000: http://irma.math.unistra.fr /~schappa/NSch/Publications_files/GoeNS.pdf (Abruf 27.4.2019).

Norbert Schappacher, On the History of Hilbert's Twelfth Problem, A Comedy of Errors, in: Matériaux pour l'histoire des mathématiques au XXe siècle. Actes du colloque à la mémoire de Jean Dieudonné (Nice, 1996), Séminaires et Congrès (Société Mathématique de France) 3 (1998), S. 243-273.

Norbert Schappacher, Politisches in der Mathematik: Versuch einer Spurensicherung, in: Mathematische Semesterberichte 50 (2003), S. 1-27.

Ulrich Schindel, Leo, Friedrich, in: Neue Deutsche Biographie 14 (1985), S. 241-242, online: https://www.deutsche-biographie.de/pnd116918365.html (Abruf 7.9.2020).

Erhard Schmid, Zur Theorie der linearen und nichtlinearen Integralgleichungen, in: Mathematische Annalen 63 (1907), S. 433-476 (Teil 1), 64 (1907), S. 161-174 (Teil 2), 65 (1908), S. 370-399 (Teil 3).

Moses Schönfinkel, Über die Bausteine der mathematischen Logik, in: Mathematische Annalen 92 (1924), S. 305-316.

Sonja M. Schwarzl und Wiebke Wunderlich, Zum Beispiel: Margarete von Wrangell, in: Nachrichten aus der Chemie, 49 (2001), S. 824 f.

Hans Seidel, Bei Fritze Klie badeten nur Männer und Jungen, Erinnerungen, in: Göttinger Monatsblätter November 1981, S. 14 f.

Michael Seifert, 100 Jahre Frauenstudium an der Universität Tübingen, Pressemitteilung vom 14.4.2004, online. https://idw-online.de/de/news78493 (Abruf 16.12.2020).

Götz von Selle, Die Georg-August-Universität zu Göttingen 1737-1937, Vandenhoeck & Ruprecht Göttingen 1937.

Reinhard Siegmund-Schultze, Landau und Schur – Dokumente einer Freundschaft bis in den Tod in unmenschlicher Zeit, in: Mitteilungen der DMV 19 (2011), S. 164-173.

Reinhard Siegmund-Schultze, „Mathematics Knows No Races“: A Political Speech that David Hilbert Planned fort the ICM in Bologna in 1928, in: The Mathematical Intelligencer 38 (2016) 1, S. 56-66.

Reinhard Siegmund-Schultze, Emmy Noether – „das Experiment eine Frau zum Ordinarius zu machen“, in: Mitteilungen der DMV 25 (2017), S. 157-163.

Georg Singer, Einführung zu: Alexander Friedmann, Die Welt als Raum und Zeit (1923), Verlag Harri Deutsch Thun und Frankfurt am Main 2000, S. XI-ILX.

Wolfgang J. Smolka (Kürzel WS), Aus der Personalakte von Adele Hartmann, Oktober 2015, www.universitaetsarchiv.uni-muenchen.de/monatsstueck/2015/oktober_2015/index.html (Abruf 14.10.2020).

Hartwin Spenkuch, Die Politik des Kultusministeriums gegenüber den Wissenschaften und den Hochschulen, in: Acta Borussica Neue Folge 2. Reihe: Preußen als Kulturstaat, hg. von der Berlin-Brandenburgischen Akademie der Wissenschaften (vormals Preußische Akademie der Wissenschaften) unter Leitung von Wolfgang Neugebauer, Abteilung I: Das preußische Kultusministeriums als Staatsbehörde und gesellschaftliche Agentur (1817-1934), Band 2.1: Das Kultusministerium auf seinen Wirkungsfeldern Schule, Wissenschaft, Kirchen, Künste und Medizinalwesen – Darstellung, Akademie Verlag Berlin 2010, S. 135-288.

Edith Stein, Beiträge zur philosophischen Psychologie und der Geisteswissenschaften, in: Jahrbuch für Philosophie und phänomenologische Forschung 5 (1922), S. 1-284.

Edith Stein. Ein neues Selbstbildnis in Zeugnissen und Selbstzeugnissen, hg. und eingeleitet von Waltraud Herbstrith, Herder Freiburg im Breisgau 1983.

Edith Stein, Gesamtausgabe (= ESGA), Band 1, Aus dem Leben einer jüdischen Familie und weitere autobiographische Beiträge, Druckausgabe neu bearbeitet und eingeleitet von Maria Amata Neyer, Herder Freiburg 2010, hier ausschließlich genutzt die online zugängliche pdf-Version: http://www.edith-stein-gesellschaft.org/wp-content/uploads/2019/01/ESGA-01-Text.pdf (Abruf 17.11.2020), im Text kurz als „ESGA, Band 1, pdf-Version“ bezeichnet.

Edith Stein, Gesamtausgabe (=ESGA), Band 2, Selbstbildnis in Briefen I (1916-1933), Druckausgabe eingeleitet von Hanna-Barbara Gerl-Falkovitz, Bearbeitung und Anmerkungen von Maria Amata Neyer, Herder Freiburg 2010, hier ausschließlich genutzt die online zugängliche pdf-Version: http://www.edith-stein-gesellschaft.org/wp-content/uploads/2019/01/ ESGA -02-Text.pdf (Abruf 17.11.2020), im Text kurz als „ESGA, Band 2, pdf-Version“ bezeichnet.

Edith Stein Gesamtausgabe (= ESGA), Band 4, Selbstbildnis in Briefen III, Briefe an Roman Ingarden, Druckausgabe eingeleitet von Hanna-Barbara Gerl-Falkovitz, Bearbeitung und Anmerkungen von Maria Amata Neyer, Herder Freiburg 2005, hier ausschließlich genutzt die online zugängliche pdf-Version: http://www.edith-stein-gesellschaft.org /wp-content/uploads/2019/01/ESGA-04-Text.pdf (Abruf 17.11.2020), im Text kurz als „ESGA, Band 4, pdf-Version“ bezeichnet.

Ernst Steinitz, Algebraische Theorie der Körper, in: Journal für die reine und angewandte Mathematik 137 (1910), S. 167-309.

Störgröße „F“. Frauenstudium und Wissenschaftlerinnenkarrieren an der Friedrich-Wilhelms-Universität Berlin – 1892-1945. Eine kommentierte Aktenedition, hg. vom Zentrum für transdisziplinäre Geschlechterstudien der Humboldt-Universität zu Berlin und der Projektgruppe Edition Frauenstudium, trafo Verlag Berlin 2010.

Studentenzahlen 1734/37-1987, hg. vom Präsidenten der Georg-August-Universität Göttingen anlässlich der 250 Jahrfeier der Universität, Goltze Druck Göttingen 1987.

T

Heinrich Tietze, Carathéodory, Constantin, in: Neue Deutsche Biographie 3 (1957), S. 36 f.; online: https://www.deutsche-biographie.de/pnd118667076.html (Abruf 28.8. 2020).

Christian Tilitzki, Die Albertus-Universität Königsberg. Ihre Geschichte von der Reichsgründung bis zum Untergang der Provinz Ostpreussen, Band 1, Akademie Verlag Berlin 2012.

Rüdiger Thiele, Über die Variationsrechnung in Hilberts Werken zur Analysis, in: NTM. Internationale Zeitschrift für Geschichte und Ethik der Naturwissenschaften, Technik und Medizin 5 (1997) 1. S. 23-41.

Renate Tobies, Zum Beginn des mathematischen Frauenstudiums in Preußen, in: NTM-Schriftenreihe Geschichte der Naturwissenschaften, Technik und Medizin, Leipzig 28 (1991/92), S. 151-172.

Renate Tobies, Physikerinnen und spektroskopische Forschungen: Hertha Sponer (1895-1968), in: Christoph Meinel und Monika Renneberg (Hg.), Geschlechterverhältnisse in Medizin, Naturwissenschaft und Technik, Verlag für Geschichte der Naturwissenschaften und der Technik Bassum und Stuttgart 1996, S. 89-97.

Renate Tobies, Felix Klein und David Hilbert als Förderer von Frauen in der Mathematik, in: Acta historiae rerum naturalium necnon technicarum, Prague Studies in the History of Science and Technology, N.S. 3 (1999), S. 69-101.

Renate Tobies, Mathematikerinnen und Mathematiker um 1900 in Deutschland und international, in: Traumjob Mathematik. Berufswege von Frauen und Männern in der Mathematik, hg. von Andrea E. Abele, Helmut Neunzert und Renate Tobies, Springer Basel 2004, S. 133-146.

Renate Tobies, Mathematiker/innen und ihre Doktorväter, in: „Aller Männerkultur zum Trotz". Frauen in Mathematik, Naturwissenschaften und Technik, hg. von Renate Tobies, Campus Frankfurt New York 2008, S. 97-124.

Renate Tobies, Felix Klein. Visionen für Mathematik, Anwendungen und Unterricht, Springer Spektrum Heidelberg 2019.

Cordula Tollmien, "Sind wir doch der Meinung, daß ein weiblicher Kopf nur ganz ausnahmsweise in der Mathematik schöpferisch tätig sein kann..." – eine Biographie der Mathematikerin Emmy Noether (1882-1935) und zugleich ein Beitrag zur Geschichte der Habilitation von Frauen an der Universität Göttingen, in: Göttinger Jahrbuch 38 (1990), S. 153-219.

Cordula Tollmien, Der „Krieg der Geister" in der Provinz - das Beispiel der Universität Göttingen 1914-1919, in: Göttinger Jahrbuch 41 (1993), S. 137-209.

Cordula Tollmien, Fürstin der Wissenschaft. Die Lebensgeschichte der Sofja Kowalewskaja, Beltz & Gelberg Weinheim 1995.

Cordula Tollmien, Zwei erste Promotionen: die Mathematikerin Sofja Kowalewskaja und die Chemikerin Julia Lermontowa, mit Dokumentation der Promotionsunterlagen, in: „Aller Männerkultur zum Trotz" - Frauen in Mathematik und Naturwissenschaften, hg. von Renate Tobies, Campus Frankfurt New York 1997, S. 83-130.

Cordula Tollmien, Nationalsozialismus in Göttingen (1933-1945), in: Göttingen – Die Geschichte einer Universitätsstadt, Band 3: Von der preußischen Mittelstadt zur südniedersächsischen Großstadt 1866 bis 1989, hg. von Rudolf von Thadden und Jürgen Trittel, Vandenhoeck & Ruprecht Göttingen 1999, S. 127-273.

Cordula Tollmien, Die Universität Göttingen im Kaiserreich, in: Göttingen – Die Geschichte einer Universitätsstadt, Band 3: Von der preußischen Mittelstadt zur südniedersächsischen Großstadt 1866 bis 1989, hg. von Rudolf von Thadden und Jürgen Trittel, Vandenhoeck & Ruprecht Göttingen 1999, S. 357-393.

Cordula Tollmien, Weibliches Genie: Frau und Mathematiker: Emmy Noether, in: Georgia Augusta 6 (Dezember 2008), S. 38-44.

Cordula Tollmien, "Das mathematische Pensum hat sie sich durch Privatunterricht angeeignet" – Emmy Noethers zielstrebiger Weg an die Universität, in: Mathematik und Gender 5, Tagungsband zur Doppeltagung Frauen in der Mathematikgeschichte + Herbsttreffen Arbeitskreis Frauen und Mathematik, hg. von Andrea Blunck, Renate Motzer, Nicola Ostwald, Franzbecker Verlag für Didaktik in der Reihe 'Mathematik und Gender' des AK Frauen und Mathematik 2016, S. 1-12.

Cordula Tollmien, „Die Weiblichkeit war nur durch Fräulein Emmy Noether vertreten" - die Mathematikerin Emmy Noether, in: Göttinger Stadtgespräche. Persönlichkeiten aus Kultur, Politik, Wirtschaft und Wissenschaft erinnern an Größen ihrer Stadt, hg. von Christiane Freudenstein, Vandenhoeck & Ruprecht Göttingen 2016, S. 185-193.

Cordula Tollmien, Zusammenstellung zur Rezeptionsgeschichte von Emmy Noether 2006 mit Ergänzungen von 2019, auf: www.tollmien.com/rezeptionsgeschichte.html (Abruf 30.4.2019).

Cordula Tollmien, Hundert Jahre Noether-Theoreme: „Invariantentheorie ist jetzt hier Trumpf", in: Physik in unserer Zeit 49 (2018) 4, S. 176-182.

Cordula Tollmien, Die Lebens- und Familiengeschichte der Mathematikerin Emmy Noether in Einzelaspekten 1/2021, „Kann eine Frau Privatdozentin werden?" – die Umfrage des Preußischen Kultusministeriums zur Habilitation von Frauen 1907, tredition Hamburg 2021.

Cordula Tollmien, Die Lebens- und Familiengeschichte der Mathematikerin Emmy Noether in Einzelaspekten 3/2022: „Eine der schönsten Verbindungen, die zwischen der wahrnehmbaren Welt und ihrer wissenschaftlichen Beschreibung besteht" – die Noether-Theoreme, tredition Hamburg 2022.

Cordula Tollmien, Die Lebens- und Familiengeschichte der Mathematikerin Emmy Noether in Einzelaspekten 4/2023: Erste Schritte in die Scientific Community – neues mathematisches Leben in Erlangen, tredition Hamburg 2023.

Cordula Tollmien, Die Lebens- und Familiengeschichte der Mathematikerin Emmy Noether in Einzelaspekten 5/2023: Hilbert und Gordan – Studium in Göttingen und Erlangen, tredition Hamburg 2023.

Cordula Tollmien, Die Lebens- und Familiengeschichte der Mathematikerin Emmy Noether in Einzelaspekten 6/2024: Von der Höheren Töchterschule über die Universität zum Abitur – Emmy Noethers Kindheit und Jugend, tredition Hamburg 2024.

Cordula Tollmien, Die Lebens- und Familiengeschichte der Mathematikerin Emmy Noether in Einzelaspekten 10: Professorentitel und Lehrauftrag – Beginn und Ende einer akademischen Karriere, tredition Hamburg (Erscheinungsjahr noch unsicher).

Cordula Tollmien, Die Lebens- und Familiengeschichte der Mathematikerin Emmy Noether in Einzelaspekten 11: Emmy Noether als Mittelpunkt einer mathematischen Schule, tredition Hamburg (Erscheinungsjahr noch unsicher).

Cordula Tollmien, Die Lebens- und Familiengeschichte der Mathematikerin Emmy Noether in Einzelaspekten 12: „Genossin Noether tritt warm für Förster ein“ – Emmy Noethers politische Überzeugungen, tredition Hamburg (Erscheinungsjahr noch unsicher).

Cordula Tollmien, Die Lebens- und Familiengeschichte der Mathematikerin Emmy Noether in Einzelaspekten 14: „So glaube ich doch mit Bestimmtheit, daß ein rückhaltloses Eintreten für den nationalen Staat von ihr nicht zu erwarten ist“ – entlassen als Jüdin und Pazifistin, tredition Hamburg (Erscheinungsjahr noch unsicher).

Viktor Turner, Das Ritual. Struktur und Anti-Struktur, Campus Frankfurt am Main 1989.

U

University Women's International Networks Database http://uwind.mpiwg-berlin. mpg.de/de/fm13-dab-detail/23 (Abruf 16.12.2020).

Wolfhart Unte, Pohlenz, Max, in: Neue Deutsche Biographie 20 (2001), S. 588 f., online: https://www.deutsche-biographie.de/pnd116260912.html (Abruf 7.9.2020).

V

Mathilde Vaerting, Die Vernichtung der Intelligenz durch Gedächtnisarbeit, Verlag Reinhardt München 1913.

Mathilde Vaerting, Neubegründung der Psychologie von Mann und Weib, Band 1 Die weibliche Eigenart im Männerstaat und die männliche Eigenart im Frauenstaat, Band 2 Wahrheit und Irrtum in der Geschlechterpsychologie, G. Braunsche Hofdruckerei und Verlag Karlsruhe i. B. 1921 und 1923.

Peter Andras Varga, Edith Stein als Assistentin von Edmund Husserl: Versuch einer Bilanz im Spiegel von Husserls Verhältnis zu seinen Assistenten. Mit einem unveröffentlichten Brief Edmund Husserls über Edith Stein im Anhang, in: Andreas Speer und Stephan Regh (Hg.), „Alles Wesentliche lässt sich nicht schreiben“. Leben und Denken Edith Steins im Spiegel ihres Gesamtwerkes, Herder Freiburg im Breisgau 2016, S. 111-133.

Verzeichnis der Vorlesungen der Georg-August-Universität Göttingen 1916-1922.

Annette Vogt, Vom Hintereingang zum Hauptportal. Lise Meitner und ihre Kolleginnen an der Berliner Universität und in der Kaiser-Wilhelm-Gesellschaft, Franz Steiner Stuttgart 2007.

Annette Vogt, Rhoda Erdmann – eine Begründerin der modernen Zellbiologie, in: BIOspektrum 25 (Mai 2018), S. 561 f. hier S. 562

Gerhard Volkheimer, Hirsch, Rahel, in: Neue Deutsche Biographie 9 (1972), S. 209 f., online: https://www.deutsche-biographie.de/pnd120141957.html (Abruf 14.10.2020).

Vorlesungen der Badischen Albert-Ludwigs-Universität Freiburg im Breisgau, Sommersemester 1917 bis Wintersemester 1917/18, Kriegsnotsemester 1919, Universitätsbuchdruckerei Emil Groß Freiburg im Breisgau 1917-1919, und Sommersemester 1926, C. A. Wagner Buchdruckerei Aktiengesellschaft Freiburg im Breisgau 1926, online: http://dl.ub.uni-freiburg.de/diglit/vvuf_1910-1920; http://dl.ub.uni-freiburg.de/diglit/vvuf_1920-1930 (Abruf 9.12.2020).

Vossische Zeitung vom 14. Januar 1916, Meldung: „Professor Edmund Husserl nach Freiburg berufen". Online einsehbar auf der Facebook-Seite der Husserl Archives Leuven: https://www.facebook.com/288394474612716/posts/als-husserl-anfang-1916-einen-ruf-nach-freiburg-bekam-galt-er-allgemein-als-scho/1526629627455855/ (Abruf 5. Dezember 2020).

W

Georg von Wallwitz, Meine Herren, dies ist keine Badeanstalt. Wie ein Mathematiker das 20. Jahrhundert veränderte, Berenberg Verlag Berlin 2017.

Bartel van der Waerden, Moderne Algebra. Unter Benutzung von Vorlesungen von E. Artin und E. Noether. Erster und Zweiter Teil, Grundlehren der mathematischen Wissenschaften, Band 33 und 34, 1. Auflage, Julius Springer Berlin 1930 und 1931.

Bartel van der Waerden, Meine Göttinger Lehrjahre (Vortrag, gehalten am 26.1.1979 in Heidelberg, Abschrift einer Tonbandaufzeichnung), in: Mitteilungen der DMV 5 (1997) 2, S. 20-27.

Gerda Walther, Zum anderen Ufer. Vom Marxismus und Atheismus zum Christentum, Der Leuchter Otto Reichl Verlag Remagen 1960.

Cornelia Wegeler, Das Institut für Altertumskunde der Universität Göttingen 1921-1962: Ein Beitrag zur Geschichte der Klassischen Philologie seit Wilamowitz, in: Die Universität Göttingen unter dem Nationalsozialismus, hg. von Heinrich Becker, Hans Joachim Dahms und Cornelia Wegeler, zweite erweiterte Auflage, K. G. Saur München 1998, S. 337-364.

Hermann Weyl, Singuläre Integralgleichungen mit besonderer Berücksichtigung des Fourierschen Integraltheorems, Dissertation, Kaestner Göttingen 1908; auch in: Ders., Gesammelte Abhandlungen, hg. von Komaravolu Chandrasekharan, Springer Berlin 1968, Band 1, 1-87.

Hermann Weyl, Über gewöhnliche Differentialgleichungen mit Singularitäten und die zugehörigen Entwicklungen willkürlicher Funktionen, in: Mathematische Annalen 68 (1910), S. 220-269, auch in: Ders., Gesammelte Abhandlungen, hg. von Komaravolu Chandrasekharan, Springer Berlin 1968, Band 1, S. 248-297.

Hermann Weyl, Über die Definitionen der mathematischen Grundbegriffe, in: Mathematisch-naturwissenschaftliche Blätter 7 (1910), S. 93-95 und S. 109-113, auch in: Ders., Gesammelte Abhandlungen, hg. von Komaravolu Chandrasekharan, Springer Berlin 1968, Band 1, S. 298-305.

Hermann Weyl, Die Idee der Riemannschen Fläche, Schriftenreihe Mathematische Vorlesungen an der Universität Göttingen 5, Teubner Leipzig 1913.

Hermann Weyl, Über ein Problem aus dem Gebiet der Diophantischen Approximationen (vorgelegt von Felix Klein am 13. Juni 1914), in: Nachrichten der Königlichen Gesellschaft der Wissenschaften zu Göttingen, Mathematisch-physikalische Klasse, 1914, S. 234-244; auch in: Ders., Gesammelte Abhandlungen, hg. von Komaravolu Chandrasekharan, Springer Berlin 1968, Band 1, S. 487-497.

Hermann Weyl, Über die Gleichverteilung von Zahlen mod. Eins, in: Mathematische Annalen 77 (1916), S. 313-352, auch in: Ders., Gesammelte Abhandlungen, hg. von Komaravolu Chandrasekharan, Springer Berlin 1968, Band 1, S. 563-599.

Hermann Weyl, Das Kontinuum. Kritische Untersuchungen über die Grundlagen der Analysis. Verlag von Veit & Comp. Leipzig 1918.

Hermann Weyl, Emmy Noether (Nachruf), in: Elemente der Mathematik, Beiheft 13, 1970, S. 53-72 (zitiert als Weyl 1935/1970); erstmals abgedruckt in: Scripta mathematica 3 (1935), S. 201-222; auch in: Ders., Gesammelte Abhandlungen, hg. von Komaravolu Chandrasekharan, Springer Berlin 1968, Band 3, S. 425-455.

Hermann Weyl, Ansprache auf der Trauerfeier für Emmy Noether am 17.4.1935 in der Wohnung der Präsidentin von Bryn Mawr Marion Edwards Park, abgedruckt in: Peter Roquette, Zu Emmy Noethers Geburtstag. Einige neue Noetheriana, in: Mitteilungen der DMV 15 (2007), S. 15-21, hier S. 19 f.

Brenda Winnewisser, Hedwig Kohn – Eine Physikerin des zwanzigsten Jahrhunderts, in: Physik Journal 2 (2003), S. 51-55.

Wissenschaftlerinnen der Humboldt-Universität zu Berlin https://www.hu-berlin.de/de/ueberblick/geschichte/wissenschaftlerinnen (Abruf 16.12.2020).

Theresa Wobbe, Ein Streit um die akademische Gelehrsamkeit: Die Berufung Mathilde Vaertings im politischen Konfliktfeld der Weimarer Republik, hg. von der Zentraleinrichtung zur Förderung von Frauenstudien und Frauenforschung an der Freien Universität Berlin, Universitätsdruckerei Berlin 1991

Theresa Wobbe, Mathilde Vaerting (1884-1977): „Es kommt alles auf den Unterschied an (…) der Unterschied ist das Grundelement der Macht", in: Barbara Hahn (Hg.), Frauen in den Kulturwissenschaften. Von Lou Andreas-Salomé bis Hannah Arendt, Beck München 1994, S. 123-135.

Theresa Wobbe, „Sollte die akademische Laufbahn für Damen geöffnet werden…" Edmund Husserl und Edith Stein, in: Edith Stein Jahrbuch Band 2: Das Weibliche, Echter Verlag Würzburg 1996, S. 361-374.

Theresa Wobbe, Aufbrüche, Umbrüche, Einschnitte. Die Hürde der Habilitation und die Hochschullehrerinnenlaufbahn, in: Elke Kleinau und Claudia Optiz, Geschichte der Mädchen- und Frauenbildung, Band 2: Vom Vormärz bis zur Gegenwart, Campus Frankfurt New York 1996, S. 342-353.

Stephen Wolfram, Where Did Combinators Come From? Hunting the Story of Moses Schönfinkel, nur online: https://writings.stephenwolfram.com/2020/12/where-did-combinators-come-from-hunting-the-story-of-moses-schonfinkel/ 7. Dezember 2020 (Abruf 5.2.2021).

Margarete von Wrangell, Das Leben einer Frau 1876-1932. Aus Tagebüchern, Briefen und Erinnerungen dargestellt von Fürst Wladimir Andronikow, Albert Langen und Georg Müller München 1936.

Z

Ernst Zermelo, Über ganze transzendente Zahlen, in: Mathematische Annalen 75 (1914), S. 434-441.

Verzeichnis der ungedruckten Quellen

Akademie der Wissenschaften Wien

Nachlass Auguste Dick 12/15 (Fotos von Postkarten und Briefen aus dem Briefwechsel zwischen Emmy Noether und Ernst Fischer)

Archiwum rodzinne Krzystofa Ingardena

Portraitfoto Roman Ingarden 1916

Bayerische Staatsbibliothek München

Ludwig Curtius an Paul Wolters 15.1.1919, Woltersiana I Curtius 11

Bundesarchiv

Bilddatenbank Portraitfotos Heinrich Becker (Bild 146-2005-0165), Konrad Haenisch (Bild 1-335-340-67)

Bundesarchiv Berlin Lichterfelde

R 9361-II-364186 (früher BDC Pk. J. Hartmann) NSDAP-Korrespondenz über Prof. Dr. Johannes Hartmann 1935

Edith Stein-Archiv, Karmel „Maria vom Frieden" Köln

Portraitfotos von Edith Stein

Geheimes Staatsarchiv Preußischer Kulturbesitz Berlin (GStAPK)

I. HA Rep. 76 Va, Sekt. 1, Tit. VIII, Nr. 8, Adh. III: „Acta betreffend die Zulassung der Frauen zur akademischen Laufbahn, Januar 1907 bis Juni 1918"

History of Scientific Women (Website)

Portraitfoto Grace Chisholm Young (https://scientificwomen.net/women/chisholm-grace-26, Abruf 24.3.2020)

Institut-Mittag-Leffler Stockholm

Portraitfotos von Sofja Kowalewskaja und Julia Lermontowa

Mathematisches Institut der Universität Göttingen, Bibliothek

Felix Klein Protokolle = Protokolle der Teilnehmer an den Seminaren, die Klein von 1872 bis 1912 in Göttingen, Erlangen, München und Leipzig gehalten hat; online: http://page.mi.fu-berlin.de/moritz/klein/ (Abruf 21.1.2021)

Mathematisches Institut der Universität Göttingen, Bibliothek (Fortsetzung)

Alfréd Haar, Einführung in die Variationsrechnung, Vorlesung gehalten im Winter-Semester 1910-1911, ausgearbeitet von Fritz Frankfurter, Digitalisat: https://gdz.sub.uni-goettingen.de/id/PPN615096441 (Abruf 23.4.2019)

Niedersächsische Staats- und Universitätsbibliothek Göttingen Handschriftenabteilung (NStuUB Gö)

Cod. Ms. Hilbert 284: „Noether, Emmy: 2 (1914)"

Cod. Ms. Hilbert 318: „Alfred Pringsheim (Mathematiker, (1850-1941) und Hedwig Pringsheim (München) an David Hilbert, 1898-1916"

Cod. Ms. D. Hilbert 452b: „Glückwünsche zum 60. Geburtstag (1922)", darin Nr. 73 scherzhaftes Ehrendiplom zum 50. Geburtstag, hier falsch einsortiert.

Cod. Ms. Hilbert 457:18: „David Hilbert an den Dekan der philosophischen Fakultät der Universität Göttingen Landau (Göttingen 1915)"

Cod. Ms. Hilbert 484: „Hartmann, Johannes. Gutachten in Angelegenheit Nöther mit Notizen David Hilberts, geschrieben von Käthe Hilbert"

Cod. Ms. Hilbert 741: „Sammlung von Aufzeichnungen zur beruflichen Laufbahn von David Hilbert 1888-1935"

Cod. Ms Hilbert 754: Fotoalbum zu Hilberts 60. Geburtstag 1922

Cod. Ms. Hilbert 761: „Gelegenheitsgedichte auf David Hilbert, 1892-1932, teilweise o. D."

Cod. Ms. Hilbert 777: „Hilbert, Käthe an ihre Kusine Lieschen, 1876-1906, o. D. – 23 Briefe"

Cod. Ms. C. Kimberling 6: „Briefwechsel mit Nina Courant, 1980. 2 Briefe"

Cod. Ms. F. Klein 8 : 75-76: „Wilhelm Behrens (Munsterlager; Gurna) an Felix Klein 23.8.1914; 20.11.1915"

Cod. Ms. Klein 22 B: „Neue Vorträge. Göttingen 1918 (140 Bl.); dabei in einer Separatmappe Briefe von Einstein (18) [sowie als Beilage: F. Klein an A. Einstein 1918 – 1920; 12 Briefe und Postkarten (Fotokopien)], Freundlich, Hilbert, Emmy Noether, Runge, de Sitter, Stäckel, Vermeil, Weyl"

Cod. Ms. Schwarzschild 23: Sammlung von Photographien

Niedersächsische Staats- und Universitätsbibliothek Göttingen Handschriftenabteilung (NStuUB Gö) Fortsetzung

Nachlassverzeichnis Erich Hecke (10.9.1887-13.2.1947)

Sammlung Voit: Portraitfotos Constantin Carathéodory, Johannes Hartmann, David Hilbert, Edmund Husserl, Felix Klein, Edmund Landau, Georg Misch, Emmy Noether, Max Pohlenz, Richard Reitzenstein, Carl Runge, Konrad von Seelhorst

Cod. Ms. Math. Archiv 19 I und II: Protokollbücher der Göttinger Mathematischen Gesellschaft (1893-95) und (1896-1902), online: http://www.math.uni-goettingen.de/historisches/cod-ms-math-arch-49-1.pdf; http://www.math.uni-goettingen.de/historisches/cod-ms-math-arch-49-2.pdf (Abruf 24.3.2019)

Stadtarchiv Erlangen

Sammlung Ilse Sponsel zu jüdischen Bürgerinnen und Bürgern Erlangens, darin Fotos der Noetherfamilie, ursprünglich im Besitz von Herbert Heisig

Stadtarchiv Göttingen

Alte Einwohnermelderegistratur, Einwohnermeldekarten Emmy Noether (1882-1935), Johannes Hartmann (1865-1936).

Augenzeugenbefragung Dr. Richard Reitzenstein (Geb. 25.6.1894), Bibliotheksrat Universitätsbibliothek Göttingen, vom 29.4.1976, Dep. 77 I, Nr. 75

Thomas Mann Archiv Zürich

Bilddatenbank Foto 1060 Hedwig und Katia Pringsheim1903

Universitätsarchiv Bielefeld

Portraitfoto Mathilde Vaerting (Nachlass Mathilde Vaerting)

Universitätsarchiv Bonn (UnivA Bonn)

Akten der Philosophischen Fakultät betr. Habilitation Maria Gräfin von Linden PF 077-268 (1906)

Universitätsarchiv Erlangen (UnivA Erl)

Personalakte Erhard Schmidt Teil II Pos. 1 S. Nr. 63 (A 2/1 S 63) 1910/1911

Promotionsakte Hans Falckenberg C 4/3b 3393 1914

Promotionsakte Fritz Seidelmann C4/3b 3778 1916

Universitätsarchiv Gießen (UnivA Gießen)

Stellungnahme der Philosophischen Fakultät Göttingen 18.3.1919 und Vortrag Eger zum Habilitationsgesuch Bieber 17.5.1919, UnivA Gießen, Personalakte Margarete Bieber Phil Nr. 3, Bl. 115 und Bl. 138 f.

Universitätsarchiv Göttingen (UniA GÖ)

(Die Akten des Universitätsarchivs Göttingen sind vor einigen Jahren neu verzeichnet worden. Zur besseren Auffindbarkeit ist bei Akten, die ich auch schon in früheren Veröffentlichungen genutzt habe, in Klammern auch die alte Signatur angegeben. Math.-Nat. Prüf. Gö steht dabei für Gemeinsames Prüfungsamt der Mathematisch-Naturwissenschaftlichen Fakultäten Göttingen. Die ursprünglich dort aufbewahrten Akten, die von der Autorin im Zuge ihrer ersten Recherchen zu Emmy Noether 1990 aufgefunden wurden, sind inzwischen in das Universitätsarchiv Göttingen übernommen worden.)

Kur., 4134 (alt: Dekanatsakten 4 I/147): „Frauenpromotionen pp." [1887 ff.]

Kur., 6028: Personalakte Prof. Dr. Erich Hecke (Mathematiker, 1887-1947), 1918-1920.

Kur., 6047: Personalakte Prof. Dr. Johannes Hartmann (Astronom, 1865-1936), 1909-1936, 1964-1965

Kur., 6211: Personalakte Priv.-Doz. Dr. Erich Hecke (Mathematiker, 1887-1947), 1912-1913

Kur., 6298: Personalakte Haar, Dr. Alfréd, 11.3.1910-30.4.1919

Kur., 6323: Personalakte Wilhelm Behrens (Mathematiker, 1885-1917), 1914

Kur., 10133: Personalakte Prof. Dr. Richard Courant (Mathematiker, 1888-1972), 1916-1957. – 4 Bände

Kur., 11545: Weyl, Prof. Dr. phil., phil. hc., Dr.-Ing. hc., Band 1 1910, Band 2 1930-1949 und Band 3 Personalakte des Rektorats, 1949

Kur., 12099 (alt: Math. Nat. Pers. 9): Personalakte Prof. Dr. Emmy Noether, 1919-1933 (1967)

Math.-Nat. Fak. 162: „Protokollbuch der Sitzungen der Mathematisch-Naturwissenschaftlichen Abteilung der Philosophischen Fakultät Göttingen 1910-1918"

Math.-Nat. Fak. 164 „Protokollbuch der Sitzungen der Mathematisch-Naturwissenschaftlichen Abteilung der Philosophischen Fakultät Göttingen 1919-Aug.1927"

Universitätsarchiv Göttingen (UniA GÖ) Fortsetzung

Math.-Nat. Pers., in 2: Personalakte Wilhelm Behrens (Mathematiker, 1885-1917), 1913-1914

Math.-Nat. Pers., in 9: Personalakte Alfréd Haar 1909-1911

Math.-Nat. Pers., in 9: Personalakte Prof. Dr. Johannes Hartmann (Astronom, 1865-1936), 1909-1936

Math.-Nat. Pers, in 10: Personalakte Prof. Dr. Erich Hecke (Mathematiker, 1887-1947), 1912-1913, 1918 (1978)

Math.-Nat. Pers., in 17 (alt.: Math.-Nat. Prüf. Gö): Personalakte Prof. Noether, 1915-1928 (1967)

Math.-Nat. Pers., in 25: Personalakte Prof. Dr. Hermann Weyl (Mathematiker, 1885-1955), 1909-1933, 1976

Math.-Nat. Pers., in 33: Richard Courant (Mathematiker (1888-1972), 1911-1976

Phil. Fak. 315 (alt. Phil. II 14.e): „Kontoführung beim Bankverein Göttingen" 1915-1916

Phil. Fak. 411 (alt: Fakultätsakten II Ph Nr. 55): „Das Frauenstudium 1905-1920"

Phil. Fak. 224 (alt: Fakultätsakten II Ph Nr. 4 e): „Betr. Anfragen über Habilitationen 1908 bis 1919"

Phil. I. Fak. Prot. 2: „2. Band der Fakultätsprotokolle der Philosophischen Fakultät Juli 1905-14.11.1921"

Sek., 555.c (alt: Rektoratsakten X A 555 c): „Das Frauenstudium Generalia" [1898 ff.]

Universitätsarchiv München

E-II-1610 Personalakte Adele Hartmann

Personenregister

Wenn die genannte Person auf der angegebenen Seite nur in der Anmerkung vorkommt, wird durch den Zusatz Anm. darauf hingewiesen.

Abraham, Max (1875-1922) 46

Alexandroff, Pawel (1896-1982) 131-133

Althoff, Friedrich (1839-1908) 13, 138-140, 188

Becker, Carl Heinrich (1876-1933) 140, 141, 145-147, 169, 217, 218, 220, 221

Behrens, Wilhelm (1885-1917) 89, 94-96

Bell, Winthrop (1885-1965) 183-185

Bernays, Paul (1888-1977) 120

Bernstein, Felix (1878-1956) 47, 129 Anm., 214

Berthold, Gottfried (1854-1931) 54, 74, 75, 87 Anm.

Bieber, Margarete (1879-1978) 12, 14, 148, 150, 155-159, 168, 203, 226

Blumenthal, Otto (1876-1944) 47, 238

Born, Max (1882-1970) 47-49, 94, 96, 127

Bosworth, Lucy (1868-1907) 48

Brauns, Reinhard (1861-1937) 73, 74

Brill, Alexander (1842-1935) 236

Carathéodory, Constantin (1873-1950) 43, 51, 53, 55, 106-109, 129 Anm.

Carathéodory, Euphrosyne (1884-1947) 129 Anm.

Cassirer, Ernst (1874-1945) 204 Anm.

Chisholm Young, Grace (1868-1944) 46, 48

Cohn, Jonas (1869-1947) 204 Anm.

Conrad-Martius, Hedwig (1888-1966) 186, 196

Crelle, August Leopold (1780-1855) 45 Anm.

Courant, Nina (1891-1991) 132

Courant, Richard (1888-1972) 89, 92-94, 132, 178

Curtius, Ferdinand (1844-1919) 158 Anm.

Curtius, Ludwig (1874-1954) 157-159, 203

Dawney 47

Debye, Peter (1884-1966) 51, 53, 109, 138

Dedekind, Richard (1831-1916) 41, 77, 97 Anm.

Diestel, Friedrich (1863-1925) 46

Dohm, Hedwig (1831-1919) 133

Eger, Otto (1877-1949)
157 Anm., 159 Anm.

Ehlers, Ernst Heinrich (1835-1925)
53, 54 Anm., 57

Einstein, Albert (1879-1955)
16, 43, 107, 122-124,
127, 137, 160, 161, 240

Eisner, Kurt (1867-1919)
152 Anm.

Ellis, Henry Havelock (1859-1939)
63

Elster, Ludwig (1856-1935)
140

Engel-Reimers, Charlotte (1870-1930)
143

Enriques, Federigo (1871-1946) 47

Epsteen, Saul (1878-1940) 47

Erdmann, Benno (1851-1921)
15, 232, 233

Erdmann, Rhoda (1870-1935)
223, 226

Falckenberg, Hans (1885-1946)
26, 241

Fanta, Ernst (1878-1939)
46

Fischer, Ernst (1875-1954)
17, 25, 26, 30, 41, 42,
80, 238, 239

Fleischer, Hermann 47

Fleischmann, Wilhelm (1837-1920)
54, 57

Fraenkel, Abraham (1891-1965)
234 Anm.

Fränkel, Hermann (1888-1977)
116 Anm.

Franck, James (1882-1964)
222, 223

Frederiks (häufig auch Fréedericksz),
Wsewolod Konstantinowitsch
(1885-1944) 119

Friedländer, Walter (1873-1966)
204 Anm.

Fuchs, Lazarus (1833-1902)
199 Anm.

Geppert, Maria-Pia (1907-1997)
98 Anm.

Gernet, Nadjeschda (1877-1943)
48

Goldstein, Kurt (1878-1965)
145

Gordan, Paul (1837-1912)
23, 25, 27, 28, 30, 33, 47,
76, 82, 107, 108, 237-239

Greil, Max (1877-1939)
227

Grommer, Jacob (1879-1933)
118, 119, 123, 124

Haar, Alfréd (1885-1933)
89, 90

Haenisch, Konrad (1876-1925)
164, 173, 174, 221

Hamel, Georg (1877-1953) 47

Hansen, Rudolf 46

Harden, Maximilian (1861-1927)
134-136

Hartmann, Adele (1881-1937) 12, 148,
149, 151-153, 155, 156, 226

Hartmann, Johannes (1865-1936) 51,
53, 57, 60-72, 74, 85, 99, 109, 112,
117, 165, 166, 168. 170, 171

Vorankündigungen

Bereits erschienen

- Cordula Tollmien, Die Lebens- und Familiengeschichte der Mathematikerin Emmy Noether in Einzelaspekten 1/2021: „Kann eine Frau Privatdozentin werden?“ – die Umfrage des Preußischen Kultusministeriums zur Habilitation von Frauen 1907, tredition Hamburg 2021.

In Vorbereitung

- Cordula Tollmien, Die Lebens- und Familiengeschichte der Mathematikerin Emmy Noether in Einzelaspekten 3/2022: „Eine der schönsten Verbindungen, die zwischen der wahrnehmbaren Welt und ihrer wissenschaftlichen Beschreibung besteht“ – die Noether-Theoreme, tredition Hamburg 2022.

Geplant

- Cordula Tollmien, Die Lebens- und Familiengeschichte der Mathematikerin Emmy Noether in Einzelaspekten 4/2023: Erste Schritte in die Scientific Community – neues mathematisches Leben in Erlangen, tredition Hamburg 2023.
- Cordula Tollmien, Die Lebens- und Familiengeschichte der Mathematikerin Emmy Noether in Einzelaspekten 5/2023: Hilbert und Gordan – Studium in Göttingen und Erlangen, tredition Hamburg 2023.
- Cordula Tollmien, Die Lebens- und Familiengeschichte der Mathematikerin Emmy Noether in Einzelaspekten 6/2024: Von der Höheren Töchterschule über die Universität zum Abitur – Emmy Noethers Kindheit und Jugend, tredition Hamburg 2024.

Weitere Planung

(Titel vorläufig, Erscheinungsjahr unsicher)

- Cordula Tollmien, Die Lebens- und Familiengeschichte der Mathematikerin Emmy Noether in Einzelaspekten 7: „Frauen und Mädchen ohne Unterschied der Konfession und des Standes in jeder Hinsicht fördern“ – Emmy Noether und die Frauenbewegung.
- Cordula Tollmien, Die Lebens- und Familiengeschichte der Mathematikerin Emmy Noether in Einzelaspekten 8: Emmy Noethers jüdische Wurzeln.
- Cordula Tollmien, Die Lebens- und Familiengeschichte der Mathematikerin Emmy Noether in Einzelaspekten 9: Der Vater – Max Noether (1844-1921).
- Cordula Tollmien, Die Lebens- und Familiengeschichte der Mathematikerin Emmy Noether in Einzelaspekten 10: Professorentitel und Lehrauftrag – Beginn und Ende einer akademischen Karriere.
- Cordula Tollmien, Die Lebens- und Familiengeschichte der Mathematikerin Emmy Noether in Einzelaspekten 11: Emmy Noether als Mittelpunkt einer mathematischen Schule.
- Cordula Tollmien, Die Lebens- und Familiengeschichte der Mathematikerin Emmy Noether in Einzelaspekten 12: „Genossin Noether tritt warm für Förster ein“ - Emmy Noethers politische Überzeugungen.
- Cordula Tollmien, Die Lebens- und Familiengeschichte der Mathematikerin Emmy Noether in Einzelaspekten 13: „Sie versteckte ihre Sympathien für unser Land nicht“ – Emmy Noethers Beziehungen zur Sowjetunion.
- Cordula Tollmien, Die Lebens- und Familiengeschichte der Mathematikerin Emmy Noether in Einzelaspekten 14: „So glaube ich doch mit Bestimmtheit, daß ein rückhaltloses Eintreten für den nationalen Staat von ihr nicht zu erwarten ist“ – entlassen als Jüdin und Pazifistin.
- Cordula Tollmien, Die Lebens- und Familiengeschichte der Mathematikerin Emmy Noether in Einzelaspekten 15: „…nicht an der ‚Männer‘-Universität, die nichts Weibliches zuläßt“ – Exil in den USA.

CPSIA information can be obtained
at www.ICGtesting.com
Printed in the USA
LVHW101107120721
692462LV00003B/13

9 783749 774531